Rob Herwig / Hannelie Boks

Das große Gemüsegarten-Buch

77 Gemüsearten
sowie Kräuter und Beerenobst

BLV Verlagsgesellschaft München Wien Zürich

CIP-Kurztitelaufnahme der Deutschen Bibliothek

Herwig, Rob:
Das große Gemüsegarten-Buch: 77 Gemüsearten sowie Kräuter u. Beerenobst / Rob Herwig; Hannelie Boks. [Übers. u. Bearb.: Günther Liebster]. – München; Wien; Zürich; BLV Verlagsgesellschaft, 1986
Einheitssacht.: Handboek voor de moestuin ‹dt.›
ISBN 3-405-13190-1

NE: Boks, Hannelie; Liebster, Günther [Bearb.]

Übersetzung und Bearbeitung:
Prof. Dr. Günther Liebster

Fotos: Rob Herwig
Zeichnungen: Anke van Vulpen
Titelfoto: Bildarchiv Huber

Titel der holländischen Originalausgabe:
Handboek voor de moestuin
© 1985 Zomer & Keuning Boeken B. V., Ede

Deutschsprachige Ausgabe:
© 1986 BLV Verlagsgesellschaft mbH, München

Satz: Typodata, München
Druck: Koninklijke Smeets BV, Weert, Holland
Buchbinder: R. Oldenbourg, München

ISBN 3-405-13190-1

Inhaltsverzeichnis

Vorwort

Wer kennt sie nicht, die Geschichte vom modernen Gemüsebauer: Pflanzenschutzmittel ausspritzend und Mineraldünger streuend schreitet er über das Land, in den Steigen liegen seine blendenden Produkte in vorbildlicher äußerer Qualität, und die Supermärkte sind höchst zufrieden mit seinen Anlieferungen. Zu Hause aber hat er einen kleinen Garten, der ausschließlich mit Stallmist und anderen organischen Düngemitteln versorgt wird; und hier baut er sein Gemüse für den eigenen Bedarf.

Es ist freilich nicht immer so wie in dieser Geschichte, es gibt auch sehr umweltbewußte Anbauer, die nicht nur die äußere Qualität im Auge haben. Aber diese sind deutlich in der Minderheit, »chemisch« anzubauen ist stets billiger, und solange der Konsument nur auf das Aussehen der Ware achtet, wird ihre Zahl kaum zunehmen.

Es besteht der Trend, immer mehr mit unseren Lebensmitteln zu manipulieren. Nicht nur durch Spritzen und Überdüngung, in den Regalen der Lebensmittelgeschäfte sehen wir immer mehr verarbeitete und konservierte Produkte. Feingeschnittener Grünkohl und geriebene Möhren werden angeboten, und manches Gemüse kommt aus der Tiefkühltruhe, obwohl es zur gleichen Zeit frisch und in ausreichenden Mengen auf dem Markt ist. Unserer Meinung nach ein höchst unerwünschter Zustand, an dem zu einem Teil aber auch die Gleichgültigkeit des Konsumenten schuld ist.

Sie sind sicher kein fauler Mensch, sonst hätten Sie sich dieses Buch nicht angeschafft. Sie können sich zu der stetig zunehmenden Zahl von Menschen rechnen, die alles »Künstliche« ablehnen, die sich und ihre Familie mit Lebensmitteln versorgen wollen, von denen Sie wissen, daß sie gesund sind, da Sie sie ja selbst angebaut haben.

Der Gemüseanbau in der Bundesrepublik Deutschland ist beachtlich. Die jährliche Produktion des Erwerbsgemüsebaues liegt bei 1,4 Mio t, dazu kommen 0,65 Mio t aus dem Anbau in Haus- und Kleingärten. Der Gesamtverbrauch an Gemüse aus Eigenproduktion und Importen liegt bei 4,3 Mio t.

Wir sind davon überzeugt, daß der Eigenanbau von Gemüse heute kaum noch – wie es noch vor 50 Jahren zweifellos der Fall war – erfolgt, um Geld zu sparen, denn Gemüse ist, verglichen mit anderen Lebensmitteln, im Laden verhältnismäßig preiswert. Nein, es geschieht, weil selbstangebautes Gemüse als gesünder und vor allem wohlschmeckender angesehen wird. Außerdem ist der Anbau von Gemüse eine sehr schöne Freizeitbeschäftigung.

Für uns war der Anbau von Gemüse, zusammen mit dem Schreiben dieses Buches und der Anfertigung der Fotografien, eine ganz wunderbare Beschäftigung. Unter den Mustergärten in Lunteren/Niederlande gibt es zwar schon seit zehn Jahren einen großen Gemüsegarten, doch waren es erst die Initiative und Begeisterung der Hannelie Boks, die schließlich dieses Buch entstehen ließen. Wenn Sie die Gärten besuchen wollen, sind Sie herzlich willkommen!*) Zunächst aber wünschen wir viel Erfolg beim Gemüseanbau und danach: Guten Appetit!

Hannelie Boks, Rob Herwig

*) Die Mustergärten in Lunteren sind geöffnet von Anfang Mai bis Ende September, täglich von 9–18 Uhr (Aufenthaltsdauer höchstens 5 Stunden), sonntags geschlossen. Im Eintrittspreis ist einbegriffen die Benutzung eines Band-Rekorders, auf dem Rob Herwig Erläuterungen zu den Mustergärten gibt. Die Erklärungen im Gemüsegarten gibt Hannelie Boks.
Man findet die Mustergärten, indem man, ausgehend vom Zentrum in Lunteren (schräg gegenüber der Sparkasse), den Hinweisschildern »Modeltuinen« folgt. Von dort sind es dann noch 6 km. In den Mustergärten gibt es Gelegenheit, Kaffee zu trinken sowie Bücher und Pflanzen zu kaufen.

Wie Pflanzen für uns arbeiten

Eine Pflanze ist eine merkwürdige, äußerst zweckmäßige Fabrik, die imstande ist, gewisse Stoffe unserer Umgebung in Produkte zu verwandeln, die für uns nützlich oder angenehm sind.
Eine der wichtigsten Eigenschaften von Pflanzen ist, daß sie Sauerstoff freisetzen. Menschen und Tiere tun bekanntlich das Umgekehrte: Sie verbrauchen Sauerstoff und scheiden Kohlendioxid aus. Auf diese Weise helfen sich Menschen und Pflanzen einander, denn eine Welt mit zuviel Kohlendioxid oder zuviel Sauerstoff würde für beide das Ende bedeuten.
Pflanzen, die wir verzehren, und um solche geht es in diesem Buch, tun noch ein weiteres für uns: Sie produzieren Zellen und Gewebe, die uns als Nahrung dienen. Manchmal sind es die Blätter, die wir essen, bei anderen Pflanzen sind es die Wurzeln, und oft handelt es sich um die Früchte. Auch die Gliederung dieses Buches richtet sich hauptsächlich nach den Pflanzenteilen, die wir verzehren.

Wie funktioniert das?
Die Pflanze besteht aus Wurzeln, Stengeln und Blättern.
Die Wurzeln sind so gebaut, daß sie Wasser mit den darin gelösten Nährstoffen aus dem Boden aufnehmen können. Außerdem geben sie der Pflanze Halt, so daß sie nicht umfällt.
Die Aufnahme der Nährstoffe erfolgt über die äußerst feinen Haarwurzeln. Die im Bodenwasser gelösten Nährstoffe gelangen über sie in das Leitungsbahnsystem der Pflanze, in dem sie bis in die äußersten Blattspitzen transportiert werden.
Im Blatt erfolgt die Assimilation. Assimilieren bedeutet: gleich machen, d.h., die Pflanze tut nichts anderes, als die aufgenommenen Nährstoffe in die Stoffe umzuwandeln, aus denen sie bereits besteht. Das eigentliche Wunder, um das es in diesem Zusammenhang geht, ist die sogenannte Photosynthese. Über die halbmondförmigen Spaltöffnungen der Blätter wird Kohlendioxid aus der Luft aufgenommen. Unter Einwirkung des Lichtes und mit Hilfe des Blattgrüns (Chlorophyll) wird in den Zellen das von den Wurzeln aufgenommene Wasser in Wasserstoff und Sauerstoff gespalten. Das Kohlendioxid der Luft bildet mit dem Wasserstoff als erstes Produkt der Assimilation ein Kohlenhydrat, Sauerstoff wird frei und entweicht.
Dieser an sich schon recht komplizierte Prozeß setzt sich weiter fort. Die Photosynthese, d.h. die Produktion der Kohlenhydrate, erfolgt nur bei Licht am Tage. Nachts hört sie auf, und die Kohlenhydrate werden in alle Teile der Pflanze abgeleitet, wo sie als Brennstoff dienen. Die überschüssigen Kohlenhydrate werden als Reservestoffe abgelagert, z.B. als Stärke in den Kartoffelknollen. Und dies ist nicht wenig: Die Kartoffeln auf einer Fläche von 100 m^2 nehmen bei schönem Wetter pro Tag um ein volles Kilogramm zu.
In den Pflanzen spielt sich daneben noch ein weiterer, ebenfalls recht komplizierter Vorgang ab, die Stickstoffassimilation. Hierbei werden Nitrate (d.h. Stickstoffverbindungen) reduziert und in Aminosäuren umgewandelt, in jene Bausteine also, aus denen sich die Eiweißstoffe zusammensetzen. Wiederum eine einzigartige Leistung der Pflanzen: Von allen Lebewesen sind allein sie in der Lage, aus einfachen Grundelementen direkt hochkompliziert zusammengesetzte Eiweiße aufzubauen. Tiere – und auch wir Menschen – können dies nicht und bleiben nur am Leben, wenn sie sich gegenseitig fressen oder – Pflanzen verzehren.
Und damit kommen wir wieder zu unserem Thema: Wir essen Pflanzen, vor allem Gemüse, um am Leben zu bleiben; zumindest die Vegetarier unter uns. Die Mehrzahl der Menschen jedoch bezieht das notwendige Eiweiß aus tierischer Nahrung, das aus dem Gemüse stammende Eiweiß ist für sie von untergeordneter Bedeutung. Eine interessante Erkenntnis: Tierisches Eiweiß ist nicht unentbehrlich.
Pflanzen bringen ja normalerweise auch Blüten, und obwohl wir diese bei manchen Gewächsen, z.B. Artischocken, ebenfalls verzehren, spielen sie im Gemüsebau eine wesentlich größere Rolle für die Fortpflanzung. Wenn wir es überhaupt dazu kommen lassen, denn viele Pflanzen verzehren wir ja schon, bevor sie zur Blüte kommen, oder wir essen die Samen auf.

Wie sich Pflanzen vermehren
Blüten besitzen Staubfäden, die männlichen Blütenstaub produzieren, der – vom Wind oder durch Insekten – auf die Narbe des Stempels gebracht wird und im Fruchtknoten mit den weiblichen Eizellen verschmilzt. Das Ergebnis ist nicht eine neue Pflanze, sondern zunächst ein Samen, aus dem schließlich eine neue Pflanze hervorgehen kann.
Nun, mit diesem Vorgang haben wir es im Gemüsebau nahezu täglich zu tun. Fast alle Gemüsearten werden aus Samen herangezogen, und bei manchen kommt es uns gerade auf die Samen an, denken Sie nur an Erbsen oder Bohnen.
Da gibt es Blüten, die sich selbst bestäuben, bei denen der Blütenstaub auf der Narbe der gleichen Blüte keimt. Oft geschieht dies schon, bevor sich die Blüte öffnet. Auch dafür sind Erbsen und Bohnen ein Beispiel.
Bei der Fremdbestäubung dagegen begibt sich der Blütenstaub auf die Reise und landet auf einer anderen Blüte, die jedoch zu einer Pflanze der gleichen Art gehören muß, wenn eine Befruchtung erfolgen soll. Beispiele für Fremdbestäubung sind die Kohlarten und Zwiebeln.

Dieser behagliche, altbekannte Bienenkorb steht in der Nähe unseres Gemüsegartens. Die Bienen fliegen ein und aus.

Saatgut selbst gewinnen
Es leuchtet ein, daß man von Selbstbestäubern wie Bohnen, Erbsen oder Salat mit

An soeben gekeimten Bohnen erkennt man deutlich die beiden Keimblätter.

Beispiel für eine »geschossene« Gemüsepflanze: Brokkoli, nicht rechtzeitig geerntet.

größerer Sicherheit gutes Saatgut gewinnen kann als von Fremdbestäubern. Bei diesen werden nämlich leicht Pollen angeweht oder von Pflanzen übertragen, die völlig andere Erbanlagen besitzen. Es kommt zur Bastardierung, und die aus solchen unkontrollierten Kreuzungen entstandenen Pflanzen sind fast immer in bezug auf Ertragsleistung, Geschmack und andere Eigenschaften minderwertiger als ihre Eltern. Von solchen Fremdbestäubern – z. B. Endivien, rote Rüben, Kohlarten, Porree, Radieschen, Rettich, Spinat, Zwiebeln, Chicorée, Möhren – sollte man Saatgut daher besser beim Fachhandel kaufen.

Saatzucht, Sorten, F_1-Hybriden

Schon immer ist man bemüht, durch systematische Züchtung zu besseren Sorten zu gelangen. Was ist eine Sorte, auch Cultivar genannt? Es ist eine durch Auslese, Kreuzungen oder auch Mutationen entstandene und vom Menschen mit einem Namen versehene Form, die in sich konstant bleibt und stets gleichmäßige Erträge bringt. Es können aber auch gewisse Abweichungen vom Sortentyp vorkommen, wir haben es dann nicht mehr mit einem »Klon« mit 100%ig gleichen Erbeigenschaften zu tun, sondern mit einer »Gruppensorte« mit nicht 100%ig übereinstimmenden Erbeigenschaften. So bilden beispielsweise Möhren der Sorte 'Nantaise' eine Gruppe, in der mehrere verschiedene Formen vorkommen können.

F_1-Hybriden müssen immer wieder neu gekreuzt werden, aus ganz bestimmten Eltern. Das geht nur, wenn bei einem Partner die Staubgefäße entfernt werden und diese kastrierten Blüten mit dem Pollen des anderen Partners bestäubt werden. Das bedeutet Handarbeit, und daher ist F_1-Saat auch teuer. Die Nachkommen sind jedoch besonders gleichmäßig und in vielen Fällen kräftiger, wohlschmeckender, kurzum: besser als gewöhnliche Sorten. F_1-Sorten kommen daher immer mehr in Gebrauch. Unbedingt abzuraten ist jedoch, von den F_1-Hybriden Saatgut zu gewinnen, da daraus stets nur andersartige, minderwertige Pflanzen entstehen.

Bei den Selektions- und Kreuzungsarbeiten verfolgen die Saatzüchter u. a. folgende Zuchtziele: frühe oder besonders späte Reife, Widerstandsfähigkeit gegen Krankheiten und Schädlinge, größere Pflanzen oder Früchte, andere Farben, Eignung für das Klima und die Bodenarten in den jeweiligen Anbaugebieten, Nicht-Neigung zum „Schießen" der Pflanzen usw.

Biologisches Saatgut

Hierunter versteht man Saatgut, das von nicht mit Mineraldünger gedüngten und mit Pflanzenschutzmitteln behandelten Pflanzen gewonnen wurde und auch nicht gebeizt ist. Biologische Anbauer glauben, daß solches Saatgut stärkere Pflanzen gibt. Es ist sehr schwierig, diese Behauptung zu beweisen, doch wenn Sie unbedingt solches Saatgut verwenden wollen, können Sie es in den einschlägigen Spezialbetrieben erhalten.

»Schießen« von Gemüse

Unter »Schießen«, »Durchschießen« oder »Schossen« von Gemüse versteht man, daß die Pflanzen zu einem Zeitpunkt zu blühen beginnen, zu dem wir dies nicht wünschen. Vom Salat erwarten wir einen schönen Kopf und keine Blumen.

Schießen kann verschiedene Ursachen haben. Da ist zunächst die Tageslänge. Wir unterscheiden Langtags- und Kurztagspflanzen. Die ersteren kommen zur Blüte, wenn es mehr als 12 Stunden am Tag hell ist, die Kurztagspflanzen dagegen, wenn die Tageslänge weniger als 12 Stunden beträgt. Die meisten unserer Gemüsearten sind Langtagspflanzen, und das ist der Grund dafür, daß z. B. früher Spinat Blüten bringt, wenn man ihn im Sommer sät.

Die zweite Ursache des Schießens ist Kälte, wenn zu früh im Jahre gesät wird und der Boden noch zu kalt ist. Chinakohl z. B., unter 16° C herangezogen, wird Sie mit einer hübschen Blüte überraschen, statt mit dem erwarteten, wohlgeformten Kopf.

Zum Glück haben sich die Pflanzenzüchter nicht mit diesen Verhältnissen abgefunden, denn sonst könnte man im Sommer keinen Kopfsalat und keinen Spinat anbauen. Von vielen Langtagsgemüsen hat man tagneutrale oder zumindest nur schwer schießende Sorten entwickeln können. Außerdem wurde bei zahlreichen Gemüsearten die Empfindlichkeit gegenüber tiefen Temperaturen verringert.

Kurztagsgemüse gibt es nicht viel. Zucker-, Prinzeß- oder Brechbohnen z. B. waren es ursprünglich, doch haben wir heute erfreulicherweise Sorten, die auch im Langtag blühen und fruchten.

Auf den Boden kommt es an

Ist der Boden in Ihrem Garten für den Anbau von Gemüse geeignet oder nicht, das ist die entscheidende Frage. Nicht alle Gemüse stellen die gleichen Anforderungen an den Boden, wir müssen ihn also möglichst für die Gemüseart, die wir anbauen wollen, eigens auswählen oder besonders herrichten. Kartoffeln verlangen einen etwas sauren Boden, wir dürfen ihn also nicht kalken; Kohl dagegen ist dankbar für Kalkgaben. Doch gibt es noch mehr Punkte, die zu beachten sind.

Die Zusammensetzung des Bodens

Jeder Boden ist ursprünglich entstanden durch Verwitterung der Erdkruste. Das Ausmaß der Verwitterung bestimmt den Feinheitsgrad der mineralischen Bodenbestandteile.

Nehmen Sie einmal eine Handvoll Boden aus Ihrem Garten, dann können Sie anhand dieser Probe schon ungefähr feststellen, mit was für einem Boden Sie es zu tun haben. Kneten Sie die mäßig feuchte Erde zu einem Ball. Fällt er sogleich nach dem Öffnen der Hand wieder auseinander und können Sie die Bodenteilchen deutlich als Körnchen fühlen, dann haben Sie es mit einem leichten Sandboden zu tun. Bleiben kleine Teilchen an den Fingern hängen, dann ist der Boden leicht lehm- oder tonhaltig.

Können Sie aus dem Boden einen Ball formen und diesen sogar etwas ausrollen, wonach er dann wieder völlig auseinanderbrökkelt, dann enthält er etwas mehr Lehm oder Ton, und Sie haben einen mittelschweren sandigen Lehm oder lehmigen Sand vor sich. Kann man den Boden so kneten, daß man damit gleichsam modellieren kann, dann liegt ein schwerer Lehm- oder reiner Tonboden vor.

Außer den mineralischen Bestandteilen kann und muß ein guter Boden auch verrottetes organisches Material pflanzlicher oder tierischer Herkunft enthalten, Humus genannt. Moorboden besteht ausschließlich aus Humus, der Untergrund ist Sand, vermengt mit Torf.

Die mineralischen Teilchen, aus denen ein Boden zusammengesetzt ist, unterscheiden sich durch die Körnchengröße. Außer Steinen und Sandkörnern, die keinerlei Nährstoffe an die Pflanzen abgeben können, enthält ein Boden auch außerordentlich kleine Bestandteile von weniger als 0,016 mm Teilchengröße, den sogenannten Schluff. Diesen treffen wir hauptsächlich in Lehm- und Tonböden an. Seine kleinen Teilchen werden in der Wurzelzone rasch weiter zersetzt und aufgelöst, so daß ihre wertgebenden Bestandteile von den Pflanzen aufgenommen werden können. Böden mit einem hohen Schluffgehalt sind daher auch besonders fruchtbar.

Die »Humus« genannten organischen Bestandteile des Bodens können wir als kleine Schwämmchen ansehen. Sie können viel Feuchtigkeit mit den darin gelösten Nährstoffen aufnehmen und lange Zeit festhalten. Reiner Torf enthält nur sehr wenig Nährstoffe, doch können wir diese leicht in Form von mineralischen oder organischen Düngemitteln hinzufügen; und dann ist derselbe Torfboden plötzlich zu einem hervorragenden Substrat für Pflanzenkulturen geworden. Fast alle Erden für Topfkulturen werden auf diese Weise hergestellt.

Außer den mineralischen und organischen Bestandteilen enthält der Boden noch Milliarden von Organismen, wie Würmer, Bakterien, Pilze, Insekten – etwa 25 kg Kleinlebewelt auf einer 100 m^2 großen Bodenfläche. Alle diese Mikroorganismen sind Tag und Nacht damit beschäftigt, sich gegenseitig aufzufressen, bestimmte Stoffe in andere umzusetzen, anscheinend nur mit dem einen Ziel, den höheren Pflanzen die notwendigen Nährstoffe zur Verfügung zu stellen. Denn die Pflanzen sind letzten Endes die Gewinner in dieser Untergrund- (und unergründlichen) Schlacht, die einzigen Überlebenden.

Luft und Wasser

Mineralstoffe, Humus, Mikroorganismen, all dies ist wertlos ohne zwei weitere sehr wichtige Elemente: Luft und Wasser. Diese beiden müssen ausreichend und in einem harmonischen Verhältnis zueinander im Boden enthalten sein, sonst können wir mit Erfolg kein Gemüse anbauen. Wo Hohlräume im Boden mit Luft gefüllt sind, kann sich kein Wasser befinden und umgekehrt. Aus der Luft ist es vor allem der Sauerstoff, den die Mikroorganismen zum Leben brauchen, aber auch die Wurzeln der höheren Pflanzen benötigen ihn zum Atmen. Und das Wasser ist notwendig, um die Verdunstung der oberirdischen Teile auszugleichen.

Tonboden zeigt bei länger anhaltender Trockenheit Risse. Hier wird die Bearbeitung problematisch.

Phacelia tanacetifolia, eine bekannte Gründüngungspflanze und zugleich ausgezeichnete Bienenweide.

So, nun wissen Sie, worauf es ankommt: Mineralien, Humus, Mikroorganismen, Sauerstoff und Wasser. Schauen wir uns einmal an, welche Begriffe sonst noch gebräuchlich sind.

Abschlämmbare Teile: Dies sind die kleinsten mineralischen Bestandteile eines Bodens. Lehmboden kann mehr als 60 % abschlämmbare Teile enthalten, bei sandigem Lehm oder lehmigem Sand sind es 10–30 %. Bei weniger als 10 % handelt es sich um einen Sandboden.

Humusgehalt: Damit drückt man den prozentualen Gehalt eines Bodens an Humus aus. Als ideal gilt für lehmige und sandige Böden ein Gehalt von 4–10 %. Moorböden enthalten über 30 % Humus.

Struktur: Maßgebend ist, wie die Bodenpartikel aneinander gebunden sind. Je gröber die Teilchen, desto besser ist die Struktur. Sie läßt sich durch Humus erheblich verbessern. Bei guter Krümelstruktur dringt Luft leicht in den Boden ein, und überschüssiges Wasser kann leicht absinken.

Durchlässigkeit: Damit drückt man aus, inwieweit ein Boden für Wasser und Luft offen ist. Diese Eigenschaft eines Bodens ist stark von seiner Struktur abhängig.

Kapillarität des Bodens: Darunter versteht man die Fähigkeit eines Bodens, Wasser aus tieferen Schichten nach oben zu transportieren. Die kapillare Wirkung beruht darauf, daß in sehr engen Röhren Wasser emporsteigt. Je enger diese Kapillaren oder Haarröhrchen sind, um so stärker ist das Wasseraufstiegsvermögen. Es leuchtet ein, daß Böden mit vielen kleinen Teilchen (Lehmböden) gegenüber Böden mit gröberen Bestandteilen (Sandböden) im Vorteil sind. Auch stark humose Böden besitzen eine gute Kapillarität.

Grundwasserspiegel

Ganz allgemein ist für Gemüsekulturen ein konstanter Grundwasserspiegel von etwa 1 m Tiefe als ideal anzusehen. Dabei hängt es von der Kapillarität des Bodens ab, ob das Wasser genügend hoch in den Wurzelbereich transportiert wird.

Steht das Grundwasser zu hoch, können sich viele Wurzeln, z. B. Rettiche, nicht genug in die Tiefe entwickeln, steht es zu tief, müssen wir häufiger gießen.

Der Säuregrad

Schließlich müssen wir einen Faktor erwähnen, der Qualität und Eignung eines Bodens weitgehend mitbestimmt: der Säuregrad. Wissenschaftlich gesehen, ist der Säuregrad, auch pH-Wert genannt, ein Maß für die Konzentration von Wasserstoffionen im Boden. Je mehr dieser Ionen vorhanden sind, um so saurer ist der Boden. Wasserstoffionen gelangen u. a. mit saurem Regen oder mit gewissen Mineraldüngern in den Boden. Der pH-Wert gibt an, wie sauer ein Boden ist: pH 7 ist neutral, pH 4 stark sauer, pH 10 stark alkalisch.

Moorboden ist von Natur aus sauer, kalkreiche Böden sind mehr oder weniger alkalisch. Sandböden sind gewöhnlich an der Grenze zum sauren Bereich. Die meisten unserer Gartenböden liegen ebenfalls im schwach sauren Bereich.

Der ideale pH-Wert für Sandböden liegt zwischen 5,3 und 5,7, der für Lehmböden bei 6,3–6,8. Man muß aber auch nach Möglichkeit den speziellen Anforderungen der verschiedenen Gemüsearten Rechnung tragen. So sollte man Kohl vorzugsweise auf alkalischem Boden anbauen, um das Risiko des Befalls mit der Kohlhernie, einem Schleimpilz, zu beschränken. Kartoffeln dagegen reagieren ungünstig auf einen hohen Kalkgehalt im Boden, sie gedeihen besser in saurem Boden. Bei der anschließenden Behandlung der einzelnen Gemüsearten ist, wenn irgend möglich, der jeweils wünschenswerte pH-Wert angegeben.

Bodenverbesserung

Nur wenn ein Boden ausreichend pflanzenaufnehmbare Nährstoffe und genügend Humus enthält, wenn das Bodenleben in Ordnung ist, wenn der Wasserhaushalt als optimal befunden wird und schließlich auch der pH-Wert stimmt, ja, dann ist eine Bodenverbesserung überflüssig.

Es ist klar, daß solche idealen Verhältnisse nur selten vorliegen. In fast allen Fällen ist daher irgendeine Verbesserung des Bodens notwendig.

Durch Umgraben wird die Struktur des Bodens verbessert, es kommt Luft in ihn hinein. Gleichzeitig kann Stallmist oder Kompost eingearbeitet werden. Verrotteter Stallmist – vor allem Kuhmist, aber auch Schweine- oder Hühnermist – fördert das Bodenleben. Außerdem enthält er pflanzenaufnehmbare Nährstoffe. Das Einarbeiten von strohigem Stallmist erhöht besonders auch den Humusgehalt des Bodens.

Die meisten Nährstoffe sind in Mineraldüngern enthalten. Es hängt nun von der von Ihnen bevorzugten Wirtschaftsweise ab, welche Mineraldünger Sie verwenden wollen. Im biologischen Anbau sind die synthetischen Stickstoffverbindungen fast ausnahmslos tabu, Thomasmehl dagegen (mit viel Phosphat) wird gelegentlich geduldet. In der Tabelle auf S. 180/182 finden Sie die wichtigsten Düngemittel mit ihren Nährstoffgehalten angegeben.

Eine sehr natürliche Methode, den Boden mit Stickstoff anzureichern, ist die Ausbringung einer Gründüngung. Dafür eignen sich besonders bestimmte Pflanzen, die im Frühjahr ausgesät und im Spätsommer untergearbeitet werden: Wicken, Alexandrinerklee, Raigras, Stoppelrüben usw. Gründüngung verbessert darüber hinaus die Bodenstruktur und regt das Bodenleben an. Der Nachteil ist allerdings, daß man eine ganze Vegetationsperiode verliert, und nicht immer wird – besonders bei der Anlage neuer Gemüsegärten – die erforderliche Geduld aufgebracht.

Humus können wir in den Boden bringen, außer durch Stallmist und Gründüngung, auch mit Kompost, Moorerde, Torfmull, Torfstreu, Lauberde usw. Beim Umgraben können diese organischen Stoffe untergearbeitet werden.

Soll der pH-Wert erhöht oder gesenkt werden, so kann dies gleichzeitig mit der Bodenverbesserung erfolgen. Oft muß dem Boden Kalk zugeführt werden, z. B. häufig bei Sand- und lehmigen Sandböden. Allerdings soll man Kalk niemals gleichzeitig mit Stallmist geben, da dieser durch den Kalk beschleunigt abgebaut wird. Kalkdünger müssen genügend tief eingearbeitet werden, da sie sich kaum auflösen und im Boden selbst verbreiten.

Das beste Vorgehen ist somit, den Boden im Herbst zwei Spatenstich tief umzugraben und dabei zu kalken und im Frühjahr darauf den verrotteten Stallmist flach, höchstens einen Spatenstich tief unterzubringen.

Ist der Boden zu alkalisch, kann das Einarbeiten saurer Bodenverbesserungsmittel wie Torfmull oder Torfstreu helfen. In gleicher Weise senken physiologisch saure Mineraldünger, z. B. schwefelsaures Ammoniak, den pH-Wert. Es ist einfacher, einen sauren Boden alkalischer zu machen als den pH-Wert zu senken.

Dränage

Wo der Grundwasserstand zu hoch ist, kann Dränage helfen. Heute wird fast ausschließlich mit gerippten Plastik-Dränrohren gearbeitet. Diese sind mit zahllosen Löchern versehen und mit Kokosfaser oder einem anderen Produkt umwickelt, um ein Dichtschlämmen zu verhindern. Die Rohre werden in schmalen Furchen verlegt, müssen ein Gefälle von etwa 10 cm auf 100 m Länge haben und in einen Graben münden. Liegt dieser auch noch zu hoch, um das Wasser abzuführen, hilft nur noch, den Graben zu vertiefen oder das Wasser aus diesem abzupumpen. Dieses – stärker eingreifende – System haben wir auch in unseren Mustergärten angewandt.

Die Wicke *Vicia sativa*, verwandt mit unserer Puffbohne, ist eine gute Gründüngungspflanze, aber nicht geeignet für saure Böden.

Nicht nur Luft und Wasser

Die meisten Gemüsepflanzen sind verhältnismäßig anpruchsvoll und entziehen dem Boden viel Nährstoffe; und wenn wir diese dem Boden nicht wieder zuführen, wird es bald um unsere Gemüsepflanzen geschehen sein. Auf dieser Seite finden Sie eine kurze Aufzählung der wichtigsten Pflanzennährstoffe.

Sauerstoff, Wasserstoff und Kohlenstoff nehmen die Pflanzen aus der Luft und dem Wasser auf, die übrigen Nährstoffe kommen – normalerweise – aus dem Boden. Die mineralischen Nährstoffe teilen wir ein in Hauptnährstoffe und Spurennährstoffe. Von diesen sogenannten Spurenelementen brauchen nur ganz geringe Mengen oder Spuren im Boden vorhanden zu sein, daher die Bezeichnung Spurenelemente. Nun zunächst zu den Hauptnährstoffen.

Stickstoff sorgt für das Wachstum der Pflanzen. Auf S. 7 erfuhren wir, daß Stickstoff eine bedeutende Rolle spielt bei der Bildung von Eiweiß, und daß eine Pflanze ohne Eiweiß keine neuen Zellen bilden und somit auch nicht wachsen kann. Stickstoffmangel führt zu kümmerlicher Entwicklung, vor allem bei Blattgemüse. Andererseits schadet aber ein Zuviel an Stickstoff, die Pflanze wächst üppig, bildet ein lockeres, schwammiges Gewebe und verliert an Festigkeit. Solche Pflanzen werden auch schneller von Blattläusen, Raupen usw. befallen.

Phosphor fördert die Entwicklung von Wurzeln, Knollen und Samen. Phosphormangel führt zu Wachstumsstörungen, die Blätter werden matt-grün, die Pflanzen bilden nur wenig Eiweiß und reifen erst spät aus. Ein Überschuß an Phosphor kommt praktisch nicht vor.

Kalium regelt bei den Pflanzen die Wasseraufnahme und auch den Transport der Kohlenhydrate. Kalimangel erkennen wir an einer gelb- bis rotbraunen Verfärbung der Blätter, die vom Blattrand ausgeht. Bald danach beginnen die Blätter zu welken. Ein Zuviel an Kalium kann Verbrennungen zur Folge haben, außerdem wird die Aufnahme von Magnesium dadurch gehemmt. Dieser sogenannte Antagonismus kommt in der Praxis gar nicht selten vor.

Kalk (Calcium) beeinflußt in erster Linie den Säuregrad des Bodens (s. S. 10). Geringe Mengen werden aber auch von der Pflanze aufgenommen, in der Calcium der Festigung der Zellwände dient. Calcium-Mangel bewirkt schlaffe Pflanzen und schwache Wurzelbildung. Zuviel Kalk läßt den pH-Wert zu hoch ansteigen, bis in den alkalischen Bereich, der ungünstig ist für mehr Säure liebende Pflanzen, z. B. Kartoffeln.

Magnesium ist ein wichtiger Bestandteil des Chlorophylls; ein Mangel an diesem Element hat Chlorose zur Folge. Zwischen den Blattnerven erscheinen hellgrüne und gelbliche Flecke, die Pflanze produziert als Folge davon weniger Kohlenhydrate. Die kranken Blätter sterben schließlich ab. Ein Überschuß an Magnesium kommt kaum jemals vor.

Schwefel spielt eine mehr oder weniger bedeutende Rolle bei der Bildung der Eiweißkörper.

Spurenelemente sind u. a. Bor, Eisen, Mangan, Kobalt, Kupfer und Zink. Verwenden Sie von Zeit zu Zeit einen der im Handel befindlichen Spurenelement-Dünger, und die genannten Elemente werden stets in ausreichender Menge im Boden vorhanden sein. Die meisten organischen Dünger enthalten übrigens auch zahlreiche Spurenelemente.

Durch zuviel Stickstoff im Boden ist diese Dillpflanze zu weich geworden. Bei einem kräftigen Regenschauer legt sie sich um.

Die beste Vorbereitung für einen neuen Garten ist eine tüchtige Stallmistdüngung.

Wichtig ist das Gleichgewicht

Alle Nährstoffe, einschließlich der Spurenelemente, müssen im Boden in einem ausgewogenen Verhältnis zueinander vorhanden sein. Überschuß an einem Element kann nämlich zum Mangel an einem anderen führen (Antagonismus). So kann ein Zuviel an Eisen im Boden zur Folge haben, daß Phosphate nicht mehr aufgenommen werden. Zuviel Phosphat wiederum kann Kupfermangel induzieren. Zuviel Stickstoff beeinträchtigt die Aufnahme von Kali usw. Am häufigsten ist der bereits erwähnte Antagonismus zwischen Kali und Magnesium. Ein Zuviel eines Nährstoffes kann auch einmal schaden.

Es ist daher äußerst wichtig zu wissen, was an Nährstoffen bereits im Boden ist und was und wieviel man mit der Düngung hinzugeben muß. Darüber gibt allein eine Bodenuntersuchung Aufschluß.

Bodenuntersuchung

Ihren Gartenboden lassen Sie am besten durch eine Landwirtschaftliche Untersuchungsanstalt untersuchen, die Ihnen nicht nur genau angibt, was Ihr Boden an Hauptnährstoffen und Spurenelementen bereits enthält, sondern Sie auch berät, wie Sie den Nährstoffgehalt Ihres Bodens verbessern können (wenn das überhaupt notwendig ist, doch meistens besteht irgendein Mangel). Eine solche Bodenuntersuchung sollte man alle paar Jahre durchführen lassen. Die Kosten dafür werden durch Einsparungen beim Kaufen von Düngemitteln und durch höhere Erträge und bessere Qualität der Ernteprodukte in der Regel wieder ausgeglichen.

Es gibt auch Geräte zu kaufen, mit denen man ein paar wichtige Dinge, vor allem den pH-Wert des Bodens und den Gehalt an einigen Hauptnährstoffen, selbst feststellen kann, wenn auch nicht so exakt, wie dies im Labor möglich ist. Trotzdem sollte man von dieser einfachen Möglichkeit regelmäßig Gebrauch machen. Sie dürfen nur nicht erwarten, daß die erhaltenen Werte auch immer ganz genau sind.

Wenn wir in diesem Buch pH-Werte angeben, dann handelt es sich stets um Messungen in destilliertem Wasser. In manchen Laboratorien jedoch wird der pH-Wert in einer Kaliumchlorid-Lösung gemessen. Man erhält dann den pH-KCl-Wert, der ungefähr einen halben Punkt unter dem in destilliertem Wasser gemessenen liegt. Es ist wichtig, dies zu wissen.

Gesunder Boden – gesundes Gemüse

Es weiß heute wohl jeder, daß nicht nur in der Landwirtschaft, sondern auch im Erwerbsgartenbau mit arbeitssparenden, rationellen Methoden gearbeitet wird, die als Ziel einen möglichst hohen Reingewinn haben. Ein Bestreben, das wir natürlich niemandem verübeln, das aber dazu führt, daß die Anbauer in immer stärkerem Maße Zuflucht zu Mineraldünger und Pflanzenschutzmitteln nehmen. Der Gartenfreund jedoch, für den dieses Buch ja geschrieben ist, braucht nicht auf äußerste Wirtschaftlichkeit zu sehen, er kann etwas geringere Erträge, kleinere Salat- und Kohlköpfe und ein paar Blattläuse eher in Kauf nehmen, wenn dem eine Geschmacksverbesserung und Qualitätssteigerung der Produkte gegenüberstehen. Als immer offensichtlicher wurde, daß übermäßiger Gebrauch von Mineraldünger, in erster Linie Stickstoff, die Widerstandskraft der Pflanzen gegen Krankheiten und Schädlinge vermindert, begann man schon Anfang dieses Jahrhunderts nach alternativen Anbaumethoden zu suchen. Zum Teil griff man auf die Methoden zurück, die früher, vor Erfindung der Mineraldünger, üblich waren. Es wurden aber auch ganz neue Faktoren ins Spiel gebracht, die den Anbauerfolg positiv beeinflussen sollten. Wir kennen heute etwa zehn alternative Methoden, um Gemüse anzubauen. Die wichtigsten sollen hier kurz besprochen werden.

Biologisch-dynamische Methode

Erfunden von Rudolf Steiner (1861–1925), als Bestandteil seiner anthroposophischen Glaubenslehre. Wesentlich bei dieser Anbaumethode ist die Beachtung jener »Ätherkräfte«, die von den Elementen Erde, Wasser, Licht und Luft ausgehen, sowie der von den Planeten herrührenden »Astralkräfte«. Unentbehrlich dabei sind zunächst Kuhmistpräparate: Ein Kuhhorn wird mit Kuhmist gefüllt, einige Zeit eingegraben, der Inhalt wird dann mit viel Wasser umgerührt und auf die Pflanzen ausgespritzt. Wichtig ist weiter ein Kieselsäurepräparat: Wiederum ein Kuhhorn, dieses Mal aber gefüllt mit sehr fein gemahlenem Bergkristall, ebenfalls eingraben, danach mit viel Wasser aufrühren und auch auf die Pflanzen spritzen. Ferner ein Schachtelhalm-Präparat: Aus Ackerschachtelhalm einen Tee bereiten, sehr lange kochen und ebenfalls verspritzen. Schließlich braucht man noch verschiedene Kompost-Präparate, die aus Schafgarbe, Kamille, Brennesseln, Eichenrinde, Löwenzahn und Baldriansaft hergestellt werden. Überhaupt spielt die Kompostbereitung eine ganz entscheidende Rolle. Bei der Aussaat und der Ernte kommt es auch auf den Stand des Mondes an. Umgraben ist erlaubt. Kurzfristig darf Chilesalpeter angewendet werden, und auch Thomasmehl, Magnesium, Kalk und Patentkali kommen im Rezeptbuch dieser Methode vor. Vor allem aber wird mit viel Gründüngung gearbeitet. Pflanzenschutzmittel sind nicht völlig verboten, doch müssen sie biologischer Herkunft sein, wie Pflanzentee, Pyrethrum- und Derrispräparate und dergleichen.

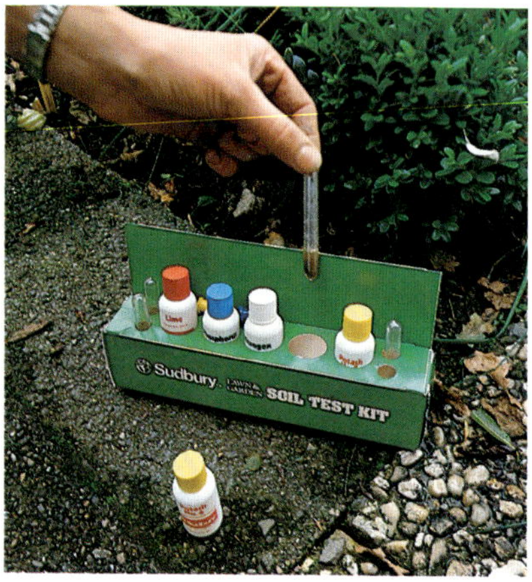

Mit einem Meßgerät kann man selbst Bodenuntersuchungen vornehmen, doch sind die Ergebnisse nicht 100%ig genau.

Organisch-biologischer Gartenbau

Auch bekannt als System Müller-Rusch. Alles dreht sich hier um die „Lebendige Substanz“, um eine Art von Makro-Molekülen, die sowohl in hochwertiger als auch in geringerwertiger Form vorkommen. Logisch, daß es darauf ankommt, die hochwertige Form zu fördern, denn sie ist verantwortlich für gute Gesundheit von Pflanze und Mensch. Da ausschließlich ein intaktes Bodenleben (s. S. 9) die „Lebendige Substanz“ hochwertig erhalten kann, kommt alles darauf an, das Bodenleben zu schonen und zu fördern. Dies geschieht u. a. durch Verabreichung eines speziellen Bakterien-Präparates, das von der Vereinigung für organisch-biologischen Landbau bezogen werden kann. Graben ist verboten, weil dabei die verschiedenen Bodenschichten durcheinandergeraten und das Bodenleben teilweise vernichtet wird. Der Boden soll auch nicht brachliegen, es muß immer etwas darauf wachsen oder zumindest darauf liegen, wie z. B. Mist oder ein Mulchmaterial. Der pH-Wert des Bodens soll verhältnismäßig hoch sein und konstant zwischen 6,7 und 7,0 liegen, da dies das Bakte-

Das Hügelbeet wird schichtweise aufgebaut. Bei Trockenheit muß oft gegossen werden. Manche schwören darauf, doch die Anlage eines solchen Beetes bedeutet viel Arbeit.

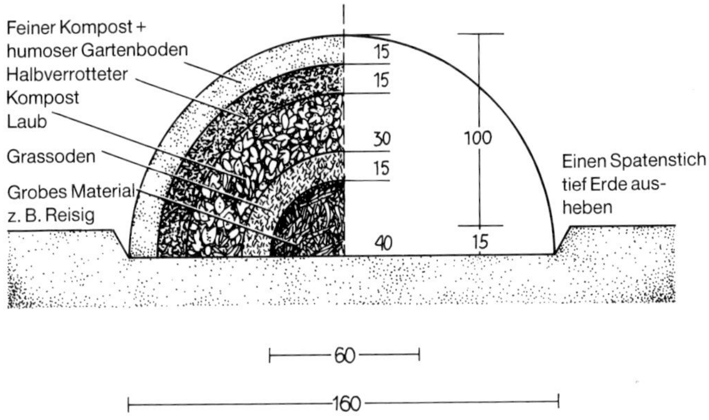

rienleben begünstigt. Gedüngt wird mit gutem, altem, verrottetem Stallmist, mit Knochenmehl und feinem Gesteinsmehl mit hohem Kieselsäure- und Magnesiumgehalt. Zur Gründüngung dient ein Gemisch von Persischem oder Alexandrinerklee mit Hafer. Damit kommt viel Stickstoff in den Boden. Auch Spinat wird viel zur Gründüngung verwendet. Mit Pflanzenschutzmitteln ist man äußerst vorsichtig, nur einige wenige organische Präparate dürfen gebraucht werden.

Makrobiotischer Gartenbau

Hier wird großer Wert auf die Spurenelemente gelegt. Sie können mit einem Spezial-Konzentrat in den Boden gebracht werden. Kompost ist wichtig, es wird verrotteter Mist in ihn hineingearbeitet. Der Boden wird im Herbst mit einer Mulchschicht bedeckt. Regenwürmer werden extra herangezogen, um die Bodenstruktur zu verbessern.

Grundlage der makro-biotischen Anbaumethode ist die Lehre vom Zen-Buddhismus. Die entscheidende Rolle spielen die männliche Kraft Yin und die weibliche Gegenkraft Yang, die beide im Makro- und Mikrokosmos wirksam sind. Manche Gewächse sind typisch Yin und müssen an Yin-Tagen ausgesät werden, andere sind Yang und werden an Yang-Tagen gesät.

Methode Lemaire – Boucher

Bei dieser Methode darf der Boden niemals tiefer als 15 cm bearbeitet werden. Es wird viel Gebrauch von Kompost gemacht, der aber nicht älter als 4 Wochen sein darf. Entscheidend wichtig ist ferner die Verwendung von reichlich Maerl. Es ist dies ein Korallenalgenkalk, der im Meer von alten Korallenriffen gewonnen wird. Dieses Material wird sehr fein gemahlen und in den Boden gearbeitet.

Methode Ruth Stout

Frau Stout arbeitet viel mit Mulch, d. h. mit organischem Material, vorzugsweise Heu, mit dem der Boden in dicker Schicht bedeckt wird. Die Mulchschicht läßt kein Unkraut aufkommen und begünstigt das Bodenleben. Mulchen kann arbeitssparend sein, sieht aber manchmal etwas unordentlich aus. Auch bestimmte Formen der Mischkultur spielen bei dieser Methode eine Rolle, die im übrigen schon wieder an Interesse eingebüßt hat.

Hügelbeete

Bei dieser speziellen Anbaumethode wird aus mehreren Schichten organischen Materials ein Hügelbeet errichtet. Es ist 180 cm breit und etwa 80 cm hoch. Zunächst wird der Boden 20 cm tief ausgehoben. Sodann kommen in die Mitte des Beetes eine 40 cm dicke Schicht Reisig und darauf eine 15 cm hohe Lage Grassoden. Es folgen 30 cm Laub und eine Schicht halbverrotteter Kompost. Das Beet wird nun immer breiter. Zum Schluß kommt die anfangs ausgegrabene Erde auf das Beet, das nun einen halbkreisförmigen Querschnitt haben muß (s. Abb.). Durch die Hügelform wird die Oberfläche des Beetes vergrößert, d. h., man kann – zumindest theoretisch – vom Quadratmeter mehr ernten. Durch die Verrottung des eingebrachten Materials entsteht mit der Zeit ein sehr fruchtbares Substrat. Ein Nachteil allerdings ist, daß ein Hügelbeet in Trockenzeiten oft gegossen werden muß.

Der Hügel wird nun mit allerlei Gemüse bepflanzt, am besten in Mischkultur. Diese Methode erfordert viel Arbeit, und ob sich die Mühe lohnt, auf diese Weise Gemüse zu bauen, ist sehr die Frage. Für Gartenfreunde jedoch, die gern einmal etwas Neues ausprobieren, ist das Hügelbeet eine interessante Sache.

Unser System

Es gibt noch mehr alternative Methoden, Gemüse zu bauen, doch wird es Sie jetzt sicher interessieren, etwas über unsere Anbaumethode zu erfahren, die gewissermaßen eine Kombination der verschiedenen vorgenannten Systeme darstellt.

Tief umgegraben wird der Boden nur bei der Anlage eines neuen Gartens oder wenn der Boden aus dem einen oder anderen Grunde nichts mehr hergibt. Wie das geschieht, lesen Sie bitte auf S. 18/19. Im übrigen wird der Boden nur im Herbst oder Frühjahr flach umgestochen, bei geeignetem, trockenem Wetter eventuell auch gefräst. An Dünger geben wir am liebsten verrotteten Stallmist, außerdem Maerl, Thomasmehl, Kali, einen Spurenelementdünger sowie Blut-, Horn- und Knochenmehl. Nach der ersten Ernte verabreichen wir etwas Blutmehl, damit die nachfolgende Kultur genügend Stickstoff erhält. Chemisch zubereiteter Stickstoff wird zunächst möglichst nicht angewandt. Kompost wird nur beim tiefen Umgraben eingebracht, um das lästige Keimen der vielen Unkrautsamen zu verhindern. Mit Mulchen haben wir es versucht, doch werden die Beete dadurch zu unordentlich, und bei nassem Wetter kommt das Unkraut auch durch die Mulchschicht hindurch. Zur Schädlingsbekämpfung werden ausschließlich Mittel eingesetzt, die die Umgebung nicht belasten. Für diese unsere Anbaumethode brauchen wir keinen besonderen Namen, es ist unserer Meinung nach eine »Gesunder Menschenverstand-Methode«, deren Ziel es ist, mit möglichst wenig Aufwand ein möglichst gesundes Produkt zu erzeugen. Alle extremen, manchmal etwas phantastisch anmutenden Maßnahmen und Empfehlungen lassen wir weg, nicht weil wir sie schlankweg ablehnen, sondern weil sie uns zu zeit- und arbeitsaufwendig sind.

Kompost

Wie wir auf den vorigen Seiten gesehen haben, spielt die Zubereitung von Kompost bei fast allen alternativen Anbaumethoden eine ganz wesentliche Rolle. Jede dieser Richtungen hat ihre eigenen Rezepte für die Kompostbereitung, doch würde es zu weit führen, alle diese Methoden hier zu beschreiben. Falls Sie an einer alternativen Methode interessiert sein sollten, empfehlen wir Ihnen, sich ein Büchlein darüber zu besorgen, und Sie werden darin auch die feinen Kniffe der Kompostbereitung angegeben finden.

Kompost bedeutet »das Zusammengesetzte«. Ein guter Kompost ist dann auch zusammengesetzt aus einer Vielzahl abbaubarer Stoffe, die nach ihrer Verrottung einen brauchbaren Dünger darstellen. Kompost an sich ist meistens nicht übermäßig reich an Nährstoffen, weshalb man ihm auch gern Knochenmehl oder ähnliches zufügt. Der Hauptwert des Kompostes liegt daher nicht in seinem Gehalt an Pflanzennährstoffen, sondern darin, daß er den Boden mit Humus und Mikroorganismen anreichert, die der Boden für seine Gesundheit braucht.

Kompost läßt sich sowohl aus Garten- als auch aus Küchenabfällen herstellen. Man kann viel mehr auf den Komposthaufen bringen, als man glaubt: alle Gemüseabfälle, einschließlich Kartoffelschalen, unbedruckten Karton, Abfall aus dem Staubsauger, kurzum alles, wovon Sie meinen, daß es verrotten kann. Wir müssen nur auf Dinge achten, die mit fäulnis- und zersetzungshemmenden Präparaten behandelt sind. So sind Apfelsinen fast immer mit pilzhemmenden Mitteln behandelt, und Kartoffeln sind häufig mit Präparaten eingestäubt, die das Keimen verhindern. Besteht ein diesbezüglicher Verdacht, werfen Sie solche Schalen nicht auf den Kompost. Gerät unglücklicherweise einmal etwas Plastik auf den Kompost, z. B. aus dem Staubsaugerbeutel, dann ist auch dies kein Problem: Wenn der Kompost fertig ist, lassen sich die nicht zersetzbaren Bestandteile durch Absieben herauslesen. Wir haben auf diese Weise schon Eßbesteck vorm sicheren Untergang gerettet. Nicht daß das Silber dabei schöner wird, in einem tätigen Komposthaufen wird selbst Glas angegriffen. Aus dem Garten können Sie verwenden: Pflanzenreste, gemähtes Gras (mit Maßen), abgefallenes Laub, abgestorbene Triebe, Unkraut usw. Nur müssen Sie hier ein wenig wählerischer zu Werke gehen als beim Küchenabfall. Es gibt einige gefährliche Pflanzenkrankheiten, die im Kompost am Leben bleiben. Sie müssen nicht unbedingt jede Krankheit oder kranke Pflanze dem Komposthaufen fernhalten, aber Kohlstrünke mit Kohlhernieknollen z. B., verursacht durch einen üblen, hartnäckigen Schleimpilz, sollte man lieber dem Müllmann mitgeben. Sie müssen ferner bedenken, daß viele Samen den Kompostierungsprozeß überleben können. Wenn Sie also Samenunkräuter auf den Komposthaufen bringen, müssen Sie damit rechnen, daß die Samen noch nach Jahren, wenn die Komposterde ausgebracht wird, keimen und viel Arbeit verursachen. Es ist natürlich möglich, völlig unkrautfreien Kompost herzustellen, doch muß man dann eben den Abfall sehr gut sortieren.

Nun zu unserer Methode, Kompost herzustellen; sie ist die meistübliche und liefert einen sehr brauchbaren Kompost.

Im Garten benötigt man, um damit zu beginnen, zwei Behälter, die – in einem kleinen Garten – eine Grundfläche von jeweils 1 m^2 haben sollten. Das beste ist, sie sich selbst zu mauern, Plastik geht auf die Dauer kaputt und Metall-Container rosten. Die Abbildungen zeigen, wie die Behälter aussehen sollen. Die Vorderseite ist offen und kann mit Brettern verschlossen werden. Das erleichtert das spätere Entnehmen der Erde aus dem Behälter. Die Wände werden mit Zwischenräumen gemauert, damit Luft hinzutreten kann. Zuviel Luft ist auch nicht gut, denn sonst trocknet der Kompost an den Außenwänden zu stark aus. Behälter aus Drahtgeflecht sind aus diesem Grunde wertlos.

In der Küche braucht man zwei Abfallbehälter, in die die üblichen Müllbeutel aus Plastik passen. In den einen Behälter kommen die Abfälle für den Komposthaufen, in den anderen der Abfall für den Müllkasten (vielfach werden heute in einem besonderen Behälter Flaschen gesammelt). Den Abfall von Anfang an sortieren, erspart später viel unappetitliche Arbeit. Den vollen Kompostbeutel bringen wir in den Container und mischen den Abfall gründlich mit dem aus dem Garten. Wenn die Abfallschicht im Container 15 cm hoch ist, wird sie mit einer Mistgabel durcheinandergemischt und mit einer dünnen Schicht Kalk, eventuell auch etwas Blut-, Horn- oder Knochenmehl bedeckt. Mit der Mistgabel klopft man dann noch auf den Abfall, damit der Kalk und das Mehl nach unten durchrieseln. Sorgen Sie für einen Deckel auf dem Container – ideal ist Hartholz – sonst wird der Kompost bei längerem Regen zu naß oder trocknet durch die Sonne zu sehr aus. Der Kompost muß stets mäßig feucht sein, nie naß oder trocken, sonst funktioniert das System nicht. So baut man Schicht auf Schicht auf, bis der Container voll ist. Da er keinen Boden hat, können Regenwürmer von unten eindringen und zusammen mit ihren ebenfalls humusfressenden »Kollegen«, wie Tausendfüßlern, Pilzen und anderen Mikroorganismen, an die Arbeit gehen und den Abfall zersetzen.

Manche Kompostbereitungssysteme fordern, daß die Umsetzung des Abfalls in Erde möglichst in einigen Wochen erfolgt, doch wir verstehen nicht, warum es so eilig vor sich

Ganz links: Ein selbstgebauter Kompost-Behälter, praktisch und solide.
Links: Ein als Bausatz gelieferter Container.

gehen soll. Wir haben Komposthaufen schon vier Jahre liegenlassen, ohne jeden Nachteil. Normalerweise dauert die erste Hälfte des Abbauprozesses ein halbes Jahr. Schneller, auch wenn Ihr erster Container eher voll ist, geht es nicht. Sie müssen nun den Komposthaufen umsetzen, d. h. vom ersten in den zweiten Container umfüllen. Sehr wahrscheinlich werden Sie dabei eine Menge Regenwürmer bei der Arbeit stören, doch ist das ein Zeichen dafür, daß alles gut läuft. Bringen Sie also den Inhalt des ersten Containers in den zweiten, und streuen Sie dabei wieder nach jeder 15-cm-Schicht etwas Kalk aus.

Der erste Container ist nun wieder leer, und Sie können ihn von neuem mit Abfall füllen. Ist er voll, können Sie den zweiten Container leeren und den Kompost durchsieben. Hierzu eignet sich am besten ein ziemlich grobes Drahtgeflecht, das auf einen Holzrahmen von 80 × 150 cm Größe aufgespannt wird. Diesen Rahmen stellen Sie in einem Winkel von 45° auf und werfen mit einer Schaufel den Kompost darüber. Alles was durchfällt, kann als Komposterde verwendet werden; was nicht durch das Sieb will, muß noch einmal sortiert werden. Erst entfernen Sie Plastik, Metall und Bestecke und werfen dann die groben, organischen, noch nicht völlig verrotteten Bestandteile wieder auf den neuen Haufen daneben.

So einfach also kann die Kompostbereitung sein! Viel Arbeit ist es sicher nicht, und man hat stets das gute Gefühl, daß nichts umkommt, was noch für den Garten von Nutzen sein kann und natürlich nicht nur für den Gemüsegarten. Wenn Sie vermuten, daß Ihr Kompost noch viel Unkrautsamen enthält, was Sie leicht durch eine Keimprobe im Hause feststellen können, dann empfiehlt es sich, den Kompost einen Spatenstich tief unterzuarbeiten. Die meisten Samen dürften dort nicht mehr zum Auskeimen kommen. Arbeiten Sie nach dem Nicht-Umgraben-System, dann streuen Sie den Kompost zeitig im Herbst, etwa Ende September, im Garten aus. Die meisten Samen werden dann noch vor der kalten Jahreszeit keimen, doch da die jungen Pflanzen meistens nicht winterhart sind, fallen sie den Frösten zum Opfer.

An sich besteht auch die Möglichkeit, den Kompost durch Erhitzen zu sterilisieren, doch kostet das natürlich viel Arbeit und Energie.

Ist der Boden Ihres Gartens arm an Regenwürmern, kann man sich welche kaufen und dem Kompost zufügen. Man kann auch selber Regenwürmer heranziehen, entsprechende Einrichtungen dafür sind im Handel erhältlich.

Der Nährwert des Gemüses

In diesem Buch wird von jeder Gemüseart, soweit bekannt, der Nährwert angegeben. In unserer Zeit des bewußten Essens und des ständigen Achtens auf die schlanke Linie will ein jeder wissen, woraus unsere Nahrung besteht. Treiben Sie biologischen Anbau, werden Sie das beruhigende Gefühl haben, daß sich in keinem Falle schädliche Stoffe in Ihrem Gemüse befinden. Den Gehalt an den wichtigsten Nutzstoffen, den Mineralstoffen und Vitaminen, finden Sie jeweils angegeben.

Im übrigen sollte man bedenken, daß Gemüse eine doch verhältnismäßig bescheidene Rolle in unserer Gesamternährung spielt. Eine durchschnittliche Gemüseportion liefert uns nicht mehr als etwa 70 Kilojoule von den gut 10000, die wir am Tag brauchen. Auch die Mengen an Mineralstoffen und Vitaminen sind gering, mit Ausnahme allerdings von Vitamin C.

Wir beginnen mit der Gesamtenergie, die heute in Joule ausgedrückt wird, genauer gesagt in Kilojoule. Kilo bedeutet tausend, wir zählen also in Tausend-Joule-Einheiten. Früher rechneten wir in Kilokalorien, doch kommt diese Bezeichnung allmählich aus dem Gebrauch. Der Klarheit halber geben wir die Zahl der Kilokalorien jeweils noch in Klammern an. 1 alte Kilokalorie (kcal) entspricht 4,184 Kilojoule (kJ).

Die Energie, die wir aus einem bestimmten Produkt gewinnen, die Kilojoule also, stammen vom Fett, vom Eiweiß und von den Kohlenhydraten. Diese Werte werden jeweils gesondert angegeben, um Sie über die Mengenverhältnisse genau zu informieren. Stets werden die Mengen angegeben in g Eiweiß, Fett und Kohlenhydraten pro 100 g eßbarer Substanz des Nahrungsmittels. Das bedeutet: nach dem Putzen und Zurechtmachen des Gemüses.

Den höchsten Eiweißgehalt besitzen Brokkoli, Rosenkohl und Pferdebohnen.

Reich an Fett ist kein Gemüse, verhältnismäßig viel befindet sich noch im Grünkohl und im Mais.

Viel Kohlenhydrate enthalten Kartoffeln, Mais und Schwarzwurzeln.

Was die Mineralstoffe betrifft, so kommen sie in wesentlich geringeren Mengen vor; wir geben sie an in mg pro 100 g eßbare Substanz. Ihr Gehalt wird angegeben in der Reihenfolge Calcium, Phosphor, Eisen, Natrium und Kalium.

Am meisten Calcium enthalten Kresse und Grünkohl. Relativ viel Phosphor finden wir in Brokkoli, Grünkohl und Rosenkohl.

Den weitaus größten Eisengehalt besitzen Petersilie, Mangold, Pferdebohnen und Feldsalat.

Natrium enthalten Bleichsellerie und Mangold.

Besonders kaliumreich sind Blattsellerie, Petersilie, Portulak, Spinat und Kartoffeln.

Noch geringer sind die Gehalte an Vitaminen, die wir herab bis zu Hundertsteln von Milligrammen angeben können. Von den heute mindestens 14 bekannten Vitaminen erwähnen wir nur die wichtigsten.

Vitamin A kommt in Pflanzen nicht vor, wohl aber seine Vorstufe β-Karotin, auch Provitamin A genannt. Den höchsten Gehalt an diesem Provitamin besitzen Möhren, aber auch Grünkohl und Spinat enthalten verhältnismäßig viel davon.

Vitamin B_1, auch bekannt als Thiamin, befindet sich vor allem in Erbsen.

Vitamin B_2 (Riboflavin) ist besonders in der Petersilie enthalten.

Der Gehalt an Vitamin B_6 wird im Rohprodukt gemessen, da er beim Kochen stark abnimmt. Verhältnismäßig viel davon findet sich in Kartoffeln und im Rosenkohl.

Schließlich das Vitamin C, das auch vor dem Kochen des Gemüses bestimmt wird. An der Spitze stehen Rosenkohl und rote Paprika, gefolgt von Petersilie und Grünkohl.

Es muß jedoch vermerkt werden, daß in bezug auf Energie, Mineralstoffe und Vitamine recht unterschiedliche Werte angegeben werden. So enthält nach deutschen Untersuchungen Spinat zweimal mehr Vitamin B_1 als in den Niederlanden und viermal soviel Vitamin B_6. Blumenkohl hat nach deutschen Untersuchungen etwa die Hälfte mehr Kalorien bzw. Joule. Porree hat in Deutschland um die Hälfte mehr Phosphor usw. Natürlich haben diese Unterschiede nicht nur etwas mit den jeweiligen Untersuchungsmethoden, sondern auch mit dem Klima des Anbaugebietes, mit der Lage und dem Boden, mit der Sorte, mit dem Zeitpunkt der Probenahme usw. zu tun. Wenn aber Differenzen bis zu 100% vorkommen, sollte man die angegebenen Werte doch sehr skeptisch aufnehmen.

Wir haben uns in diesem Buch soweit wie möglich an die in der einschlägigen Literatur auffindbaren Werte gehalten.

Welchen gesundheitlichen Wert schließlich all die erwähnten Mineralstoffe und Vitamine haben, lesen Sie bitte in Büchern über Ernährungslehre nach; dieses näher auszuführen, würde den Rahmen dieses Buches sprengen.

Fit bleiben durch Gartenarbeit

Rechts: Bei 1,20 m Beetbreite ist diese Spreizstellung eine gute Übung für die Beine.

Hannelie über gesunde Bewegung
Ich bin der Meinung, daß aktive Beschäftigung die Grundlage für das Wohlbefinden des Menschen ist. In unserer Wohlstandsgesellschaft leiden viele Menschen unter Beschwerden, die auf einer schlechten Körperhaltung beruhen. Rückenschmerzen, Plattfüße, schlaffe Bauchmuskulatur, fehlerhafte Atmung usw. Ich erlebe dies täglich in meiner Praxis als Gymnastik-Ärztin nach dem System Mensendieck.*)
Es ist nur gut, daß viele Menschen sich des Mangels an aktiver Bewegung wohl bewußt sind und an Sportschul-Kursen teilnehmen und Aerobic-Tanzen, Fitness-Training und dergleichen betreiben.
Ich meine aber, daß man auch versuchen sollte, sich bei der täglichen Arbeit soviel wie möglich zu bewegen, denn das ist sicher noch viel zweckmäßiger.
Ich wende mich nun speziell an den Gemüsebauer, denn für ihn ist dieses Buch ja geschrieben. Um zu beginnen, will ich ausgehen von der »normalen« oder besser gesagt »zweckmäßigen« Körperhaltung. Was verstehen wir darunter?

Man kann wohl in etwa sagen, daß sie zwischen der gezwungenen »militärischen« Haltung, bei der alles straff gespannt ist, wie es uns beim Exerzieren der Soldaten demonstriert wird, und der völligen Lockerung und Entspannung liegt, bei der sämtliche Muskeln der Gliedmaßen, des Bauches und des Rückens Ruhe kriegen.

Die wichtigsten Arbeiten im Gemüsegarten
Graben ist wohl die schwerste Arbeit. Dennoch kann dies jeder gesunde Mensch ohne Schaden tun, sofern der richtige Spaten gebraucht und der Rücken gleichmäßig belastet wird. Der Spatenstiel soll bis zur untersten Rippe reichen, und das Spatenblatt darf nicht zu groß sein: ganz schmal für Lehmbo-

*) Bess Mensendieck (1864–1957), holländisch-amerikanische Gymnastiklehrerin, begründete ein eigenes Gymnastiksystem für Frauen.

Unten links: Wenn Sie sich häufig so bücken, werden Sie bald zum Gymnastik-Therapeuten müssen.

Unten rechts: Gehen Sie möglichst oft in die Knie, das schont Ihren Rücken.

den, breiter für Sandboden. Hacken dagegen ist eine viel leichtere Tätigkeit. Doch da viele Menschen beim Hacken gebückt stehen, kommt es häufig zur Ermüdung der Rückenmuskeln. Das ist also falsch. Wenn das Blatt der Hacke mit dem Stiel den richtigen Winkel bildet und der Stiel lang genug ist, kann man aufrecht stehend hacken. Hacken ist eine gute Übung für die schlaffen Bauchmuskeln (und eine schlanke Taille) und auch eine prima Armübung, besonders für die Oberarm- und Schultermuskeln, die sonst im täglichen Leben nur wenig beansprucht werden. Das Arbeiten mit der Schubkarre ist leichter, wenn nur das Rad richtig plaziert ist, d. h. nicht zu weit nach vorn, und wenn Sie aufrecht laufen, mit angespannten Bauchmuskeln. Und dann das Bücken, wie es beim Säen und Jäten üblich ist. Ich rate Ihnen, lieber in die Hocke zu gehen, wenn es Ihnen nicht zu schwer fällt. Es kann zwar nicht jeder länger in der Hockstellung arbeiten, für den Rücken ist es aber besser. Oft hilft schon dabei, sich mit ein paar Fingern abzustützen, um das Gleichgewicht zu halten.
Zum Schluß noch ein paar Vorschläge für Übungen, die Sie zwischendurch machen können: Zunächst bei der Ankunft im Gemüsegarten ein paar kräftige Atemzüge in der frischen Luft; einatmen durch die Nase, ausatmen durch den Mund.
Danach machen Sie mehrere tiefe Kniebeugen, wobei Sie gleichzeitig etwas Unkraut aus den Beeten ziehen können. Dann hacken Sie zwischen den Reihen, wobei Sie sich ruhig atmend und die Bauchmuskeln anspannend wieder etwas erholen können.
Sodann ein paar Reck- und Streckübungen: Strecken Sie Ihre Arme nach oben, und machen Sie sich so groß wie möglich. Gehen Sie in die Spreizstellung, und berühren Sie mit den Fingerspitzen erst den rechten und dann den linken Fuß. Dabei sollen aber die Knie durchgedrückt bleiben.
Bei einer Beetbreite von 1,20 m können die meisten Menschen ohne Schwierigkeiten ein Beet überspreizen, wobei besonders die Oberschenkelmuskeln beansprucht werden. In dieser Stellung können Sie auch die Beetmitte gut erreichen.
Ich bin davon überzeugt, daß Sie, wenn Sie etwas mehr auf die richtige Körperhaltung achten, sich wohler fühlen und mehr Freude an der Gartenarbeit haben werden. Dazu wünsche ich Ihnen viel Erfolg!

Wenn Sie so umgraben, wird Ihnen der Rücken bald weh tun.

Umgraben mit geradem Rücken ist leichter und gesünder.

Falsche Haltung beim Hacken.
Ein langer Hackenstiel erlaubt Ihnen, bei der Arbeit aufrecht zu stehen.

Bodenbearbeitung

Beim Anbau von Gemüse hat die Bearbeitung des Bodens von jeher eine bedeutende Rolle gespielt, wir wissen das bereits aus dem Altertum. In den letzten hundert Jahren ist viel über die Bodenbearbeitung diskutiert worden: Soll man den Boden bearbeiten oder nicht, wie tief und womit soll man ihn bearbeiten usw. Auf S. 12/13 können Sie einiges mehr über die wichtigsten alternativen Meinungen betreffend die Bodenbearbeitung erfahren.
In diesem Buche werden wir unser Interesse aber nicht nur auf die verschiedenen alternativen Methoden der Bodenbearbeitung, sondern auch auf die herkömmlichen richten.

Graben
Die gebräuchlichste Methode der Bodenbearbeitung in kleinen Gärten ist das Umgraben mit der Hand. Dies ist besonders wichtig bei der Anlage eines neuen Gemüsegartens, weil man ja nicht weiß, was sich unter der meist recht ordentlich aussehenden Bodenoberfläche verbirgt. Auf Grundstücken mit Neubauten z. B. ist es allgemein üblich, den Bauschutt im Boden zu vergraben. Baut man hierauf Gemüse an, gibt es mit Sicherheit ein Fiasko. Da hilft nur eines. Den Schutt woandershin schaffen.
Bei Neubauten geschieht auch folgendes: Der Boden wird durch das Befahren mit schweren Baumaschinen gewaltig zusammengepreßt. Er enthält infolgedessen nur wenig Luft, wir sagen, die Bodenstruktur ist zerstört. Für den Pflanzenwuchs ein höchst unerwünschter Zustand!
Oft kommt es bei Neubauten auch vor, daß Boden herangebracht und Erde aufgeschüttet werden muß. Doch womit wird aufgeschüttet, was für Boden wird zum Aufschütten verwendet? Gehen Sie getrost davon aus, daß hier stets die billigste Lösung gesucht und keine Rücksicht darauf genommen wird, daß Sie hier einmal gesundes Gemüse anbauen wollen.
Gut, Umgraben ist fast immer die beste Methode, Neuland zu bearbeiten. Größere Parzellen kann man maschinell bearbeiten, kleinere, eingeschlossene Gärten müssen mit der Hand umgegraben werden. Man kann die Arbeit natürlich an jemanden vergeben, der sich etwas Geld verdienen will, oder auch einen Gärtner, doch sollte man in diesem Fall Stundenlohn zahlen und nicht einen Pauschalbetrag, denn dann wird gewöhnlich »gehudelt«. Auch wenn Sie die Arbeit nicht selbst ausführen wollen oder können, empfiehlt es sich doch, das Nachstehende zu lesen, dann wissen Sie wenigstens, worauf Sie achten müssen, wenn ein anderer die Arbeit macht.
Sandboden gräbt sich am leichtesten, deshalb werden, besonders bei Lohnarbeit, enorm große Spaten gebraucht, mit denen man schnell vorankommt. Auf schwerem Lehmboden dagegen verwendet man Spezialspaten mit einem kleineren Blatt oder auch Grabegabeln mit vier flachen Zinken. Man achte auch darauf, daß der Lehmboden einen günstigen Feuchtigkeitsgrad aufweist, zu trockener oder zu nasser Lehm läßt sich nur schlecht bearbeiten.
Da strenger Frost die Struktur schwerer Böden, z. B. Lehmböden, verbessert, bearbeitet man diese am besten noch vor Eintritt des Winters. Sandboden dagegen kann recht gut auch noch im Frühjahr umgegraben werden.
Es gibt verschiedene Methoden, einen Boden umzugraben, die meistens bezeichnet werden nach der Tiefe der Bearbeitung. So sprechen wir von 1 Spatenstich, 2 Spatenstich und 3 Spatenstich tiefem Umgraben. Die Tiefe richtet sich also nach der Höhe des Spatenblattes, meist 25–30 cm. Beim 3 Spatenstich tiefen Graben wird der Boden also bis 90 cm tief gelockert. In der Regel geht man nicht tiefer als zwei Spatenstiche, wobei dann aber im Falle eines starken Unkrautwuchses noch die oberste Bodenkrume, die Unkraut-Sode, hinzukommt. Diese wird zuvor abgestochen und kommt dann später ganz nach unten.
Beim 2 und 3 Spatenstich tiefen Graben können die oberen und unteren Schichten ausgetauscht werden. Dies darf jedoch nur geschehen, wenn das Bodenprofil, z. B. während eines Baues, ohnehin mehr oder weniger zerstört wurde. Im übrigen aber beläßt man die obere Schicht oben und die untere unten, weil erstere das meiste Bodenleben enthält. Die Mikroorganismen würden zugrunde gehen, wenn man sie so tief begraben würde. Und das ist genau der Grund, mit dem die Gegner des Umgrabens argumentieren. Sie glauben, daß jede Störung der Schichtung das Bodenleben tötet.
Am leichtesten ist, nur 1 Spatenstich tief umzugraben: Die Erde wird nur gewendet und kommt wieder an die gleiche Stelle. Dabei braucht man sie gar nicht unnötig hoch zu heben, um sie wieder fallen zu lassen. Wenn Sie – wie viele Holländer – Holzschuhe tragen, können Sie den Schaft des Spatens gegen den Holzschuh stoßen und so das Blatt

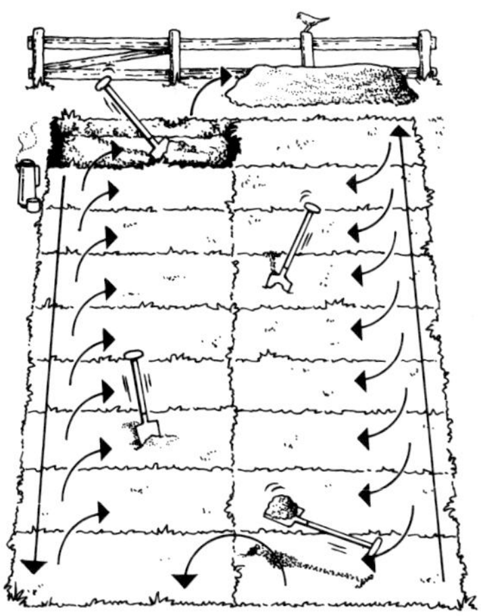

Die oberste Erdschicht vom ersten Graben (oben links) wird dorthin transportiert, wo die Arbeit enden soll (oben rechts). Der Untergrund des ersten Grabens wird gelockert. Darauf kommt die Oberkrume des nächsten Grabens und so fort, wie in der Zeichnung angegeben. Die Schubkarre kann im Schuppen bleiben.

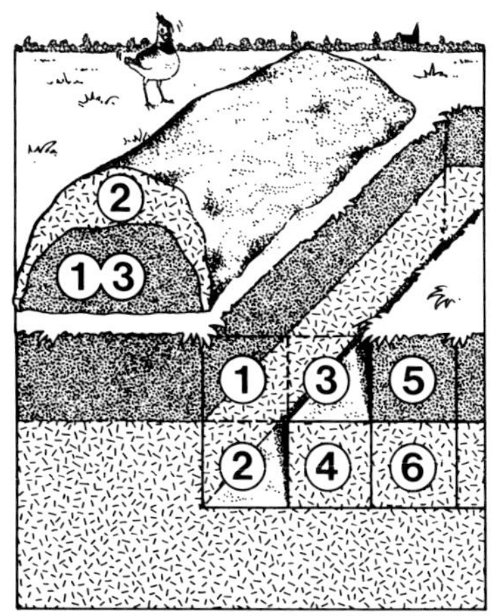

Beim Zwei-Spatenstich tiefen Rigolen werden die Schichten 1 und 3 (Obergrund) ausgegraben und gesondert aufgesetzt (links). Auch die Schicht 2 wird ausgehoben und besonders gelagert. Dann kommt 4 auf Platz 2, 5 auf Platz 1, 6 auf Platz 4 usf. Bezüglich des Einarbeitens von Stallmist siehe die folgenden Fotos.

Beim Tiefrigolen wird erst ein Graben ausgehoben, 2 Spatenstiche tief. . Auf dem Foto liegt die ausgegrabene Erde vorn, das ist die Stelle, an der wir nach dem Umgraben von 2 Beeten wieder ankommen. Schmale, hin und zurücklaufende Beete umzugraben ist einfacher, als die Erde von einem Ende des Gartens zum anderen zu karren.

Vom zweiten Graben wird nur die oberste Schicht ausgehoben. Auf der Skizze ist dies Nr. 3. Man steht dabei in Graben 1 und braucht sich nicht so tief zu bücken. Diese Erde kommt auf den Aushub von Graben 1. Hannelie benutzt einen Stechspaten aus rostfreiem Stahl, ein wertvolles Gerät, mit dem sich gut arbeiten läßt.

Um die ausgehobenen Gräben sauber zu bearbeiten, benutzen wir eine Schaufel. Es entsteht nun gewissermaßen eine Treppe. Diese Nebenarbeit ist nicht unbedingt notwendig, aber doch recht nützlich, sie schafft uns klare Übersicht über den Fortgang der Arbeit. Das Ausgraben von Erde ist damit beendet, der Rest wird an Ort und Stelle gewendet.

Die unterste Schicht vom zweiten Graben (auf der Zeichnung Nr. 4) wird nun auf Platz 2 gewendet, also unten in den ersten Graben. Der Stechspaten wird mit dem Fuß in den Boden gedrückt. Wenn er vorn gut geschliffen ist, gleitet er wie ein Messer durch Butter, zumindest auf Sandboden.

Stallmist aus der Schubkarre wird im ersten Graben mit einer Mistgabel auf der untersten Schicht ausgebreitet. Der Mist kommt auf diese Weise etwa 25 cm unter die Oberfläche, das ist der Hauptwurzelbereich der Gemüsepflanzen. Diese Methode ist nur für verrotteten Stallmist zu empfehlen. Frischer Mist muß in der oberen Schicht verteilt werden.

Die oberste Schicht des dritten Grabens (auf der Zeichnung Nr. 5) kommt auf den Mist in Nr. 1. Die Erde wird anfangs ziemlich hoch liegen, setzt sich aber später. Die erste »Grabrunde« ist damit abgeschlossen. Beginnen Sie nun wieder bei Foto 3, bis der ganze Garten fertig ist.

Flache Bodenbearbeitung mit einer leichten Gartenfräse. Ideal, um Stallmist in die Oberkrume einzuarbeiten.

drehen. Die Erde fällt dann umgewendet in das Loch zurück, ohne daß Sie sie hochzuheben brauchten. Es gibt auch ganz raffinierte Wendespaten mit einer Technik, die dasselbe bewirkt. Sie sind natürlich teurer als gewöhnliche Spaten.

Will man 2 oder 3 Spatenstich tief graben, muß man erst einmal eine oder mehrere Schichten ganz entfernen, um mit der Arbeit richtig beginnen zu können. Die Zeichnung auf S. 18 und die Fotos auf S. 19 zeigen dies deutlich.

Wenn Sie noch nie umgegraben haben, fangen Sie am ersten Tag mit einer kleinen Fläche an, um Ihren Körper an diese doch recht schwere Arbeit zu gewöhnen. Sind Sie erst einmal in der Übung werden Sie das Umgraben wahrscheinlich als angenehmes körperliches Training empfinden. Pro Minute arbeiten Sie dabei 15–20 Joule mit weg, eine großartige Sache für beleibte Leute.

Vielleicht hat sogar manch ein älterer Gartenfreund vom Umgraben einen krummen Rücken bekommen oder leidet jedesmal unter Rücken- und Muskelschmerzen. Ihnen kann dies jedoch nicht passieren, weil Sie Hannelies Ausführungen auf S. 16 und 17 über die richtige Körperhaltung lesen konnten. Betrachten Sie das Umgraben nicht als Arbeit, sondern als Sport!

Einebnen

Während des Umgrabens bietet sich die Möglichkeit, kleine Unebenheiten auszugleichen. Dies geschieht dadurch, daß man im Untergrund etwas Erde zufügt oder wegnimmt. Der Geübte macht dies gewissermaßen automatisch bei der Arbeit, der Anfänger tut sich etwas schwerer. Auf jeden Fall aber sollte man nicht allein mit der Oberkrume ausgleichen, weil diese wichtige Schicht sonst stellenweise zu dünn werden könnte.

Bodenverbesserung

Wenn der Boden nicht hundertprozentig unseren Anforderungen genügt – und das ist fast immer der Fall –, dann bietet sich beim Umgraben die ideale Gelegenheit, seinen Zustand zu verbessern. Sie können dem Boden verschiedene Materialien und Mittel einverleiben, die beispielsweise seinen Humusgehalt erhöhen, die Fruchtbarkeit fördern, den Säuregrad verändern usw. Alle diese Stoffe dürfen aber nicht tiefer eingebracht werden, als die Wurzeln gehen, und für Gemüse ist das nur selten mehr als 60 cm, d. h. wieder die beiden obersten Schichten. Wir sprechen von der fruchtbaren Oberkrume.

Nahezu alle Böden lassen sich durch Zufuhr von Humus verbessern, den man in Form von Torf, Lauberde, Moorboden, Stallmist, Edelpilz-Mist, Kompost und dergleichen verabreicht. Beim Torf unterscheiden wir folgende Produkte: Düngetorf ist reiner Torf, ohne jeden Zusatz von Pflanzennährstoffen, Torfmischdünger besteht aus Düngetorf und Pflanzennährstoffen, und Torfkultursubstrat ist Torf mit Düngemitteln zur Verwendung als gärtnerische Erde, z. B. in der Jungpflanzenanzucht. Auf 100 m^2 gebe man 5–10 m^3 eines oder mehrerer der genannten Bodenverbesserungsmittel. 10 m^3 bedeutet eine Schicht von 10 cm Höhe, und das ist schon einiges. Nur auf reinem Moorboden erübrigt sich die Einbringung zusätzlicher Humusdünger.

Böden mit schlechter Struktur, wie z. B. dichte Lehmböden, lassen sich durch Humus, in erster Linie Torfmull und Kompost, gut lockern und verbessern. Auch Kalk kann die Struktur solcher Böden günstig beeinflussen.

Kalk, gewöhnlich in Form von kohlensaurem Kalk oder auch magnesiumhaltigem Dolomit, wird hauptsächlich gebraucht, um den Säuregrad bzw. pH-Wert des Bodens zu erhöhen. Saure Böden, vor allem Sandböden, aber auch saure Lehmböden, müssen unbedingt aufgekalkt werden, wenn man Pflanzen anbauen will, die bei niedrigem pH nicht gedeihen, und das trifft für viele Gemüsearten zu. Folgen Sie daher den Empfehlungen, die man Ihnen bei der Bodenuntersuchung gibt. Da Kalk kaum im Boden wandert, ist es wichtig, daß er schon beim Tiefgraben mit eingebracht wird. Bei der Kalkdüngung ist aber noch folgendes zu beachten: Es ist verkehrt, Stallmist und Kalk gleichzeitig in den Boden zu bringen, weil chemische Reaktionen erfolgen, die zu einem vorzeitigen Abbau des Mistes und zu Nährstoffverlusten führen. Deshalb zunächst den Kalk beim Umgraben einbringen und erst einige Monate bis zu einem halben Jahr später den Stallmist für sich in die Oberkrume einarbeiten.

Wie das Einarbeiten von Stallmist – oder auch anderer Materialien – vor sich geht, sehen Sie auf den Abbildungen. Soll das Material in den Untergrund kommen, wird es vor dem Umgraben der zweiten oder dritten Schicht auf dieser ausgestreut und danach, zusammen mit der Erde, umgewendet. Soll das organische Material, z. B. Stallmist, nur in die Oberkrume eingearbeitet werden, dann breitet man es vor dem Umgraben gleichmäßig auf der Oberfläche aus.

Lockern des Bodens

Will man den Boden nicht umgraben, empfiehlt es sich, ihn im Frühjahr wenigstens etwas aufzulockern, damit Luft in ihn eindringen kann. Dies geschieht meistens mit einer Grabegabel. Diese sticht man in den Boden und rüttelt sie etwas hin und her. Danach flach hacken, und der Boden ist für die Aussaat fertig.

Fräsen

Es kommt immer häufiger vor, daß sich Gartenfreunde entweder für sich allein oder gemeinsam mit anderen eine kleine Gartenfräse anschaffen. So eine Maschine hat ihre Vor- und Nachteile.

Vorteilhaft ist, daß die Bodenbearbeitung weniger anstrengend ist und vor allem, daß Stallmist und die anderen Materialien zur Bodenverbesserung sehr innig mit dem Boden vermischt werden. Die Fräse arbeitet jedoch nicht sehr tief, 15 cm ist schon ziemlich viel, so daß sie für das tiefe Umgraben bei der Anlage eines neuen Gartens nicht zu gebrauchen ist. Für die alljährliche, flache Bodenbearbeitung ist die Fräse jedoch hervorragend geeignet. Sogar manche fanatische Gegner des Umgrabens freunden sich mit der Fräse an, weil man mit ihr auch sehr flach arbeiten kann (5–10 cm) und infolgedessen das Bodenleben kaum gestört wird.

Ein Nachteil der Fräsarbeit ist, daß bei nassem Boden eine »Frässohle« entstehen kann, das ist eine feste, wasserundurchlässige Erdschicht. Darum soll man mit der Fräse nur auf einigermaßen trockenen Böden arbeiten.

Wo Gemüse anbauen?

Für den Anbau von Gemüse braucht man selbstverständlich Platz. In diesem Buch tragen wir sowohl denjenigen Rechnung, die nur ein paar Salatköpfe in ihren Balkonkästen ziehen wollen, als auch denjenigen, die mit großer Begeisterung viele hundert Quadratmeter Nutzfläche bebauen.

Am liebsten für sich

Es ist üblich, Gemüse in einem Extragarten oder in einem abgetrennten Teil des Ziergartens anzubauen. Zwischen Obstbäumen z. B. gibt es sehr bald die harte Wurzelkonkurrenz der Holzgewächse, und auf dem Blumenbeet können Zierpflanzen unser Gemüse überwuchern, das dann nur kümmerlich gedeiht. Das schließt nicht aus, daß es sehr schön aussehen kann, wenn auf der Blumenrabatte auch ein paar Artischocken oder Rotkohlpflanzen stehen. Verlorene Winkel im Garten kann man für anspruchslosere Pflanzen nutzen, z. B. für einige Küchenkräuter.
Im allgemeinen aber wird man es vorziehen, Gemüse auf besonderen Beeten anzubauen, und zwar möglichst in Reihen, um die Pflegemaßnahmen zu erleichtern.

Die Lage

Gemüse stellt hohe Ansprüche, nicht nur was den Boden betrifft, wie Sie auf S. 9 lesen konnten, sondern auch in bezug auf das Mikroklima. Windschutz ist für viele Arten von Nutzen, und für einen sonnigen Platz sind sie fast alle äußerst dankbar. Wenn Sie bei der Planung Ihres Gemüsegartens diese Standortansprüche nicht berücksichtigen, kann es Rückschläge geben. Bei der Anlage eines neuen Gartens, bei der Verplanung eines Neubau-Grundstückes oder bei der Umgestaltung eines älteren Gartens empfiehlt es sich, zunächst einen Plan, am besten auf Millimeterpapier, anzufertigen. Zeichnen Sie möglichst auch ein, wo Schatten ist und wo nicht, und zwar zu verschiedenen Zeitpunkten im Laufe des Tages. Wo zwischen 9 Uhr morgens und 5 Uhr nachmittags kein Schatten herrscht, kann man am besten Gemüsebeete einplanen. Oft finden wir in älteren Gärten an solchen Stellen nur mehr oder weniger vernachlässigten Rasen.
Denken Sie einmal darüber nach, ob Ihnen der Rasen wirklich soviel Freude und Nutzen bereitet. Es kostet Sie viel Arbeit, ihn instand zu halten, er nimmt ein gut Teil Ihres kostbaren Gartenbodens in Beschlag, und als Spielwiese ist er trotzdem meist zu klein. Viele Gartenbesitzer haben sich nach reiflicher Überlegung entschlossen, den Rasen, oder wenigstens einen Teil davon, umzubrechen und dafür Gemüse anzubauen. Mit praktisch dem gleichen Aufwand an Arbeit und Mühe haben sie nun während eines Teils des Jahres herrliches, selbstgebautes Gemüse.
Vielleicht bietet sich Ihnen auch die Gelegenheit, woanders ein Stück Land zu bekommen, z. B. einen Klein- oder Schrebergarten. Achten Sie auch in diesem Falle auf die örtliche Lage und besonders den Windschutz, diese Faktoren sind ebenso wichtig wie Art und Nährstoffgehalt des Bodens.
Der Gemüsegarten sollte stets so gelegen sein, daß man ihn leicht erreichen kann, das Kräuterbeet möglichst in der Nähe der Kü-

Rechts: Gemüsepflanzen lassen sich sehr gut in den Ziergarten einfügen; der Betonring ist ein gefälliges formgebendes Element, und die roten Blüten der Feuerbohnen sind äußerst dekorativ.

Unten: Ein so geschützter und sonniger Gemüsegarten besitzt ein günstiges Kleinklima.

Oben: Gemüse auf dem Komposthaufen; das Ideal für bequeme Gartenfreunde. Solche Pflanzen werden aber oft von Krankheiten und Schädlingen befallen.

Links: Auch auf einem kleinen Balkon kann man etwas Gemüse anbauen.

Unten: Graben Sie doch ein Stück Ihres Rasens um! Gemüsebau ist interessanter und lohnender als Rasenmähen.

che, damit man auch im Winter schnell einmal nach draußen springen kann, um etwas Petersilie zu holen.

Größe des Gemüsegartens

Steht nur wenig Grund und Boden zur Verfügung, kann man Gemüse auch in Behältern anbauen, die man z. B. auf einem Balkon oder einem flachen Dach aufstellt. Niedrigbleibende Gemüse kann man auch in geeigneten Plastik-Töpfen heranziehen.

20 cm tiefe Töpfe genügen völlig. Größere Behälter, z. B. aus Eternit, sind natürlich auch brauchbar. An einer Wand oder Mauer kann man Beerenobst und Steinobst ziehen, der Platz, den man dafür braucht, ist nicht größer als die Oberfläche eines Pflanzloches. Gemüse und Kräuter in dieser Art anzubauen, ist natürlich beinahe nur Spielerei, darüber muß man sich im klaren sein. Von einer Anbaufläche von nur wenigen Quadratmetern dürfen Sie niemals eine auch nur annähernd ausreichende Deckung Ihres Gemüsebedarfs erwarten. Wer seine Familie mehr oder weniger aus dem Garten ernähren will, der muß mit etwa 50 m^2 Anbaufläche pro

Person rechnen, allein für Gemüse. Will man auch noch Beerenobst, einschließlich Erdbeeren, anbauen, kommen noch 30 m² hinzu. Dann noch das Baumobst, das sind weitere 50 m². Rechnet man schließlich noch für Gewürzkräuter 1 m², kommt man auf insgesamt gut 130 m² pro Person oder rund 500 m² für eine vierköpfige Familie. Natürlich kommen dann noch hinzu Wege, der Komposthaufen, ein Geräteschuppen, eventuell noch ein kleines Gewächshaus, Frühbeetkästen usw., und schnell ist man bei 600–700 m² angelangt. Wem es jedoch nur auf die Selbstversorgung mit Gemüse, Kräutern und Beerenobst ankommt, der kann mit 400–500 m² wohl auskommen.

In der Praxis wird man einen Teil des Gemüses selbst anbauen und einen Teil hinzukaufen. Es ist doch schwierig, vor allem im Winter und Frühjahr, genügend frisches Gemüse aus eigenem Anbau auf den Tisch zu bringen. Der Gemüsehändler soll auch etwas verdienen, solange, bis der erste frische Spinat im Garten geerntet werden kann, meistens im Mai. Wir gehen also davon aus, daß Sie einen Gemüsegarten haben, dessen Größe zwischen 25 und 400 m² liegt.

Der Gemüsegarten in unseren Mustergärten ist 500 m² groß, einschließlich Wege und Frühbeetkästen. Darüber hinaus stehen uns noch ein paar hundert Quadratmeter für Kartoffeln und solche Kulturen zur Verfügung, die viel Platz brauchen.

Der bekannte BBC-Gemüsegarten in Wisley mit einem achteckigen Gewächshäuschen und Glastunnels.

Die Einrichtung

Wenn Sie also beschlossen haben, einen Teil Ihres Gartens zum Gemüsegarten zu machen, dann versuchen Sie doch auch etwas fürs Auge zu tun. Denken Sie an die altmodischen Bauerngärten, wie man dort früher in sehr einfacher, gefälliger, fast gemütlicher Weise sein Gemüse anbaute. Man sieht das mitunter auch heute noch, und nicht nur auf dem Lande. Eine einfache Aufteilung durch niedrige Hecken, ein Springbrunnen in der Mitte, auch ein paar Bänke zum Ausruhen, dies alles ist viel freundlicher und behaglicher als ein nüchternes, rechteckiges Stück Land. Aber auch im neuzeitlich gestalteten Garten muß der Gemüsebau ein Plätzchen finden, sonst bleibt der Garten unvollständig. Mit Hilfe einer niedrigen Hecke, die nicht viel Schatten gibt, werden die Gemüsebeete vom Ziergarten abgegrenzt, und man legt einen sauberen Weg mit schönen Platten, Ziegeln oder anderen Steinen dorthin.

In einem Gemüsegarten arbeitet man meistens mit geraden Beeten von 1,20 m Breite. Bei diesem Maß kann ein Mensch mittlerer Größe gerade noch vom Rand aus mit der Hand die Mitte des Beetes erreichen, ohne auf das Beet zu treten. Probieren Sie es selbst einmal! 1,20 m sieht nach wenig aus, ist aber breit genug. Für kleinere Leute mag eine Breite von 1 m vielleicht besser und angenehmer sein. Und wer einigermaßen trainiert ist, kann auch im Spreizstand über dem Beet stehen, wie es die Abbildung auf S. 16 zeigt.

Unten links: Gemüse in Holztrögen.

Unten rechts: Tomaten in Torfsubstratsäcken.

Links: Ein kleiner Geräteschuppen kann ein sehr gefälliger Bestandteil des Gartens sein.

Rechts: Von einem Rollstuhl aus lassen sich die erhöhten Beete ausgezeichnet bearbeiten.

Die Beete sollen möglichst in Nord/Süd-Richtung verlaufen. Die Länge ist an sich unbegrenzt, doch sollte ein Beet nicht länger als 10 m sein, weil sonst die Wege drumherum zu weit sind. Ideal ist, wenn die höchsten Gewächse an der Nordseite stehen und die niedrigeren davor nach Süden. Auf diese Weise profitieren alle Pflanzen optimal vom Sonnenlicht. Für die Wege zwischen den Beeten genügen 30 cm vollkommen, das ist etwa die Breite von Bürgersteigplatten. Senkrecht zu diesen Zwischenwegen kann man einen breiteren Hauptweg anlegen, der dann – im Idealfall – in Ost/West-Richtung verläuft.

Selbstverständlich sind auch andere Lösungen denkbar, je nach Lage des Grundstücks oder auch persönlichem Geschmack. So haben wir in unseren Modellgärten etwas bogenförmig verlaufende Beete angelegt, als Teile eines sehr großen Rundbeetes. Auf den Fotos können Sie sehen, wie das aussieht. Andere Leute wiederum finden es wunderbar, einen richtig altmodischen Bauerngarten anzulegen.

Man kann auch erwägen, die etwa 30 cm breiten Pfade zwischen den Beeten zu befestigen, z. B. Platten zu verlegen. Wir haben dies getan, unsere Wege sind etwa 50 cm breit, weil wir nicht auf ein paar Zentimeter Land schauen müssen. Der Vorteil ist, daß man stets trockene Füße hat, was besonders im Winter als angenehm empfunden wird. Nachteilig ist, daß durch das Einbringen von Kompost und Stallmist in den Boden dieser so hoch wird, daß er schon bald wesentlich über dem Niveau der Wege liegt. Deshalb mußten wir alle unsere Wege schon zweimal erhöhen, was viel Arbeit bedeutete. Ein weiterer Nachteil, vor allem bei der maschinellen Bodenbearbeitung mit der Fräse, ist, daß die befestigten Wege erheblich stören können. Bedenken Sie also gut, was Sie tun, bevor Sie Geld für den Wegebau ausgeben.

Wir brauchen nicht nur Beete

Die Beete mit Gemüse und die Wege nehmen natürlich den meisten Platz im Gemüsegarten ein, aber wir brauchen noch mehr. Sie müssen z. B. die Gartengeräte irgendwo unterbringen. In etwas größeren Gärten ist ein besonderer Geräteschuppen sehr zweckmäßig, den man auch gut hinter etwas Grün verbergen kann. Für die Anzucht von Gemüsepflanzen im Frühjahr kann man ein kleines Gewächshaus oder einen Frühbeetkasten gut gebrauchen. Dafür sollte also auch ein Plätzchen gefunden werden. Unbedingt notwendig ist ferner ein schattiger Ort für den Komposthaufen. Auch sollte man an eine eventuelle Installierung von Wasser und Strom im Gemüsegarten denken. Besonders die Wasserleitung kann nützlich sein, da man ja bei trockener Witterung oft gießen oder sprengen muß.

Nach getaner Arbeit ist gut ruhen: Viel Freude hat man dann an einer kleinen Bank oder einer anderen Sitzgelegenheit, die etwas im Schatten liegt, und von der aus man den Garten überschauen kann.

Und wenn Sie Kinder haben, bedenken Sie, wie wertvoll es ist, Ihre Sprößlinge schon von frühester Jugend an mit der Natur vertraut zu machen. Selbst Kleinkinder von ein bis zwei Jahren können auf ihre Art schon gut im Garten beschäftigt werden, und bereits ein paar Jahre später werden sie mühelos einfache Gemüse wie Gartenkresse, Radieschen oder Salat selbst heranziehen können. Das Ergebnis – und das ist ja das Schöne beim Anbau von Gemüse – zeigt sich sehr schnell und spornt zu weiteren Taten an; und schon für manchen war diese spielerische Tätigkeit sogar entscheidend für die spätere Berufswahl.

Kinder kann man schon früh für die Gartenarbeit begeistern, indem man sie Aussaaten machen läßt.

Anbau nach Plan

Sie haben sich einen Gemüsegarten zugelegt, ihn aufgeteilt und haben auch für einen fruchtbaren Boden gesorgt, damit ist aber noch nicht alles getan. Wir kommen jetzt zu einem der schwierigsten Kapitel des ganzen Gemüsebaues. Sie brauchen diese Materie im ersten Jahr Ihrer Tätigkeit in einem neuen Garten nicht sofort und auf einmal zu beherrschen, doch in den folgenden Jahren sollten Sie sich damit vertraut machen, um zu verhindern, daß die Erträge Ihres Gartens immer schlechter werden. Wir haben uns hier zu beschäftigen mit Fruchtfolge, Mischanbau und Fruchtwechsel, drei wichtige Kulturmaßnahmen, die verhindern sollen, daß Ihr Boden sich erschöpft und Ihre Pflanzen allen möglichen Krankheiten und Gefahren zum Opfer fallen.

Rechts: Kohlpflanzen werden zwischen Salat gepflanzt; eine Fruchtfolge, die eine zusätzliche Stickstoffdüngung erfordert.

Fruchtfolge

In einem Jahr können Sie auf dem gleichen Stück Land mehrere Gemüsearten nacheinander anbauen. Wir sprechen von Vorkultur, Hauptkultur und Nachkultur. Außerdem kennen wir Zwischenkulturen, das ist der gleichzeitige Anbau verschiedener Gemüse auf demselben Stück Land. Wir dürfen dies nicht verwechseln mit dem Mischanbau, den wir anschließend behandeln. Doch bevor es beginnt, Ihnen zu schwindeln, erst ein paar Beispiele: Wenn Sie im März Kohlrabi aussäen, können Sie ihn Anfang Juni bereits ernten. Es ist dann noch Zeit, Buschbohnen zu säen, z. B. »Haricots Verts«. Diese pflückt man ganz jung Ende August/Anfang September, und danach kann man noch Feldsalat säen, der bis in den Winter hinein geerntet werden kann, auf jeden Fall, wenn man Pflanzhauben verwendet. Ein Beispiel für eine Zwischenkultur ist das Pflanzen von vorgezogenen Salatpflanzen unter Bohnenstangen. Salat wächst schneller als Bohnen, und wenn die Stangenbohnen zuviel Licht wegnehmen, ist der Salat abgeerntet.
Bis hierhin ist alles klar. Nun taucht aber das Problem auf, daß nicht alle Gemüsearten in jeder willkürlichen Folge angebaut werden können. Manche Arten, wie Blatt- und Kohlgemüse, entziehen dem Boden viel Stickstoff. Pflanzen Sie anschließend Gemüse, das ebenfalls einen hohen Stickstoffbedarf hat, führt dies zu Mißerfolgen. Nach frühem Kohl darf man keinen Sommerspinat anbauen und nach Spinat keinen Salat. Auch müssen Aussaat- und Erntetermine miteinander übereinstimmen. Knollensellerie, eine Gemüseart, die eine sehr lange Kulturzeit benötigt, erlaubt es eigentlich kaum, im gleichen Jahr auf demselben Beet noch eine andere Kultur anzubauen.
Manche Gemüsearten eignen sich nur als Hauptkultur, andere, z. B. Spinat, Radieschen und Feldsalat, sowohl als Haupt- als auch als Nachkultur. Drei Kulturen hintereinander sind ein Ausnahmefall, viel häufiger, in etwa 40 % aller Fälle, sind es zwei, so daß wir den Gemüsegarten insgesamt etwa 1,4mal nutzen können. Wir haben bei jedem Gemüse angegeben, was man davor und danach anbauen kann. So können Sie sich selbst einen Anbauplan aufstellen, mit dem Sie zu einer maximalen Nutzung Ihres Gemüsegartens kommen.

Unten: Bohnen zwischen Blattgemüse, eine gute Fruchtfolge, die keine extra Düngung erfordert. Wenn die Bohnen groß sind, ist das Blattgemüse längst geerntet.

Mischanbau

Der gleichzeitige Anbau verschiedener Gemüsearten auf einem Beet kann, wie bereits erwähnt, eine Zwischenkultur, kann aber auch ein Mischanbau sein. Es scheint zunächst dasselbe zu sein, doch machen wir bei letzterem von der Tatsache Gebrauch, daß sich verschiedene Gemüse gegenseitig günstig beeinflussen oder vor Befall mit Krankheiten und Schädlingen bewahren können. So wirkt der Geruch von Zwiebeln und Knoblauch abschreckend auf die Möhrenfliege; Zwiebeln und Möhren werden daher gern zusammen angebaut. Ein anderes Beispiel ist das Pflanzen von Salat im Windschatten von Erbsen. Eine Reihe Reisererbsen hält den Wind vom Salat ab, der dadurch besser gedeiht.

Durch einen Mischanbau kann auch der Geschmack von Gemüsen beeinflußt werden. Radieschen z. B. schmecken schärfer und besser, wenn sie zusammen mit Kerbel bzw. Gartenkresse angebaut werden. Schließlich kommt der Fall vor, daß Wurzeln einer Pflanze im Boden Stoffe produzieren, die von anderen Pflanzen genutzt werden. So besitzen Erbsen an den Wurzeln stickstoffsammelnde Knöllchenbakterien, die besonders von Blattgemüsen verwertet werden können.

Auf diesem Gebiet des Mischanbaues und der wechselseitigen Beeinflussung von Gemüsen ist schon viel geschrieben, aber erst wenig wissenschaftlich exakt untersucht worden. Meistens handelt es sich um überlieferte Geschichten, die ältere Gemüsebauer an ihre Kinder weitergeben. Manchmal trifft es zu, oft sind es aber nur Märchen. Wir haben für jede Gemüseart aus einer großen Zahl von Büchern die jeweils günstigen und ungünstigen Kombinationen herausgesucht und sie in diesem Buch wiedergegeben. Wenn sich die verschiedenen Autoren widersprachen, haben wir vermerkt, daß diese Kombination »umstritten« ist. Prüfen Sie also die Kombinationen selbst, um sich ein Urteil zu bilden. Der Boden spielt ja bei all dem auch noch eine Rolle: Was für den einen Garten gut ist, kann für den anderen falsch sein.

Fruchtwechsel

Bestimmte Gemüsearten entziehen dem Boden stets die gleichen Nährstoffe. Wenn dies jahrelang geschieht, können leicht Mangelschäden und Bodenmüdigkeit auftreten.

Wieder andere Gemüse sind anfällig für bestimmte Krankheiten und Schädlinge, von denen Reste in Form von Pilzsporen oder Eiern im Boden zurückbleiben können. Kommt man im nächsten Jahr mit derselben Kultur auf dasselbe Beet, nimmt der Befall rasch überhand. Aus diesem Grunde gibt es in zahlreichen Ländern Pflanzenschutzverordnungen, die z. B. verbieten, daß häufiger als einmal in 4 Jahren Kartoffeln auf der gleichen Fläche angebaut werden.

Bei Kohl kriegen wir es nach wiederholtem Anbau unwiderruflich mit der Kohlhernie zu tun, einem Schleimpilz, der vor allem auf Sandböden eine völlige Mißernte verursachen kann.

Um all diese Schwierigkeiten zu meistern, sind schon viele Fruchtwechselpläne aufgestellt worden. Sie garantieren, daß Sie erst nach einigen Jahren wieder mit derselben Kultur auf den gleichen Platz kommen. Je weiter man dies hinauszögert, um so besser ist es; es gibt sogar Fruchtwechselpläne bis zu 8 Jahren. Der Gartenfreund wartet aber meistens kaum länger als 3 Jahre, und das ist schon schwierig genug.

Bild eines Fruchtwechsels: vorderste Reihe Blattgemüse (Salat), zweite Reihe Wurzelgemüse (Zwiebeln), dritte Reihe Hülsenfrüchte (Erbsen).

Am einfachsten ist es, den Garten in drei gleich große Stücke aufzuteilen, die wir mit 1, 2 und 3 bezeichnen wollen. Die Gemüsearten teilen wir ebenfalls in drei Gruppen ein, die wir A, B und C nennen.

A ist die Gruppe der Arten, die viel Stickstoff benötigen, und die wir deshalb nach einer kräftigen Stallmistdüngung anbauen können (1. Tracht). Hierzu gehören Kartoffeln, Blattgemüse, Kohlarten, Einlegegurken, Salatgurken, Melonen, Knollensellerie, Porree, Tomaten.

B sind die Wurzelgemüse wie Rote Bete, Knollenfenchel, Möhren und Zwiebeln (2. Tracht).

1. Jahr A B C

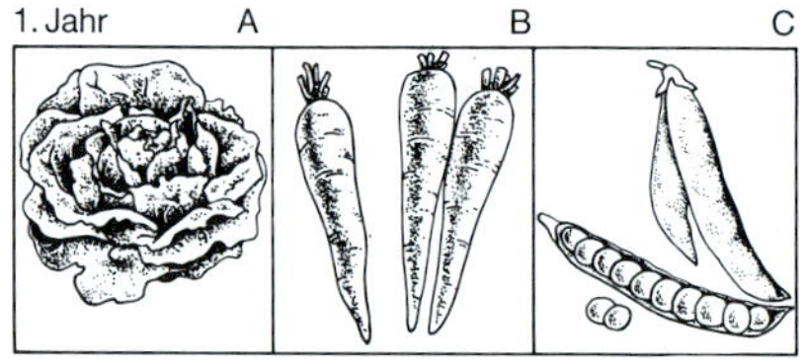

2. Jahr B C A

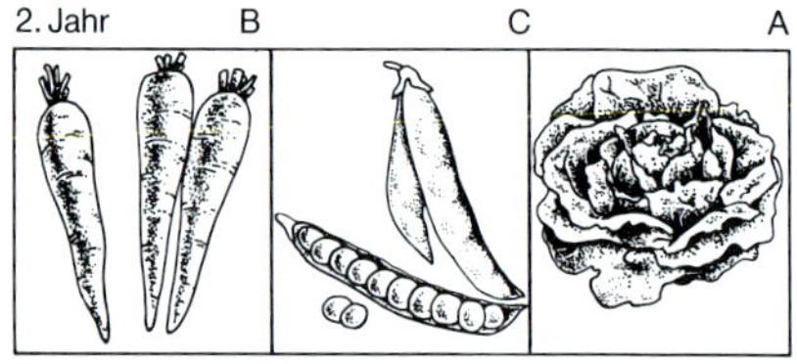

3. Jahr C A B

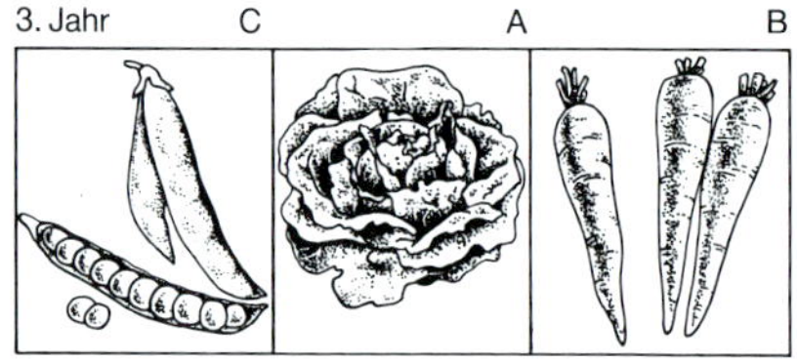

Zu C (3. Tracht) gehören die Hülsenfrüchte, die selbst mit ihren Knöllchenbakterien Stickstoffverbindungen aufzubauen in der Lage sind. Bohnen und Erbsen sind die bekanntesten Vertreter dieser Gruppe.

Das Pflanzschema sieht nun wie folgt aus:

1. Jahr	A	B	C
2. Jahr	B	C	A
3. Jahr	C	A	B

Im 4. Jahr beginnt der Turnus wieder von vorn. Wir bringen hier als Beispiel den Plan eines einfachen Gemüsegartens.

Vollkommenheit ist nahezu unmöglich

Wenn wir noch einmal kurz rekapitulieren, dann müssen wir bei unseren Gemüseanbauplänen beachten:

- Die Fruchtfolge
- Den Mischanbau
- Den Fruchtwechsel

Dann sollen die Pflanzen auch noch möglichst alle einen gut besonnten Platz erhalten und, was wir auch noch als wichtig erachten, das Ganze soll gefällig aussehen. Ein schier unmögliches Verlangen, Sie dürfen sich durch die vielen Forderungen nicht abschrecken lassen. Wir haben selbst jahrelang Gemüse angebaut, und das Ergebnis war tatsächlich, daß manche Ernten schlechter ausfielen und mancher Schädling härter zuschlug, als wir dies erwartet hatten. Aber 80 % unserer Kulturen gelangen hervorragend, und das 10 Jahre hintereinander. Wenn wir dann sehen, daß selbst der erfolgreichste Erwerbsgemüsebauer kaum über 90 % kommt, wollen wir gern die 10 % Minderung als Preis für die Arbeitserleichterung und -ersparnis zahlen, die wir hatten.

Damit wollen wir keineswegs zum Ausdruck bringen, daß Sie sich nichts von unseren Ausführungen über Fruchtwechsel, Mischanbau usw. zu eigen machen sollten; es sind dies gute und wichtige Dinge. Wir wollen aber auch den Anfänger nicht gleich entmutigen.

Erleichterungen für den Anbau

Beim Anbau von Gemüse können wir von einigen Hilfsmitteln Gebrauch machen, die zur Verfrühung der Ernten oder zum Schutz der Pflanzen dienen. Meistens handelt es sich darum, das Mikroklima zu verbessern, indem wir den Wind abhalten und die Sonneneinwirkung fördern.

Dehnbare Folie hat Tausende kleiner Schlitze, die sich in dem Maße öffnen, in dem die Pflanzen wachsen.

Folie

Mit Folie können wir erstaunliche Erfolge erzielen. Am meisten gebraucht wird Polyäthylenfolie, auch Plastikfolie genannt. Sie ist erhältlich in Breiten bis zu 8 m. Polyäthylen ist nicht völlig klar, so daß, und dies ist nur günstig, die pralle Sonne etwas gedämpft wird. Plastikfolie läßt sich mehrmals hintereinander verwenden. Man kann sie direkt dem Boden auflegen, man kann aber auch Tunnels damit bauen (s. weiter unten). Am häufigsten wird die durchsichtige Folie zum Abdecken frischer Aussaaten verwendet, um die Keimung zu beschleunigen. Die Temperatur steigt unter der Folie an, und die Feuchtigkeit bleibt erhalten, das sind Faktoren, die besonders im Frühjahr, wenn es noch kalt ist, die Keimung fördern. Es ist jedoch sehr wichtig, genau zu beobachten, was unter der Folie vor sich geht, denn wenn die Pflanzen anfangen zu wachsen, stoßen sie bald an die Folie, und bei der hohen Luftfeuchtigkeit kann dies zu Pilzbefall führen; der Gärtner spricht von der Umfallkrankheit. Man kann die Folie natürlich auch ein Stück über dem Boden spannen, aber dann kann man auch fast schon von einem Tunnel sprechen.

Es gibt auch Folie mit Löchern, die speziell für Gemüsekulturen hergestellt wird. Unter ihr wird es nicht so feucht, so daß sie länger liegenbleiben kann. Noch zweckmäßiger ist die Folie mit Schlitzen, die anfangs geschlossen sind, sich aber allmählich öffnen, wenn die Pflanzen zu wachsen beginnen. Auf diese Weise kommt nicht nur mehr Luft an die Pflanzen, die Folie erweitert sich auch etwas mit dem Größerwerden der Pflanzen.

Ein weiterer Vorteil des Gebrauchs der Folie ist, daß sie die Saaten und jungen Pflänzchen auch vor Vögeln schützt, die im Frühjahr besonders gierig hinter Samen und frischem Grün her sind.

Einem völlig anderen Zweck dient schwarze Folie; sie wird gebraucht, um Unkrautwuchs zu unterdrücken. Auch verwendet man sie gern im Erdbeeranbau, wo die jungen Pflänzchen durch kleine Löcher hindurch gepflanzt werden, die man mit einer Schere in die Folie schneidet.

Gewebe

Gazegewebe hat zum Teil die gleiche Wirkung wie Folie, läßt aber mehr Luft und auch Regenwasser durch. Hauptsächlich gebrauchen wir Gaze, um tierische Schädlinge fernzuhalten. Es gibt mehrere Gaze-Sorten, z. T. fein wie Engelshaar. Die meisten sind von so dichter Struktur, daß kein Schädling hindurchkommt. Nachteilig ist, daß diese Gewebe leicht reißen. Kräftiger ist die sogenannte Insektengaze, die Tüllgardinen ähnlich sieht und auch in größeren Breiten lieferbar ist. Man verwendet sie meist zum Bau von Tunnels.

Eine ganz andere Art von Gewebe sind die Vogelnetze, die dazu dienen, Vögel z. B. von Beerenobststräuchern und Erdbeeren fernzuhalten. Um diese Netze straff über die Pflanzen spannen zu können, braucht man ein Gerüst von Stangen oder Rohren. Wenn Sie das Netz nur lose über die Pflanzen legen, kann es leicht passieren, daß Vögel mit ihren Füßen in das Netz geraten und verenden, bevor Sie sie befreien können.

Hauben oder Tunnels

Wir kommen nun zu einem Hilfsmittel, das wir wohl als das wichtigste für den Gemüsebau bezeichnen können. Es ist leider noch viel zu wenig bekannt, welche bedeutende Verfrühung man mit Hauben oder Tunnels erreichen kann. Und gerade durch Verfrühung bleibt uns mancher Befall mit Schädlingen erspart, die aus ihrem Winterschlaf oft erst erwachen, wenn die Kultur längst abgeerntet ist.

Auf diesem Gebiet sind schon zahllose mehr oder weniger brauchbare Erfindungen gemacht worden. So verwendet man in England eine Konstruktion, die aus Fensterglas besteht. Die Glasplatten werden mit Hilfe von Spezialklammern mit den anderen Scheiben verbunden und zu kleinen Tunnels zusammengebaut. Wir sind von diesem System wenig begeistert, denn wenn einmal eine Scheibe zu Bruch geht, müssen die Scherben mühsam und äußerst sorgfältig aus dem Garten entfernt werden, um späteren

Ganz links: Blaues Erdbeernetz gegen Vögel.
Links: Insektengaze über Leitungsrohre gespannt.

Ganz links: Gläserne Hauben werden vor allem in England viel verwendet.
Links: Unsere Tunnelkonstruktion.

Verletzungen an den Händen vorzubeugen. Es ist auch die lichtabschirmende Wirkung des klaren Fensterglases zu gering, so daß an den Pflanzen Verbrennungen auftreten können.
Es gibt auch fertige, im Fachhandel erhältliche Tunnelkonstruktionen aus Polyester oder anderen festen Plastikstoffen. Sie haben genau die Beetbreite und sind sehr handlich zu gebrauchen. So kann man jeweils einen Tunnelteil einfach hochheben, um darunter zu hacken oder zu ernten. Leider sind solche Tunnels sehr teuer.
Wir kommen nun zu den vielgebrauchten Hauben oder Tunnels aus Plastikfolie, die im Handel erhältlich sind. Eine vielgekaufte Ausführung besteht aus biegsamen Eisenstangen, die über das Beet gebogen werden. Auf diese Stangen wird die Folie ausgebreitet, und darauf kommen erneut Stangen, um die Folie festzuhalten. Nachteile: Die eisernen Stangen rosten schnell, und die Folie ist meistens zu schmal, nämlich 120 cm. Bei einer Beetbreite von 120 cm ist das eindeutig zu wenig. Außerdem sind diese Bauelemente auch zu teuer.

Uns schwebt ein besseres System vor (s. Abb. oben). Statt der Metallstangen werden Installationsrohre für elektrische Leitungen verwendet, die Jahre länger halten. Die Rohre haben einen Durchmesser von ⅝ bis ¾ Zoll und werden in 4 m Länge geliefert. Sägen Sie sie in der Mitte durch, jedes Stück ist dann 2 m lang. Etwa 25 cm von den Enden entfernt bohren Sie ein Loch, und dahinein kommt ein kupferner Bolzen, wie es die Abbildung zeigt. Beim Aufbau des Tunnels kommen die Enden des Rohres genau bis zu den Bolzen in den Boden, 25 cm tief. Die Überspannung des Beetes beträgt somit 150 cm, und so breit muß dann auch die Folie sein. Kaufen Sie Folienrollen von 3 oder 6 m Breite, und schneiden Sie hiervon 150 cm breite Bahnen ab. Diese werden über die Rohre gelegt, die Sie mit einem Abstand von 50–70 cm über die Beete gesetzt haben.
Zum Befestigen der Folie verwenden wir Nylon-Schnur, die kreuzweise über den Tunnel gezogen und an den Bolzen angebunden wird. An den beiden Enden des Tunnels wird ein kleiner Pfahl in den Boden geschlagen, an dem die Folie befestigt wird.

Da sich die Folie zwischen den Bogen und der straff gespannten Schnur leicht hochschieben läßt, kann man bequem hacken und bei warmem Wetter auch lüften.
Ein Nachteil dieser bogenförmigen Tunnels ist, daß die Pflanzen an den Beeträndern oft kaum Platz zum Wachsen haben. Kein Problem: Mit den Leitungsrohren lassen sich auch rechtwinklige Tunnels bauen. Es gibt Winkelhaken zu kaufen, in die die Rohre genau hineinpassen. Je nach der gewünschten Höhe des Tunnels müssen Sie nun die Breite der Folie berechnen. Unter solchen rechteckigen Tunnels können Sie also auch gut Kohl anbauen, aber nicht nur unter Folie, sondern auch unter Insektengaze.
An Stelle der gewöhnlichen Folie können Sie auch sogenannte Noppenfolie über den Tunnel spannen. Diese gibt einen besseren Wärmeschutz und liegt auch etwas fester auf.

Kalte und warme Kästen

Ein Kasten oder Mistbeetkasten war früher stets ein Gebilde aus Holz oder Stein, abgedeckt mit sogenannten Holländer Fenstern, deren Rahmen 150 × 80 cm groß sind. Kä-

Links: Ein kleiner kalter Kasten aus Aluminium und Glas, zum Zusammenbauen fertig zu kaufen.

Rechts: Warmer Kasten mit elektrischer Boden- und Raumheizung mit Hilfe von Heizkabeln.

Ein thermostatisch gesteuerter elektrischer Heizofen mit Ventilator, eine zuverlässige Wärmequelle.

Ein elektrisch heizbares Vermehrungsbeet zur Anzucht von Jungpflanzen.

Ein selbstgebautes Aluminium-Gewächshaus, gegen die Sonnenstrahlen weiß besprüht.

sten sind nach wie vor eine ausgezeichnete Einrichtung für Pflanzenkulturen. Wir empfehlen Ihnen, fertige Beton-Bauteile und Rahmen aus Hartholz zu kaufen (oft gebraucht zu bekommen). Gärtner arbeiten heute nicht mehr viel mit Kästen, weil die gebückte Arbeitshaltung für einen Betrieb unwirtschaftlich ist. Dem Liebhaber macht dies weniger aus.

Außer diesen Kästen mit den angegebenen Standard-Abmessungen werden heute zahlreiche Muster aus Aluminium zum Selbst-Zusammenbauen mit den verschiedensten Maßen angeboten. Bei diesen sind auch die Wände meistens aus Glas. Für Balkons und ähnlich kleine Räume sind sie ja wohl geeignet, doch für einen Gemüsegarten empfehlen wir Ihnen die Anschaffung eines der altbewährten Kästen, die auch viel billiger, haltbarer und leichter zu unterhalten sind.

Einen einfachen Kasten ohne weitere Einrichtungen nennen wir einen kalten Kasten. Die Wärme bringen die Sonnenstrahlen, leider meistens erst ab März. Gegen zuviel Sonne kann man Schattengewebe auf die Fenster legen oder diese mit Schattierfarbe anstreichen oder besprühen. Sie können auch Scheiben aus gehämmertem bzw. genörpeltem Glas oder Kunststoff verwenden, einen besonderen Sonnenschutz brauchen Sie dann nicht.

Bei hohen Temperaturen wird der Kasten mit »Lufthölzern« gelüftet, und bei Nachtfrostgefahr werden Strohmatten auf ihn gelegt.

Wollen Sie den Kasten schon früher im Jahre nutzen, dann ist es ratsam, ihn zu erwärmen. Früher geschah dies dadurch, daß man den Kasten mit einer Schicht Pferdemist »packte«, daher die Bezeichnung »Mistbeet« oder »Mistbeetkasten«. Der Mist erhitzte sich mehr oder weniger und lieferte die gewünschte Wärme.

Heute können wir Wärme viel leichter mit elektrischen Heizkabeln erzeugen, die in Zickzack-Windungen auf einer Schaumgummi-Unterlage ausgelegt werden. Auf diese Kabel kommen 5 cm scharfer Sand (Bausand) und darauf stellt man die Plastikschälchen mit den Aussaaten, den pikierten Sämlingen usw. Auch ohne den ständigen Gebrauch eines Thermostaten kann man auf diese Weise ausgezeichnete Ergebnisse erzielen. Wenn die Kabelwindungen 10 cm auseinanderliegen, kann man mit einer durchschnittlichen Erhöhung der Bodentemperatur um etwa 10° C rechnen.

Ideal: ein Gewächshaus

Fast jeder begeisterte Hobby-Gärtner träumt von einem eigenen Gewächshaus, in dem er seine Pflänzchen heranziehen kann, und in das dann später die typischen Gewächshausgemüse kommen.

Nun kann man über Gewächshäuser enorm viel schreiben, man könnte damit ein Buch füllen. Das ist aber hier nicht unsere Absicht, und darum beschränken wir uns auf das Wichtigste.

Standort: Ein Gewächshaus muß nicht unbedingt in der vollen Sonne liegen, etwas Schatten in der größten Mittagshitze darf schon sein. Der Eingang geht meistens nach Süden. Liegt der Gemüsegarten am Haus, dann stellen Sie auch das Gewächshaus nicht zu weit von der Wohnung entfernt auf. Denken Sie auch an Gas-, Licht- und Wasseranschluß sowie an den Schutz gegen den eiskalten Ostwind.

Baumaterial: Heute wird als Baumaterial meistens Aluminium verwendet, es ist billiger als Holz und viel dauerhafter. Sehr gut macht sich Eloxal-Aluminium (**el**ektrolytisch **ox**ydiertes **Al**uminium). Aluminium-Gewächshäuser werden meistens als baufertiger Satz geliefert, das Aufstellen ist dann für einen Do-it-yourself-Gartenfreund kein Problem. Es gibt freistehende und an eine Mauer anzubauende Gewächshäuser.

Einrichtung: Ein Gewächshaus wird meist mit Tischen oder Regalen eingerichtet, so daß man sich nicht dauernd bei der Arbeit bücken muß. In einem ausgesprochenen Gemüsegewächshaus läßt man am besten an einer Seite die Tische weg, um mit höheren Pflanzen, z. B. Tomaten, den Boden bepflanzen zu können. Ein auf dem Gewächshaustisch für sich abgeschlossener Vermehrungskasten – der Gärtner nennt ihn »Schwitzkasten« – ist für Aussaaten und die Anzucht von Jungpflanzen besonders zweckmäßig. Denken Sie schließlich auch an die Licht- und Wasserinstallation.

Heizung: Diese ist zwar in einem Gemüsegewächshaus nicht unbedingt notwendig, man kann dann aber im Winter nichts drin halten, denn im Gewächshaus friert es in kalten Nächten ebensosehr wie draußen. Wenn Sie jedoch z. B. Treibhaustrauben anbauen oder sehr zeitig im Frühjahr mit Aussaaten beginnen wollen, müssen Sie eine Temperatur von wenigstens 5° C über Null halten können. Dazu eignet sich am besten ein elektrischer Heißluftofen, nur kostet sein Betrieb viel Strom. Erdgas ist eine billigere Energiequelle. Kleine Öl- und Petroleumöfen sind meist nicht ausreichend wirksam, und außerdem geht gewöhnlich in kritischen Nächten der Brennstoff aus.

Sobald die Sonne scheint, wird es im Gewächshaus schnell warm. Diese Wärme ist kostenlos und eine große Hilfe im Frühjahr.

Isolierung: Diese wird heute großgeschrieben, und das – angesichts der heutigen Energiepreise zu Recht. Man sollte eigentlich kein Gewächshaus mehr mit gewöhnlichem Glas bauen, sondern nur noch mit sogenanntem Stegdoppelplatten, das sind Kunststoffplatten mit einem isolierenden Luftzwischenraum. Verwenden Sie noch gewöhnliches Glas, dann sollten Sie Ihr Gewächshaus in der kalten Jahreszeit in Noppenfolie einpacken, das hilft außerordentlich viel.

Lüften: Dies wird notwendig, wenn die Sonneneinstrahlung zu stark wird und geschieht mit Lüftungsfenstern oder einem Ventilator. Es gibt Lüftungsfenster, die sich bei Wärme automatisch öffnen, und der Ventilator kann mit einem Thermostaten gesteuert werden. Schlimm ist es, wenn das Lüften einmal vergessen wird, dann kann die Temperatur rasch bis über 50° C ansteigen und Hitzeschäden an den Pflanzen verursachen.

Schattieren: Dadurch wird ebenfalls die Temperatur niedrig gehalten und Verbrennungen an den Pflanzen vorgebeugt. Wir sind keine Befürworter von Schattiermatten, weil man diese ständig auflegen und abnehmen muß. Einfacher ist es, das Gewächshaus mit einem Mittel zu besprühen, das bei Regen aufhellt und doch nicht abregnet.

Was noch hinzukommt: Mit dem Kauf eines Bausatzes allein ist es nicht getan. Auf alle Fälle brauchen wir zunächst ein festes Fundament, am besten gemauert oder aus Beton, sonst wird das Gewächshaus bei Sturm umgeweht. Oft braucht man auch eine Baugenehmigung der Gemeinde. Informieren Sie sich auch vorher, ob das Glas im Preis für den Bausatz einbegriffen ist. Auch Gewächshaustische sind nicht immer dabei, ebenso die Heizung, die automatische Lüftung und die Installation von Strom und Wasser.

Ein gegen eine Mauer gebautes Gewächshaus aus gebräuntem Aluminium.

Vermehrung

Unter Vermehrung von Gemüsepflanzen verstehen wir hier nicht allein die Aussaat, zweifellos die verbreitetste aller Vermehrungsmethoden, sondern auch andere Verfahren, z. B. die Stecklingsvermehrung.

Aussaat

Nahezu alle Gemüsearten werden durch Aussaat herangezogen. Auf S. 7/8 konnten Sie lesen, wie eine Pflanze aus Samen entsteht. Dort fanden Sie auch nähere Erläuterungen über die Selbstgewinnung von Saatgut, über F_1-Hybriden, Schießen von Pflanzen usw. Hier geht es jetzt ausschließlich um die Technik der Aussaat.

Die meisten Sämereien keimen vorzugsweise in einer feuchten, ziemlich warmen Umgebung. Aber es gibt Ausnahmen. So verlangt Salatsamen eine Keimtemperatur, die unter 20° C liegt. Das ist der Grund dafür, daß bei warmem, sonnigem Wetter viele Salataussaaten mißlingen. Es gibt auch Samen, die erst eine Kälteperiode durchmachen müssen, bevor sie keimen. Primeln sind dafür ein gutes Beispiel. Im Gemüsebau haben wir es mit solchen Kältekeimern nur selten zu tun. Samen, die bei niedrigen Temperaturen – schon bei wenigen Graden über Null – keimen, werden meist früh ausgesät, und Samen, die erst bei größerer Wärme keimen, sät man gewöhnlich später aus. Solche Saaten kann man wesentlich früher zum Auflaufen bringen, wenn man für künstliche Wärme im Kasten oder Gewächshaus sorgt.

Da der gewöhnliche Gartenboden bei warmem Wetter schnell austrocknet, zumindest in der Bodenschicht, in der die Samen liegen, müssen wir damit rechnen, daß Aussaaten im Sommer schlechtere Ergebnisse bringen als im Frühjahr, wenn der Boden gleichmäßig feucht ist. Glücklicherweise kann man dagegen etwas tun, lesen Sie bitte weiter.

Freiland-Aussaaten

Das sind Aussaaten direkt in den Gemüsegarten. Meistens erfolgen sie an Ort und Stelle, d. h. dort, wo die Pflanzen wachsen und bis zur Ernte stehenbleiben sollen. Oder aber wir säen auf ein besonderes Saatbeet im Garten, von wo die Pflänzchen nach dem Auflaufen und einem eventuellen Pikieren an den endgültigen Standort verpflanzt werden. Ist der Boden trocken und sandig, können wir etwas humusreiche Erde, wie Torfmull, Topferde oder Torfmischdünger der Oberkrume beimengen. Ein solches Substrat hält die Feuchtigkeit länger und fördert die Keimung.

Kleines Vermehrungsbeet, ideal für die Anzucht von Frühgemüse.

Wenn es nicht regnet, müssen wir die Aussaaten gießen. Starkes Wässern nach der Saat ist nicht zu empfehlen, weil die Samen weggespült werden können und Gießen den Boden dichtschlämmt. Ungenügend durchlüfteter Boden hemmt die Keimung.

Wir kennen drei verschiedene Aussaatmethoden: die Reihensaat, die Breitsaat und die Aussaat in Horsten. Jede Methode hat ihre Vor- und Nachteile.

Reihensaat ist leicht zu pflegen. Der Abstand der Reihen voneinander richtet sich zweckmäßigerweise nach der Breite der Hackblätter. Und Sie können sofort nach dem Auflaufen erkennen, was Sämlinge und was Unkräuter sind, denn Unkraut steht fast nie in Reihen.

Breitwürfig sät man nur Gemüsearten, die niedrig bleiben, wie Spinat oder Portulak. Pro Quadratmeter berechnet, erntet man mehr als bei Reihensaat. Wenn aber gleichzeitig viel Unkraut keimt, wird es problematisch.

Bei der Aussaat in Horsten werden mehrere größere Samen, z. B. Bohnen, bis zu 5, dicht beieinander ausgelegt. Der nächste Horst kommt dann ein Stück weiter zu liegen.

In diesem Buch sind jeweils die Reihenabstände bzw. die Abstände zwischen den Horsten angegeben. Wenn Breitsaat vorteilhafter ist, wird dies vermerkt.

Nicht zu dicht säen: Anfänger säen fast immer zu dicht. Nicht bei Gartenbohnen, denn die sind so groß, daß kaum ein Fehler passieren kann. Aber bei feineren Saaten, wie Möhren oder Salat, wird leicht etwas zuviel ausgebracht. Das bedeutet zusätzliche Ar-

Aussaat im Freiland, von links nach rechts: Machen Sie mit einer Latte oder dem Rücken einer Harke eine saubere Rille. Die Tiefe richtet sich nach der Dicke des Samens. Dann säen, hier mit einem Spezialgerät. Schließlich: Breitwürfige Saat, gleich aus der Tüte.

beit nach dem Auflaufen: mehr oder weniger stark ausdünnen. Geschieht das nicht rechtzeitig, bleiben die jungen Pflänzchen im Wachstum zurück. Auch besteht die Gefahr, daß bei zu engem Stand der Sämlinge Vermehrungspilze auftreten. Bringen Sie darum feine Samen so aus, daß Sie das Gefühl haben, es sei zu spärlich. Wahrscheinlich werden Sie dann trotzdem noch kräftig ausdünnen müssen!

Eine häufig angewendete Methode, um sehr feine Saat gleichmäßig zu verteilen, ist das Vermischen mit weißem Sand. Ein Päckchen Samen wird mit reichlich Sand gründlich vermengt und mit diesem zusammen ausgesät. Auf diese Weise läßt sich die Saat schön gleichmäßig ausbringen.

An Stelle der Direktaussaat aus der Samentüte können Sie auch einen kleinen Saatstreuer verwenden, ein einfaches Gerät, das Ihnen eine bessere Kontrollmöglichkeit bietet. Für größere Samen gibt es Sämaschinen, die eine sehr gleichmäßige Verteilung garantieren. Sie eignen sich vor allem für größere Flächen, wenn z. B. 100 m^2 Palerbsen (zum Tiefgefrieren) ausgesät werden sollen. Sehr angenehm ist, daß man dabei aufrecht stehen kann.

Naß säen: Das ist eine Methode, die bei uns noch weitgehend unbekannt ist, die man aber z. B. in England vielfach anwendet. Die Samen werden mit einer unschädlichen Gallertmasse, so ähnlich wie Tapetenkleister, vermischt. Das Ganze wird in einen Plastikbeutel getan, von dem man eine kleine Spitze abkneift. Danach wird das Gemenge zur Aussaat aus dem Beutel gedrückt.

Bänder und Pillen: Weil viele Gartenfreunde immer noch Probleme mit der richtigen Saatdichte haben, denken sich Samenfirmen immer wieder etwas Neues aus. Es gibt Maschinen, in denen sehr feine Samen mit einem geeigneten Material umkrustet werden, so daß kleine Pillen entstehen, die sich leicht gleichmäßig aussäen lassen.

Dasselbe gilt für Saatbänder, in die die Samen im richtigen Abstand voneinander eingefügt sind. Der Gebrauch von Pillen und Bändern ist noch nicht sehr verbreitet, es ist eben doch mehr etwas für Anfänger.

Saattiefe: Dicke Samen müssen tiefer in den Boden als feine. Im Schnitt beträgt die Saattiefe 1–2 cm, feine Samen kommen nur 0,5 cm unter die Erdoberfläche, größere Samen, wie Erbsen und Bohnen, bis zu 5 cm. Im Frühjahr, wenn der Boden meist noch ziemlich feucht ist, braucht man nicht so tief zu säen wie im Sommer, wenn die oberste Bodenschicht bei warmem und trockenem Wetter rasch austrocknet. Dadurch, daß wir im Sommer etwas tiefer säen, können die Samen besser keimen, denn dort ist der Boden natürlich feuchter.

Besseres Keimen im Freien: Es gibt einige Hilfsmittel, um das Keimen von Aussaaten im Freiland zu fördern. Eine Möglichkeit ist, wir erwähnten sie bereits, eine die Feuchtigkeit besonders gut haltende Erde mit der weniger guten Oberkrume zu vermischen. Zur Bereitung eines kleinen Saatbeetes können Sie auch einen Sack gute Gärtnererde

Rechts: Bedecken der Saat mit einem Jutesack gegen Austrocknen.
Ganz rechts: Naßsaat mit einem gallertartigen Gemenge.

Innenaussaat in sechs Stadien, von links nach rechts. Auf dieser Seite: Spezielle Saatschalen werden mit Aussaaterde gefüllt. Gut andrücken. Dann die Saat gleichmäßig ausstreuen. Die Saat mit feinem Sand bedecken.

aufschütten und darin aussäen. Der Vorteil: gutes Auflaufen und mit Sicherheit kein Unkraut. Ein Aufwand der sich ohne Zweifel lohnt!

Ein weiterer Weg, das Austrocknen der Oberkrume zu verhindern, ist, die Aussaat mit einem nassen Jutesack abzudecken. Das geht ausgezeichnet, doch muß man täglich nachschauen, ob die Samen schon keimen. Dann muß der Sack nämlich sofort entfernt werden, denn ohne Licht gedeiht keine Pflanze. Man kann die Saat auch mit heller Plastikfolie abdecken, aber auch die muß nach dem Auflaufen der Saat bald herunter, doch ist dies nicht ganz so eilig. Wollen Sie auch nach der Keimung Feuchtigkeit und Wärme halten, dann benutzen Sie einen Tunnel, wie auf S. 27/28 beschrieben.

Um zu vermeiden, daß das Saatbeet zu warm wird – wichtig bei allen Salatarten –, decken Sie es mit einem Stück Schaumgummi ab oder verwenden wieder den nassen Jutesack.

Schutz der Aussaat: Viele Samen werden von Vögeln gefressen. Sie sitzen in der Umgebung und warten nur darauf, daß Sie die leckeren Erbsen in den Boden stopfen, um sie am nächsten Morgen wieder herauszuholen. Dagegen hilft, das Saatbeet mit Folie abzudecken oder engmaschigen Hühnerdraht darüberzuspannen, bis die Pflanzen gekeimt sind.

Nach dem Auflaufen folgt das Ausdünnen: Auch wenn Sie der Meinung sind, dünn gesät zu haben, werden die Sämlinge häufig doch noch zu dicht beieinanderstehen. Das kommt immer wieder vor, denn man muß ja auch damit rechnen, daß ein gewisser Prozentsatz der Samen überhaupt nicht keimt.

Das Ausdünnen nehme man etappenweise vor, Sie wissen ja nicht, ob nicht danach noch irgend etwas schiefgeht; und Pflanzen herausziehen können Sie immer noch.

Unterlassen sollte man das Ausdünnen bei Arten wie Möhren. Schädliche Insekten (Möhrenfliegen) können durch den Geruch angelockt werden, der beim Ausdünnen durch Lockern der Erde frei wird. Deshalb sollten Sie besonders bei Möhren versuchen, so zu säen, daß nicht ausgedünnt zu werden braucht.

Innen-Aussaaten

Wir haben es bereits gesagt: Fast alle Samen keimen schneller und besser, wenn man sie wärmer hält. Die optimale Temperatur variiert von Art zu Art und liegt im allgemeinen für Gemüsesaaten zwischen 10 und 25° C; wir haben sie jeweils bei der Beschreibung angegeben. Außer Wärme brauchen Samen zum Keimen auch Feuchtigkeit und Luft. Wir legen die Samen deshalb in ein Substrat, das diesen Anforderungen entspricht, d. h. luftig und feuchtigkeitshaltend ist. Es gibt wohl spezielle Aussaaterden, doch sind diese nicht überall erhältlich. Man kann sie sich jedoch leicht selbst herstellen, indem man gleiche Teile käuflicher Gärtnererde und feinen Torfmulls gründlich miteinander mischt.

Licht: Zum Keimen brauchen Gemüsesamen kein Licht, doch wenn sie gekeimt sind, ist Licht lebensnotwendig: kein direktes, grelles Sonnenlicht, sondern gestreutes, gefiltertes Licht. Bei einem Zuviel an Licht verbrennen die zarten Sämlinge, bei zu wenig Licht werden sie lang und geil. Dies geschieht auch, wenn die Tage noch kurz sind: Sämlinge aus zu frühen Aussaaten sind weich und fallen um. Mit künstlichem Licht könnte man diesem Übel abhelfen, doch ist dies im Gemüsebau kaum üblich. Halten Sie sich deshalb an die angegebenen Aussaatzeiten.

Wärme: Es gibt verschiedene Möglichkeiten, die Erde zu erwärmen, der man die Samen anvertraut hat. Am einfachsten ist es, die Töpfe oder Schalen auf die Heizung zu stellen. In diesem Fall müssen Sie unbedingt das Saatgefäß mit Folie abdecken, sonst trocknet Ihnen die Erde viel zu schnell aus, und das Ergebnis ist: keine Keimung. Außerdem müssen Sie sehr aufpassen, daß es nicht zu warm wird; über 25° C darf die Temperatur in der Saatschale nicht ansteigen. Bei über 30° C erfolgt die Keimung zu schnell, und bei über 45° C geht alles zugrunde. Ein kleines Thermometer zur Kontrolle der Temperatur ist kein überflüssiger Luxus. In einem Kasten oder Gewächshaus wird die Luft rasch wärmer, doch der Boden des Saatbeetes erreicht, besonders im zeitigen Frühjahr, nur langsam 10° C und mehr. Die Rettung ist dann die Bodenheizung. Diese erfolgt am besten mit Heizplatten oder Heizkabeln, die speziell für diesen Zweck im Handel sind.

Heizkabel können Sie selbst in Gewächshaustische einbauen und sich so ein Vermehrungsbeet schaffen, das stets bereit ist, Aussaaten schnell zur Keimung zu bringen.

Abhärten: Dies bedeutet, junge Pflanzen an niedrigere Temperaturen und geringere Luftfeuchtigkeit zu gewöhnen. Vor allem die letztere ist es, die ihnen zu schaffen macht. Entfernen Sie einmal die Plastikhaube über einer Schale mit Sämlingen, und stellen Sie sie in die volle Sonne, d. h. an die trockene Luft, und schon nach wenigen Stunden werden die Pflänzchen nicht mehr am Leben sein. Das Abhärten darf also nicht so plötzlich geschehen. Langsam angehen lassen, heißt es hier, und laufend nachschauen, was passiert. Ein Baby bringt man ja auch nicht aus der Badewanne unmittelbar nach draußen, ohne es vorher abgetrocknet und angezogen zu haben.

Pikieren: Sämlinge bilden zunächst ein oder

Fortsetzung Innenaussaat: Saatschale in eine größere Schale mit Wasser stellen, um dieses aufsteigen zu lassen. Etikettieren und die Saatschale zum Schutz gegen Austrocknen mit Plastikfolie umhüllen. Diese nach dem Auflaufen der Saat entfernen.

zwei Keimblätter, je nachdem, ob sie zu den einkeimblättrigen (z. B. Porree) oder zu den zweikeimblättrigen (die meisten) Pflanzen gehören. Letztere entwickeln nach den beiden Keimblättern 2 weitere Blätter, die aber ganz anders aussehen. Das ist der Zeitpunkt zum Pikieren. Pikieren heißt weiter auseinander pflanzen. Die einkeimblättrigen Sämlinge werden pikiert, sobald sie groß genug sind und man sie gut fassen kann.
Wir pikieren in die bekannten, preiswerten, 9×9 cm großen Plastik-Blumentöpfe. Jedermann hat sicher einige davon, sonst kann man sie für wenig Geld kaufen. Die Töpfe werden mit Gärtnererde gefüllt und die Sämlinge hineinpikiert. 24 dieser Töpfe passen in eine Plastiksteige, die man ebenfalls billig bekommen kann und die jahrelang hält. Auf diese Weise kann man die jungen Pflänzchen überallhin gut transportieren.
Nach dem Pikieren hält man die Sämlinge noch einige Zeit warm und »geschlossen«, d. h. unter Glas oder Folie, um ihnen über den Verpflanzungsschock hinwegzuhelfen. Sobald Sie sehen, daß das Wachstum wieder einsetzt, kann mit dem Abhärten der Pflanzen begonnen werden.

Andere Vermehrungsmethoden
Neben der Aussaat gibt es noch andere Vermehrungsmethoden für den Gemüse- und Kräutergarten: Pflanzen, Teilung, Stecklinge, Ausläufer, Ableger und Veredeln.
Pflanzen: Das ist eigentlich keine Vermehrungsmethode im engeren Sinne, bedeutet hier nichts anderes als das Auspflanzen gekaufter Jungpflanzen, z. B. Erdbeeren oder Steckzwiebeln. Das sind kleine Zwiebelchen, die der Gärtner im Jahr zuvor ausgesät hat, um uns diese Arbeit zu ersparen. Die Kulturdauer von Steckzwiebeln ist kürzer als die von Saatzwiebeln, ihr Anbau ist vor allem auf weniger guten Böden zu empfehlen.
Teilung älterer Pflanzen ist üblich z. B. bei Rhabarber, Artischocken und verschiedenen Kräutern. Im Oktober oder März/April werden die Pflanzen ausgegraben und in mehrere Stücke geteilt. Jedes Teilstück, das wenigstens einen Trieb oder eine Knospe und ein paar Wurzeln haben soll, wird für sich wieder aufgepflanzt und entwickelt sich zu einer neuen Pflanze. Die Teilung älterer Pflanzen ist eine höchst einfache, aber doch sichere Vermehrungsmethode.
Stecklingsvermehrung: Diese ist schon etwas schwieriger. Wir können sie anwenden z. B. bei einigen Kräutern wie Estragon, Majoran, Salbei. Junge, noch nicht verholzte Triebe werden unter einem Knoten geschnitten und in ein Gemisch von Gärtnererde und scharfem Sand gesteckt. Bodentemperatur etwa 20° C, abdecken mit Plastik. Nach einiger Zeit bilden sich an den Knoten im Boden Wurzeln. Abhärten und wieder in den Garten pflanzen.
Wurzelstecklinge: Sie dienen der Vermehrung z. B. von Meerrettich. Kräftige Wurzelstücke, sogenannte Fechser, werden – am besten im Frühjahr – in den Boden gelegt, um zu neuen Pflanzen auszuwachsen.
Ausläufer: Erdbeeren z. B. bilden Ausläufer und vermehren sich damit gewissermaßen selbst. An den langen Ranken bilden sich an den Knoten Wurzeln und Jungpflanzen. Die Ranken werden durchgeschnitten und die jungen bewurzelten Pflanzen für sich aufgepflanzt.

Rechts: Wenn die Sämlinge – nach den Keimblättern – zwei Blätter haben, werden sie pikiert. Nehmen Sie sie vorsichtig aus der Schale, um die Wurzeln nicht zu beschädigen.

Ganz rechts: Jedes Pflänzchen kommt für sich in einen 9-cm-Plastiktopf.

Ableger: Diese gewinnt man vor allem von mehrjährigen Pflanzen. Bei Salbei z. B. biegt man die Triebe herunter, befestigt sie mit einem Haken und bedeckt sie mit Erde. Nach einiger Zeit werden sich Wurzeln gebildet haben.
Veredlung: Die Methode wird angewendet bei Einlegegurken, Salatgurken, Melonen und Tomaten. Veredelte Pflanzen wachsen schneller und sind weniger krankheitsanfällig. Veredeln bedeutet enges Verbinden zweier verschiedener, aber verwandter Arten. Die Pflanze, auf die veredelt wird, nennt man Unterlage. Bei Gurken ist es *Cucurbita ficifolia,* eine Kürbisart, die durch Aussaat herangezogen wird. Auch die »Edelsorte« wird erst ausgesät. An der Unterlage bringt man am Stengel in Höhe einer Knospe einen Schrägschnitt an; die untersten Blätter beläßt man vorerst noch. Vom Edeling brauchen wir nur den oberen Teil. Auch hier wird der Stengel nahe einer Knospe schräg eingeschnitten. Beide Partner werden mit ihren Schnittflächen zusammengefügt (s. Abb. S. 144) und mit Bast oder einem Veredlungsband verbunden. Bei Wärme und genügend Luftfeuchtigkeit verwachsen beide Partner. Nach dem Abhärten kommen die Veredlun gen hinaus in den Garten.
Veredelte Einlege- und Salatgurken sind gelegentlich auch im Gartencenter zu kaufen.

Vom Meerkohl (*Crambe maritima*) gewinnt man Wurzelstecklinge, indem man Wurzeln in Stücke schneidet.

Gartenarbeit und Geräte

In verschiedenen Ländern hat man Untersuchungen über die zweckmäßige Größe eines Gemüsegartens und die zu seiner Bearbeitung notwendige Zeit durchgeführt. Wenn man so geschickt wie möglich Gebrauch macht von Vorkultur, Nachkultur und Mischanbau (s. S. 25) und die in diesem Buch gegebenen Ratschläge gewissenhaft befolgt, dann genügen 40 m² Gemüsegarten pro Person. Das Aufkommen an Gemüse beträgt dann rund 100 kg (ohne Kartoffeln), und das dürfte für 1 Jahr reichen. Wir haben es nicht nachgerechnet.
Wollen Sie Ihren Gemüsebedarf nur zum Teil aus dem eigenen Garten decken, dann dürften 50 kg genügen, und diese Menge läßt sich bei einigermaßen intensiver Anbauweise auf 20 m² produzieren. Wir setzen dabei voraus, daß Sie über einen fruchtbaren Boden verfügen, daß Ihr Gemüsegarten sonnig und geschützt liegt, daß Sie von bestem Saat- und Pflanzgut ausgehen, und daß Ihnen nichts mißlingt.
So gerechnet, kommen wir auf eine Gartenfläche von 160 m² für eine vierköpfige Familie, die damit das ganze Jahr mit Gemüse versorgt ist. Für Kartoffeln kommen dann noch 200 m² dazu, und wenn wir auch noch Erdbeeren, Rhabarber und Spargel anbauen wollen, kommen wir rasch auf 400–500 m². Wenn Sie sich nur teilweise aus dem Gemüsegarten selbst versorgen wollen, dann dürften also 80 m² genügen, selbstverständlich ohne Kartoffeln und die genannten ausdauernden Gemüse. Alle Flächenangaben sind ohne Wege berechnet.
Und wieviel Arbeit ist das? Pro m² rechnet man mit 35–40 Minuten pro Jahr. Für einen Garten von 160 m² sind das gute 100 Stunden jährlich. Auf die Zeit vom 1. März bis 1. Oktober umgerechnet, bedeutet das im Schnitt ein halbes Stündchen am Tag.
Die Kartoffeln (ohne Vor- und Nachkultur berechnet) erfordern viel weniger Arbeit. Aus all dem ergibt sich, daß man im Durchschnitt etwa 5 Stunden pro Woche für einen Garten von 400 m² aufwenden muß.
In diesen theoretischen Zahlenspielereien sind natürlich Ferien, Schwätzchen mit dem Nachbarn und dergleichen nicht berücksichtigt; Dinge, die es ja ohne den Gemüsegarten wahrscheinlich auch geben würde.
Wenn Sie verreisen wollen, empfiehlt es sich, die Kulturen so einzuteilen, daß in dieser Zeit nicht gerade größere Erntearbeiten anfallen. Im übrigen ist längere Abwesenheit niemals gut für den Gemüsegarten – aber auch nicht für den Blumengarten.

Welche Geräte?
Für die Anlage und Unterhaltung eines Gemüsegartens braucht man natürlich Geräte, die Regale der Gartencenter und Eisenwarenhandlungen sind voll davon. Wir nennen Ihnen nachstehend die wichtigsten Geräte, mit denen wir selbst gute Erfahrungen gemacht haben. Das ist natürlich subjektiv, denn jeder Gartenfreund liebt seinen Spaten, seine Schaufel, seine Hacke und seinen Kultivator und möchte diese nicht für Geld eintauschen. Wir haben aber alle möglichen Geräte ausprobiert, und nur wenige sind übriggeblieben.
Spaten: Zum Graben benötigt man einen Spaten mit geradem, nur wenig gewölbtem Blatt. Für schwere Böden (Lehmböden) sollte dieses ziemlich schmal sein, für leichte Böden darf es größer sein, auch von dreieckiger Form. Wir sind begeistert von dem – allerdings nicht billigen – Spaten aus rostfreiem Stahl mit Kunststoffgriff. Ein solcher Spaten rostet nie und gleitet daher leicht durch den Boden. Wenn Sie ihn gut pflegen, können Sie Ihr ganzes Leben lang damit arbeiten. Leider ist der Spatenstiel oft nicht für große Menschen berechnet. Wenn Sie aufrecht stehen, sollte der Spatenstiel genau bis zur untersten Rippe reichen. Diese Länge ist optimal, und Ihr Rücken wird am wenigsten belastet.
Die Schaufel: Auch diese gibt es in mehreren Ausführungen: mehr als Stechspaten oder mehr als eine Art Schöpflöffel mit gewölbter Form. Mit der mehr stechenden Form kann man auf leichten Böden auch ganz gut graben. Schaufeln werden hauptsächlich gebraucht, um Erde hochzuheben. Durch die hohle Form des Blattes bleibt diese gut darauf liegen. So füllt man z. B. Schubkarren nicht mit dem Spaten, sondern mit der Schaufel.
Die Grabegabel: Sie wird gebraucht, um schweren Boden umzugraben, aber auch zum bloßen Rütteln und Lockern des Bodens, wie es im alternativen Gartenbau gehandhabt wird. Es gibt Grabegabeln mit flachen und mit runden Zinken.
Die Gabel: Das auch Mistgabel oder Mistforke genannte Gerät, mit 4 oder 5 runden Zinken, wird gebraucht, um Mist, Kompost, Heu und dergleichen zu bewegen. Gabeln mit mehr Zinken und stumpfen Spitzen gibt es zum Roden von Kartoffeln.
Die Harke: Wir brauchen sie im Gemüsebau zum Glattharken der Beete. Es gibt auch hier verschiedene Modelle, mit krummen oder geraden, kurzen oder langen Zinken, und

Spaten aus rostfreiem Stahl.

Schaufel mit hohlem Blatt.

Grabegabel, u. a. zum Graben von Lehmboden.

Gabel, Mistgabel oder Mistforke mit 6 Zinken.

Bügelharke mit auswechselbarem Stiel.

Holzharke zum Einebnen der Beete.

Gewöhnliche Hacke mit Stiel in der Mitte.

Stoßhacke mit Golfschneide und Seitenbefestigung.

Hacke mit rostfreiem Blatt.

das alles noch in verschiedenen Breiten. Wir benutzen am liebsten eine nicht zu breite, verzinkte Harke oder noch lieber eine solche aus rostfreiem Stahl, aber auch ganz gern so eine altmodische Holzharke mit eisernen Zinken. Der Harkenstiel ist in einem bestimmten Winkel zur Hacke befestigt. Zu breite Harken sind ungeeignet, das Arbeiten mit ihnen ist zu schwer.

Die Stoßhacke: Diese, auch Schuffel genannt, wird dicht unter der Bodenoberfläche hin und her bewegt, um das Unkraut abzuschneiden. Von großer Bedeutung ist der Winkel, in dem die Hacke am Stiel befestigt ist. Wenn Sie aufrecht stehen und die Hacke normal halten, soll das Hackblatt glatt und waagerecht durch die Erde gleiten können. Sehr oft aber steht das Blatt falsch, entweder zu sehr nach oben oder abwärts gerichtet; eine saubere Hackarbeit ist damit kaum möglich.

Altmodische Stoßhacken haben ein gerades oder ein leicht gebogenes Blatt und einen hölzernen Stiel. Dieser ist in der Mitte des Blattes befestigt. Moderne Stoßhacken haben ein Blatt mit Golfschneide, und die Befestigung befindet sich an den beiden Seiten. Der Stiel ist aus Aluminium. Wir ziehen diese Art vor, weil man an den hochgehenden Seiten genau erkennen kann, wie weit die Hacke seitlich im Boden arbeitet. So kommt man viel dichter an die Gemüsepflanzen heran, ohne sie abzuhacken.

Das Blatt einer Schuffel soll sowohl vorn als auch an der Hinterkante scharf geschliffen sein. Rostfreie Stahlblätter haben den Vorteil, daß sie nicht rosten und daher leicht durch den Boden gleiten. Uns ist jedoch kein Fabrikat bekannt, das eine wirklich gute Stellung des Stieles besitzt. Mit einer Stoßhacke arbeitet man, indem man rückwärts läuft.

Die Zughacke: Sie dient demselben Zweck wie die vorstehend beschriebene Hacke, nämlich der Unkrautbekämpfung und der Oberflächenlockerung. Sie wird vorwiegend auf schwereren Böden gebraucht. Man arbeitet damit vorwärtslaufend. Im Handel sind auch hier verschiedene Modelle, auch solche aus rostfreiem Stahl.

Der Kultivator: Dieser eignet sich zwar auch zur Bekämpfung des Unkrautes, dient aber in erster Linie der Lockerung des Bodens. Es gibt Kultivatoren mit 1, 3 und 5 Zinken, auch solche mit verstellbarem Abstand zwischen den Zinken, so daß man in jedem Falle zwischen den Reihen arbeiten kann.

Die Stiele – Ein Wort auch noch zu den Stielen an Schaufel, Harke, Hacke und Kultivator. Früher waren sie ausschließlich aus Holz, vorwiegend Eschenholz. In neuerer Zeit setzen sich immer stärker Aluminium-Stiele durch, manchmal sogar auswechselbare. Letzterem steht jedoch entgegen: Nach 1 Jahr schon sitzen die Stiele oft unverrückbar fest. Sonst aber ist Aluminium ein für Stiele ausgezeichnet geeignetes Material. Wegen des wesentlich geringeren Gewichtes erfordert das Hacken einen geringeren Kraftaufwand, und dies wird als angenehm besonders dann empfunden, wenn man z. B. einen größeren Bestand Kartoffeln zu bearbeiten hat. Alle genannten Geräte: Harke, Hacke, Kultivator usw. sind auch mit einem ganz kurzen Stiel erhältlich, für den Fall, daß jemand in der Hocke oder kniend damit arbeiten will.

Das Häufelgerät: Wir brauchen es, um Erde an die Pflanzen heranzubringen, in erster Linie bei Kartoffeln, aber auch bei einer Reihe anderer Gemüse wie Erbsen, Knollenfenchel und einigen Kohlarten. Mit diesem Gerät kann man auch Furchen ziehen, in die man z. B. Porree oder Bleichsellerie pflanzt.

Die Schubkarre: je größer, desto besser. Man braucht die Wanne ja nicht voll zu machen, wenn man ein schweres Material zu transportieren hat, doch wenn es sich nur um Unkraut oder Reisig handelt, ist eine große Karre vorteilhaft. Ob sich eine Karre leicht fährt, hängt von der Stellung des Rades ab; dieses sitzt oft viel zu weit vorne. Wenn Sie die beladene Schubkarre anheben und mit gestrecktem Rücken geradestehen, muß die Last im Gleichgewicht auf dem Rad ruhen, so daß Sie kaum noch etwas zu heben haben. Probieren Sie das einmal aus! Schubkarren mit Polyester-Wanne halten am längsten.

Pflanzleine und Pflanzholz: Eine einfache Pflanzleine brauchen wir, um Pflanzen oder Aussaaten schön ordentlich in geraden Reihen auszubringen. Mit einem Pflanzholz kann man z. B. Steckzwiebeln setzen; es gibt hohle und spitze Pflanzhölzer. Die hohlen sind im Prinzip besser, weil die Pflanzlöcher damit nicht so spitz sind und die Erde weniger verdichtet wird.

Die Pflanzschaufel: Das ist ein billiges, aber doch unentbehrliches Gerät. Nehmen Sie auf jeden Fall eine aus rostfreiem Stahl, Sie haben mehr Freude daran.

Der Rillenzieher: Ein nicht gerade unentbehrliches, aber doch sehr praktisches Gerät. Verstellbar, um 4 oder mehr Rillen auf einmal zu ziehen. Besonders für Aussaaten gut zu verwenden.

Eine Saat- und Pflanzhilfe: Diese kann ein selbsthergestelltes Gerät sein, das aus einer 120 cm langen Latte mit eingelassenen Stückchen eines Bambusstabes besteht. Mit der Rückseite kann man quer über das Beet eine flache Rille für Aussaaten in den Boden drücken, mit der Vorderkante markiert man mit kleinen Löchern Pflanzstellen zum Pikieren oder zum Setzen von Steckzwiebeln.

Hilfe durch Maschinen: Im Gemüsegarten haben wir es wenig mit motorangetriebenen Maschinen zu tun. Eine Ausnahme gibt es: die Fräse. Sie besitzt gekrümmte Messer, mit denen der Boden je nach Einstellung 5 bis 30 cm tief umgewühlt werden kann. Hat man zuvor Stallmist oder anderen organischen Dünger ausgebreitet, läßt sich dieser beim Fräsen innig mit dem Boden vermischen.

Es gibt ganz kleine, elektrisch angetriebene Fräsen, mit denen man auch zwischen den Reihen arbeiten und das Unkraut bekämpfen kann, aber auch große Benzinmotor-Fräsen mit einer Arbeitsbreite von 40–60 cm Auch diese können den Boden 5–30 cm tief bearbeiten. Fräsen werden zunehmend im Gemüsegarten eingesetzt.

Viel geholfen hat uns eine Fräse, mit der wir im Herbst Stallmist eingearbeitet haben, mit der wir aber auch im Frühjahr vernachlässigte Beete lockern und pflanzfertig machen konnten. Wir haben nur festgestellt, daß man bei nassem Boden nicht fräsen darf: Es entsteht unter der Fräse eine feste, dichte Schicht, die sogenannte Frässohle, die kaum Wasser durchläßt.

Kultivator mit 1 Zinken.

Kultivator mit 3 Zinken, nicht verstellbar.

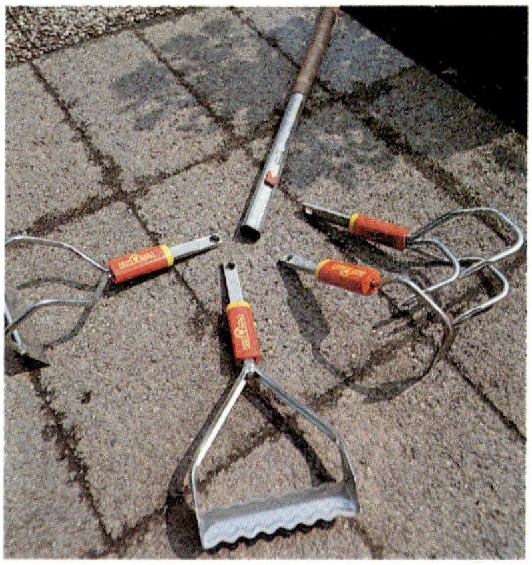

Mehrere Geräte für einen Stiel.

Anhäufler in einer Kartoffelreihe.

Schubkarre mit Kunststoffwanne.

Pflanzleine zum Markieren gerader Reihen.

Hohles Pflanzholz, um Pflanzlöcher zu stechen.

Verschiedene Pflanzschaufeln aus rostfreiem Stahl.

Selbsthergestelltes Hilfsgerät zum Säen und Pflanzen.

Unkrautbekämpfung

Unter Unkraut verstehen wir in diesem Buch alle Pflanzen, die an einer Stelle wachsen, an der wir sie nicht wünschen. Meistens handelt es sich um Wildpflanzen, wie Quecke, Löwenzahn oder Brennessel, aber auch angesäte Pflanzen aus dem Ziergarten können im Gemüsegarten zu Unkräutern werden.

Jeder Boden sitzt voller Unkrautsamen oder Wurzelstückchen. Und wenn er wirklich keinen Samen enthält, werden diese angeweht, oder von Vögeln gebracht. Besonders wenn Sie einen neuen Garten anlegen, z. B. auf altem Wiesen- oder Weideland, können Sie in den ersten Jahren wegen des ständig neu erscheinenden Unkrautes schier verzweifeln. Und da Unkrautsamen auch in größerer Tiefe vorkommen und ihre Keimkraft jahrelang behalten, kommt bei jeder tiefen Bodenbearbeitung eine neue Ladung Samen nach oben.

Wenn Sie das Unkraut nicht beseitigen, wird es über das Gemüse die Oberhand gewinnen. Aus diesem Grunde ist Unkrautbekämpfung im Gemüsegarten eine absolute Notwendigkeit.

Bekämpfung mit der Hand: Es gibt verschiedene Methoden. Jäten, d. h. das Herausziehen des Unkrautes, ist eine ausgezeichnete Methode, aber auch zeitraubend, besonders wenn die Unkräuter noch klein und sehr zahlreich sind. Gebräuchlicher und weniger mühsam ist Hacken, kombiniert mit Jäten dort, wo man mit der Hacke nicht hinkommt. Nach dem Hacken können Sie das Unkraut zusammenharken, wenn es viel ist, meistens aber lassen wir es liegen. Wir können nicht verhindern, daß, wenn es regnet, ein Teil wieder anwächst, wir vernichten dieses dann beim nächsten Hacken. Bei regnerischem Wetter sollte der ganze Gemüsegarten wenigstens zweimal in der Woche durchgehackt werden. Die Arbeit lohnt sich.

Es gibt gescheite Gartler, die sagen: Bei Regen wird nicht gehackt. Aber Sie sollten deren Garten einmal sehen, wenn es vier Wochen praktisch ununterbrochen geregnet hat, wie es ja auch bei uns immer wieder mal vorkommt. Natürlich ist Hacken bei trockener, warmer Witterung wichtiger und wirksamer, das bestreiten wir ja gar nicht, aber bei Regen ist es auch nicht zwecklos.

Es wird oft behauptet, daß man auf Neuland mit dem Anbau von Kartoffeln das Unkraut bekämpfen kann. Unsinn! Es sind nicht die Kartoffeln, die das Unkraut vernichten, das sind Sie, weil Sie gezwungen sind, dies zu tun, indem Sie hacken und häufeln, denn sonst ernten Sie ja keine Kartoffeln. Nach dem Anbau von Kartoffeln ist der Boden oft erfreulich unkrautfrei.

Um das Unkraut schon in einem frühen Stadium bekämpfen zu können, wird häufig in Reihen ausgesät, deren Anfang und Ende mit einem kleinen Stöckchen markiert wird. So kann man schon hacken, auch wenn von der Saat noch nichts zu sehen ist. Langsam keimendem Samen, z. B. Sellerie, wird gern etwas Saatgut eines Schnellkeimers, z. B. Kresse, als Markiersaat zugefügt. Auch eine gute Methode, um rechtzeitig zu erkennen, wo die Reihen mit unserer Gemüsesaat verlaufen.

Mulchen: Unkraut kann man auch bekämpfen, indem man die Bodenoberfläche kräftig verdunkelt. Wir nennen das Mulchen. Dies kann geschehen mit schwarzer Plastik-Folie, z. B. bei Erdbeeren (s. S. 157), aber auch mit organischem Material wie Baumrinde, Heu, frisch gemähtem Gras, Stroh, Sägemehl usw. Der Boden darunter verkrustet nicht, Hacken wird überflüssig. Die Mulchschicht kann aufgebracht werden, sobald die Gemüsepflänzchen eine gewisse Höhe erreicht haben. Tun Sie es nicht zu früh, wenn der Boden noch kalt ist, denn dann bleibt er noch längere Zeit kalt infolge der isolierenden Wirkung der Mulchschicht. Die organische Mulchmasse verrottet und liefert wieder Nahrung für die Pflanzen. Ein Prozeß, der wesentlich zum Gedeihen der Pflanzen und zur Erhöhung der Ernteerträge beiträgt.

Warum wird dann noch so wenig vom Mulchen Gebrauch gemacht? Vielen Gartenfreunden ist der Anblick der unordentlichen Mulchmasse zwischen den Pflanzen zuwider. Es macht ihnen auch zuviel Arbeit, die Mulchmasse zu besorgen und auszubringen. Sie haben entdeckt, daß viele Schnecken und auch Mäuse in der Mulchschicht Zuflucht suchen, um von dort aus die Pflanzen zu schädigen. Und sie sehen auch, daß nach einiger Zeit das Unkraut doch wieder hindurchkommt, so daß eine neue Mulchschicht aufgebracht werden muß.

Zwiebeln, durch Löcher in schwarzer Folie gepflanzt.

Baumrinde, insbesondere von Nadelholzbäumen, ist ein vorzügliches Mulchmaterial.

Eine dicke Schicht Stroh kann ebenfalls das Unkraut gut unterdrücken.

Weitere Pflegemaßnahmen

Wässern

Auf jeden Fall bei der Anzucht von Gemüsejungpflanzen, aber auch während des späteren Wachstums müssen wir die Möglichkeit haben zu wässern. Kein Gemüsegarten kommt ohne einen sauberen Wassergraben – wo gibt es so etwas noch – oder eine Wasserleitung aus.

In einer Pflanze soll stets ein Gleichgewicht herrschen zwischen der Wassermenge, die von den Wurzeln aufgenommen wird, und der, die die Blätter verdunsten. Unmittelbar nach einem Verpflanzen oder Pikieren ist dieses Gleichgewicht zunächst einmal gestört. Wir haben – nicht absichtlich – einen Teil der Haarwurzeln zerstört und damit die Wasseraufnahme gedrosselt. Wir können nun Wasser geben, soviel wir wollen: Da zu wenig Würzelchen da sind, die es aufnehmen können, ist diese Mühe vergebens. Das Gleichgewicht läßt sich leichter wieder herstellen, wenn man dafür sorgt, daß die Pflanze weniger verdunstet, indem man sie leicht beschattet, mit einem Folientunnel überbaut oder sie öfters mit einem feinen Wassernebel besprüht.

Sie können im Gemüsegarten auch die Verdunstung des Bodens einschränken, nämlich durch Mulchen. Das Bedecken des Bodens mit schwarzer Folie, Heu oder gemähtem Gras macht da viel aus.

Außerdem kommt es sehr auf den Boden in Ihrem Garten an. Lehmboden hält die Feuchtigkeit länger, Wässern ist hier nicht so schnell notwendig wie auf Sandboden mit grober Struktur. Liegt Ihr Garten z. B. in einem eingedeichten Land bzw. Polder, wo der Grundwasserstand stets auf dem gleichen Niveau gehalten wird, brauchen Sie sich um das Wässern weniger zu sorgen als im Landesinneren mit mehr oder weniger wechselndem Grundwasserstand.

Wenn es stark regnet oder wenn Sie mit dem Schlauch spritzen, wird der Boden dichtgeschlämmt. Durch den Zusammenschluß der Bodenkrümel entsteht eine Art Kruste, die den Zutritt der Luft in den Boden erschwert. Daraus folgt, daß im Gemüsegarten nach jedem Regenschauer oder Wassersprengen gehackt werden sollte, es sei denn, Sie haben gemulcht. Durch das Hacken unterbricht man gleichzeitig die Kapillaren, jene äußerst feinen Haarröhrchen, durch die das Wasser aus dem Untergrund aufsteigt und verdunstet. Hacken schränkt also die Verdunstung des Bodens beträchtlich ein. Die meisten Pflanzen zeigen es selbst an, wenn sie Durst haben. Blätter und Triebe hängen schlaff herunter, und die Pflanzen machen einen traurigen Eindruck. Geben Sie dann sofort Wasser oder Schatten! Sie können ruhig sprühen, wenn die Sonne scheint; es ist ein Märchen, daß dadurch Verbrennungen entstehen. Gerade wenn die Sonne scheint, ist die Verdunstung am größten und die Beregnung am notwendigsten.

Womit wässern? Wenn Sie im Gemüsegarten keine Wasserleitung haben, sind Sie auf die Gießkanne angewiesen. Gießkannen sind heute meistens aus Plastik, 10 l Inhalt ist das übliche Maß. Es gibt aber auch sehr schöne verzinkte Gießkannen mit Messingbrause, die jahrzehntelang halten. Richten Sie beim Gießen die Brause stets nach oben, das Wasser fällt dann nicht so heftig auf die Erde. Begießen Sie besonders den Boden rund um die Pflanzen, weniger das Laub. Machen Sie den Boden gut naß, und kontrollieren Sie das, indem Sie den Boden ein wenig wegkratzen. Oft wird zu wenig gegossen oder gesprengt, es wird nur die Bodenoberfläche feucht, das Wasser gelangt aber nicht bis zu den Wurzeln.

Haben Sie Wasserleitung im Garten, dann benutzen Sie einen Gartenschlauch mit feiner Brause, oder installieren Sie einen Regner für den ganzen Garten. Wir haben beste Erfahrungen mit pulsierenden bzw. intermittierenden Regnern gemacht, wie sie auch in der Landwirtschaft gebraucht werden. Die Wasserverteilung ist besser als bei jedem anderen Regner-Typ. Wir haben eine Schwäche auch für Gewächshaus-Regner, die schnell rotieren und nur sehr wenig Wasser ausbringen. Diese können Sie ruhig die ganze Nacht laufen lassen.

Bei trockenem Wetter muß im Gemüsegarten bald gewässert werden.

Links: Die Sprühpistole, ein handliches Gerät zum Wässern. Durch Handdruck läßt sich die Breite des Strahles regulieren.

Unten: Ein Gewächshausregner, der wenig Wasser, dieses aber in feiner Verteilung ausbringt.

Düngung

Wir unterscheiden zwischen der Vorratsdüngung bei der Anlage eines Gartens (s. S. 18) und der späteren laufenden Düngung. Und bei dieser können wir weiter unterscheiden zwischen der großen, allgemeinen Düngung – Mist untergraben, Kompost einarbeiten – und den kleinen speziellen Nachdüngungen. Diese sind notwendig, wenn der Vorkultur eine Nachkultur folgt, vor allem, wenn es sich um Blattgewächse handelt. Wenn wir bei der großen, allgemeinen Düngung genügend Kali, Phosphor und Kalk verabreicht haben, genügt bei der Nachdüngung eine extra Stickstoffgabe. Wir geben diesen sehr gern als Blutmehl mit 5–14 % Stickstoff. Es ist eine Freude zu sehen, wie im August ausgesäter Spinat nach einer solchen Blutmehldüngung gedeiht. Eine besondere Düngung lassen wir auch den Pflanzen zukommen, die viel Nährstoffe brauchen, wie Kohlpflanzen, Gurken, Knollensellerie, Melonen usw. Zu dem Zweck geben wir auch hier Blutmehl, das gut in den Boden eingewaschen wird. Um zu verhindern, daß insbesondere Blattgemüse zuviel Nitrat enthält, dürfen Sie bei der Stickstoffdüngung nicht zu großzügig sein und diese vor allem nicht später als 3 Wochen vor der Ernte verabfolgen. Natürlich können Sie auch mit mineralischem Dünger nachdüngen. Nehmen Sie dann Kalkammonsalpeter oder andere reine Stickstoffdünger, wenn nur dieser Nährstoff gegeben werden soll, oder einen Volldünger, wenn Sie meinen, daß auch Phosphorsäure und Kali fehlen. Der Gebrauch eines schnellwirkenden, flüssigen Volldüngers ist angezeigt, wenn Sämlinge hochgepäppelt werden sollen, die etwas zurückgeblieben sind.

Auf grobkörnigen, humusarmen Böden muß man naturgemäß häufiger nachdüngen als auf schwereren Lehmböden mit meist auch höherem Humusgehalt. Solche Böden halten die Nährstoffe bekanntlich viel länger fest.

Oben links: Flüssigdünger kann mit Hilfe einer Mischvorrichtung über den Gartenschlauch ausgebracht werden.

Oben rechts: Streuen von Blutmehl als zusätzlichem Stickstoffdünger.

Rechts: Aufbinden einer Kürbispflanze mit einem Band an einem Stock.

Binden und Stützen

Es gibt einige Gemüsearten, die sich nicht selbst aufrecht halten können. Wir müssen sie stützen, andernfalls liegen sie auf dem Boden, was gewöhnlich dem Erntegut nicht bekommt. Erbsen und Bohnen sind die bekanntesten Gemüse, die eine Stütze brauchen, und oft ist schon auf der Samentüte von „Stangen"-Bohnen usw. die Rede. Manchmal müssen auch Pflanzen gestützt werden, die aus Versehen einmal zuviel Stickstoff erhalten haben.

Bei der Besprechung der einzelnen Gemüsearten finden Sie jeweils nähere Angaben über das Stützen. Tomaten, Paprika und Auberginen müssen mit Stäben gestützt werden. Melonen und Gurken werden im Gewächshaus am Draht gezogen usw.

In welcher Weise Sie auch stützen, tun Sie es sorgfältig, denn die Pflanzen sind – besonders nach einem Regen – schwerer als man glaubt.

Anhäufeln junger Maispflanzen, um das Wachstum zu fördern.

Der aus der Achselknospe – hier bei Tomate – entstandene »Geiztrieb« ist unerwünscht.

So können sie junge Bohnenpflanzen gegen Nachtfrost schützen.

Anhäufeln

Beim Anhäufeln wird zusätzlich Erde an die Pflanzen herangebracht. Dies geschieht aus verschiedenen Gründen. Bei Kohlpflanzen und Buschbohnen vornehmlich, um ihnen einen festeren Stand zu verschaffen. Bei Kartoffeln und Möhren wollen wir damit verhindern, daß Teile der Knollen bzw. Wurzeln aus dem Boden herausschauen und sich dadurch grün verfärben – eine unerwünschte Qualitätseinbuße. Rote Bete werden angehäufelt, um sie gegen das Anpicken durch Vögel zu schützen. Bei Bleichgemüsen, wie Spargel, Bleichsellerie und Knollenfenchel, geschieht es, um einen möglichst großen Teil der Pflanze dunkel zu halten, damit er schön hell bleibt und dadurch schmackhafter und bekömmlicher wird.

Das Anhäufeln geschieht meist mit einer Schaufel oder Hacke, es gibt aber auch ein spezielles Häufelgerät, eine Art Handpflug, mit dem man eine flache Furche zieht. Die Erde wird dabei von beiden Seiten an die Pflanzen herangeschoben.

Durch das Anhäufeln wird zu einem guten Teil auch das Unkraut bekämpft. Unsere Gemüsepflanzen indessen gehen gern mit ihren Wurzeln in die aufgebrachte Erde und profitieren davon.

Kappen, Ausgeizen, Schneiden

Unter Kappen von Pflanzen verstehen wir das Auskneifen des Vegetationspunktes an der Spitze eines Sprosses. Bei jungen Pflanzen geschieht dies, um eine bessere Verzweigung zu erreichen. Wollen wir z. B. eine Aubergine mit 3 Trieben heranziehen, und sie entwickelt selbst nur einen, dann können wir durch Kappen erreichen, daß sie sich verzweigt. Auch bei Melonen ist Kappen nützlich.

Ältere Pflanzen werden manchmal gekappt, um Schädlinge zu bekämpfen. So werden bei Puffbohnen häufig die Spitzen abgeschnitten, um sie von der lästigen Schwarzen Bohnenlaus zu befreien. Sehr sinnvoll ist dies aber nicht, weil dadurch der Ertrag pro Pflanze abnimmt und die Bohnen schneller hart werden. Läuse lassen sich im übrigen wirksamer mit Insektiziden bekämpfen. Oft hilft schon eine Spiritus-Schmierseifenlösung ausgezeichnet.

Das Entspitzen von Rosenkohl hat zur Folge, daß die oberen Röschen größer werden und der ganze Strunk auf einmal abgeerntet werden kann. Aber nicht zu früh kappen! Der richtige Zeitpunkt ist gekommen, wenn die untersten Röschen einen Durchmesser von 1 cm erreicht haben. Gekappte Pflanzen sind aber etwas frostempfindlicher. Bei den neueren Sorten reifen die Röschen gleichmäßiger.

Das Kappen bei Freiland-Einlegegurken hat eine beträchtliche Ernteminderung zur Folge. Je weniger Blätter, desto weniger Früchte. Beim Porree werden vor dem Auspflanzen häufig Blätter und Wurzeln eingekürzt. Das Kappen der Blätter reduziert die Verdunstung und kann daher vorteilhaft sein. Das Abschneiden der Wurzeln dagegen hat keinen Sinn. Beide Maßnahmen wirken sich mehr oder weniger ertragsmindernd aus.

Bei hohen Tomaten müssen die Seitentriebe laufend aus den Blattachseln entfernt werden. »Ausgeizen« nennt man diese Arbeit. Geschieht dies nicht, werden die Pflanzen zu dicht und buschig, und die Qualität der Früchte wird erheblich beeinträchtigt.

Beim Schnitt des Strauchbeerenobstes geht es um zweierlei: um die Erziehung und Erhaltung einer günstigen Strauchform, die notwendig ist, um Licht in den Strauch zu bekommen und eine gute Fruchtqualität zu erreichen, und um die Erzielung eines möglichst reichen Blütenknospenansatzes. Die Schnittbehandlung ist bei jeder Beerenobstart eine andere, darum finden Sie nähere Einzelheiten darüber bei der Besprechung der verschiedenen Arten.

Frostschutz

Es gibt nur wenig Gemüsearten, die über Winter draußen bleiben bzw. im Winter kultiviert werden. Für diese kann ein Schutz gegen strengen Frost notwendig werden, z. B. beim Chicorée, den wir in flachen Gräben anbauen. Bei Frost wird der Graben mit isolierendem Material, wie Stroh, Laub oder Torfmull, abgedeckt.

Größere Schwierigkeiten können uns die Nachtfröste bereiten, die bei uns noch bis Mitte Mai als »Eisheilige« auftreten und erheblichen Schaden verursachen können. Manche Gemüsearten überstehen diese Spätfröste recht gut; so gibt es Erbsensorten, die 12° C unter Null vertragen. Solche Gemüse können daher ohne Bedenken schon im Februar ausgesät werden. Andere Gemüse sind höchst empfindlich, und bei diesen ist dann auch jeweils eine spätere Aussaatzeit angegeben, wie z. B. bei Bohnen.

Sollten Sie aber dennoch der Versuchung unterliegen, mit der Kultur zu früh zu beginnen, dann können Sie bis Mitte Mai üble Überraschungen erleben. Das Gleiche gilt für Frühfröste bei empfindlichen Spätkulturen.

Wenn Nachtfrost droht – es wird durch Radio und Fernsehen gewarnt, und man erkennt es am klaren Himmel und an der Windstille schon am Abend zuvor – kann man immer noch gewisse Maßnahmen ergreifen. Das Wirksamste ist, einige Gewächshaus-Regner im Garten aufzustellen und die ganze Nacht über laufen zu lassen. Sie bringen höchstens 100 Liter Wasser pro Stunde aus, so daß keine größeren Lachen entstehen. Die Pflanzen werden durch das gefrierende Wasser leicht erwärmt und erfrieren nicht. Ein etwas gebräuchlicherer Frostschutz ist das Abdecken der Pflanzen mit Plastik-Folie oder mit Blumentöpfen, die über die Pflanzen gestülpt werden.

Nach der Ernte treibt ein Kohlstrunk oft wieder aus und bildet mehrere kleine Köpfe.

Dieser Brokkoli ist zu locker, er ist durchgewachsen, das richtige Erntestadium wurde verpaßt.

Ernte und Aufbewahrung

Selbstangebautes Gemüse hat den Vorteil, daß man es ernten und sofort verzehren kann. Zwar ist die beste Erntezeit der frühe Morgen, wenn das Gemüse noch taufrisch ist, doch wenn man es erst am Abend essen will, ist der Morgen nicht die günstigste Zeit. Wir bestimmen meistens erst kurz vor Mittag, welches Gemüse wir essen wollen. Danach wird es geerntet und sogleich zubereitet. Auf diese Weise geht nur wenig von den lebensnotwendigen Inhaltsstoffen verloren.
Es ist eine wahre Kunst, Gemüse genau zu dem Zeitpunkt zu ernten, an dem es am wohlschmeckendsten ist. Im allgemeinen ist ein junger, halbreifer Zustand das günstigste Stadium. Zumindest gilt dies für Bohnen, Erbsen, Radieschen, Möhren, Kürbis usw.
Bei den ausgesprochenen Lagergemüsen, wie Kartoffeln, Knollensellerie, Kohl, Zwiebeln, Wintermöhren usw. können wir nur das voll ausgewachsene Produkt verwenden. Dadurch, daß man die schnellwachsenden Gemüsearten in kleinen Portionen aussät, kann man auch über einen längeren Zeitraum hinweg ernten. So ist es klug, jede Woche ein paar Reihen Radieschen und Salat zu säen. Bei der Ernte nimmt man stets erst die ältesten Pflanzen, die übrigen bekommen dadurch etwas mehr Platz.
Eine andere Möglichkeit, »in Raten« zu ernten: Pflücken Sie beim Spinat nur die äußersten Blätter ab. Es kommen aus dem Innern der Pflanze immer neue, frische Blätter. Auch bei Salat kann man ausschließlich Blätter ernten; hier gibt es ja sogar eine bestimmte Kulturform, den Pflücksalat, der keinen Kopf bildet.
Hülsenfrüchte soll man vorsichtig ernten. Oft werden Erbsen und Bohnen mit Gewalt von der Pflanze gerissen, so daß Wunden entstehen, in die, besonders bei feuchtem Wetter, leicht Pilze eindringen können.
Manch Anfänger unter den Gartenfreunden ist so leidenschaftlich bei der Sache, daß er darüber ganz vergißt, zum richtigen Zeitpunkt zu ernten. Nehmen Sie sich dazu täglich die Zeit, besonders bei Brokkoli und solchen Gemüsen, die von einem Tag zum anderen durchschießen können.
Bei warmem Wetter reift oft mehr Gemüse heran, als man gerade gebrauchen kann. Die Versuchung ist dann groß, mit der Ernte noch etwas zu warten, mit der Folge, daß der Höhepunkt des Wohlgeschmacks überschritten wird. In dem Fall ist es vernünftiger, das Gemüse rechtzeitig zu ernten und es wegzugeben oder gekühlt aufzubewahren. So hält sich Spargel unter Wasser im Kühlschrank ohne weiteres 1–5 Tage frisch. Auch Zucchinis werden besser nicht ganz ausgewachsen geerntet und kühl aufbewahrt. Tomaten dagegen schmecken besser, wenn man sie an der Pflanze voll ausreifen läßt. Beim Erwerbsgemüsebauer können sie das niemals, weil sie sonst nicht mehr transportfähig sind. Es ist dies der Grund, warum selbstangebaute Tomaten stets besser schmecken als gekaufte.
Spätes Ernten ist auch günstig bei Gemüsen wie Grünkohl und Rosenkohl. Diese schmecken besser nach Frosteinwirkung, da sich dann mehr Zucker in den Pflanzen befindet. Ebenso gewinnen einige Wurzelgemüse bei später Ernte an Geschmack. Pastinaken sind dafür ein gutes Beispiel.
Kräuter, die man aufbewahren will, werden meistens etwa zur Zeit der Blüte geerntet. Danach können sie getrocknet werden.
Bei der **Aufbewahrung** von Gemüse denken viele gleich an Tiefgefrieren oder Einwekken. Es gibt aber auch andere Methoden. So werden Kartoffeln gewöhnlich in einem kühlen, trockenen Raum aufbewahrt, ebenso wie auch Dauerkohl. Andere Gemüse, wie Rote Bete, Knollensellerie, Kohlrabi, Wintermöhren, lagert man besser in weißen Sand ein. Alle diese Gemüse können auch im Garten eingemietet werden.
Das Einfachste ist natürlich, Dauergemüse im Garten auf dem Beet zu belassen. So erfrieren z. B. Schwarzwurzeln eigentlich nie. Auch Wintermöhren, Knollensellerie und Pastinaken können gewöhnlich draußen bleiben, wenn man sie bei strengem Frost mit einer Strohmatte abdeckt. Ein Gemüse wie Winterlauch, das erst im Frühjahr richtig zu wachsen beginnt, kann in normalen Wintern ungeschützt im Garten bleiben. Winterblumenkohl wiederum kann viel weniger Frost vertragen. Sein Anbau glückt eigentlich nur im milden Klima.
Auf Methoden der Konservierung, einschließlich des Tiefgefrierens, gehen wir in diesem Buch nicht ein. Wir verweisen auf gute Kochbücher oder auf Schriften der Aufklärungs- und Beratungsdienste.

Gemüse unter Glas

Hier bringen wir einige Hinweise für echte Unterglaskulturen: Gemüse, die so lange unter Glas kultiviert werden, bis sie erntereif sind. Das Glas – oder auch Plastik – kann ein kleines Gewächshaus, einen kalten Kasten oder auch einen Tunnel bedecken.

Winterkulturen

Hierfür brauchen wir ein heizbares Gewächshaus. Die Aussaaten erfolgen im Herbst, etwa ab Oktober. Winterkulturen erfordern nicht nur Erfahrung, sondern auch viel Energie. Und davon oft soviel, daß Wintergemüse aus dem Hobby-Gewächshaus unerschwinglich teuer wird. Wir schenken den eigentlichen Wintergemüsearten daher in diesem Buch nur wenig Aufmerksamkeit, sondern beschränken uns auf die einfachsten Kulturen.

Endivien können im September, z.B. in Töpfen, ausgesät werden. Temperatur 20° C. Ende Oktober im Gewächshaus auspflanzen und bei wenigstens 12° C halten. Eine gute Sorte für diese Kultur ist 'Escariol grüner'.

Blumenkohl braucht viel Platz, und wenn Sie diesen haben, können Sie die Aussaat Ende September vornehmen, z.B. mit der Sorte 'Erfurter Zwerg'. Keimtemperatur 15° C. Im Dezember auspflanzen und danach die Temperatur auf 12° C halten. Die Ernte fällt auf Anfang Mai.

Brokkoli, vor allem der Chinesische, ist ein gleichwertiger Ersatz für Blumenkohl. Die Kultur ist die gleiche wie bei Blumenkohl beschrieben, Sie können sogar etwas früher aussäen.

Kalter Kasten für Gemüsekulturen, die zusätzliche Wärme verlangen.

Gewächshaus in Holzbauweise mit Tischen. Weniger für Gemüsekulturen, mehr für Anzucht von Jungpflanzen geeignet.

Zucchinis werden für die Herbstkultur im Juli ausgesät, am besten in Töpfen. Im August schon kommen sie ins Gewächshaus. Im Oktober beginnt man zu heizen, auf wenigstens 12° C, besser etwas mehr. Frische Früchte Ende Oktober/Anfang November.

Kopfsalat eignet sich hervorragend sowohl für die Herbst- als auch für die Winterkultur. Man braucht für diesen Zweck spezielle Sorten, die nicht leicht erhältlich sind, wie z.B. 'Larissa' und 'Ravel'. Aussaat in Ton- oder Torftöpfe ab Ende Juli für den Herbstanbau bzw. ab Anfang Oktober für den Winteranbau. Achten Sie darauf, daß die Keimtemperatur 20° C nicht übersteigt. Während der Anzucht genügen Temperaturen von wenigstens 12° C.

Möhren werden ab Oktober in Reihen ausgesät. Besonders geeignet ist die Sorte 'Amsterdamer Treib'. Mit der berüchtigten Möhrenfliege werden Sie im Winter keine Last haben. Kühl halten und viel lüften. Ernte im Mai.

Porree kann im November bei 18–22° C in Töpfen ausgesät werden. Das erfordert nicht viel Platz. Anfang März auspflanzen, und bei wenigstens 12° C weiterkultivieren, bis der junge Porree im Mai geerntet werden kann.

Rübstiel können wir ab September direkt im Gewächshaus aussäen. Er braucht keine höheren Temperaturen, das Haus soll aber frostfrei sein.

Radieschen brauchen ebenfalls nicht viel Wärme. Werden entweder sehr spät, bis Mitte Oktober, oder sehr früh, ab Mitte Dezember, ausgesät.

Spinat kann ab Oktober im Haus gesät werden. 'Subito' und 'Glares' sind einige gute Unterglassorten. Viel Wärme ist nicht notwendig, Spinat verträgt auch leichten Frost.

Spitzkohl gedeiht unter Glas ausgezeichnet. Aussaat Anfang Oktober, am besten in Töpfen, bei 15° C. Auspflanzen im Dezember und weiterkultivieren bei mindestens 12° C. Ernte im April.

Feldsalat kann im Haus ab September gesät werden, am besten in Reihen. Wenig Wärme notwendig, Ernte im Frühjahr.

Frühjahrskulturen

Für Frühjahrskulturen braucht das Gewächshaus ab Ende Januar nicht mehr geheizt zu werden, obwohl es bei strengem Frost recht nützlich sein kann, über eine Behelfsheizung zu verfügen. Sonst kommt man womöglich nicht in den Boden hinein. Eine gute Wärmeisolierung des Hauses ist dabei sehr wichtig. Wir gehen auch bei Frühjahrskulturen davon aus, daß die Pflanzen bis zur Ernte im Haus bleiben. Sie brauchen das Gewächshaus außerdem für die Anzucht weiterer Gemüsearten in Schalen oder Töpfen, die später im Garten ausgepflanzt werden. Bedenken Sie vorher, ob Sie soviel Platz haben, sonst wird es im Haus nachher zu eng. Selbstverständlich können Sie einige der vorstehend unter »Winterkulturen« aufgeführten Gemüsearten, z. B. Kopfsalat oder Spinat, auch jetzt noch anbauen.

Eierfrüchte oder Auberginen sind ein typisches Gewächshausgemüse, können ab Februar in Töpfen warm ausgesät werden. Keimtemperatur 20–25° C, brauchen aber auch danach noch reichlich Wärme, wenigstens 18° C.

Rote Bete werden im Februar in Töpfe gesät, bei 15–20° C. Endc März auspflanzen und weiterkultivieren bei mindestens 10° C. Ernte Mai/Juni. Eine gute Treibsorte ist 'Ägyptische Plattrunde'.

Bleichsellerie wird ab Januar bei etwa 20° C in Töpfen herangezogen und bei wenigstens 16° C weiterkultiviert. Ernte im Mai. Geeignete Sorte: 'Goldgelber Selbstbleichender'.

Chinakohl wird im Januar bei 20° C ausgesät, nach dem Auspflanzen 16–18° C. Ernte im Mai. Eine gute Sorte ist 'Spring A 1'.

Zucchinis sät man für die Gewächshauskultur ab Anfang Februar bei 20–25° C aus. Weiterkultur bei wenigstens 18° C, Ernte ab Mai.

Knollenfenchel wird im Februar warm in Töpfen ausgesät. Nach dem Auspflanzen 16–18° C. Bei zu hohen Temperaturen schießen die Pflanzen schnell. Empfehlenswerte Sorte: 'Zefa Fino'.

Salatgurken werden erst im April bei 20 bis 25 °C ausgesät, danach im Haus an Drähten gezogen. Eine geeignete, robuste Sorte ist 'Sandra'.

Kohlrabi ist ein Schnellwachser. Aussaat ab Februar in Töpfen, Temperatur 18° C, später wenigstens 12° C. Eine gute Sorte für den Frühanbau: 'Express Forcer'. Ernte im Mai.

Melonen nehmen viel Platz weg. Warm aussäen im März. Ernte im Juli/August. Wählen Sie eine kleinfrüchtige Sorte wie 'Ogen'.

Paprika muß Anfang März in Töpfe gesät werden. Temperatur 20–25° C. Ende April auspflanzen und bei wenigstens 18° C halten. Die Ernte kann im Juli beginnen.

Zuckererbsen brauchen viel Platz, können aber schon sehr zeitig angebaut werden. Am schnellsten keimen sie in Töpfen bei 20° C. Nach dem Auspflanzen im Haus bei wenigstens 12° C weiterkultivieren. Ernte im April. Geeignete Sorte: 'Frühe Heinrich'.

Portulak kann ab April an Ort und Stelle breitwürfig ausgesät werden. Wächst bei höheren Temperaturen sehr schnell.

Rettich kommt im März in den Boden, wächst rasch und kann im Mai bereits geerntet werden. Geeignete Sorte: 'Rex'.

Schnittbohnen und **Prinzeßbohnen** können Ende März in Töpfen bei 20–22° C herangezogen werden. Nach 10 Tagen auspflanzen und bei mindestens 15° C weiterkultivieren. Sowohl Busch- als auch Stangenbohnen sind dafür geeignet. Die Ernte beginnt im Juni. Für Schnittbohnen empfehlen wir die Stangenbohnensorten 'Perle von Marbach', 'Trebona' und 'Precores' oder die Buschbohnensorte 'Pfälzer Juni', für Prinzeßbohnen die Buschbohnensorte 'Prélude'.

Tomaten werden Ende Februar in Töpfen bei höherer Temperatur von 20–25° C ausgesät. Nach dem Keimen etwas kühler halten. Die Pflanzen erst noch einmal pikieren und dann im April auspflanzen. Die Temperatur darf hoch sein, nachts nicht unter 17° C. Die ersten Früchte können Sie schon Ende Juni ernten.

Selbstverständlich besteht auch nach Abräumen der Frühjahrs- und Sommerkulturen noch im Herbst die Möglichkeit, die Vorteile eines Gewächshauses zu nutzen. Nach Gurken, Tomaten, Paprika usw. können Sie z. B. noch Radieschen und Salat anbauen, in günstigen Jahren sogar bis in den Spätherbst hinein ohne jede Heizung.

Links: Hier werden unter einem Dachfenster Pflanzen in Multitöpfen herangezogen.

Das preiswerteste Gewächshaus besteht aus Plastikfolie.

Pflanzenschutz

Es ist schon so viel geschrieben worden über die Anwendung giftiger Pflanzenschutzmittel und deren Auswirkungen auf unsere Gesundheit und die Umwelt, daß wir dieses Thema hier nur kurz erwähnen möchten.
Wir sind entschieden gegen menschen- oder umweltschädigende Mittel und suchen daher nach anderen Möglichkeiten, die Gemüsepflanzen zu schützen. Denn ein Schutz ist ohne Zweifel notwendig. Ein Gemüsegarten ohne Pflanzenschutzmaßnahmen und dazu noch ohne Schädlinge, das ist ein Wunschtraum.
Die Schädlingsbekämpfungsmittel-Industrie benutzt ein schönes Wort: »Pflanzenschutz«. Das klingt gut, und wir übernehmen es, weil wir in diesem Buch diesen Begriff sehr weit verstanden wissen möchten. Wir wollen nämlich die Pflanze gegen jedweden Angriff schützen, aber nach Möglichkeit ohne Pflanzenschutzpräparate.
Wie Sie auf S. 25/26 unter »Kombinierter Anbau« und auf S. 27 bei »Gaze« schon lesen konnten, gibt es bewährte Mittel, dem Schädlingsbefall vorzubeugen.
Sehr begeistert sind wir von Insektengaze und anderen synthetischen Materialien, mit denen man insektensichere Käfige über die Pflanzen bauen kann. Gegen bodenbürtige Pilze, z. B. die Kohlhernie, gibt es ebenfalls ein gutes Mittel: Kultivieren Sie Ihre Pflanzen in großen Plastiktöpfen, gefüllt mit gesunder Gärtnererde. Wir werden später näher darauf eingehen.
Auch kann man manchem Schädlingsbefall durch die Wahl des richtigen Aussaat- oder Erntetermins vorbeugen. Bei jeder Gemüseart finden Sie in diesem Buch die entsprechenden Angaben.

Rote Johannisbeeren müssen mit einem Netz gegen Vögel geschützt werden. Noch besser ist ein mannshoher Gazekäfig.

Eine hübsche Vogelscheuche ist eine Zierde des Gemüsegartens, ob sie aber wirklich hilft?

Gegen die Schädlinge und Krankheiten, die trotzdem noch auftreten, kann man spritzen oder stäuben. Dabei verwende man nach Belieben chemische oder biologische Präparate. Die chemischen Mittel sind weitaus in der Überzahl. Sie helfen, haben aber die bekannten Nachteile. Es wäre gut, wenn wirklich nur die weniger gefährlichen Mittel für den Privatgebrauch zugelassen wären. Tatsächlich aber kann jeder Kleingärtner und Gartenfreund an die gefährlicheren Mittel herankommen. Jeder, der in ein einschlägiges Geschäft geht, kann diese, eigentlich nur für den Erwerbsgärtner bestimmten Mittel ohne weiteres mitnehmen.
Biologische Präparate sind kaum unter Markennamen erhältlich. Sie werden amtlich nur anerkannt, wenn sie tatsächlich wirksam sind, doch leider ist dies nur bei wenigen Mitteln der Fall. Es bleiben die Mittel übrig, die man sich selbst herstellen kann, wie Spiritus-Schmierseifenlösung, Brennesselbrühe usw. Wir geben nachstehend einige Rezepte.
Selbsthergestellte Mittel: die alten Hausmittel sind oft gar nicht so verkehrt. Ihre Wirkung ist zwar meistens nur von kurzer Dauer, in vielen Fällen aber ausreichend, vor allem wenn man die Behandlung von Zeit zu Zeit wiederholt.

- Brennesselbrühe: Brennesseln 1 Woche lang in Wasser einweichen, danach etwas grüne Seife zufügen, absieben. Gegen Blattläuse.
- Schachtelhalmaufguß: 300 g getrocknete Stengel des Ackerschachtelhalms (*Equisetum arvense*) ½ Stunde in 1 Liter Wasser kochen, absieben, etwas grüne Seife zufügen. Zum Gebrauch 10 cm^3 des Aufgusses in 1 Liter Wasser geben. Gegen Pilze.
- Kamillentee: Getrocknete Kamillen in Wasser einweichen, absieben.
- Quassia-Brühe: 300 g Späne des Quassiaholzbaumes (*Quassia amara* bzw. *Quassia cortex*) 1 Tag in 2 Liter Wasser weichen lassen und anschließend 1 Stunde kochen. Filtrieren und etwas Schmierseife zufügen. Zum Gebrauch 1:10 verdünnen. Gegen Insekten.
- Rhabarber-Seifenbrühe: 1 kg Rhabarberblätter klein schneiden und ½ Stunde in 2 Liter Wasser kochen. Nach Abkühlen etwas grüne Seife hinzufügen, absieben. Gegen Insekten.
- Tabakbrühe: Pfeifen- oder Feinschnitt-Tabak in Wasser ziehen lassen, filtrieren, etwas Schmierseife hinzugeben. Eventuell auch Zusatz von Brennspiritus (400 ccm/10 l Wasser). Gegen Insekten.
- Spiritus-Schmierseifenlösung: 5 g grüne Seife und 5 cm^3 Spiritus in 1 Liter Wasser geben. Gegen Insekten.

Krankheiten, Schädlinge und ihre Bekämpfung

Hier folgt in alphabetischer Reihenfolge eine Aufzählung aller Schädlinge, die in diesem Buch erwähnt werden. Soweit wie möglich geben wir dabei stets die geeigneten biologischen (B) und auch die chemischen (Ch) Bekämpfungsmittel an. Sie können sich aussuchen, welches Mittel Sie gebrauchen wollen. Bei den chemischen Mitteln sind auf jeden Fall die vorgeschriebenen Wartezeiten einzuhalten. Auch auf Bienengefährlichkeit achten!

Amerikanischer Stachelbeermehltau befällt auch andere Beerenobstarten. Auf den Beeren und jungen Trieben sitzt ein hell- bis dunkelbrauner Pilzbelag. Gehemmtes Triebwachstum. B: Befallene Spitzen entfernen. Spritzen mit Schachtelhalmaufguß. Ch: Dinocap. Nach Austrieb 3–5 Spritzungen mit Mehltau-Fungiziden, z. B. Netzschwefel.

Ampferblattkäfer befallen hauptsächlich Gartenampfer. Käfer und Larven zerfressen die Blätter. Kommen auch auf Rhabarber vor. Eine Bekämpfung der kleinen Käfer ist nur bei stärkerem Befall notwendig. B: Spruzit, Ch: Unden.

Bakterienfleckenkrankheiten, u. a. auf Gurken, Kohlarten, verursachen Blattflecke mit

Die Kraut- und Knollenfäule der Kartoffel beginnt mit braunen Flecken auf den Blättern.

durchscheinenden Rändern. Bekämpfung unbekannt. Verwenden Sie gesundes Saatgut, und halten Sie einen großräumigen Fruchtwechsel ein.

Blattfallkrankheit an Stachel- und Johannisbeeren. Braune Flecke auf den Blättern, die vergilben und vorzeitig abfallen. B: Schachtelhalmaufguß, Bio-S. Ch: Fungizide.

Blattfleckenkrankheiten kommen in allerlei Variationen vor, z. B. an Porree, Sellerie, Zwiebeln. Soweit es sich um pilzliche Erreger handelt, können sie meistens erfolgreich bekämpft werden mit B: Schachtelhalmaufguß oder Schwefelpräparaten und Ch: Euparen, Kupferoxychlorid, Zineb.

Blattläuse schädigen zahlreiche Kulturpflanzen. Sie sitzen meist auf der Unterseite der Blätter und an Triebspitzen. B: Brennesselbrühe, Pyrethrum-Präparate, Rhabarber-Seifenbrühe, Spiritus-Schmierseifenlösung. Ch: Insektizide.

Blattrandkäfer fressen nachts an Erbsen und Bohnen Stücke aus dem Blattrand. Die Larven tun sich an den Wurzelknöllchen gütlich. Schaden meist unerheblich, Bekämpfung erst bei stärkerem Auftreten mit B: Pyrethrum-Präparaten, Ch: Diazinon oder Unden.

Bohnenspinnmilben verursachen anfangs auf der Blattoberseite feine punktförmige Flecke, danach wird das Blatt braun und fällt ab. B: Spritzen mit Brennesselbrühe, Spiritus-Seifenlösung (vor allem die Blattunterseite). Ch: Ein Akarizid.

Botrytis oder Grauschimmel befällt u. a. Erdbeeren, Salat, Hülsenfrüchte, vor allem bei kaltem, nassem Wetter. Übermäßige Stickstoffgaben fördern den Befall. B: Spritzen mit Schachtelhalmaufguß oder einem Schwefelmittel. Ch: Mittel wie Euparen oder Ronilan.

Brombeergallmilben saugen an den halbreifen Früchten, die vorzeitig rot werden und sich nicht weiter verfärben. Die befallenen Früchte vertrocknen. B: Spritzen mit Bio-S, wenn die fruchttragenden Triebe 15 cm lang sind. 2. Behandlung kurz vor der Blüte. Ch: Ebenso, jedoch mit Schwefelpräparaten oder Endosulfan.

Erbsengallmücken verursachen aufgeblasene, mißgestaltete Blütenknospen, die sich nicht öffnen. Manchmal weiße Maden in den Triebspitzen. B: Sobald die Blättchen, zwischen denen die Blütenknospen der ersten Etage versteckt sitzen, auseinandergehen, spritzen mit Spruzit, und dies mehrmals wiederholen. Ch: Malathion.

Erbsenwickler schaden den Erbsen dadurch, daß ihre Raupen an den Samen in den Hülsen fressen. B: Spritzen mit einem Kräuterauszug, hergestellt aus Zwiebellaub, Studentenblumen, Ringelblumen, Knoblauch. Ch: Spritzen mit Diazinon oder Permethrin.

Erdbeerblütenstecher sind kleine, schwarze Käfer, die die Blütenstiele durchbeißen, so daß Knospen und Blüten abfallen. B: Insektengaze. Ch: Spritzen mit bienenungefährlichen Insektiziden, sobald man Fraßschäden entdeckt.

Erdbeermilben erkennt man als winzige, helle Punkte zwischen den noch zusammengefalteten Blättern. Die jungen Blätter verfärben sich gelb bis olivbraun und sind mißgestaltet. B: Brennesselbrühe, Spiritus-Seifenlösung, Insektengaze. Ch: Endosulfan.

Erdflöhe sind kleine, metallglänzende oder gestreifte Käfer, die sehr beweglich sind und besonders an den unteren Blättern junger Pflanzen Fensterfraß verursachen. B: Holzasche oder Kalk streuen oder ein Brett mit Sirup einreiben und dicht über die Pflanzen halten, so daß die Käfer dagegen springen und kleben bleiben. Spritzen mit Tabakbrühe. Ch: Insektizid.

Erdraupen sind Larven von Nachtschmetterlingen. Die grauen Raupen, im Ruhezustand eingerollt, fressen an unterirdischen und an der Erdoberfläche befindlichen Pflanzenteilen, z. B. an Knollen, Zwiebeln und am Wurzelhals. B: Raupen absuchen und vernich-

Die Mehlige Kohlblattlaus kann sich unvorstellbar schnell vermehren.

ten. Ch: Gegen beißende insektengeprüfte und anerkannte Präparate in den Boden einarbeiten.

Fettfleckenkrankheit verursacht auf den Blättern von Bohnen wässerige Flecke mit gelbem Rand, die bei trockenem Wetter braun werden. Auf den Bohnen sind glasige, später sich rot verfärbende Flecke. Einzige Gegenmaßnahme: Anbau resistenter Sorten und Verwendung gesunder Saat. Ch: ohne ausreichende Wirkung.

Gefurchte Dickmaulrüßler sind graubraune oder schwarze Käfer mit einem platten, braunen Kopf, die Löcher in die Blätter z. B. von Erdbeeren fressen. Schlimmer ist der Fraß der gelbweißen Larven an den Wurzeln. B: Fangen in Knäueln aus Holzwolle. Ch: Curaterr Granulat.

Grauschimmel s. Botrytis

Grießigkeit beim Blumenkohl äußert sich durch eine rauhe Oberfläche der »Blume«. Entsteht dadurch, daß die kleinen »Blümchen« vorzeitig auswachsen. Verhütung: Übermäßige Versorgung mit Stickstoff und Wasser vermeiden und weniger empfindliche Sorten anbauen.

Große Stachelbeerblattwespen legen Eier ab, aus denen hellgrüne, scharzgepunktete Afterraupen schlüpfen. Diese fressen an den Blättern, zumeist erst im Innern des Strauches. B: Spruzit. Ch: Sofort nach Entdecken des Schädlings Insektizide (Wartezeiten beachten!).

Herzlosigkeit bei Blumenkohl besagt, daß die Pflanze nicht ihre typische Gestalt (kein Herz) ausbildet. Das oberste Blatt ist oft becherförmig. Die Ursache ist eine Verletzung des Vegetationspunktes. Besonders häufig bei Spätsorten. Vorbeugung: Dafür sorgen, daß die Pflanzen während der Anzucht und vor allem nach dem Auspflanzen zügig und ungestört wachsen können.

Himbeerkäfer sind klein, graubraun und zerstören Blütenknospen und Blüten. Aus ihren Eiern schlüpfen die »Himbeermaden«, die es sich in den Früchten gutsein lassen. B: Spritzen mit Spruzit, sobald die Käfer zu fressen beginnen. Ch: Permethrin.

Himbeerrutenkrankheit wird hervorgerufen durch einen Pilz, der die Triebe befällt und sie zum Absterben bringt. Ch: Spritzen mit Kupferoxychlorid, das 1. Mal im April, die 2. Spritzung nach der Ernte.

Johannisbeergallmilbe verursacht im Winter oder Frühjahr ein kugeliges Anschwellen der Knospen der Schwarzen Johannisbeere. Im Innern Milben, Larven und Eier. B: Sobald die Blütentrauben sichtbar werden, spritzen mit Brennesselbrühe oder Spiritus-Schmierseifenlösung. Ch: Zur selben Zeit spritzen mit Endosulfan.

Kartoffelkäfer sind 1 cm lang, hellgelb mit 10 schwarzen Streifen. Sie und ihre orangeroten Larven fressen die Pflanzen völlig kahl. B: Absammeln. Ch: Unden.

Kartoffelmüdigkeit wird durch Kartoffelälchen verursacht. Fleckenweise bleiben die Kartoffeln im Wuchs zurück, die Knollen bleiben klein. Dagegen hilft nur ein großzügiger Fruchtwechsel.

Kartoffelschorf verursacht Rauhschaligkeit an den Knollen. Zu hoher Kalkgehalt des Bodens. Sorgen Sie für einen sauren Boden, düngen Sie nicht mit Kalk und nicht physiologisch alkalisch.

Junge Kohlpflanze, von der Kohlhernie befallen, einer nicht zu bekämpfenden Pilzkrankheit.

Kellerasseln fressen gern an Keimpflanzen. B: Fangen in Knäueln aus Holzwolle und vernichten. Ch: Mit Phosphorinsektiziden durchsetzte Kleieköder.

Kleine Kohlfliegen sind kleine dunkelgraue Fliegen, aus deren Eiern weiße Maden schlüpfen, die sich in den untersten Teil des Stengels von Kohlpflanzen einbohren. Die Blätter stellen sich aufrecht, verfärben sich bleifarben, welken und sterben schließlich ab. Befällt auch Mairüben, Radieschen und Rettich. B: Insektengaze. Ch: Bodenbehandlung mit Bromophos-Staub.

Klemmherzen bei Blumenkohl deuten auf Mangel an dem Spurenelement Molybdän hin. Das Herz der Pflanze sitzt eingeklemmt in Blättern, die nicht normal ausgebildet und höckerig sind. Bekämpfung: Übermäßige Stickstoff-Düngung vermeiden; Molybdän verabreichen in Form von 10 g Natrium-Molybdat/m^2, spritzen oder gießen.

Kohldrehherzmücken legen Eier in das Herz der Pflanzen ab. Es entsteht »Drehherzigkeit«: Die inneren Blätter der Pflanze drehen sich krankhaft, es bilden sich keine Köpfe. B: Insektengaze. Ch: Permethrin.

Kohlfliege, auch Große Kohlfliege oder Rettichfliege genannt, einer unserer häufigsten Kohlschädlinge, legt ihre Eier an junge Kohlpflanzen, aber auch an Radieschen und Rettiche ab. Die Larven fressen Gänge in die Stengel und Knollen, die Pflanzen verfärben sich gräulich und sterben ab. B: Kohlkragen anbringen, Beete mit Insektengaze abdekken, spritzen mit Brennesselbrühe. Ch: Bromophos, Diazinon, Curaterr-Granulat.

Kohlhernie ist eine Pilzkrankheit, die knollenartige Verdickungen an den Wurzeln von Kohlpflanzen verursacht. Bekämpfungsmöglichkeiten sind nicht bekannt. Vorbeugungsmaßnahmen: Jungpflanzen in einwandfreier Erde heranziehen, z. B. Gärtnererde, pH-Wert hoch halten, etwa bei 7,0, wenn notwendig kalken. Pflanzen kultivieren in großen Plastiktöpfen oder Eimern ohne Boden, die im Garten eingegraben werden. Diese Gefäße werden mit Kohlherniefreier Erde mit etwas Kalkzusatz gefüllt. Wichtig ist sorgfältiger Fruchtwechsel, denn der Pilz bleibt jahrelang im Boden oder auch im Kompost am Leben.

Kohlmotten, Kohleulen, Kohlweißlinge, drei Schmetterlingsarten, deren Raupen in rasendem Tempo die Blätter fressen. B: Insektengaze, Pyrethrum-Präparate. Ch: Spritzen mit Bromophos oder Carbaryl/Malathion.

Kraut- und Knollenfäule, die gefährlichste Krankheit der Kartoffeln, bewirkt auf den Blätten kleine und große braune Flecke, ebenso auf den Knollen. Pflanzkartoffeln tief legen und zeitiges Anhäufeln helfen etwas gegen die Erkrankung der Knollen. B: Schachtelhalmaufguß, Schwefelpräparate. Ch: Kupferoxychlorid und andere Fungizide. Wiederholt spritzen, besonders bei dichter Belaubung und nach Regenfällen.

Läuse s. Blattläuse.
Lauchmotten legen Eier, aus denen kleine Räupchen schlüpfen, die Gänge bis ins Herz der Pflanze fressen. Befallen auch Zwiebeln. B: Insektengaze, Spritzen mit Pyrethrum-Präparaten. Ch: Diazinon.
Manganmangel bei Erbsen verursacht das Gelbwerden der unteren Blätter (»Schlechte Herzen«); die Nerven bleiben mit breitem Saum grün. Abhilfe: Zu hohe pH-Werte vermeiden, Spritzen mit 0,1 % Mangansulfat.
Mangelkrankheiten entstehen dadurch, daß der eine oder andere Nährstoff in Mangel gerät. Zu beheben durch Düngung mit dem jeweilig fehlenden Element. Einige Mangelsymptome s. S. 11.
Mehltau, Echter, ist ein Pilz, dessen Mycel weiße, mehlige, abreibbare Flecke auf den Blättern verursacht. B: Schachtelhalmaufguß, Schwefel-Präparate. Ch: Schwefel-Präparate und andere organische Mehltaufungizide.
Mehltau, Falscher, ist ein Pilz, der mit seinem Mycel in der Pflanze lebt und nicht, wie der Echte Mehltau, auf der Oberfläche. Die Symptome sind ähnlich. Beim Falschen Mehltau sind die Flecke jedoch gräulich-violett und befinden sich überwiegend auf der Blattunterseite. Befallen werden Salat, Spinat, Zwiebeln, auch junge Kohlpflanzen. B: Resistente Sorten verwenden, spritzen mit Kamillen-Brühe. Ch: Spritzen mit Maneb oder Zineb. Wartezeit beachten!
Möhrenfliegen legen ihre Eier in junge Möhren, Pastinak und andere Doldenblütler. Die milchigweißen Maden fressen Gänge durch die Möhren. Die Fliegen werden durch den Geruch der Möhren angelockt, der beim Verziehen der Pflanzen frei wird. B: Holzasche streuen, zwiebelartige Gewächse, vor allem Knoblauch, zwischenpflanzen, nach dem Dünnen oder Ernten anhäufeln oder gießen, oder, was am besten ist, das Beet mit Insektengaze dicht umgeben. Ch: Bromophos, Curaterr-Granulat, Diazinon.
Ohrwürmer sind braune Insekten mit einer Zange am Hinterleib. Sie helfen uns zwar bei der Bekämpfung von Blattläusen, fressen aber auch selbst, vornehmlich an Erdbeeren. B: In mit feuchter Holzwolle gefüllte Blumentöpfe locken und vernichten, oder besser: Auf den Komposthaufen bringen! Ch: Spritzen mit Propoxur.
Raupen sind die Larven von allerlei Schmetterlingen. Am bekanntesten sind natürlich die gelbgrünen Raupen des Kohlweißlings. Aber auch andere Gemüsearten werden von Raupen befallen. Schadbild: Löcher in den Blättern, manchmal auch nur Fensterfraß. Bei Kopfkohl fressen sich die Raupen bald bis ins Innere durch und sind dann nur noch schwer zu fassen. B: Spritzen mit Spruzit. Ch: Tetrachlorvinphos (Kohlweißling), Dipterex, Bacillus thuringiensis-Präparate u. a.
Rost ist eine Pilzkrankheit, die in vielen Erscheinungsformen auf zahlreichen Gemüsen vorkommt: Bohnen, Kopfsalat, Porree, aber auch auf Himbeeren und anderen Beerenobstarten. Beim Porree z. B. zeigen sich orangefarbene Sporenhäufchen auf den Blättern. B: Spritzen mit Bio-S oder Schachtelhalmaufguß. Ch: Spritzen mit Kupferoxychlorid, Maneb oder Zineb.
Rübenfliegen setzen weiße Eier auf der Blattunterseite ab. Die daraus schlüpfenden Maden fressen das Blattgewebe. B: Insektengaze. Ch: Spritzen mit Insektiziden (z. B. Diazinon).
Rübenkäfer sind sehr klein und braunschwarz. Fressen mit Vorliebe unter der Erdoberfläche Löcher in Stengel und Hauptwurzel. B: Basaltmehl ausstreuen, Insektengaze. Ch: Unden.
Sämlingskrankheiten, z. B. die sogenannte Umfallkrankheit, werden hauptsächlich durch Pilze verursacht, die mit Vorliebe gerade gekeimte Sämlinge befallen. Machen Sie Ihre Aussaaten stets in frischer Saat- oder Gärtnererde, und bedecken Sie sie mit sauberem, weißem Sand, wie es die Abbildung auf S. 32 zeigt.
Schorf auf Roten Beten. Das sind verkorkte Flecke auf den Knollen. Bekämpfung unbekannt. Kann ein Anzeichen für schlechte Bodenstruktur sein. Beim Knollensellerie werden die äußersten Blätter gelb, und die

Drehherzigkeit bei Kohl wird durch die Kohldrehherzmücke verursacht.

Unten: Speiserüben sind besonders anfällig für Larven der Kohlfliege.

Ganz unten: Auch Rettich wird von Kohlfliegen gern befallen.

Links: Die Bekämpfung der Raupen an Kohl darf man nicht vernachlässigen, sonst geschieht dies.

Unten: Zahllose Eier in den Blattachseln und gefräßige Raupen, die schon kräftig bei diesem Spitzkohl zugelangt haben.

Knollen bekommen graubraune Flecke, die verkorken und später in Fäulnis übergehen. Auch hier sind Bekämpfungsmaßnahmen nicht bekannt.

Schwarze Bohnenlaus s. Blattläuse.

Schwarzrandigkeit an Weißkohl. Beim Durchschneiden des Kohlkopfes bemerkt man in einiger Entfernung vom Herzen eine ringförmige, braunschwarze Verfärbung. Vorbeugung: Kohl nicht zu dicht pflanzen und zu üppigen Wuchs vermeiden. Schwarze Ränder an Salat werden durch Wind hervorgerufen.

Schnecken verstecken sich tagsüber und fressen nachts an den Blättern zahlreicher Gewächse. B: Nachts fangen, Schalen mit Bier eingraben, den Garten bzw. die Beete mit scharfkantigen Plastikstreifen einfriedigen, 10 cm Höhe genügt. Ch: Schneckenköder auslegen.

Sclerotinia-Fäule bei Bohnen. Auf den Stengeln sitzt ein dicker, weißer Pilzbelag, in dem sich harte, glänzend schwarze Überdauerungskörper (Sklerotien) befinden. Häufig bei feuchtem Wetter und zu dichtem Stand der Pflanzen. B: Nicht zu dicht säen, keine Bohnen nach Kartoffeln, Endivien, Gurken, Salat und Chicorée anbauen. Ch: Spritzen mit Benomyl.

Spargelfliegen treten nach der Ernte auf, wenn der Spargel durchtreibt. In den Stengeln findet man Gänge mit weißen Maden. Die Stengel wachsen dadurch krumm. B: Alle Stengel vor Anfang Dezember tief wegschneiden und verbrennen. Ch: Bis Ende Juni Spritzen mit Endosulfan.

Spargelkäfer sind blau oder orangefarben und fressen im Sommer am Laub, die Triebspitzen vertrocknen. B: Kapuzinerkresse zwischen den Spargel pflanzen. Ch: Spritzen mit Unden.

Spinnmilben, auch Rote Spinne genannt, sind winzig kleine, mit bloßem Auge kaum wahrnehmbare Schädlinge. Sie saugen auf der Unterseite der Blätter und verursachen zahllose kleine, weiße Flecke, besonders bei trockenem, warmem Wetter. B: Die Pflanzen feucht halten, Spiritus-Seifenlösung, Brennesselbrühe. Sicherer ist Ch: Spritzen mit Akariziden.

Springschwänze sind kleine ungeflügelte Insekten, die bei Berührung hochspringen.

Links: Eine Schneckenfalle wird mit Bier gefüllt. Die Tiere klettern hinein und ertrinken im Gerstensaft.

Unten: Larven der Zwiebelfliege können auch an Porree schweren Schaden anrichten.

Möglichkeiten der direkten Bekämpfung von Viruskrankheiten gibt es nicht. Bauen Sie möglichst widerstandsfähige Sorten an, und verwenden Sie – bei Kartoffeln – nur anerkanntes Pflanzgut. Sorgen Sie für optimale Kulturbedingungen, um die Widerstandsfähigkeit der Pflanzen zu fördern. Bei Kartoffeln Bekämpfung der die Viruskrankheiten übertragenden Pfirsichblattlaus.

Wanzen sind 4–5 mm große, grasgrüne bis bräunliche Insekten. Sie saugen an jungen Blättern z. B. von Knollensellerie. Die Blätter verfärben sich schwarz und sterben ab. B: Spritzen mit Bio-S. Ch: Propoxur oder Unden.

Weiße Fliegen oder Mottenschildläuse sind weißbepuderte Insekten, die auf der Blattunterseite leben und bei Berührung auffliegen. Hauptsächlich ein Schädling der Gewächshauskulturen wie Auberginen, Melonen, Paprika, Gurken und Tomaten. Auf Honigtau-Ausscheidungen viel Rußtaupilze. B: Spritzen mit Spruzit. Ch: Diazinon, Permethrin.

Weißfäule ist eine Pilzkrankheit, die bei Zwiebeln das Absterben von Keimpflanzen verursacht. Auch später im Jahr noch können Pflanzen welken und verfaulen. Vorbeugung durch einen großräumigen Fruchtwechsel.

Wicklerraupen schmarotzen besonders auf Kohl. Die sehr beweglichen Raupen fressen an den Blättern und spinnen diese zusammen. B: Spruzit. Ch: Carbaryl.

Schaden richten nur die weißen Arten an. Sie leben gern in feuchter Erde und fressen hauptsächlich an keimenden Samen und Sämlingspflanzen. B: Spritzen mit Spiritus-Seifenlösung oder Nikotinbrühe. Ch: Malathion.

Stengelälchen sorgen bei Zwiebeln für mißgestaltete, angeschwollene und gedrehte Blätter. Die Pflanzen bleiben klein und zeigen eine bläuliche Farbe. Die Zwiebeln sind oft rissig, mehlig und stinken. Bekämpfung: Fruchtwechsel, nicht öfter als 1 mal in 5 Jahren Zwiebeln auf demselben Land anbauen, gesundes Pflanzgut verwenden.

Thripse sind sehr kleine braune und schwarze Insekten. Die schlanken Larven haben eine gelbliche Farbe. Die ganze Brut sitzt auf der Blattunterseite und schabt das Blattgewebe bis auf die Oberhaut ab, an der zahllose silberhelle Flecke sichtbar werden. B: Spritzen mit Spruzit. Ch: Insektizide.

Triebsterben bei Kulturheidelbeeren wird durch einen Pilz hervorgerufen, der auf den Zweigen rotbraune Flecken mit grauen Ringen verursacht. B: Bio-S. Ch: Captafol.

Viruskrankheiten gibt es in Hülle und Fülle. Sie werden übertragen durch verseuchtes Pflanzmaterial und Insekten, hauptsächlich Blattläuse. Auf Kartoffeln z. B. kommt eine ganze Reihe von Virosen vor, von denen die Blattrollkrankheit sicher die wichtigste ist. Die untersten Blätter rollen sich ein und fühlen sich hart an. Das Ringfleckenvirus verursacht dunkle Ringe im Fruchtfleisch. Bei Bohnen kennen wir u. a. das Mosaikvirus, welches sich in scharf abgegrenzten bunten Verfärbungen auf dem Blatt äußert. Manche Virosen gehen auf Gladiolen und andere Zwischenwirtspflanzen über, weshalb man diese in der Nähe nicht anbauen sollte. Auch Gurken und Kopfsalat können sehr unter Virosen leiden.

Links: Auf Bohnen kommt gelegentlich Mosaikvirus vor. Eine direkte Bekämpfung ist nicht möglich.

Unten: Puffbohnen haben häufig unter Schwarzen Blattläusen zu leiden.

Wiesenschnaken schaden als graue und fußlose Larven (»Wiesenwurm«), die im Sommer und Herbst an den Wurzeln fressen, besonders in Norddeutschland auf ehemaligem Weideland in riesigen Massen. B: Pyrethrum-Mittel. Ch: Parathion-Präparate, mit Kleie als Ködermittel.

Wurzelälchen verursachen bei Schwarzwurzeln kurze, abgestumpfte Wurzeln, sogenannte »Zigarren«. B: Studentenblumen zwischenpflanzen. Ch: Temik 5 G.

Wurzelläuse, an das unterirdische Leben angepaßte Pflanzenläuse, treten erst spät im Jahre auf, meistens im August. Sie saugen Saft aus den Wurzeln von Endivien, Salat und Chicorée, besonders in der Nähe von Pappelbäumen. Es gibt zwei Arten: Wollige und nicht wollige Wurzelläuse. B: Studentenblumen und Ringelblumen zwischenpflanzen. Ch: Spritzen mit Diazinon.

Zwiebelfliegen, die eigentlichen Großschädlinge des heimischen Zwiebelanbaues, legen ihre Eier an der Basis von Zwiebeln, Porree, Schnittlauch ab. Die bald erscheinenden weißen Maden fressen an den Pflanzen. Es werden hauptsächlich Saatzwiebeln befallen, früh gesetzte Steckzwiebeln wachsen ihnen zu rasch davon. B: Zwischenpflanzung von Studentenblumen, spritzen mit Brennesselbrühe, Beete mit Insektengaze abdecken (sehr wirksam). Ch: Bromophos, Curaterr Granulat oder Diazinon.

Blatt- und Stengelgemüse

Allgemeines

In diesem Kapitel behandeln wir Gemüsearten, deren oberirdisch wachsende Blätter oder Stengel für den Verzehr bestimmt sind. Zu dieser wichtigen Gruppe gehören z. B. Salat, Spinat und Endivien, Gemüsearten also, die in keinem Garten fehlen dürfen.

Blatt- und Stengelgemüse haben naturgemäß das Verlangen, auch einmal Blüten zu bilden, nur ist dies uns im allgemeinen unerwünscht. Dieses »Schießen« wird meist dadurch verursacht, daß man zur falschen Zeit sät oder eine ungeeignete Sorte anbaut. Befolgen Sie deswegen die Ratschläge, die wir Ihnen in den nachstehenden Beschreibungen geben, und Sie werden mit dem Schießen keine Last haben.

Um viel Blattmasse zu erzeugen, sind hohe Stickstoffgaben notwendig. Sie finden Blattgewächse daher auch stets in der Gruppe A des Fruchtwechsels, d. h. in der ersten Tracht; sie sind sehr anspruchsvoll. Zuviel Stickstoff kann aber auch zur unerwünschten Bildung von Nitrit im Blatt führen. Wenn die Pflanze den angebotenen Stickstoff für ihr weiteres Wachstum nicht alsbald verbraucht, wird er im Blatt in das gefährliche Nitrit umgewandelt. Blattgemüse müssen darum reichlich, dürfen aber nicht übermäßig gedüngt werden.

Je saftiger und zarter das Blatt ist, desto attraktiver ist es für saugende Schädlinge, z. B. Blattläuse. Diese treffen wir dann auch oft auf Blattgemüsen an, besonders nach üppiger Düngung. Im allgemeinen genügt eine Spritzung mit einem harmlosen Mittel wie Spiritus-Seifenlösung oder Brennesselbrühe, um der Plage Herr zu werden. Gegebenenfalls sind mehrere Behandlungen notwendig.

Pflanzen mit zartem Blatt, z. B. Kopfsalat, bevorzugen einen geschützten Platz. Starker Wind ist für kein Gemüse gut, doch bei Blattgemüsen ist Windschutz besonders wichtig.

Bei den in diesem Buch nachstehend behandelten Gemüsearten werden Sie auch einige vorfinden, die ziemlich unbekannt und auch in keinem Gemüseladen zu kaufen sind. Spargelsalat, Neuseeländer Spinat, Winterportulak, Schnittkohl, das sind so einige der exklusiven Gemüsearten, zu denen man nur kommen kann, wenn man sie selbst anbaut. Das ist natürlich mehr oder weniger eine Liebhaberei. Noch größer wird Ihre Freude sein, wenn dieses Gemüse auch noch besonders gut schmeckt. Unsere Meinung: Wir wundern uns immer wieder, daß diese Köstlichkeiten so wenig bekannt sind. Versuchen Sie es, der Anbau ist nicht schwieriger als der anderer Gemüsearten.

Seite 53: Ein herrlicher Bestand Kopfsalat.

Unten links: Ein Teil des Hausgartens mit Blatt- und Stengelgemüsen.

Unten rechts: Kopfsalat-Sämlinge vor dem Ausdünnen; darunter das Ausdünnen selbst.

Kopfsalat

Lactuca sativa var. *capitata*

Kopfsalat gehört zu den Blattgemüsen, die von selbst einen schönen runden Kopf bilden. Warum gerade diese Salatform die populärste geworden ist, weiß man nicht, denn geschmacklich besteht kaum ein Unterschied zu anderen Salatformen wie Bindesalat oder Pflücksalat. Wahrscheinlich sind es die attraktive Kopfform, das große Angebot auf dem Markt und die Gewohnheit, die das Produkt so beliebt machen.

Auf jeden Fall darf Kopfsalat in keinem häuslichen Gemüsegarten fehlen. Er ist ein mühelos zu kultivierendes Gemüse, das in der Regel roh verzehrt wird. Die Kultur bietet keine Probleme.

Sorten: Es gibt eine ungeheure Anzahl von Salatsorten, wir können hier nur die besten nennen. Zuchtziele sind Eignung für eine bestimmte Jahreszeit, die ideale Kopfform, die Zartheit des Blattes, auch die Farbe (roter Salat) und schließlich der gute Geschmack, obwohl es gerade hier schwierig ist, Unterschiede festzustellen.

Für den Anbau unter Glas geeignete Sorten: 'Larissa', 'Unico', 'Ravel'.

Frühe Freiland-Sorten, eventuell mit anfänglicher Folienbedeckung:
'Blondine', 'Meridian', 'Pirat', 'Reskia' und 'Viktoria'.

Sommersorten fürs Freiland:
'Benita', 'Capitan', 'Dolly', 'Kagraner Sommer', 'Palmyran', 'Suzan'.

Für Herbstanbau:
'Benita', 'Dolly', 'Reskia'.

Für ganzjährigen Anbau:
'Cindy', 'Mondian', 'Sabine', 'Soraya' und die rote Sorte 'Merveille des quatre saisons'.

Boden: Salat gedeiht auf jedem Boden, der genügend Feuchtigkeit besitzt und diese auch laufend abgeben kann. Salat benötigt zum Wachstum verhältnismäßig viel Wasser, verträgt jedoch keine stagnierende Nässe. Dies trifft im übrigen für nahezu alle Gemüsearten zu. Der Boden soll, außer genügend organischem Material, auch Kalk enthalten. Der optimale pH-Wert ist 6,5–7,5. Ferner müssen alle anderen Nährstoffe verfügbar sein, besonders Stickstoff. Geben Sie davon aber nicht zuviel, sonst gedeiht der Salat zwar sehr üppig, aber der Geschmack leidet. Versuchen Sie, den richtigen Mittelweg zu finden.

Aussaatzeit: Unter Glas kann das ganze Jahr über gesät werden. Im Freiland beginnt man damit im März, vorzugsweise zunächst unter Glashauben oder im Frühbeet und später im Freiland. Man kann bis Mitte August säen und erntet die letzten Köpfe unter Hauben gegen Ende November. Eine besondere Methode ist die Aussaat im September/Oktober in Schalen. Die Sämlinge werden in einen kalten Kasten pikiert und im Winter gegen Frost geschützt, z.B. mit Strohmatten. Im Frühjahr kommen sie dann nach draußen.

Schließlich kann man auch noch mit etwas zusätzlicher Wärme unter Glas im Januar/Februar säen, die Sämlinge pikieren und kalt unter Glas weiterkultivieren, eventuell sogar schon im Freiland.

Aussaat: Salatsamen keimt schlecht bei Bodentemperaturen über 20° C, und dies ist der Grund, weshalb so viele Sommer-Aussaaten mißlingen. Man kann dafür sorgen, daß die Erde kühl bleibt, indem man den Boden unmittelbar nach oder auch vor der Aussaat gut durchnäßt. Auch hilft Abdecken mit Papier oder Schattieren. Wird auf ein besonderes Saatbeet gesät, dann achten Sie darauf, daß es im Schatten liegt.

Übrigens ist es gar nicht ratsam, von Saatbeeten viel Gebrauch zu machen, denn Salatpflanzen, die pikiert werden, neigen eher zum Schießen. Deswegen ist es zweckmäßi-

Dekorativer, roter Salat 'Merveille des quatre saisons'. Roter Salat hat besonders weiche Blätter und ist daher zarter als die meisten grünen Sorten.

Kopfsalat 'Mondian', eine Sorte, die gleichermaßen das ganze Jahr über angebaut werden kann.

Links: Hier wird der letzte Spinat geschnitten, dazwischen wurde vorher schon Kopfsalat, Sorte 'Suzan', gepflanzt, dem nun die ganze Reihe gehört.

ger, in Reihen mit 25 cm Abstand voneinander an Ort und Stelle auszusäen. Bringen Sie die Samen in etwa 1 cm tiefe Rillen möglichst dünn aus. Nach dem Auflaufen der Saat muß vereinzelt werden. Dies geschieht am besten in mehreren Etappen, so daß die Pflanzen letztlich in 25 cm Entfernung voneinander zu stehen kommen. Soviel Platz brauchen sie, um einen guten Kopf zu bilden.

Säen Sie nicht zuviel Salat auf einmal, sondern lieber jede Woche zwei Reihen, dann können Sie während der ganzen Saison frischen Salat ernten. Salatsamen bleibt 3 bis 4 Jahre keimfähig.

Anbau-Ratschläge: Wählen Sie vor allem eine Sorte, die in die Jahreszeit paßt. Sorgen Sie dafür, daß der Boden nie zu stark austrocknet, denn Salatpflanzen haben nur ein kleines, flach verlaufendes Wurzelsystem. Gießen Sie am besten morgens, damit die Pflanzen abends wieder abgetrocknet sind. Bleiben die Pflanzen über nacht naß, faulen sie leicht.

Kulturdauer: Die Zeit von der Saat bis zur Ernte dauert, je nach Witterung, 60–80 Tage. Im Sommer ist diese Zeit etwas kürzer.

Krankheiten und Schädlinge: Wenn Sie auch nur eine einzige Laus oder Schnecke auf dem Salat finden, haben Sie den Beweis dafür, daß er keinerlei Giftstoffe enthält. Ist der Befall allerdings stärker, müssen wir etwas dagegen tun. Schnecken absammeln oder Schneckenköder auslegen, Blattläuse kann man gut mit harmlosen Mitteln (s. S. 46) bekämpfen. Wurzelläuse kommen seltener

Unten: Kopfsalat 'Benita', besonders geeignet für Herbstanbau.

vor, sind auch schwieriger zu bekämpfen; versuchen Sie es mit einem Tabak-Aufguß. Auch Vögeln gelüstet es oft nach einem zarten Salatblatt. Werden sie zu frech, spannen Sie dünne, schwarze Fäden über das Beet oder legen ein Netz darüber.

Bei langandauerndem, nassem und kaltem Wetter können Mehltau und andere Pilzkrankheiten auftreten. Zum Glück sind viele Sorten dagegen weitgehend resistent. Viruskrankheiten, erkennbar an den Blattadern oder an mosaikartigen Flecken, lassen sich nicht direkt bekämpfen; hier hilft nur, das Unkraut und die die Virosen übertragenden Blattläuse zu vernichten. Bei häßlichem, windigem Wetter können die Salatblätter breite, braune Ränder bekommen. Sorgen Sie für Windschutz, und bauen Sie weniger empfindliche Sorten an.

Ernte: Die erste Ernte liefern bereits die Jungpflanzen beim Ausdünnen; sie geben einen vorzüglichen Salat ab. Fertige volle, schöne Köpfe lasse man nicht zu lange stehen, sie werden nicht besser davon. Schneiden Sie den Kopf tief unten mit einem scharfen Messer ab.

Fruchtfolge, Mischkultur: Kopfsalat gehört, was den Fruchtwechsel betrifft, in die Gruppe A, d. h. in die 1. Tracht. Günstige Vorkulturen sind Erbsen und Bohnen, da sie den Boden mit ein wenig Stickstoff anreichern. Auch Kohlrabi ist eine gute Vorkultur. Als günstig für eine Mischkultur fanden wir angegeben: Bohnen, Dill, Einlegegurken, Erbsen, Erdbeeren, Fenchel, Gartenkresse, Kerbel, Kohlarten, Kohlrabi, Mais, Möhren, Pfefferminze, Porree, Radieschen, Rettich, Rhabarber, Rote Bete, Salatgurken, Schwarzwurzeln, Spargel, Stangenbohnen, Zwiebeln.

Als ungeeignet für Mischkultur werden nur Petersilie und Sellerie genannt.

Nach Salat kann man anbauen: Auberginen, Blumenkohl, Bohnen, Brokkoli, Einlegegurken, Knollenfenchel, späte Kohlarten, Kohlrabi, Melonen, Paprika, Porree, Rosenkohl, Rote Bete, Tomaten, Zucchinis.

Nährwert: 51 kJ (12 kcal): 2 g Eiweiß, 0,2 g Fett, 1 g Kohlenhydrate. Mineralstoffe: 30 mg Calcium, 40 mg Phosphor, 0,4 mg Eisen, 15 mg Natrium, 300 mg Kalium. Vitamine: 0,45 mg Karotin, 0,05 mg B_1, 0,08 mg B_2, 0,07 mg B_6, 10 mg C.

Eissalat

Lactuca sativa var. *capitata*

Eissalat, auch Krachsalat genannt, unterscheidet sich vom vorstehend besprochenen Kopfsalat durch harte, etwas spröde Blätter und einen festeren Kopf. Besonders beliebt ist dieser Salat in den USA, aber auch in Europa führt er sich mehr und mehr ein. Die schweren Köpfe sind länger haltbar als der gewöhnliche Kopfsalat.

Sorten: Am bekanntesten ist die alte Sorte 'Laibacher Eis'. Stärker jedoch werden heute angebaut: 'Avoncrisp', 'Calmar', 'Great Lakes', 'Fortyniner', 'Fulton' und 'Mesa 659'. Früh und kleinköpfig ist 'Minetto'.

Boden: An den Boden stellt Eissalat die gleichen Ansprüche wie Kopfsalat.

Aussaatzeit: Eissalate sind vorwiegend für den Anbau im Sommer geeignet. Die Frühjahrskultur beginnt im März/April, am besten unter Folie. Saatzeiten für den Sommeranbau sind Mai/Juni, für den Herbstanbau Juni bis Ende Juli.

Aussaat: Wie bei Kopfsalat, nur mit etwas größerem Reihenabstand, 30–40 cm. In der Reihe wird auf 30–40 cm Entfernung ausgedünnt.

Anbau-Ratschläge: Die Pflanzen neigen weniger zum Schießen als der gewöhnliche Kopfsalat. Sie wachsen im Herbst länger, wenn man Plastikhauben über sie stülpt.

Kulturdauer: Es dauert 10–15 Tage länger als beim gewöhnlichen Kopfsalat, bis ein guter Kopf gebildet ist.

Krankheiten und Schädlinge: Eissalat ist empfindlich gegen Flecke und Blattrandschäden, besonders bei nahezu erntereifem Salat, auch können im Herbst Echter und Falscher Mehltau auftreten. Blattläuse und Schnecken findet man seltener, weil das Blatt härter ist.

Ernte: Man muß nicht unbedingt warten, bis der Salatkopf vollständig ausgebildet ist. Sie können durchaus schon die äußeren Blätter abpflücken und den Rest weiterwachsen lassen.

Fruchtfolge, Mischanbau: s. Kopfsalat.

Nährwert: s. Kopfsalat.

Junger Eissalat mit beginnender Kopfbildung. Das Blatt ist dick, fest und knusprig.

Ein ausgewachsener Eissalatkopf der Sorte 'Premier', einer in England viel angebauten Sorte. Die Köpfe sind längere Zeit haltbar.

Pflücksalat

Lactuca sativa var. *crispa*

Pflücksalat ist eine Salatform, die einen kurzen Stamm bildet, an dem ziemlich große, mehr oder weniger gekräuselte Blätter sitzen. Die Absicht ist, ein Blatt nach dem anderen abzupflücken und roh oder gekocht zu verzehren.
Sorten: 'Amerikanischer Brauner', 'Australischer Gelber'.
Ein stärker eingeschnittenes, krauses Blatt hat die Sorte 'Salad Bowl', im Restaurant gelegentlich als „Eichenblattsalat" bezeichnet. Es gibt auch einen rotblättrigen Pflücksalat 'Red Salad Bowl' mit besonders intensiver Färbung im Herbst.
Boden: s. Kopfsalat.
Aussaatzeit: Im Gewächshaus kann schon im Dezember gesät werden, im kalten Kasten ab Februar und im Freiland ab April.
Aussaat: Am günstigsten gleich auf das Gartenbeet in Reihen mit 30 cm Abstand voneinander. Nach dem Auflaufen der Saat auf 30 cm in der Reihe vereinzeln, denn die Pflanzen werden ziemlich groß. Man kann auch sehr zeitig im Gewächshaus in Töpfen aussäen und die Pflanzen später nach draußen bringen, am besten unter Hauben.

Pflücksalat 'Salad Bowl', in Restaurants meist als »Eichenblattsalat« bezeichnet. Von ihm gibt es auch eine rotblättrige Form.

Anbau-Ratschläge: Warten Sie nicht zu lange mit dem Ausdünnen. Geben Sie stets genügend Wasser, und sparen Sie nicht bei der Düngung, dann bleibt das Blatt auch schön zart und saftig.
Kulturdauer: Schon nach etwa 25 Tagen kann man mit der Ernte beginnen.
Krankheiten und Schädlinge: Grundsätzlich wie beim Kopfsalat, im allgemeinen aber sind die Pflanzen gesund. Bei zu dichtem Stand können Fäulnis und Mehltau auftreten, ebenso bei lange anhaltender feuchter Witterung.
Ernte: Beginnen Sie mit der Ernte, wenn die Pflanzen 10 cm hoch sind, und pflücken Sie stets nur die untersten Blätter. Wenn Sie nicht zuviel wegnehmen, können Sie lange Zeit ernten. Pflücksalat ist eine ergiebige Salatart.
Fruchtfolge, Mischanbau: s. Kopfsalat.
Nährwert: s. Kopfsalat.

Schnittsalat 'Gelber Runder' ist sehr schnell erntereif.

Schnittsalat

Lactuca sativa var. *crispa*

Schnittsalat ist ebenfalls eine Salatart, die keine Köpfe bildet, aber sehr bald kleine, aufrechtstehende, ganzrandige Blätter bringt. Diese werden roh gegessen und schmecken etwa wie Kopfsalat. Gleichfalls eine sehr ergiebige Art. Beide Varietäten des Gartensalats, der Pflücksalat und der Schnittsalat, spielen übrigens im Erwerbsgemüsebau keine Rolle.
Sorten: 'Gelber Runder', 'Hohlblättriger Butter', 'Krauser Gelber'.
Boden: s. Kopfsalat.
Aussaatzeit: Schnittsalat ist in erster Linie ein Frühjahrsgemüse. Man kann ihn schon im Januar unter Glas oder Plastikhauben aussäen, im Freiland ab März. Nach unserer Erfahrung ist auch Herbstkultur sehr lohnend: Anfang September ausgesäter Schnittsalat reift im Folientunnel bis in den November hinein.
Aussaat: Schnittsalat kann man breitwürfig aussäen, besser ist die Aussaat in Reihen mit 10–15 cm Abstand. In den Reihen nicht zu dicht säen. Nach dem Auflaufen etwas ausdünnen. Die herausgezogenen Pflänzchen geben bereits den ersten schmackhaften Salat.
Anbau-Ratschläge: Unter Glas oder Plastik gezogener Salat ist weicher und zarter als der im Freien gewachsene.
Kulturdauer: Das Reizvollste an der Schnittsalat-Kultur ist ihre kurze Dauer: Schon nach wenigen Wochen kann man die ersten kleinen Blättchen ernten. Die ganze Pflanze muß geerntet werden, bevor die Blätter zu groß und zu hart werden. Es wird hier also nicht unentwegt durchgepflückt, wie es beim Pflücksalat der Fall ist.
Krankheiten und Schädlinge: Auch hier wieder die üblichen, beim Kopfsalat erwähnten Krankheiten und Schädlinge. Achten Sie besonders auf Pilzbefall und Fäulnis als Folge eines zu dichten Pflanzenbestandes.
Ernte: Lassen Sie die Blätter nicht länger als 10 cm werden, dann sind sie am zartesten. Achten Sie darauf, daß der Vegetationspunkt nicht verletzt wird, dann ist auch eine zweite Ernte noch möglich.
Fruchtfolge, Mischanbau: s. Kopfsalat.
Nährwert: s. Kopfsalat.

»Misticanza« heißt das aus Italien stammende Saatgemisch aus Salat, Chicorée und einigen anderen Blattgemüsen. Jung ernten und wie Schnittsalat zubereiten. Bei uns nicht sehr verbreitet.

Bindesalat

Lactuca sativa var. *longifolia*

Bindesalat, auch Römischer Salat genannt, wächst aufrecht mit langen, steifen Blättern und bildet eine Art Kopf, aber einen mehr länglichen. Bei den alten Sorten wuchsen die Blätter ziemlich auseinander und mußten mit einem Band zusammengehalten werden, damit auch die innersten Blätter schön zart blieben; daher der Name »Bindesalat«. Bei den neueren Sorten ist diese Behandlung nicht mehr notwendig, weil sie von selbst schließen. Bindesalat ist ein ausgesprochenes Kochgemüse, im Geschmack ähnlich dem Endiviensalat, nur ohne den bitteren Beigeschmack. Kein Gemüse für den Rohgenuß.

Sorten: Es gibt Bindesalat mit völlig grünen und solchen mit heller getönten, »weißen« Blättern. Grün ist 'Verde degli ortolani', hell sind 'Kasseler' und 'Parris Island cos Sperlings Crato'.

Boden: Wie bei Kopfsalat. Geben Sie nicht zuviel Stickstoff. Die Pflanzen wachsen üppig, doch der Geschmack leidet.

Aussaatzeit: Bindesalat ist in erster Linie ein Frühjahrsgemüse. Aussaat ab Januar unter Glas, ab Mitte März können die Pflanzen draußen ausgepflanzt werden. Ab März auch Freiland-Aussaaten.

Aussaat: In Reihen mit 30 cm Abstand voneinander. Nach dem Auflaufen in der Reihe ebenfalls auf 30 cm Abstand vereinzeln.

Anbau-Ratschläge: Keine besonderen Probleme. Sind die Köpfe Ihrer Meinung nach noch nicht fest genug, können Sie sie mit einem Band oder Gummi fester zusammenbinden.

Kulturdauer: Ungefähr 60 Tage.

Krankheiten und Schädlinge: s. Kopfsalat. Bindesalat ist sehr anfällig für das »Randen« (schwarze Blattränder), besonders die grünen Sorten. Bauen Sie Bindesalat in windgeschützter Lage an.

Ernte: Die Pflanze wird ganz abgeschnitten.

Fruchtfolge, Mischanbau: s. Kopfsalat.

Nährwert: s. Kopfsalat.

Bindesalat ist ein altes Kochgemüse, dessen innere Blätter hell und zart werden, wenn man den länglichen Kopf mit einem Band zusammenbindet. Bei den selbstschließenden Sorten ist dies nicht mehr notwendig.

Spargelsalat

Lactuca sativa var. *angustana*

Eine nicht häufige Salatart. Bei dieser Pflanze entwickeln sich auf einem kurzen Stämmchen ziemlich harte Blätter, die als Salat gegessen werden können. Der wichtigste Teil der Pflanze ist jedoch das Stämmchen, in dessen Inneren sich saftiges Mark befindet, das nach Schälen des Stämmchens gekocht werden kann. In manchen Gebieten werden die Stengel wie Bohnen mit Salz eingemacht.

Sorten: Spezielle Sorten sind uns nicht bekannt. Die Bindesalat-Sorte 'Kasseler' kann bei längerer Kulturdauer als Spargelsalat genutzt werden.

Boden: s. Kopfsalat.

Aussaatzeit: Von Ende März bis Juni/Juli für Freilandkultur.

Aussaat: In Reihen mit 30 cm Abstand, 2 cm tief. Nach Auflaufen vereinzeln auf 20 bis 25 cm in der Reihe.

Anbau-Ratschläge: Spargelsalat besitzt die gute Eigenschaft, nicht so schnell zu schießen wie Kopfsalat. Wichtig ist viel Feuchtigkeit bei trockenem Wetter, damit die Blätter nicht zu zäh werden.

Kulturdauer: 30 Tage bis zur Ernte der ersten Blätter, 90 Tage oder mehr bis zu der Ernte der Stämmchen.

Krankheiten und Schädlinge: s. Kopfsalat.

Ernte: Die Blätter werden gepflückt, solange sie noch jung sind. Belassen Sie aber der Pflanze stets genügend Blätter. Die Stämmchen erntet man, wenn sie 2–3 cm dick sind; sie werden ganz unten abgeschnitten.

Nährwert: Nicht bekannt.

Vom Spargelsalat ißt man das im Stämmchen befindliche Mark. Hier ein längs halbierter Stengel.

Feldsalat

Valerianella locusta

Feldsalat, bei uns auch als Rapunzel bekannt, ist eine in Europa wild wachsende Pflanze, die botanisch nichts mit den vorstehend besprochenen Salatarten zu tun hat, die wir aber trotzdem hier behandeln, weil sie ebenfalls als Salat gegessen wird, und zwar fast immer roh.

Feldsalat ist weitgehend frosthart und aus diesem Grund die ideale Kultur für die Vor- oder Nachsaison, wenn es für den anderen Salat noch bzw. schon wieder zu kalt ist.

Sorten: 'Holländischer Breitblättriger' hat langes, helles Blatt, ist schnell- und starkwachsend. In Süddeutschland und bei Anbau unter Glas werden Sorten mit kurzen dunkelgrünen Blättern bevorzugt, wie 'Dunkelgrüner Vollherziger' und 'Vit'.

Boden: Nahezu jeder Boden ist geeignet. Sorgen Sie für genügend Kalk und einen guten Wasserabzug.

Aussaatzeit: Für Frühjahrskultur ab März im Freien. Verbreiteter ist der Herbstanbau mit Aussaat ab Mitte August bis Ende September.

Aussaat: Vorzugsweise in Reihen mit 15 bis 20 cm Abstand. Nicht tiefer als 1,5 cm säen. Jungpflanzen auf 10–15 cm Abstand in der Reihe ausdünnen.

Die Samen bleiben 3–5 Jahre keimfähig.

Anbau-Ratschläge: Die Saat keimt manchmal schlecht; hier hilft es, den Boden sofort nach der Aussaat mit Folie abzudecken. Wenn die Pflanzen größer werden, können Sie Plastik-Hauben darüber setzen. Das Blatt wird dann nicht so hart, und es kann, vor allem im Herbst, länger geerntet werden. Bei warmem und trockenem Wetter schießt Feldsalat gern in Blüte, deshalb stets reichlich gießen.

Kulturdauer: Die ersten Blättchen können ungefähr 25 Tage nach der Aussaat geerntet werden.

Krankheiten und Schädlinge: Wie bei den anderen Salatarten können bei kaltem, feuchtem Wetter Pilzkrankheiten auftreten, wie Mehltau und Grauschimmel (*Botrytis*). Im übrigen ist Feldsalat sehr robust und leidet nur wenig unter Krankheiten.

Ernte: Wenn Sie stets nur einige der äußeren Blätter abpflücken, können Sie sehr lange ernten, bei Herbstanbau mitunter den ganzen Winter hindurch. Bei einer anderen Erntemethode werden die ganzen Pflanzen so tief wie möglich abgeschnitten. Sie belassen dann die Blätter an der Pflanze und präsentieren das Ganze – ein besonders lustiger Gag – in einer Salatbowle. Feldsalat ist im Plastikbeutel bei 0 bis +2° C und hoher relativer Luftfeuchtigkeit längere Zeit lagerfähig.

Fruchtfolge, Mischanbau: Feldsalat wird fast nur als Nachkultur angebaut. Dabei ist es ziemlich gleichgültig, was die Vorkultur war, wenn diese nur rechtzeitig im September den Platz geräumt hat. Über die Verwendung in Mischkulturen ist nichts bekannt.

Nährwert: 104 kJ (25 kcal): 2 g Eiweiß, 0,5 g Fett, 3 g Kohlenhydrate. Mineralstoffe: 25 mg Calcium, 50 mg Phosphor, 4 mg Eisen, 15 mg Natrium, 300 mg Kalium. Vitamine: 1,5 mg Karotin, 0,08 mg B_1, 0,07 mg B_2, 0,1 mg B_6, 40 mg C.

Der Feldsalat 'Valgros', Auslese aus 'Holländischer Breitblättriger', in einem Plastik-Tunnel. Die Erntezeit des an sich schon recht frostharten Salates kann auf diese Weise zusätzlich verlängert werden.

Endivie

Cichorium endivia

Ein altbekanntes Blattgemüse, verwandt mit Chicorée, an dem etwas bitteren Geschmack zu erkennen. Wird die Endivie gebleicht, schmeckt sie allerdings weniger bitter. Manchmal wird die Endivie gekocht, meistens jedoch frisch verzehrt.

Die gewöhnliche Endivie hat ganzrandige Blätter. Bei den krausblättrigen Sorten sind die Blattränder eingeschnitten oder gekrüllt. Diese Sorten werden fast ausschließlich als Salat verzehrt.

Die Endivie wird hauptsächlich als Herbst- und Wintergemüse angebaut, weil die Pflanzen einige Kälte vertragen.

Sorten: Für den frühen Anbau eignet sich vor allem die Sorte 'Bubikopf' = 'Grüner Selbstbleichender', in den Niederlanden 'Nummer Vijf'.

Für den Herbstanbau: 'Bubikopf', 'Diva', 'Golda', 'Grüne große Krause' und 'Feinkrauser Frisee'.

Für den spätesten Satz eignet sich vor allem 'Escariol grüner', von dem zahlreiche Herkünfte im Handel sind. Sollte zusammengebunden werden.

Boden: Endivien verlangen einen tief gelokkerten, humosen Boden, der genügend Kalk enthält und nicht zu üppig gedüngt wurde.

Aussaatzeit: Für Frühkultur unter Glas kann bereits im Februar ausgesät werden. Üblicher ist der Herbstanbau, das bedeutet Aussaat von Mitte Juni bis Mitte Juli.

Für die Ernte im Winter auch nicht später als Mitte Juli aussäen, die Pflanzen bleiben nur länger stehen.

Aussaat: Nach Belieben in ein Saatbeet, aus dem die Pflanzen nach dem Auflaufen pikiert werden, oder in Reihen mit 30 cm Abstand voneinander. Allseitiger Abstand beim Auspflanzen oder nach dem Ausdünnen bei Reihenaussaat soll 30 cm sein. Endiviensamen bleibt 4–5 Jahre keimfähig.

Anbau-Ratschläge: Unter Glas herangezogene Pflanzen werden Anfang Mai ins Freie gepflanzt. Verwenden Sie für diese Frühkultur nicht die richtige Sorte, besteht die Gefahr, daß die Pflanzen in Blüte schießen. Setzen Sie die jungen Endivien nicht zu tief, und brechen Sie dabei möglichst keine Blätter ab. Bei trockenem Wetter bilden sich schlecht neue Blätter, deshalb genügend gießen und für etwas Schatten sorgen. Endivien, die später, nach Mitte Juni gesät werden, neigen weniger zum Schießen.

Sollen die Pflanzen groß werden und lange stehenbleiben, dann wählen Sie einen etwas größeren Pflanzabstand. Dicht pflanzen hat den Vorteil, daß die Pflanzen sich aneinander drängen und dadurch ein wenig bleichen. Wünschen Sie stärker gebleichte – und somit zartere – Endivien, dann binden Sie, wenn die Pflanzen etwa 80 Tage alt sind, die Köpfe mit einem Band oder einem Gummi fest zusammen. Das muß aber bei trockenem Wetter geschehen, um Fäulnis im Herzen der Pflanzen vorzubeugen. Krause Endivie braucht etwas mehr Wärme als die gewöhnlichen Sorten und sollte vorzugsweise unter Glas kultiviert werden.

Kulturdauer: Die ersten Endivien kann man nach etwa 60 Tagen ernten. Vor allem aber im Herbst können die Pflanzen viel länger stehenbleiben, ohne an Qualität einzubüßen.

Krankheiten und Schädlinge: Schnecken und Blattläuse verschmähen Endivien bestimmt nicht. Viel schlimmer aber ist der Befall durch Wurzelläuse, weil dadurch die Pflanzen im Wuchs zurückbleiben. Runde, braune Flecke auf den Blättern deuten auf eine Blattfleckenkrankheit, »Feuer« genannt, die vor allem bei feuchtem Wetter auftritt. Braunverfärbung und Fäulnis der Blatträn-

Endiviensalat im September; der Kopf dieser Sorte ist nicht aufgebunden.

Durch das Zusammenbinden der Köpfe werden diese im Innern heller und zarter. Wählen Sie dazu trockenes Wetter, um Fäulnis im Kopf zu vermeiden.

der beobachtet man besonders im Herbst bei hoher Luftfeuchtigkeit. Möglichkeiten der Bekämpfung dieses »Randens« sind nicht bekannt. Weitere gelegentlich auftretende Krankheiten sind der Echte Mehltau und der Endivienrost.

Ernte: Endiven vertragen Fröste bis −5° C, d. h. man kann meistens bis in den Dezember hinein ernten, bestimmt dann, wenn die Pflanzen mit Folie abgedeckt wurden. Gebleichte Endivien kann man allerdings nicht so lange ernten wie ungebleichte.

Fruchtfolge, Mischanbau: Hinsichtlich des Fruchtwechsels gehört die Endivie in die 1. Tracht bzw. Gruppe A. Als Vorkultur eignen sich Buschbohnen, Erbsen, Kartoffeln, frühe Kohlarten, Kohlrabi und Sommermöhren. Günstig ist Mischanbau mit Bohnen, Erbsen, Knollenfenchel, Gurken, Kohlarten, Kohlrabi, Möhren, Porree, Salat und Tomaten. Einen ganz besonderen Geschmack erhält die Endivie durch den gemeinsamen Anbau mit Kräutern wie Kerbel und Salbei. Unvorteilhaft ist die Kombination mit Knoblauch und Zwiebeln.

Nährwert: 34 kJ (8 kcal): 1 g Eiweiß, 0,2 g Fett, 1 g Kohlenhydrate. Mineralstoffe: 20 mg Calcium, 70 mg Phosphor, 0,4 mg Eisen, 30 mg Natrium, 300 mg Kalium. Vitamine: 1,2 mg Karotin, 0,06 mg B_1, 0,06 mg B_2, 0,05 mg B_6, 10 mg C.

Krausblättrige Endivie schmeckt ebenso gut wie die gewöhnliche Form, ist aber dekorativer und wird deswegen fast ausschließlich als Salat verzehrt.

Spinat

Spinacia oleracea

Seit dem 16. Jahrhundert wird dieses beliebte Gemüse aus der Familie der Gänsefußgewächse im Garten kultiviert. Eine Wildform unserer Kultursorten ist nicht bekannt. Die Heimat wird in Mittelasien vermutet, wo eine nahe verwandte Art wild vorkommt. Spinat ist ein außerordentlich wertvolles, leicht zu kultivierendes Blattgemüse, das man – sofern man die richtige Sorte wählt – fast das ganze Jahr über anbauen kann, das sich aber auch hervorragend zum Tiefgefrieren eignet. Junger Spinat ist etwas äußerst Köstliches. Das Blatt, einschließlich eines kurzen Stielchens, kann sogar roh gegessen werden, doch wird Spinat fast immer (kurz) gekocht. Man soll ihn nur nicht wieder aufgewärmt verzehren.

Sorten: Wir unterscheiden zwischen rundsamigen und spitzsamigen Sorten. Letztere werden meist für die frühe oder auch späte Kultur gebraucht, wenn es draußen kalt ist. Spinat wird selektiert auf Blattgröße, Blattform, Blattfarbe, Stiellänge usw. Mit scharfen Samen läßt sich schlechter hantieren, diese Sorten entwickeln sich aber besonders schnell und sind für den sehr frühen und sehr späten Anbau, auch unter Glas, besser geeignet, z. B. 'Subito', 'Bergola', 'Spontaan'.

Für frühen Anbau draußen (Januar/Februar) und für Herbstanbau ab August eignen sich: 'Monnopa', 'Vital', 'Butterflay', 'Monatol'.

Für frühen Sommeranbau (April/Mai): 'Atlanta', 'Norvak', 'Monnopa', 'Nores', 'Estivato', 'Butterflay'.

Für Sommeranbau (Juni/Juli): 'Butterflay', 'Estivato', 'Norvak', 'Nores', 'Norveto'.

Für Winteranbau: 'Butterflay', 'Monnopa', 'Wolter'.

Bei Spinat gibt es männliche, weibliche und zwittrige Pflanzen. Es gibt ferner monözische Sorten, die nur weibliche Pflanzen haben; sie schießen gewöhnlich später in Blüte als andere.

Boden: Spinat liebt einen nahrhaften, feuchten, humusreichen und etwas kalkhaltigen Boden (pH 6,5–7,5). Der Bedarf an Stickstoff ist groß, was dazu verleitet, zuviel des Guten zu tun.

Die Aussaat von Spinat in Reihen. Auch Breitsaat ist üblich.

Zuviel Stickstoff aber beeinträchtigt den Geschmack und bringt die Gefahr mit sich, daß sich schädliches Nitrit im Blatt bildet. Mit einer guten Gabe Stallmist oder Blutmehl haben wir die besten Erfahrungen gemacht. Auf schwerem Boden läßt der Wuchs oft zu wünschen übrig, und die Pflanzen schießen gern in Blüte.

Aussaatzeit: Richtet sich nach der Sorte. Das Übliche ist die frühe Kultur mit Aussaat ab Januar, sobald der Boden eine Bearbeitung zuläßt. Es schadet auch nichts, wenn es dann noch einmal kalt wird. Mit den neueren Sorten ist auch der Anbau im Sommer kein Problem mehr. Die Herbsternte kann ausgezeichnet tiefgefroren werden.

Aussaat: Nur wenige Gemüsearten verlangen für die Aussaat eine so sorgfältige Bodenvorbereitung wie Spinat. Wir empfehlen, das Beet im Spätherbst umzugraben und zeitig im Frühjahr vor der Aussaat nur einzuebnen und glattzuharken. Boden, der erst kurz vor der Saat umgegraben wird, ist zu locker und sollte mit einem Brett zusammengedrückt werden. Spinatsamenkörner keimen nur, wenn sie innigen Kontakt mit dem Boden haben. Nach Belieben breitwürfig säen oder in Reihen. Die Samen müssen 1–2 cm tief in den Boden kommen. Bei breitwürfiger Saat braucht man etwa 25 g Saatgut pro m^2. Reihenabstand 25 cm, in der Reihe nicht zu dicht säen, um nicht ausdünnen zu müssen. Die Samen werden gern von Vögeln aufgepickt, decken Sie das Saatbeet zum Schutz dagegen mit Folie ab. Um stets frischen Spinat ernten zu können, säe man alle 14 Tage eine kleine Portion aus. Die Samen bleiben 4–5 Jahre keimfähig.

Anbau-Ratschläge: Tageslänge und Temperatur üben einen starken Einfluß auf das Wachstum des Spinats aus. Am günstigsten sind kurze Tage und niedrige Temperaturen. Der Züchtung verdanken wir heute aber auch ausgezeichnete Sommersorten. Diese kultiviert man am besten in lichtem Schatten. Schießen, d. h. die vorzeitige Blüte, wird ausgelöst durch zu hohe Temperaturen, lange Tage, Trockenheit und vor allem durch den Anbau falscher Sorten.

Spinat reagiert sehr ungünstig auf einen dichtgeschlämmten Boden, darum soll man zwischen den Reihen häufig hacken.

Kulturdauer: Im Winter bis zu 12 Wochen, im Sommer 4 Wochen.

Krankheiten und Schädlinge: Blattfäule durch zu dichte Aussaat. Gelbliche Blätter und braune Blattränder: Kalimangel. Pflanzen bleiben klein, schießen bald in Blüte: Mangel an Stickstoff oder einem anderen Nährstoff. Verschiedene Pilzkrankheiten, z. B. Falscher Mehltau, vor allem bei zu dichtem Stand oder Wasserüberschuß. Anbau resistenter Sorten.

Ganz oben: Soeben aufgelaufener Spinat 'Protekta'. Die Samenschalen sitzen noch an den Blattspitzen.

Oben: Ein schöner Bestand der breitwürfig gesäten Spinatsorte 'Butterflay', einer ausgezeichneten Sommersorte.

Ernte: Besonders delikat schmeckt bekanntlich junger Spinat. Zum Ernten kann man, am besten mit einem Küchenmesser, die ganze Pflanze abschneiden, aber nicht zu tief, um nicht zuviel Stengel mitzubekommen. Das Abpflücken einzelner Blätter ist natürlich arbeitsaufwendiger, hat aber den Vorteil, daß man mit einer zweiten Ernte rechnen kann.

Fruchtfolge, Mischanbau: Fruchtwechsel: Gruppe A bzw. 1. Tracht. Als Vorkultur für späten Spinat kommen alle Gemüse in Betracht, die Mitte August bis Mitte September das Feld räumen. Vor der Aussaat des Spinats empfiehlt sich eine Stickstoffdüngung, außer vielleicht nach Erbsen und Bohnen. Umstritten ist der Mischanbau mit Roten Beten. Günstig ist der Anbau zusammen mit Buschbohnen, Erdbeeren, Kartoffeln, Kohlarten, Kohlrabi, Möhren, Radieschen, Rettich und Tomaten, nicht dagegen mit Blumenkohl. Nach frühem Spinat kann man noch viele Gemüse anbauen, vorzugsweise Kartoffeln, Knollenfenchel, Kohlrabi, Kohlarten wie Blumenkohl, Brokkoli und Rosenkohl.

Nährwert: 62 kJ (15 kcal): 2 g Eiweiß, 0,5 g Fett, 0,5 g Kohlenhydrate. Mineralstoffe: 125 mg Calcium, 70 mg Phosphor, 3 mg Eisen, 25 mg Natrium, 700 mg Kalium. Vitamine: 5 mg Karotin, 0,06 mg B_1, 0,2 mg B_2, 0,15 mg B_6, 25 mg C.

Wie diese sehr verbreitete Spinatsorte sind auch von unseren Spinatsorten manche für den sehr frühen Anbau im Haus und im Freien geeignet.

Neuseeländer Spinat

Tetragonia tetragonioides

Eine einjährige, frostempfindliche Pflanze, die in keiner Weise mit dem gewöhnlichen Spinat verwandt ist. Die Zubereitungsart ist jedoch die gleiche: Die großen, saftigen Blätter werden einzeln gepflückt und kurz gekocht.
Sorten: Vom Neuseeländer Spinat sind keine Sorten im Handel.
Boden: Liebt einen warmen, fruchtbaren Boden mit hohem Humusgehalt.
Aussaatzeit: Ab März unter Glas, ab Anfang April unter Folie oder im Tunnel und ab Mitte Mai im Freiland.
Aussaat: Die harten Samen keimen besser, wenn man sie zuvor eine Nacht in Wasser weichen läßt. Unter Glas erfolgt die Aussaat meistens in kleinen Töpfen, draußen sät man in Horsten zu je 3 Samen, etwa 1 cm tief. Nach dem Auflaufen läßt man nur die stärkste Pflanze stehen. Der endgültige Abstand zwischen den Pflanzen soll mindestens 50×50 cm betragen, es werden aber auch Pflanzabstände bis zu 100×100 cm empfohlen. Die Samen bleiben 3–5 Jahre keimfähig.

Neuseeländer Spinat, von dem die Blätter und jungen Triebspitzen gegessen werden.

Anbau-Ratschläge: Geben Sie dem Neuseeländer Spinat einen warmen, geschützten, voll sonnigen Platz, und schützen Sie die Pflanzen gegen Nachtfröste. Entspitzen Sie die heranwachsenden Pflanzen einige Male, um eine gute Verzweigung und damit mehr Blätter zu erhalten. In der ersten Zeit mehrmals hacken. Neuseeländer Spinat ist nicht schwer zu kultivieren. 5–10 Pflanzen im Garten liefern jede Woche eine Mahlzeit.
Kulturdauer: Ungefähr 8 Wochen bis zur ersten Ernte. Siehe auch unter »Ernte«.
Krankheiten und Schädlinge: Bei zu dichtem Stand oder kaltem Wetter kann Mehltau auftreten, auch Blattfleckenkrankheiten.
Ernte: Wenn man stets nur einzelne zarte Blätter und einige Triebspitzen pflückt, kann man bis in den November hinein ernten, vorausgesetzt, daß man die Pflanzen ab September gegen Nachtfröste mit Folie schützen kann. Die jüngsten Blätter sind stets die schmackhaftesten.
Fruchtfolge, Mischanbau: Neuseeländer Spinat gehört in die 1. Tracht bzw. Gruppe A. Über passende Mischkulturen ist wenig bekannt, sicher eignen sich dazu in der ersten Wachstumsperiode schnell wachsende Gemüse wie Kopfsalat, Radieschen und Sommerspinat.
Nährwert: 80 kJ (19 kcal): 2 g Eiweiß, 0,3 g Fett, 3 g Kohlenhydrate. Mineralstoffe: 58 mg Calcium, 46 mg Phosphor, 2,6 mg Eisen, 800 mg Kalium. Vitamine: 2,6 mg Karotin, 0,08 mg B_1, 0,2 mg B_2, B_6 = ?, 30 mg C.

Die Stielmus- oder Rübstielsorte 'Namenia'. Geerntet werden nur die Blätter.

Rübstiel, Stielmus

Brassica rapa var. *rapa*

Rübstiel oder Stielmus sind die jungen Blätter der Weißen Rübe oder Herbstrübe, die weiter unten auf S. 79 beschrieben wird. Da es sich um ein typisches Blattgemüse handelt, wollen wir es hier besprechen und nicht bei den Wurzelgemüsen.
Rübstiel, in manchen Ländern nur wenig bekannt, wird meist roh oder leicht gekocht gegessen, insbesondere gern als Eintopfgericht. Besonders beliebt ist dieses Blattgemüse im Rheinland und in Nordrhein-Westfalen.
Sorten: 'Holländische weiße Mairübe', 'Mairübstiel', 'Herbststielmus', 'Geslu', 'Namenia', 'Hymenia'.
Boden: An den Boden werden keine besonderen Anforderungen gestellt; nur fruchtbar und nicht zu trocken soll er sein.
Aussaatzeit: Im Gewächshaus kann Rübstiel ab Oktober den ganzen Winter über gesät werden. Draußen beginnt die Kultur im Februar, anfangs möglichst unter Hauben, und dauert bis April.
Aussaat: Breitwürfig, wenn Sie – im Gewächshaus – soviel wie möglich vom Quadratmeter ernten wollen. Sonst in Reihen mit 10–15 cm Abstand voneinander. Die Samen behalten ihre Keimkraft 3–5 Jahre.
Anbau-Ratschläge: Gießen Sie, sofern notwendig, vorsichtig; die Pflanzen legen sich leicht um.
Kulturdauer: Ungefähr 40 Tage.
Krankheiten und Schädlinge: Bei zu dichtem Stand Fäulnisgefahr. Kleine, gelbliche Blätter deuten auf Stickstoff-Mangel.
Ernte: Lassen Sie die Pflänzchen nicht höher als 10 cm werden. Oft kann einige Wochen nach dem 1. Schnitt ein 2. Mal geerntet werden.
Fruchtfolge, Mischanbau: Im Fruchtwechsel setzen wir Stielmus in Gruppe B (2. Tracht). Eine geeignete Vorkultur gibt es kaum. Günstig ist der Mischanbau mit Buschbohnen, Erbsen, Erdbeeren und Puffbohnen, ungünstig der mit Tomaten. Nach dem Stielmus können Sie praktisch alle Gemüse anbauen, die nach Mitte Mai in den Boden müssen.
Nährwert: 43 kJ (10 kcal): 2 g Eiweiß, 0 g Fett, 0,5 g Kohlenhydrate. Mineralstoffe: 100 mg Calcium, 45 mg Phosphor, 3 mg Eisen, 100 mg Natrium, 400 mg Kalium. Vitamine: 2 mg Karotin, 0,05 mg B_1, 0,15 mg B_2, 0,09 mg B_6, 35 mg C.

Portulak

Portulaca oleracea ssp. *sativa*

Ein nur wenig bekanntes Blattgemüse, mit etwas säuerlichem Geschmack. Früher beliebte Zutat zu Suppen und Salaten, heute nur gelegentlich in Geschäften erhältlich, doch wenn Sie einen Gemüsegarten haben, können Sie selbst Portulak anbauen und essen, soviel und so oft Sie wollen.

Sorten: Es gibt keine besonderen Sorten, doch werden Herkünfte gehandelt, die sich in der Farbe unterscheiden: 'Grüner Portulak', 'Goldgelber Portulak'. Letzterer ist etwas saftiger, aber auch anfälliger für Pilzkrankheiten.

Boden: Portulak gedeiht am besten auf einem gut mit Humus versorgten, nicht zu trockenen Sandboden.

Aussaatzeit: Ab April unter Glas oder im Folientunnel. Von Ende Mai bis August im Freiland.

Aussaat: Portulak wird stets breitwürfig gesät. Der feine Samen wird zweckmäßigerweise mit feuchtem Sand gemischt, um das Säen zu erleichtern.

Anbau-Ratschläge: Portulak verlangt einen möglichst warmen und geschützten Platz. Unter Glas oder Plastik gelingt die Kultur meist recht gut, im Freien dagegen geht sie, besonders in nassen, kalten Sommern, oft daneben.

Kulturdauer: Kurz, nur ungefähr 20 Tage. Bei warmem Wetter oder im Folientunnel 15 Tage.

Krankheiten und Schädlinge: Vorsichtig gießen: Nasse Pflanzen, vor allem in zu dichtem Stand, faulen schnell, und Ihnen bleibt dann nicht mehr viel zum Ernten übrig.

Ernte: Geerntet werden die dicken, saftigen, noch nicht zu alten Blätter, doch wird gewöhnlich ein Stückchen Stengel mitgeerntet.

Fruchtfolge, Mischanbau: Hinsichtlich des Fruchtwechsels Gruppe A (1. Tracht). Keine anderen Blattgemüse als Vorkultur. Mischkulturen sind wegen der speziellen Temperaturansprüche nicht gut möglich. Als Nachkultur können Sie alle Gemüse wählen, für die die Vegetationszeit noch ausreicht, aber besser keine Blattgewächse.

Nährwert: 34 kJ (8 kcal): 1 g Eiweiß, 0,3 g Fett, 1 g Kohlenhydrate. Mineralstoffe: 125 g Calcium, 70 g Phosphor, 3 g Eisen, 30 mg Natrium, 800 mg Kalium. Vitamine: 1,7 mg Karotin, 0,06 mg B_1, 0,04 mg B_2, 0,06 mg B_6, 20 mg C.

Portulak stellt hohe Ansprüche an die Wärme und gedeiht daher am besten im kalten Kasten.

'Grüner Portulak', ein ausgezeichneter Bestand in erntereifem Zustand.

Kubaspinat. Auch wenn die Pflanze schon blüht, kann noch gut geerntet werden.

Kubaspinat

Montia perfoliata

Kubaspinat, auch Winterportulak genannt, ist ein Blattgewächs mit rautenförmigen Stengelblättern und schüsselförmigen Tragblättern. Wird gekocht gegessen. Wächst wild an vielen Plätzen, u. a. in Dünen.

Sorten: Sorten dieser Gemüseart sind uns nicht bekannt.

Boden: Wie beim gewöhnlichen Portulak; nicht zu trockener Sandboden mit hohem Gehalt an Humus.

Aussaatzeit: Üblicherweise im August, doch sind auch Aussaaten Anfang März gut möglich.

Aussaat: Meistens breitwürfig, aber auch in Reihen mit 15 cm Abstand voneinander.

Anbau-Ratschläge: Der Winterportulak hat ein wesentlich geringeres Wärmebedürfnis als der gewöhnliche Portulak. Die Pflanzen können bis weit in den Herbst hinein wachsen. Bei Frost werden allerdings die Blätter braun, und es empfiehlt sich, ab Ende September Hauben über die Pflanzen zu setzen. Nicht zuviel Stickstoff geben.

Kulturdauer: 30 Tage und mehr.

Krankheiten und Schädlinge: Fäule bei zu dichtem Bestand und bei zuviel Nässe.

Ernte: Man erntet nur die jungen Blätter. Auch wenn die Pflanzen sich strecken und in Blüte kommen, kann weiterhin geerntet werden. Wenn man die Pflanzen nicht zu tief aberntet, ist manchmal sogar eine zweite Ernte möglich.

Fruchtfolge, Mischanbau: Hierüber ist nur wenig bekannt. Siehe die Hinweise beim gewöhnlichen Portulak.

Nährwert: Nähere Angaben nicht bekannt.

Rhabarber

Rheum rhaponticum

Rhabarber ist eine wenig anspruchsvolle, ausdauernde Pflanze, die uns viele Jahre hindurch Ernten bringt. Gegessen werden die jungen, meist roten Stengel, die gekocht und zu Kompott oder Marmelade verarbeitet werden. Die Blätter enthalten zuviel Oxalsäure und sind ungenießbar.

Rhabarber eignet sich gut zur Treiberei im Winter und kann daher schon sehr zeitig im Jahr geerntet werden.

Sorten: Besonders beliebt sind kräftig wachsende, rotstielige Sorten wie 'Holsteiner Blut'. Mäßig früh, doch hervorragend für die Treiberei geeignet, 'Rotstielige Viktoria' und 'The Sutton'. Daneben gibt es noch viele Sorten mit lokaler Bedeutung, z. B. 'Elmsblitz', 'Vierländer' u. a.

Boden: Rhabarber bevorzugt einen mehr sauren Boden, pH 5,5–6,0. Verbessern Sie ihn bei der Pflanzung mit verrottetem Kuhmist oder Knochenmehl, und geben Sie ihm auch später ab und zu etwas Dünger. Besonders hohe Gaben sind nicht erforderlich.

Anzucht: Rhabarber ist eine der wenigen Gemüsearten, die nicht durch Aussaat herangezogen werden. Die Sorteneigenschaften bleiben nur erhalten, wenn die Pflanze vegetativ – durch Teilung – vermehrt wird. Jungpflanzen sind selbstverständlich auch in Gärtnereien und Gartencentern erhältlich.

Vermehrung: Zur Vermehrung werden, am besten im Herbst, ältere Pflanzen ausgegraben und mit einem scharfen Spaten in Stücke geteilt. Jedes Rhizomstück, auch »Klumpen« genannt, soll wenigstens 300 g, besser 1 kg wiegen und mehrere Knospen haben. Diese kommen bei der Pflanzung einige Zentimeter unter die Bodenoberfläche.

Pflanzenentfernung 90×90 cm.

Anbau-Ratschläge: Rhabarber kann leichten Schatten vertragen. Bei trockenem Wetter gießen und im Sommer die Blütenstände entfernen, zusammen mit den 2 obersten jungen Blättern. Die Blüte kostet die Pflanze nämlich viel Kraft.

Die Rhabarbertreiberei kann auf zweierlei Weise geschehen: Ab Mitte Januar die Pflanzen abdecken, z. B. mit einem großen Plastikeimer oder einem Faß. Von außen wird das Ganze dann noch gut mit Stroh, Schilf, Laub, alten Decken und dergleichen eingepackt und schließlich mit Plastik abgedeckt, um alles trocken zu halten. Schon Ende Februar kann man die ersten Stengel ernten.

Ist Ihnen das nicht früh genug, dann wählen Sie den zweiten Weg: Ältere Pflanzen werden Ende Oktober/Anfang November ganz ausgegraben. Sie bleiben draußen ein paar Wochen liegen, so daß der Frost einwirken kann. Dann setzt man sie dicht an dicht in Kisten und bedeckt sie mit einer dünnen Schicht Erde. Gut feucht halten. Die Kisten werden nun lichtdicht abgeschlossen. z. B. durch eine zweite, große, darübergestülpte Kiste. Außerdem wird alles mit schwarzer Folie abgedichtet. Stellen Sie nun das Ganze in einen warmen Raum, bei etwa 14–16° C. Schon nach etwa 4 Wochen kann man mit der Ernte beginnen. Getriebene und abgeerntete Pflanzen sind wertlos, werfen Sie sie ruhig weg.

Kulturdauer: Von Pflanzen, die im Herbst geteilt und gepflanzt wurden, sollten Sie im ersten Jahr noch nichts ernten. Im zweiten Jahr kann man vielleicht den einen oder anderen Stengel schon gebrauchen, aber erst im dritten Jahr kann man einige Stengel mehr ernten.

Krankheiten und Schädlinge: Rhabarber ist robust und leidet wenig unter Krankheiten und Schädlingen. Ampferblattkäfer fressen wohl mal Löcher in das Blatt, doch darüber kommt die Pflanze leicht hinweg.

Ernte: Wie schon unter »Kulturdauer« beschrieben, noch nicht von zu jungen Pflanzen ernten, sondern erst von April des 2. Jahres an, und dann wöchentlich einmal nach Bedarf. Am schmackhaftesten sind die jungen, im Frühjahr gewachsenen Stengel. Pflücken Sie von jedem Stock aber nur einige davon; man trennt sie mit einer drehenden Bewegung von der Pflanze. Mitte Juli sollte man mit der Ernte aufhören, um die Pflanze nicht zu sehr zu schwächen.

Fruchtfolge, Mischanbau: Rhabarber wird meistens nicht mit anderen Gemüsen zusammen angebaut; man kann ihn aber auch gut im Ziergarten unterbringen, z. B. auf der Staudenrabatte.

Nährwert: 43 kJ (10 kcal): 0,5 g Eiweiß, 0,1 g Fett, 2 g Kohlenhydrate. Mineralstoffe: 40 mg Calcium, 30 mg Phosphor, 0,5 mg Eisen, 5 mg Natrium, 300 mg Kalium. Vitamine: 0,07 mg Karotin, 0,05 mg B_1, 0,02 mg B_2, 0,03 mg B_6, 10 mg C.

Von links nach rechts: Rhabarbertreiberei mit einem großen Plastik-Eimer. Einpacken in Stroh und anschließend Plastik, um die Bodenwärme zu halten.

Rhabarber ist eine der wenigen ausdauernden Pflanzen im Gemüsegarten. Jedes Jahr kann aufs neue ein Teil der roten Stengel geerntet werden, etwa bis Mitte Juli.

Rechts: Das Ergebnis: Hellrote, besonders zarte Stengel.

Schnittmangold

Beta vulgaris var. *vulgaris*

Ein etwas altmodisches, heute nur noch wenig angebautes Gemüse, das auf zweierlei Weise verzehrt werden kann. Zunächst können die Blätter junger Pflanzen wie Spinat zubereitet werden, später lassen sich die Stengel etwas älterer Pflanzen wie Spargel kochen. Schon bei der Aussaat muß man der zukünftigen Zubereitungsweise Rechnung tragen.

Mangold ist auch eine sehr aparte Pflanze im Gemüsegarten; vor allem die rotstieligen Sorten wirken höchst dekorativ.

Sorten: Als Stielmangold sind ‘Lukullus’, ‘Glatter Silber’ und ‘Vulkan’ geeignet, als Blattmangold ‘Lukullus’ und ‘Grüner Schnitt’.

Boden: Mangold stellt keine besonderen Anforderungen an den Boden: Ein normaler fruchtbarer Gartenboden ist bestens geeignet.

Aussaatzeit: Ab März/April, für eine zweite Ernte noch einmal im Juli. Selbst Anfang September gesäter Mangold bringt im Herbst noch eine leidliche Ernte.

Aussaat: Wenn es Ihnen darauf ankommt, junge Blätter zu ernten, säen Sie in Reihen mit 15–20 cm Abstand voneinander. In der Reihe auf 5 cm ausdünnen. Wollen Sie Stiele ernten, lauten die Maße: 40 cm Reihenabstand, 30 cm in der Reihe. Nicht tiefer als 2 cm säen. Die Samen bleiben 4 Jahre lang keimfähig.

Der rote Mangold ‘Vulkan’ im Herbst: Trotz eines kräftigen Frostes noch erntefähig.

Anbau-Ratschläge: Schnittmangold ist verhältnismäßig frosthart und kann daher von sehr früh bis sehr spät, ohne besonderen Schutz, angebaut werden. Die Pflanzen zeigen im ersten Jahr noch keine Neigung zum Schießen, ein wesentlicher Vorteil gegenüber dem Spinat.
Kulturdauer: Ungefähr 50 Tage bis zur Blatternte und mindestens 80 Tage bis zur Ernte der Stiele.
Krankheiten und Schädlinge: Nur bei zu dichtem Stand Gefahr des Befalls mit Pilzkrankheiten, z. B. mit dem Falschen Mehltau. Sonst sehr robust.
Ernte: Die jungen Blätter werden geerntet, sobald sie 10–15 cm Höhe erreicht haben. Schneiden Sie nicht zu tief, da die Pflanzen wieder austreiben und eine zweite Ernte liefern können. Bei der Ernte der Stiele werden jedes Mal einige der äußeren (und dicksten) abgeschnitten. Die Pflanzen können dann wieder durchtreiben.
Fruchtfolge, Mischanbau: Schnittmangold gehört in die Gruppe A, d. h. in die 1. Tracht. Eine Vorkultur ist bei der frühen Aussaat nicht gut möglich. Wird später gesät, dann möglichst nach Erbsen, Bohnen usw. Günstig ist die Kombination mit Buschbohnen, Kohlarten, Möhren, Radieschen und Rettich. Im Anschluß an frühen Schnittmangold können noch viele Gemüse angebaut werden, am besten nach einer vorangegangenen Stickstoffdüngung.
Nährwert: 121 kJ (29 kcal): 3 g Eiweiß, 0,5 g Fett, 3 g Kohlenhydrate. Mineralstoffe: 90 mg Calcium, 40 mg Phosphor, 4 mg Eisen, 200 mg Natrium, 300 mg Kalium. Vitamine: 2 mg Karotin, B_1 unbekannt, 0,17 mg B_2, 0,22 mg B_6, 35 mg C.

Schnittmangold 'Lukullus'; hier kommt es auf die Ernte der Stiele an. Sie beginnt ab Mitte Juni und kann bis in den Herbst hinein erfolgen.

Gartenkresse

Lepidium sativum

Ein Blattgemüse, das man auch zu den Gartenkräutern zählen kann. Überaus einfach zu kultivieren, die Samen liefern ein eßbares Produkt sogar in einem künstlichen Substrat. Doch schmeckt die in Pappschachteln herangezogene Kresse – nach unserer Meinung – immer etwas nach Karton, die Kresse aus dem Garten ist zweifellos würziger. Gartenkresse wird stets roh gegessen.
Sorten: 'Einfache', 'Großblättrige Krause', 'Goldgelbe Englische' mit sehr breiten Blättern.
Boden: Gedeiht praktisch in jedem Boden.
Saatzeit: Im Freien von März bis September, im Hause das ganze Jahr hindurch.
Aussaat: Breitwürfig oder in Reihen, 10 bis 15 cm Abstand voneinander. Die Samen leicht andrücken und dünn mit Erde bedekken. Ein Gag für Kinder: Die Aussaat in Form von Buchstaben und Namen.
Anbau-Ratschläge: Bei der Anzucht im Haus empfehlen wir, die Saatschalen oder Kistchen mit guter Erde zu füllen. Eine Mischung aus guter Gärtnererde und scharfem Sand sagt den Pflanzen bestens zu. Auch Freilanderde eignet sich ausgezeichnet.
Kulturdauer: Bei Zimmertemperatur nur 7 Tage, bei niedrigeren Temperaturen bis 20 Tage.
Krankheiten und Schädlinge: Im allgemeinen kein Befall.
Ernte: Abschneiden, wenn die Pflanzen 5 cm hoch sind. Bei nicht zu tiefem Schnitt zweimalige Ernte möglich.
Fruchtfolge, Mischanbau: Wächst praktisch überall. Scheint besonders gut zu gedeihen zwischen Möhren, Radieschen und Rettich. Geschmacksbeeinflussung!
Nährwert: 43 kJ (10 kcal): 2 g Eiweiß, 1,5 g Fett, 0,5 g Kohlenhydrate. Mineralstoffe: 250 mg Calcium, 80 mg Phosphor, 2,5 mg Eisen, 80 mg Natrium, 500 mg Kalium. Vitamine: 2 mg Karotin, 0,01 mg B_1, 0,1 mg B_2, 0,17 mg B_6, 50 mg C.

Gartenkresse, die einfachste aller Gemüsekulturen. Ist in kürzester Zeit, im Zimmer schon nach 1 Woche ernte- und genußreif

Weißer Senf

Sinapis alba ssp. *alba*

Senfpflanzen werden gewöhnlich für die Samengewinnung angebaut. Von den Samen wird nach verschiedenen Verfahren Senf hergestellt. Weniger bekannt ist, daß man die jungen Senfpflanzen auch sehr gut essen kann. Die Zubereitung ist wie die der Gartenkresse, der Geschmack weicht jedoch etwas ab. Auch die Kultur ist so einfach wie die der Gartenkresse: Aussäen, in Reihen oder breitwürfig, und nach kurzer Zeit ernten. Weitere Einzelheiten finden Sie bei der Gartenkresse angegeben.

Rechts: Weißer Senf, hier in Reihensaat, ist noch ein wenig schneller erntereif als Gartenkresse. Ist auch im Hause, in Kistchen oder Schälchen, problemlos zu kultivieren.

Unten: Die Kultur der Brunnenkresse ist leicht, wenn man es auf diese Weise macht. Die Schale muß stets mit Wasser gefüllt sein.

Brunnenkresse

Nasturtium officinale

Gegenwärtig ein sehr exklusives Gemüse, oder sollen wir sagen: Kraut? In besseren Restaurants liegt gelegentlich ein Triebchen der Brunnenkresse neben dem Lendenschnittchen, und in Feinkostgeschäften ist Brunnenkresse nicht mehr wegzudenken. Die Blätter dieser Wildpflanze werden stets roh gegessen.

Sorten: Nicht bekannt.

Boden: Der Name sagt es schon: Die Brunnenkresse ist eine echte Wasserpflanze, die einen klatschnassen Boden verlangt. Außerdem muß der Boden auch fruchtbar sein. Wir raten daher dazu, Brunnenkresse in größeren, mit Gärtnererde gefüllten Plastik-Töpfen oder Containern zu kultivieren. Diese Behälter werden in eine große Schüssel oder einen anderen Untersatz gestellt, die ständig mit Wasser gefüllt sein müssen. Später kann man dann das Ganze in einen Teich oder Weiher setzen.

Aussaatzeit: März bis Juli.

Aussaat: Die Samen müssen gleich in völlig nasse Erde kommen, sonst keimen Sie nicht. Brunnenkresse kann auch sehr gut durch Stecklinge vermehrt werden. Nehmen Sie aus dem vornehmen Restaurant das Brunnenkresse-Triebchen mit, und stellen Sie es zu Hause in ein Glas Wasser. In kurzer Zeit entwickeln sich Wurzeln, und Sie können das Pflänzchen in den nassen Boden setzen.

Anbau-Ratschläge: Eigentlich ist das Beste der Anbau in fließendem Wasser, nach unseren Erfahrungen geht es aber auch sehr gut in einem kleinen Teich. Die Pflanze wächst so kräftig, daß sie schon bald ihren Topf verläßt und fröhlich auch über das feuchte Ufer weiterwuchert. Nach der Literatur ist Brunnenkresse winterhart, unsere Pflanzen verschwanden jedoch im ersten strengen Winter.
Kulturdauer: Nach 30 Tagen bereits können die ersten Triebchen geerntet werden.
Krankheiten und Schädlinge: Die Pflanzen sind kaum anfällig. Sie sollten jedoch keine Brunnenkresse aus verunreinigtem Wasser essen.
Ernte: Junge, 5–10 cm lange Triebspitzen schmecken am leckersten. Wenn die Pflanze zum Blühen kommt, wird das Blatt härter und schmeckt weniger gut. Also häufig schneiden, und wenn die Blüte beginnt, erneut aussäen.
Fruchtfolge, Mischanbau: Keine besonderen Angaben. Brunnenkresse kann ohne weiteres mit anderen Wasser- oder Uferpflanzen angebaut werden.
Nährwert: 70 kJ (17 kcal): 1,6 g Eiweiß, 0,3 g Fett, 3 g Kohlenhydrate. Die Mineralstoffe: 180 mg Calcium, 64 mg Phosphor, 3 mg Eisen, 12 mg Natrium, 276 mg Kalium. Vitamine: 2,7 mg Karotin, 0,08 mg B_1, 0,17 mg B_2, 51 mg C.

Winterkresse ähnelt sehr der Brunnenkresse, auch in bezug auf den Verzehr. Der Geschmack ist etwas bitterer.

Winterkresse

Barbarea vulgaris

Ein nicht gerade häufig in unseren Gärten anzutreffendes Gemüse. Auch bekannt unter dem Namen Barbenkraut oder Barbarakraut. Ähnelt ein bißchen der Brunnenkresse, schmeckt aber bitterer. Gedeiht auf dem Land, muß aber ziemlich feucht gehalten werden. Wird ebenfalls roh verzehrt.
Sorten: Nicht bekannt.
Boden: Jeder Boden ist geeignet, wenn er nur genügend feucht bis naß ist.
Aussaatzeit: März bis September.
Aussaat: In Reihen mit 30 cm Abstand, 1,5 cm tief. Nach dem Auflaufen ausdünnen, bis die Pflanzen 15 cm voneinander entfernt stehen.
Anbau-Ratschläge: Die Pflanzen sind zwar ausdauernd, aber doch ziemlich frostempfindlich, deshalb lieber jedes Jahr neu aussäen. Verwenden Sie Pflanzenhauben, um im Herbst länger ernten zu können.
Kulturdauer: 70 Tage.
Krankheiten und Schädlinge: Im allgemeinen kein Befall.
Ernte: Die Blätter müssen vor Blühbeginn gepflückt werden.
Fruchtfolge, Mischanbau: Darüber ist nichts bekannt.
Nährwert: Nicht bekannt.

Schnittkohl

Brassica napus f. *pabularia*

Die jungen Pflänzchen des krausen Schnittkohls werden roh oder leicht gedünstet gegessen. Wie Rübstiel oder Stielmus ist Schnittkohl ebenfalls eine Kohlart.
Sorten: Am bekanntesten sind: 'Grüner', 'Grüner Frühlingskohl' und 'Bremer Scheerkohl'.
Boden: Nicht zu sauer und nicht zu naß.
Aussaatzeit: Von Ende Januar bis Ende August.
Aussaat: In Reihen mit 15 cm Abstand oder breitwürfig.
Anbau-Ratschläge: Starkwachsend, besonders geeignet für sehr frühe und sehr späte Kultur. Verträgt leichten Frost.
Kulturdauer: 60–90 Tage, unter Folie weniger.
Krankheiten und Schädlinge: Bei trockenem Wetter manchmal Erdflöhe auf den Blättern.
Ernte: Schnittkohl muß unbedingt jung geerntet werden; ältere Pflanzen sind hart und zäh.
Fruchtfolge, Mischanbau: Im Fruchtwechsel möglichst Gruppe A, 1. Tracht. Mischkulturen kommen für den Frühanbau kaum in Frage, für den Anbau im Sommer s. unter Kohl.
Nährwert: Nicht bekannt.

Schnittkohl 'Blauwe Groninger' muß jung geerntet werden. Nicht zu verwechseln mit dem Rübstiel oder Stielmus (s. S. 64).

Knollen- und Wurzelgemüse

Allgemeines

In diesem Kapitel finden Sie die Gemüse, von denen wir die verdickten, unterirdischen Wurzeln verzehren. Es gibt eine Ausnahme: Beim Knollenfenchel handelt es sich um verdickte Stengel.
Die einzelnen Knollen- und Wurzelgewächse haben im übrigen botanisch wenig miteinander zu tun, denn sie gehören ganz verschiedenen Pflanzenfamilien an. So zählen Knollensellerie, Knollenfenchel, Möhren, Pastinaken und Wurzelpetersilie zur Familie der Doldenblütler; Rote Beten gehören zu den Gänsefußgewächsen, Radieschen und Rettiche zu den Kreuzblütlern, Schwarzwurzeln und Topinambur (Erdbirne) zu den Korbblütlern und Kartoffeln zu den Nachtschattengewächsen.
Unterirdische Knollen sind gewöhnlich hell, weil sie ohne Sonnenlicht gewachsen sind. Anders bei Möhren und Roten Beten: Sie enthalten viel Farbstoff. Bei anderen Pflanzen wieder ist die Schale der Wurzel dunkel, das Innere jedoch hell. Knollen und Wurzeln, die aus dem Boden herausragen, sind manchmal grün oder graugrün; so ist es höchst unerwünscht, wenn sich schlecht angehäufelte und ungenügend mit Erde bedeckte Kartoffeln verfärben, zumal dabei giftige Stoffe entstehen. Über der Erde wachsende Rote Beten werden häufig korkig.
Beim Knollenfenchel ist dies kein Problem. Hier ist es gar nicht so verkehrt, wenn sich der verdickte Stengel etwas verfärbt. Sie können aber auch weiße Knollen erhalten, wenn Sie die Pflanzen anhäufeln.
Wurzeln und Knollen sind, botanisch gesehen, für die Pflanzen Reserve-Organe. Wenn es über dem Boden zu kalt oder zu trocken wird, so daß alle grünen Teile absterben, bleibt die Wurzel am Leben, um im kommenden Frühjahr erneut auszutreiben. Wir warten dies meistens nur nicht ab, denn erneut ausgetriebene oder gar schon blühende Wurzelgemüse schmecken nicht mehr. Nur Kartoffelpflanzen können wir ruhig blühen lassen, die Qualität der Knollen leidet darunter nicht.
Da die Wurzeln und Knollen über Winter am Leben bleiben können, liegt es nahe, sie in kühlem, feuchtem Sand aufzubewahren. In der Tat geht dies bei vielen Arten ausgezeichnet. Solange die Temperatur niedrig bleibt und kein neuer Austrieb erfolgt, können wir Geschmack und Qualität monatelang erhalten.
Wurzelgemüse haben im allgemeinen einen geringeren Stickstoffbedarf als Blattgemüse.

Rechts: Wintermöhren lassen sich ausgezeichnet in Kistchen mit grobem Sand aufbewahren, die man kühl und frostfrei abstellt.

Unten: Dasselbe gilt für Rote Bete. Hier ist auch die Lagerung im Gartenboden möglich, doch darf es nicht zu stark frieren.

Sie werden deshalb, was den Fruchtwechsel betrifft, in Gruppe B (2. Tracht) eingestuft. Wir bauen sie also – wenn wir einen dreijährigen Fruchtwechsel einhalten – dort an, wo im Jahr zuvor Blattgemüe gestanden haben. Nur Kartoffeln und Knollensellerie verlangen etwas mehr Stickstoff, weshalb wir sie in Gruppe A (1. Tracht) setzen und ihnen – neben ausreichend Feuchtigkeit – reichlich Nahrung anbieten.
So wie es bei den meisten Gemüsen der Fall ist, schmecken auch Knollen und Wurzeln am besten, wenn sie jung gegessen werden. Das gilt speziell für Rote Bete, Sommer-Möhren, Radieschen und Weiße Rüben. Wintermöhren dagegen sind ein ausgesprochenes Lagergemüse, ebenso Schwarzwurzeln, Knollensellerie und vor allem Kartoffeln, unser Volksnahrungsmittel.
Man sollte meinen, daß unterirdische Organe gegen tierische Schädlinge bestens abgeschirmt sind. Dies stimmt jedoch nicht. Es gibt eine breite Phalanx von Schädlingen, die es darauf absehen, ihre Eier an Wurzelhälsen abzulegen. Die Maden, die daraus schlüpfen, schmausen kräftig an Wurzel oder Knolle, ungestört durch hungrige Vögel, die fast ohne Ausnahme Maden als Leckerbissen schätzen. Auch Sie werden meistens erst zu spät merken, was sich da im Boden abspielt. Vor allem Möhren, Weiße Rüben, Radieschen und Wurzelpetersilie werden oft verschmaust, bevor Sie etwas davon bemerken. Geeignete Mittel gegen diese gefährlichen Parasiten gibt es zur Genüge, sowohl chemisch als auch biologisch. Wir besprechen sie ausführlich bei den verschiedenen Gemüsearten.

Möhren

Daucus carota ssp. *sativus*

Möhren – oder auch Mohrrüben, Karotten, Gelbe Rüben – sind zweijährige Pflanzen mit einer verdickten, äußerst angenehm schmeckenden Hauptwurzel. Erst im zweiten Jahr bringt die Möhre, die übrigens auch wild vorkommt, Blüten, wir aber essen die Möhren im ersten Jahr, weil sie dann am besten schmecken.
Je nach Vegetationsdauer unterscheiden wir zwischen Sommermöhren und Spät- oder Dauermöhren, auch als Wintermöhren bezeichnet.
Sommermöhren können schon zeitig ausgesät werden; sie sind ein typisches Sommergemüse mit einer bemerkenswert kurzen Kulturdauer. Sie werden – roh oder gekocht – verzehrt, solange sie jung und zart sind.
Wintermöhren brauchen wesentlich mehr Zeit für ihr Wachstum, ihre Wurzeln werden auch wesentlich größer und dicker. Sie sind ein typisches Lagergemüse, das den ganzen Winter über gegessen werden kann, auch wieder gekocht oder roh. Die auf dem Markt meist sehr wohlfeile Möhre besitzt einen bemerkenswert hohen ernährungsphysiologischen Wert. Sie hat überragende Bedeutung als Säuglingsnahrung und Diätkost. Man verzehrt sie roh, in verschiedenen Zubereitungen gekocht oder als Saft. Möhren, roh und nüchtern gegessen, haben eine harntreibende Wirkung und sind auch ein bewährtes Mittel gegen Würmer.

Rechts: Die Sommermöhre 'Juwarot' enthält sehr viel Karotin und ist daher von hohem gesundheitlichem Wert.

Unten links: Von der bekannten Sorte 'Amsterdamer Treib' gibt es mehrere Selektionen.

Unten rechts: Schöne runde Karotten vom Typ 'Pariser Markt'.

Sorten: Schnellwachsende Sorten für sehr frühe Ernten sind 'Amsterdamer Treib', 'Gonsenheimer Treib' und 'Suko'. Diese sind auch für den Anbau unter Folie geeignet.
Eine Sorte mit einer etwas langsameren Entwicklung ist 'Nantaise'. Diese eignet sich je nach Aussaatzeit für mittelfrühe oder auch spätere Ernten. Von 'Nantaise' gibt es zahlreiche verschiedene Herkünfte, z. B. 'Nantaise Sperlings Frühbund' und 'Nantaise Hilds Frühstamm', aber auch speziell für spätere Ernten geeignete Typen wie 'Nantaise Tip Top' und 'Nantaise Stamm Hilmar'.
Neu sind Hybridsorten vom Typ 'Nantaise', die sich durch besondere Einheitlichkeit auszeichnen: 'Vandor', 'Vanco', 'Tarenco'.
Spätere ertragreichere Sorten sind 'Lange rote stumpfe ohne Herz', 'Rote Riesen', Flakkeer', 'Bauers Kieler Rote', 'Juwarot' und 'Karotan'. Die drei letztgenannten zeichnen sich durch einen höheren Karotingehalt aus.
Eine Besonderheit sind die kleinen, runden Möhren vom Typ 'Pariser Markt'. Sie werden großflächig vor allem für die Konservenindustrie angebaut. Besonders wertvoll mit hoher Innenqualität ist die Sorte 'Kundulus'.
Boden: Möhren gedeihen am besten in einem lockeren, fruchtbaren Boden mit genügendem Kalkgehalt. Der ideale pH-Wert: 6,5–7,5. Das Wasser muß jederzeit gut abfließen können. Die Düngung mit Stallmist oder Kalk muß wenigstens 1 Jahr zuvor erfolgen; Blutmehl, Knochenmehl und eventuell auch Mineraldünger dagegen können auch noch kurz vor der Aussaat gegeben werden. Der Boden muß tief gelockert werden, denn besonders die langen Möhren gedeihen nur in einem so vorbereiteten Boden. Ist der Untergrund sehr fest, dann bauen Sie die kurzen, runden Karotten an, z. B. die Sorten 'Pariser Markt' und 'Gonsenheimer Treib'.
Aussaatzeit: Sommermöhren kann man ab März aussäen, am besten im kalten Kasten oder unter Plastik-Folie, und im Freien ab Mitte April. Weitere Aussaaten kann man bis Ende Juni vornehmen, die Möhren der letzten Aussaat können dann im November geerntet werden.
Wintermöhren müssen spätestens Anfang Mai ausgesät werden, wenn sie bis zum Herbst noch groß genug werden sollen. Zu frühe Aussaaten bringen die Gefahr des Schießens mit sich, und außerdem sind früh gesäte Wintermöhren weniger haltbar.
Aussaat: Möhren so zu säen, daß späteres Ausdünnen nicht nötig wird, ist eine Kunst.

Man braucht nicht mehr als 1 g Samen pro m^2. Meistens erfolgt Reihensaat, doch wenn der Boden wenig Unkrautsamen enthält, so daß nicht schon bald gejätet werden muß, kann man auch breitwürfig aussäen. Der Ertrag pro m^2 ist in diesem Fall erheblich größer. Reihenabstand 15 cm, Saattiefe im Frühjahr ungefähr 1 cm, im Sommer – weil die Oberkrume schneller austrocknet – bis maximal 3 cm. Gegen den Gebrauch von Samenpillen oder Samenbändern ist nichts einzuwenden. Der endgültige Abstand der Sommermöhren in der Reihe soll etwa 3 bis 5 cm betragen. Der Gärtner sät Sommermöhren zum Verkauf ohne Laub dichter als solche, die er mit Laub anbietet, doch für den Liebhaber ist dieser Unterschied ohne Belang.

Wintermöhren werden fast immer in Reihen gesät; Reihenabstand 25–30 cm. Der endgültige Abstand in der Reihe soll 5–7 cm betragen. Möhrensamen behalten 2–3 Jahre ihre Keimfähigkeit.

Anbau-Ratschläge: Möhren stehen am liebsten in der vollen Sonne, zumindest im Frühjahr. Im Sommer kann leichter Schatten die Keimung fördern. Geben Sie den Möhren möglichst auch Windschutz. Bei trockenem Wetter rechtzeitig gießen, sonst bleiben die Möhren nicht zart. Wenn gedünnt werden muß (lieber nicht!), tun Sie es abends, und schlämmen Sie die stehenbleibenden Pflanzen wieder gut ein. Brechen Sie dabei keine Blätter ab. Kommen die Möhren mit ihren Köpfen aus dem Boden heraus, häufeln Sie ein wenig Erde an, sonst werden sie grün.

Kulturdauer: Sommermöhren 80–100 Tage, Wintermöhren wenigstens 150 Tage.

Krankheiten und Schädlinge: Es gibt an die 20 Möhrenschädlinge, doch wollen wir Sie damit nicht ermüden. Eine Ausnahme machen wir bezüglich des weitaus ärgsten Feindes, der Möhrenfliege. Sie wird angelockt vom Duft der Möhre, der beim Ausdünnen, beim unvorsichtigen Hacken oder beim Abbrechen von Blättern frei wird. Dieses Insekt versucht durch einen kleinen Gang im Boden an die Möhre heranzukommen und ihre Eier in sie abzulegen. Nach kurzer Zeit schlüpfen daraus weißliche Maden, die so gierig fressen, daß von Ihrer schönen Möhre nur noch wenig übrig bleibt. Sie werden jetzt begreifen, warum das Ausdünnen abends erfolgen soll und das anschließende Angießen so wichtig ist: Dadurch verschwindet der Duft, und die Hohlräume im Boden werden dichtgeschlämmt.

Im Erwerbsgemüsebau wird die Möhrenfliege intensiv bekämpft: Der Boden wird z. B. mit Diazinon oder Bromophos behandelt, und Wintermöhren werden nach 3 Monaten noch einmal gespritzt. Der biologische Gärtner versucht es mit der vorstehend beschriebenen sorgfältigen Behandlung der Pflanzen sowie mit Mischanbau. Auch streut er wohl Holzasche auf den Boden.

In unseren Modellgärten hatten wir auch viel Ärger mit der Möhrenfliege, bis wir die Pflanzen mit einem hautähnlichen synthetischen Material abdeckten (Agryl). Wenn man dies richtig macht, kommt keine Fliege durch. Es gibt auch sehr feine Gaze, fast eine Art Glasgardine, die noch ein wenig stärker ist. Alle Möhren bleiben nun madenfrei.

Ernte: Es wird mehrere Male durchgeerntet, wobei stets die reifen Möhren gezogen werden. Der Rest kann dann noch etwas nachwachsen. Ernten Sie abends, und gießen Sie gut wieder an. Spät gesäte Sommermöhren kann man noch bis weit in den Herbst hinein ernten, sofern man, wenn nötig, für Frostschutz sorgt. Das gleiche gilt für Wintermöhren. Wollen Sie kein Frostrisiko eingehen, nehmen Sie die Möhren heraus und bewahren Sie sie kühl und frostfrei in Kistchen mit scharfem Sand auf. So halten sie sich bis März/April.

Fruchtfolge, Mischanbau: Bezüglich des Fruchtwechsels rechnen wir Möhren zur Gruppe B (2. Tracht). Die Vorkultur von Erbsen, Kohlrabi oder frühem Kohl ist möglich, wenn man die Möhren etwas später sät oder sich gleich für Wintermöhren entschließt. Als günstig gelten die Kombinationen mit Bohnen, Chicorée, Dill, Endivien, Erbsen, Erdbeeren, Gartenkresse, Knoblauch, Kohlarten, Pastinaken, Porree, Radieschen, Rettich, Salatarten, Schnittlauch, Schnittmangold, Schwarzwurzeln, Sellerie und Zwiebeln. Als ungünstig fanden wir nur die Kombination mit Roten Beten angegeben. Nach rechtzeitig geernteten Sommermöhren ist noch ein Nachbau von Blumenkohl, Endivien, späten Kohlarten und Kohlrabi möglich.

Nährwert: 111 kJ (26 kcal): 0,5 g Eiweiß, 0,2 g Fett, 6 g Kohlenhydrate. Mineralstoffe: 40 mg Calcium, 30 mg Phosphor, 0,2 mg Eisen, 35 mg Natrium, 225 mg Kalium. Vitamine: 6 mg Karotin, 0,03 mg B_1, 0,04 mg B_2, 0,07 mg B_6, 5 mg C.

Links: Wintermöhren, die in zu dichtem und schwerem Boden wachsen, verzweigen sich gern. Die Köpfe sind grünlich infolge Lichteinwirkung.

Rechts: Unverzweigte Wintermöhren vom Typ 'Flakkeer' unter Insektengaze kultiviert.

Rote Rübe, Rote Bete

Beta vulgaris var. *conditiva*

Zweijährige Pflanze, die im ersten Jahr eine kugelförmige, manchmal zugespitzte, rote, weiße oder gelbe Wurzel bildet. Diese werden roh oder gekocht gegessen.

Sorten: Für frühen Anbau wähle man schoßfeste Sorten wie 'Ägyptische Plattrunde' oder 'Gladoro'.

Für Ernten im Spätsommer und Herbst gibt es mehrere Herkünfte der Sorte 'Rote Kugel'. Sehr gut ist auch 'Juwakugel'.

Neu sind genetisch monogerme Sorten, deren Samen nicht in Knäueln zusammensitzen, sondern einzeln entwickelt werden: 'Dardani', 'Monodet' und 'Monopoly'.

'Forono' und 'Marner Halanga' sind halblange, walzenförmige Sorten.

Eine weißschalige und weißfleischige Sorte für Ernte im Spätsommer und Herbst ist die 'Albina Vereduna'. Obwohl ihr der Farbstoff fehlt, hat sie den typischen Geschmack der Roten Rübe. Sie wird besonders für Feinkost- und Fischsalate benutzt.

Eine Besonderheit mit orangefarbener Schale und gelblichem Fleisch ist 'Burgees Golden'.

Eine kleine Sorte – bis 4 cm Durchmesser – zum Ganzeinlegen ist 'Little Ball'.

Boden: Die Rote Bete verlangt einen mittelschweren bis schweren, gut drainierten, genügend humosen Boden; pH-Wert 6,5–7,5. Der Boden soll nicht frisch gedüngt sein.

Aussaatzeit: Rote Beten können ab Ende Februar gesät werden, vorausgesetzt, daß man eine nicht zum Schießen neigende Sorte verwendet. Die Aussaat erfolgt im kalten Kasten oder im Tunnel. Ab Anfang April kann im Freien ausgesät werden. Es besteht auch die Möglichkeit, junge Pflänzchen im Gewächshaus heranzuziehen und diese später draußen auszupflanzen. Für späten Anbau kann bis Ende Juli ausgesät werden.

Aussaat: Die Samen sitzen meistens in sogenannten Knäueln mit 2–5 Samen. Es gibt heute aber auch gereinigte Saat sowie Knäuel, die nur 1 Samen enthalten. Es empfiehlt sich, die Knäuel vor der Aussaat ein Stündchen einzuweichen. Bei Temperaturen unter 7° C keimen die Samen schlecht, außerdem ist dann die Gefahr des Schießens groß.

Säen Sie in Reihen mit 20–30 cm Abstand. Nach dem Auflaufen ausdünnen auf 5 bis 10 cm Entfernung in der Reihe. Saattiefe: Im Frühjahr 1 cm, im Sommer bis 3 cm. Die Samen bleiben 4–5 Jahre keimfähig.

Im Gewächshaus erfolgt die Aussaat bei 18–20° C. Nach der Keimung kann die Temperatur auf 12° C gesenkt werden.

Rechts: Rote Bete, nicht zu groß und daher wohlschmeckender.

Links: Von aparter Farbe, aber nur wenig im Handel, sind die gelben Sorten, z. B. 'Burgees Golden'.

Anbau-Ratschläge: Bei Trockenheit gießen. Gegen Unkraut vorsichtig zwischen den Reihen hacken, doch so, daß die Rüben nicht beschädigt werden.

Kulturdauer: 100–150 Tage.

Krankheiten und Schädlinge: In feuchten Sommern: Blattfleckenkrankheit. Der Rübenaaskäfer beißt kleine Stücke aus den jungen Pflänzchen; die Rübenfliege miniert das Blatt; bei der Herzfäule verfärbt sich das Herz der Pflanze schwarz und fault. Letzteres deutet auf Bormangel. Bei Kalimangel ist das Blatt höckerig, gewellt und dunkler grün als normal. Schorf verursacht korkige Flecke auf den Rüben. Wenn die Rüben zu weit aus dem Boden herausragen, fressen Mäuse und Vögel daran, dagegen zudecken mit Erde.

Ernte: Rote Rüben dürfen auf dem Beet nicht überständig werden, es bilden sich dann gern weiße Ringe in der Knolle. Die Pflanzen aus dem Boden ziehen, das Laub abdrehen, oder vorsichtig abschneiden. Die Rüben sollen vor den ersten Frösten geerntet sein, gegen Nachtfröste hilft ein Tunnel. Die Rüben können in einer Kiste mit feuchtem Torf eingeschlagen oder mit Folie abgedeckt bei 3–4° C bis zum Frühjahr aufbewahrt werden.

Fruchtfolge, Mischanbau: Bezüglich des Fruchtwechsels gehört Rote Bete in die Gruppe B (2. Tracht). Eine gute Vorfrucht ist Kohlrabi. Als umstritten gilt die Kombination mit Kartoffeln und Porree, also lieber nicht! Günstig dagegen dürfte der Mischanbau mit Buschbohnen, Dill, Einlegegurken, Erbsen, Erdbeeren, Kohlrabi, Salat und Zwiebeln sein. Als ungünstig gelten: Mais, Möhren, Spargel und Spinat. Nach frühen Roten Rüben kann man noch späte Buschbohnen, aber auch späte Kohlarten, Kohlrabi und Feldsalat anbauen.

Nährwert: 153 kJ (36 kcal): 2 g Eiweiß, 0,1 g Fett, 7 g Kohlenhydrate. Mineralstoffe: 30 mg Calcium, 40 mg Phosphor, 1 mg Eisen, 100 mg Natrium, 400 mg Kalium. Vitamine: 0,01 mg Karotin, 0,02 mg B_1, 0,03 mg B_2, 0,05 mg B_6, 5 mg C.

Radieschen

Raphanus sativus var. *sativus*

Sehr verbreitetes, leicht zu kultivierendes Knollengewächs mit kurzer Kulturdauer. Es gibt rote, weiße und zweifarbige Radieschen in runden, ovalen und spitzen Formen. Typische Frühjahrskultur, doch gibt es heute auch gute Sommersorten. Radieschen werden ausschließlich roh gegessen.

Sorten: Für Winteranbau im Gewächshaus ist die Sorte 'Boy' besonders geeignet.

Für frühen und sehr späten Anbau, auch im Kasten oder unter Folie, eignen sich vor allem 'Karissima', 'Hilmar', 'Rota', 'Saxa' und 'Ronde Rode Broei'.

Für die übrige Zeit des Jahres seien Sorten empfohlen, die widerstandsfähiger gegen Pelzigkeit sind. Diese werden größer und benötigen etwas mehr Platz: 'Carnita', 'Cherry Belle', 'Parat', 'Raxe', 'Riesenbutter' und 'Sora'.

'Rundes halbrot-halbweiß' und 'Flamboyant' sind zweifarbige Radieschen mit weißer Spitze.

'Eiszapfen' ähnelt Rettichen, ist aber kleiner und raschwüchsiger.

Boden: Erwünscht ist ein fruchtbarer, lockerer, humoser und gleichmäßig feuchter Gartenboden. Frischer Stallmist ist unangebracht, er bringt viel Blatt und Radieschen ohne Geschmack.

Aussaatzeit: Bestimmte Sorten kann man schon ab Dezember im Gewächshaus aussäen. Häufiger ist Frühjahrsaussaat ab Anfang März bis Mitte April. Bedecken mit Folie verfrüht die Ernte. Spezielle Sommersorten bringen eine gute Qualität von Mai bis Mitte August. Danach beginnt der Herbstanbau, für den sowohl Frühjahrs- als auch spezielle Herbstsorten verwendet werden können.

Radieschen 'Ronde Rode Broei', eine der zahlreichen für den Frühjahrsanbau geeigneten Sorte, im richtigen Erntestadium: frisch, zart, gesund.

Radieschen können sowohl in Reihen als auch breitwürfig gesät werden. Nach dem Auflaufen müssen die Pflanzen bis auf 2–3 cm Abstand voneinander ausgedünnt werden.

Aussaat: Am häufigsten wird in Reihen mit 10–20 cm Abstand gesät, eventuell auch breitwürfig. Nicht tiefer als 1 cm säen. Nach dem Auflaufen die Pflanzen auf 2–3 cm Abstand voneinander ausdünnen. Die Samen bleiben 4–6 Jahre keimfähig.

Anbau-Ratschläge: Radieschen gedeihen am besten im Kurztag bei niedrigeren Temperaturen. Im Sommer besteht größere Neigung zum Schießen. Pelzigkeit wird verursacht durch zu hohe Verdunstung über die Blätter. Kultivieren Sie Radieschen im Frühjahr und Herbst in freier und sonniger Lage, im Sommer aber ist ein kühleres, leicht schattiges Plätzchen vorzuziehen. Die Wahl der richtigen Sorte ist von großer Bedeutung für den Erfolg.

Kulturdauer: Im Frühjahr 40–45 Tage, im Sommer 20–30 Tage.

Krankheiten und Schädlinge: Im allgemeinen wenig Befall, nur gelegentlich Erdflöhe, Kohlfliegen und Rettichfliegen. Erdflöhe werden bei trockener Witterung mit insektiziden Stäubemitteln bekämpft. Gegen Kohl- und Rettichfliege vor der Aussaat Streumittel flach in den Boden einarbeiten.

Die Radieschensorte 'Eiszapfen' sieht einem Rettich ähnlich, muß aber viel kleiner geerntet werden.

Ernte: Radieschen dürfen auf keinen Fall zu alt werden: Dann verlieren sie an Geschmack und werden pelzig. Also lieber etwas früher als zu spät ernten. Ziehen Sie stets

nur die größten Knollen heraus, und lassen Sie die übrigen noch nachwachsen. Sollten die Radieschen noch eine Weile auf dem Beet liegen bleiben, so schneiden Sie das Laub ab, sonst trocknet die Knolle aus.
Fruchtfolge, Mischanbau: Im Fruchtwechsel gehört Radieschen in die Gruppe B (2. Tracht). Als Vorkultur sind praktisch alle Gemüsearten geeignet, die spätestens Mitte August das Feld räumen, ausgenommen Kohlarten und Radieschen selbst. Umstritten ist die Kombination mit Gurken. Günstig ist sie mit Bohnen, Erbsen, Erdbeeren, Gartenkresse und Kerbel (in bezug auf den Geschmack), Kohlarten, Kohlrabi, Petersilie, Porree, Salatarten, Schnittmangold, Spinat, Tomaten und Zwiebeln. Ungünstig sind Einlegegurken und Ysop. Nach frühen Radieschen kann man sehr gut anbauen: Auberginen, Einlegegurken, Kartoffeln, Knollenfenchel, Mais, Melonen, Paprika, Sellerie und Tomaten.
Nährwert: 51 kJ (12 kcal): 1 g Eiweiß, 0,14 g Fett, 2 g Kohlenhydrate. Mineralstoffe: 30 mg Calcium, 30 mg Phosphor, 2 mg Eisen, 25 mg Natrium, 250 mg Kalium. Vitamine: 0,02 mg Karotin, 0,05 mg B_1, 0,03 mg B_2, 0,08 mg B_6, 20 mg C.

Radieschen der Sorte 'Riesenbutter' können eine beachtliche Größe erreichen. Wird kaum pelzig, schießt nicht, muß aber gut gewässert werden.

Rettich

Raphanus sativus var. *niger*

Ein- oder zweijähriges, mit Radieschen verwandtes Knollengemüse, das sich bei uns großer Beliebtheit erfreut. Die bis 30 cm lange Wurzel kann eine weiße, schwarze oder rötliche Schale haben. Rettich, vielfach auch Radi genannt, wird roh gegessen.
Sorten: 'Rex' kann das ganze Jahr angebaut werden. Für frühen Anbau eignen sich daneben 'Ostergruß rosa', 'Quick', 'Neckarruhm weiß' und 'Hilds Roter Neckarruhm'.
Für Sommeranbau sind zu empfehlen: 'Halblanger weißer Sommer' und die sehr langen 'April Cross' für Aussaaten ab Mai und 'Minowase Summer Cross' für Saaten Juni bis Anfang August.
'Langer schwarzer Winter', 'Runder schwarzer Winter' und 'Münchner Bier' sollten Ende Juli/Anfang August gesät werden; diese eignen sich gut für die Lagerung.
Boden: Liebt mittelschweren, humosen Boden, der nicht frisch gekalkt sein sollte. Auf zu leichten Böden werden Rettiche häufig pelzig und scharf, auf zu schweren Böden sind sie oft deformiert. Viel Dünger ist nicht nötig, vor allem kein frischer Stallmist. Der Boden darf auch nicht zu naß sein.

Aussaatzeit: Der Frühanbau beginnt Mitte Februar, dazu Aussaat unter Folie oder Hauben. Sommerkultur von Anfang April bis Ende Juni, Herbst- und Winteranbau von Ende Juni bis Mitte August.
Aussaat: Meist in Reihen mit 25–30 cm Abstand voneinander. Saattiefe im Frühjahr 2 cm, später 3 cm. Nach dem Auflaufen auf 15–20 cm ausdünnen. Die Samen bleiben 4–5 Jahre keimfähig.
Anbau-Ratschläge: Ungünstig sind Wärme und Trockenheit. Je länger der Tag ist, um so eher schießen die Pflanzen. Auch tiefe Temperaturen fördern das Schießen.
Kulturdauer: Im Frühjahr ungefähr 90, im Sommer 70 Tage.
Krankheiten und Schädlinge: Erdflöhe bedrohen die jungen Pflanzen; die Kohfliege und die Rettichfliege verursachen Wurmstichigkeit; der Falsche Mehltau tritt bei zu dichtem Stand auf; die Rettichschwärze wird durch zuviel Kalk oder auch frischen Stallmist gefördert.
Fruchtfolge, Mischanbau: Rettich gehört in die Fruchtwechsel-Gruppe A (1. Tracht). Als Vorkultur sind fast alle Gemüse geeignet, die bis spätestens Mitte August ihren Platz räumen, ausgenommen Kohlarten, Radieschen und Rettich selbst. Günstig ist der Mischanbau mit Erbsen, Erdbeeren, Gartenkresse, Kohlarten, Kohlrabi, Möhren, Petersilie, Roten Beten, Salat, Schnittmangold, Spinat, Tomaten. Ungünstig sind Einlegegurken und Zwiebeln. Als Nachkultur hinter frühem Rettich können Sie Einlegegurken, Bohnen oder Sellerie anbauen.
Nährwert: 119 kJ (28 kcal): 2 g Eiweiß, 0,15 g Fett, 5 g Kohlenhydrate. Mineralstoffe: 125 mg Calcium, 70 mg Phosphor, 2 mg Eisen, 50 mg Natrium, 400 mg Kalium. Vitamine: 0,006 mg Karotin, 0,07 mg B_1, 0,02 mg B_2, 0,08 mg B_6, 30 mg C.

Rettich 'Rex', wohl die bekannteste Sorte; besonders geeignet für den Frühjahrsanbau.

Schwarzwurzeln

Scorzonera hispanica

Ausdauernde Pflanzen mit langer, walzenförmiger, schwarzer Pfahlwurzel, die gekocht gegessen wird. Wächst bei uns auch wild. Da das Schälen der Wurzel mühsam ist und klebrige Hände verursacht, sind Schwarzwurzeln in der Küche nicht sonderlich beliebt. Es gibt auch eine weiße „Schwarzwurzel", *Tragopogon porrifolius* (Haferwurzel, Bocksbart), die sich in bezug auf Kultur und Verbrauch nur wenig von der schwarzen Form unterscheidet.

Sorten: Wir haben zwei Hauptsorten: 'Einjährige' mit mittellanger bis langer Wurzel und guter Schoßfestigkeit und 'Hoffmanns Schwarze Pfahl' mit besonders langer Wurzel.

Boden: Die Wurzeln können bis 50 cm lang werden, doch sind 30 cm auch schon ganz schön. Um unverzweigte Wurzeln zu erhalten, brauchen wir einen tief gelockerten Boden. Stallmistdüngung fördert die Verzweigung und sollte unterbleiben. Der Nährstoffbedarf ist ohnehin nicht sehr groß. Optimal: pH-Wert 6,0–7,5.

Aussaatzeit: Ab März, besser April oder Mai. Frühe Aussaaten schießen gern in Blüte.

Aussaat: In Reihen mit 25–30 cm Abstand, Saattiefe 1–2 cm. Nach dem Auflaufen dünnen auf 8–10 cm Abstand. Der Samen bleibt nicht lange keimfähig, darum stets nur frische Saat verwenden.

Anbau-Ratschläge: Vorsichtig hacken, um die Wurzeln nicht zu beschädigen. Machen Sie sich keine Sorgen, wenn die Pflanzen blühen; dies hat bei Schwarzwurzeln auf Qualität und Geschmack der Wurzeln keinen nachteiligen Einfluß. Sie können die Blütenstände aber auch herausschneiden. Sorgen Sie stets für genügend Wasser, hauptsächlich in der Zeit von Mitte Juni bis Ende August. Mulchen hilft gegen Unkraut.

Schwarzwurzeln müssen sehr vorsichtig mit dem Spaten ausgegraben werden. Verletzte Wurzeln sind nicht gut haltbar

Kulturdauer: Ungefähr 180 Tage.

Krankheiten und Schädlinge: Im allgemeinen wenig. In feuchten Sommern kann etwas Mehltau an den Blättern auftreten. Wurzelälchen können Deformierungen der Wurzel verursachen: »Zigarrenwuchs«. Gelegentlich Mäuse- und Kaninchenschäden.

Ernte: Nicht vor Oktober, die Pflanzen wachsen im Herbst lange. Sie sind winterhart, so daß Sie, sofern der Boden offen ist, durchaus bis März ernten können. Die langen Wurzeln vorsichtig ausgraben, sie brechen leicht. In feuchtem Sand und bei niedriger Temperatur kann man sie monatelang aufbewahren.

Fruchtfolge, Mischanbau: Schwarzwurzeln gehören in die Fruchtwechsel-Gruppe B (2. Tracht). Wegen ihrer langen Kulturdauer ist über irgendwelche Vor- oder Nachkulturen nicht viel zu sagen. Günstig soll Mischanbau sein mit Bohnen, Endivien, Knollensellerie, Kohlarten, Kohlrabi, Möhren, Porree, Salat, Spinat und Zwiebeln. Ungünstige Kombinationen sind uns nicht bekannt.

Nährwert: 291 kJ (69 kcal): 1 g Eiweiß, 0,5 g Fett, 15 g Kohlenhydrate. Mineralstoffe: 60 mg Calcium, 50 mg Phosphor, 1,5 mg Eisen, 5 mg Natrium, 400 mg Kalium. Vitamine: 0,02 mg Karotin, 0,05 mg B_1, 0,02 mg B_2, 0,17 mg B_6, 5 mg C.

Schwarzwurzeln sind winterhart: Auch wenn das Laub bei strengem Frost abstirbt, die Wurzeln bleiben am Leben.

Speiserübe

Brassica rapa var. *rapa*

Ein in mehreren Erscheinungsformen bekanntes Gewächs, als Weiße Rübe, Mairübe, Herbstrübe, Wasserrübe usw. Die Pflanzen sind winterhart. Rübstiel oder Stielmus, das junge Laub der Speiserübe, behandelten wir auf S. 64.

Speiserüben werden gekocht gegessen. Die großen Rüben schmecken süßer als die kleinen.

Sorten: Das Sortiment ist sehr umfangreich. Die verschiedenen Sorten unterscheiden sich hauptsächlich durch ihre Eignung für den Frühjahrs- oder Herbstanbau. Die kleinen Speiserüben sind bekannt als Teltower Rübchen.

Für den Frühjahrsanbau sind zu empfehlen 'Goldball', 'Holländische Weiße Mairübe', 'Schneeball' und 'Tokyo Cross', letztere auch für Sommer- und Herbstanbau.

'Tokyo Cross' ist eine Hybridsorte, die sehr rasch wächst, aber auch in ausgewachsenem Zustand noch sehr zart ist. Leidet stark unter Kohlfliege.

Für Herbstanbau sind geeignet: 'Goldwalze', 'Runde Weiße Rotköpfige', 'Teutoburger' und 'Weseler'.

Boden: Keine besonderen Ansprüche an Wärme und Feuchtigkeit. Teltower Rübchen lieben nicht zu schwere, nährstoffreiche Böden, pH 6,0–7,0.

Oben: Speiserüben der Sorte 'Holländische Weiße'. Die oberen Rüben lassen die Größe, die unteren besser die platte Form erkennen.

Links: 'Tokyo Cross', hier schön klein geerntet, eignet sich für Sommer- und Herbstanbau.

Aussaatzeit: Mairüben ab März, am besten unter Hauben. Am häufigsten sind Aussaaten Anfang Juni. Herbstrüben: Juli bis Mitte August.

Aussaat: Meistens in Reihen mit 50 cm Abstand. Nach dem Auflaufen ausdünnen, die großen Rüben brauchen 35–40 cm Abstand voneinander. Man kann Speiserüben auch auf einem Saatbeet aussäen und später auf den angegebenen Abstand auspflanzen.

Für die wesentlich kleineren Sorten genügt ein Reihenabstand von 25 cm. Nach der Keimung bald auf einen Abstand von 10 cm ausdünnen, bevor die Pflanzen sich gegenseitig behindern. Saattiefe 1–2 cm.

Anbau-Ratschläge: Der Boden darf niemals austrocknen, sonst werden die Rüben nicht saftig und verlieren an Geschmack. Also wässern und hacken, eventuell düngen.

Kulturdauer: Die kleineren Formen 40 bis 80 Tage, die großen 140–170 Tage.

Krankheiten und Schädlinge: Erdflöhe vor allem an jungen Pflanzen. Die Kohldrehherzmücke verursacht Drehherzigkeit. Die Larven der Kohfliege fressen an den Stengeln.

Ernte: Die großen Herbstrüben werden meistens erst im Oktober/November geerntet, sie können aber noch viel länger draußen bleiben. Allerdings werden sie davon nicht wohlschmeckender, sondern eher zu einem besseren Viehfutter. In noch stärkerem Maße gilt dies für die kleineren Mairüben, die nicht mehr als 5 cm Durchmesser haben sollten. Sorten, die tiefer im Boden sitzen, mit Grabegabeln ausheben. Frost beeinträchtigt den Geschmack der Herbstrüben, daher Tunnels gebrauchen.
Die Lagerung der Herbstrüben erfolgt in mäßig feuchtem Sand in Kistchen im Keller, allenfalls in Sandbettung, auch in Mieten.
Fruchtfolge, Mischanbau: Speiserüben gehören in Gruppe B (2. Tracht). Günstig ist die Kombination mit Bohnen, Chicorée, Erbsen, Kartoffeln, Möhren, Porree, Rote Bete, Salat, Sellerie und Spinat, ungünstig mit Tomaten. Nach Mairüben kann man noch Bohnen, Trockenerbsen oder Chicorée anbauen.
Nährwert: 102 kJ (24 kcal): 1 g Eiweiß, 0,2 g Fett, 5 g Kohlenhydrate. Mineralstoffe: 40 mg Calcium, 20 mg Phosphor, 0,5 mg Eisen, 15 mg Natrium, 200 mg Kalium. Vitamine: 0,06 mg Karotin, 0,03 mg B_1, 0,03 mg B_2, 0,10 mg B_6, 35 mg C.

Große, gesunde Speiserüben lassen sich hervorragend in Kistchen mit scharfem Sand aufbewahren. Die Temperatur muß niedrig sein, sonst treiben die Rüben wieder aus.

Pastinake

Pastinaca sativa

Zweijährige, auch wild vorkommende Pflanze mit langen, dicken, gelblichen, innen weißen Wurzeln. Diese werden roh oder gekocht verzehrt. Die Kulturdauer der Pastinake ist außergewöhnlich lang, und vielleicht werden sie aus diesem Grunde heute nur wenig angebaut.
Sorten: Es gibt Sorten mit kurzen, halblangen und langen Wurzeln. Am weitesten verbreitet ist die winterharte 'Halblange Weiße'.
Boden: Wünscht einen sehr tief gelockerten, mäßig fruchtbaren, nicht zu trockenen Boden; pH-Wert 6,5–7,0.
Aussaatzeit: Ab März im Tunnel, sonst Mitte April. Bei Kälte keimen die Samen langsam.
Aussaat: In Reihen mit 35–40 cm Abstand. Nach Auflaufen vereinzeln auf 15 cm Abstand. Saattiefe 2 cm. Frische, niemals vorjährige Saat verwenden.
Anbau-Ratschläge: Regelmäßig vorsichtig hacken. Mulchen ist ausgezeichnet. Bei Trockenheit rechtzeitig gießen. Besonders lange und schöne Wurzeln erzielt man, wenn man 60–100 cm tiefe Löcher gräbt oder bohrt und diese mit lockerer Erde füllt.
Kulturdauer: Pastinaken beginnen erst zum Herbst hin flott zu wachsen, daher kommt die extrem lange Kulturdauer von mindestens 200 Tagen.
Krankheiten und Schädlinge: Meistens keine. Gelegentliches Auftreten der Möhrenfliege (s. unter Möhren). Im Winter manchmal Mäuse.
Ernte: Beginnt erst im Oktober und kann bis Mai durchgehen, sofern die Wurzeln gegen Frost mit etwas Erde oder Stroh geschützt werden. Die Wurzeln vorsichtig ausgraben, sie brechen leicht.
Fruchtfolge, Mischanbau: Bezüglich Fruchtwechsel Gruppe B (2. Tracht). Im übrigen uninteressant, da Pastinaken die ganze Vegetationszeit benötigen. Günstig ist die Kombination mit Bohnen, Erbsen, Kohlarten, Mais, Möhren, Rote Bete und Zwiebeln.
Nährwert: 285 kJ (68 kcal): 1,3 g Eiweiß, 0,4 g Fett, 14,9 g Kohlenhydrate. Mineralstoffe: 51 mg Calcium, 73 mg Phosphor, 0,6 mg Eisen, 8 mg Natrium, 469 mg Kalium. Vitamine: 0,04 mg Karotin, 0,08 mg B_1, 0,13 mg B_2, 0,0 mg B_6, 18 mg C.

Pastinake. Bei später Ernte können die Wurzeln noch viel länger werden, da sie erst im Herbst kräftig wachsen. Hervorragend geeignet für Lagerung in Keller oder Miete wie Möhren.

Knollensellerie

Apium graveolens var. *rapaceum*

Eine Form des Selleries, dessen unterster Stengelteil und Wurzel knollenartig verdickt sind. Die Knollen werden roh oder gekocht verzehrt. Ein typisches Wintergemüse mit sehr langer Kulturdauer.

Sorten: Zu empfehlen sind vor allem Sorten, die weißfleischig sind und auch beim Kochen weiß bleiben, wie 'Alba' und 'Monarch'. Leider sind beide anfällig gegen die *Septoria*-Blattfleckenkranheit. Resistent gegen diese Krankheit ist 'Bergers weiße Kugel'.

In den nächsten Jahren sind Neuzüchtungen zu erwarten, die beide guten Eigenschaften vereinigen.

Boden: Knollensellerie verlangt einen sehr fruchtbaren, humusreichen Boden, am besten mit Stallmistdüngung. Trockenheit wird keinesfalls vertragen.

Saatzeit: Es empfiehlt sich, schon sehr früh auszusäen, möglichst unter Glas. Die beste Zeit hierzu ist der März. Ziehen Sie die Pflanzen, wenn möglich, in Töpfen heran, und setzen Sie sie, nach Abhärtung, Ende Mai nach draußen. Dies hat den Vorteil, daß man noch eine Vorkultur betreiben kann. Wird erst im April oder Mai ausgesät, werden die Knollen nicht groß genug.

Aussaat: In Saatschalen; Temperatur 18–20° C. Nach einigen Wochen in Töpfchen pikieren, und die Pflanzen bei 12–16° C weiterkultivieren.

Die Samen bleiben 3–6 Jahre keimfähig.

Anbau-Ratschläge: Pflanzabstand bei kurzlaubigen Sorten 40×40 cm, bei langlaubigen 50×50 cm. Nicht zu tief pflanzen.

Stets ausreichend gießen, im Sommer mit Blutmehl, Knochenmehl oder dergleichen nachdüngen. In trockenem Boden kann man die Pflanzen in 15 cm tiefe Furchen setzen, wodurch mehr Wasser an die Wurzeln gelangt.

Kulturdauer: Sehr lange, mindestens aber 200 Tage.

Krankheiten und Schädlinge: Blattläuse verursachen gekräuselte Blätter, die vorzeitig abfallen. Läuse übertragen auch Viruskrankheiten. In den Knollen fressen Larven der Möhrenfliege Gänge (s. bei Möhren). Die in regenreichen Jahren besonders stark auftretende Sellerieblattfleckenkrankheit verursacht das Gelbwerden und Vertrocknen der äußeren Blätter. Durch den Sellerieschorf treten auf der Knolle schorfige, graubraune Flecke auf, die verkorken und später faulen.

Ernte: Die Knollen werden erst im Oktober/November gerodet. Mit abgeschnittenem Laub können sie in Kistchen mit Sand den ganzen Winter über in einem Keller oder Schuppen gelagert werden, frostfrei natürlich. Die Knollen können auch im Boden bleiben, müssen aber bei strengem Frost mit Nadelholzreisig, Langstroh oder dergleichen gut zugedeckt werden.

Fruchtfolge, Mischanbau: Knollensellerie gehört in Gruppe A (1. Tracht). Als Vorkultur eignen sich Blumenkohl (Winterkultur), Kohlrabi, früher Salat und Spinat. Günstig ist der Mischanbau mit Bohnen, Erbsen, Kohlarten, Möhren, Porree, Salatarten, Schwarzwurzeln, Tomaten und Zwiebeln. Eine Nachkultur kommt natürlich nicht in Betracht.

Nährwert: 119 kJ (28 kcal): 2 g Eiweiß, 0,3 g Fett, 5 g Kohlenhydrate. Mineralstoffe: 80 mg Calcium, 90 mg Phosphor, 1 mg Eisen, 80 mg Natrium, 400 mg Kalium. Vitamine: 0,02 mg Karotin, 0,03 mg B_1, 0,03 mg B_2, 0,12 mg B_6, 12 mg C.

Junge Knollenselleriepflanzen können in Töpfchen herangezogen und später ausgepflanzt werden. Den Topfballen dabei möglichst schonen.

Im Herbst wird der Knollensellerie geerntet. Gegen Frost abgedeckt kann er aber auch im Boden bleiben. Besser ist die Aufbewahrung in Sand im Keller.

Topinambur,

Helianthus tuberosus

Topinambur oder Erdbirnen sind fremdartige, weiße Knöllchen, die an hohen »Sonnenblumen« wachsen.

Ein wenig bekanntes, in unseren Gärten nur selten angebautes Gemüse. Topinambur ist eine ausdauernde Pflanze Nordamerikas, die im 17. Jahrhundert über Frankreich nach Deutschland eingeführt wurde. Sie sieht mit ihren gelben Blüten unserer einheimischen, einjährigen Sonnenblume ähnlich, blüht aber später. Sie wird ebenfalls bis 3 m hoch.

Den Gemüsebauer interessieren die unterirdischen Knollen, auch Erdbirnen, Erdäpfel oder Baten genannt, die schon den Indianern – als Viehfutter – bekannt waren. Sie enthalten viel Fructose und schmecken daher süß. Sie werden gekocht verzehrt.

Sorten: 'Bianca' ist schwachwachsend mit gelber, wohlschmeckender Knolle; reichblütig. 'Gute Gelbe' ist ähnlich, wächst aber stärker, weniger reich blühend. 'Rozo' und 'Topianca' haben rote Knollen. Rote Sorten sind weniger schmackhaft als gelbe.

Boden: Topinambur ist nicht sehr wählerisch, der Boden darf nur nicht zu naß sein. Mäßig düngen.

Pflanzzeit: Man verwendet die Knollen, die im vorigen Jahr gewachsen sind, und bringt sie im März/April in den Boden.

Pflanzung: Den gewöhnlichen Topinambur in Reihen mit 90 cm Entfernung voneinander; Abstand in der Reihe 30 cm. Den viel kleiner bleibenden »Chinesischen Topinambur«, der zwar einer anderen Familie angehört, aber wie normaler Topinambur verwendet wird, pflanzt man auf 50×25 cm Abstand. Beide Arten pflanzt man 15 cm tief.

Anbau-Ratschläge: Der gewöhnliche Topinambur braucht in der Regel eine Stütze. Im Sommer ist es ratsam, die Pflanzen, wie Kartoffeln, anzuhäufeln. Bei trockenem Wetter gießen, sonst bleiben die Knollen zu klein.

Kulturdauer: Ungefähr 180 Tage.

Krankheiten und Schädlinge: Praktisch keine.

Ernte: Ab Oktober. Die Knollen des gewöhnlichen Topinamburs sind winterhart und bleiben am besten im Boden, bis man sie braucht. Bei der Lagerung trocknen sie nämlich rasch aus. Die weniger robusten Knollen des Chinesischen Topinamburs sollte man mit Stroh oder Laub gegen Frost schützen. Es kann bis März geerntet werden.

Fruchtfolge, Mischkultur: Hierüber ist wenig bekannt. Gewöhnlich verwildern die Pflanzen, sie bleiben im Garten, bis man sie mit Stumpf und Stiel rodet. Mischanbau ist denkbar mit Bohnen, Gurken und Mais, doch besonders empfehlenswert ist dies nicht. Vor- und Nachkulturen kommen bei diesem Dauergewächs nicht in Betracht.

Nährwert: 309 kJ (74 kcal): 2,4 g Eiweiß, 0,4 g Fett, 15,8 g Kohlenhydrate. Mineralstoffe: 10 mg Calcium, 78 mg Phosphor, 3,7 mg Eisen, 478 mg Kalium. Vitamine: 0,12 mg Karotin, 0,2 mg B_1, 0,06 mg B_2, 4 mg C.

Wurzelpetersilie

Petroselinum crispum ssp. *tuberosum*

Eng verwandt mit der gewöhnlichen Blattpetersilie (s. S. 177); auch hier werden die Blätter verwendet. Doch werden gleichzeitig weiße, fleischige Wurzeln ausgebildet, die Pastinaken ähneln und auch in der gleichen Weise gebraucht werden.

Sorten: Am verbreitetsten ist die 'Halblange', aromatisch, bläuliches Blatt. Die 'Kurze Dicke' ist früh, mit kleiner Wurzel, leichter zu ernten und auf schwereren Böden vorzuziehen. Die 'Lange' ist nur für humusreiche, lockere Böden geeignet.

Boden: Humos und feuchtigkeitshaltend.

Aussaatzeit: Ab Ende März.

Aussaat: In Reihen mit 30 cm Abstand. In der Reihe vereinzeln auf 6–10 cm. Die Samen keimen sehr langsam, darum eventuell in feuchtem Sand vorkeimen lassen. Sie bleiben 2–3 Jahre lang keimfähig.

Anbau-Ratschläge: Stets genügend gießen, hacken usw. Kultur ist auch in genügend tiefen Töpfen und ähnlichen Gefäßen und Behältern möglich.

Kulturdauer: Ungefähr 180 Tage.

Krankheiten und Schädlinge: Einige Pilzkrankheiten; die Möhrenfliege.

Ernte: Ab Oktober. Die Wurzeln können im Boden bleiben (bei strengem Forst abdekken) oder in Kistchen mit Sand frostfrei aufbewahrt werden.

Fruchtfolge, Mischanbau: Wurzelpetersilie gehört in Gruppe B (2. Tracht). Nicht anbauen nach Karotten, Sellerie oder gewöhnlicher Petersilie. Günstig ist die Kombination mit Bohnen, Erbsen, Meerrettich, Radieschen, Salat und Salbei. Keine Nachkultur.

Nährwert: 104 kJ (25 kcal): 4 g Eiweiß, 0,5 g Fett, 1 g Kohlenhydrate. Mineralstoffe: 40 mg Calcium, 30 mg Phosphor, 10 mg Eisen, 25 mg Natrium, 700 mg Kalium. Vitamine: 3,2 mg Karotin, 0,06 mg B_1, 0,3 mg B_2, 0,12 mg B_6, 125 mg C.

Wurzelpetersilie wird sowohl roh als auch gekocht verzehrt.

Knollenfenchel

Foeniculum vulgare var. *azoricum*

Ein Gemüse, das in manchen Ländern sehr gern angebaut wird. In einem geschützten Garten und unter Hauben gelingt die Kultur ausgezeichnet.
Beim Knollenfenchel geht es um den untersten, verdickten Teil der Pflanze, eine Scheinknolle, die nach Anis schmeckt und sowohl roh als auch gekocht gegessen wird.
Sorten: Sommeranbau: 'Fino' oder 'Zefa Fino'. Herbstanbau: 'Tardo', 'Sirio' oder 'Latina'.
Boden: Ein lockerer, humoser, nahrhafter Sandboden mit genügend Kalk. Lehmboden ist unvorteilhaft.
Aussaatzeit: Für den Sommeranbau ab Mai. Werden späte Sorten zu früh gesät, besteht, kältebedingt, die Gefahr des Durchschießens. Man kann auch Pflanzen in Torf- oder Plastiktöpfen im Gewächshaus heranziehen. Bei genügend Wärme schießen sie nicht. Wir haben mit Erfolg schon im März gesät.
Für Herbstanbau ab Ende Juni bis 20. Juli.
Aussaat: Im Freiland in Reihen mit 40 bis 50 cm Abstand. In der Reihe ausdünnen auf 20–25 cm.
Anbau-Ratschläge: Knollenfenchel ist sehr wärmebedürftig, deshalb Kulturhauben benutzen. Mehr als ganz leichten Nachtfrost können die Pflanzen nicht überstehen. Stets gut hacken, und bei Trockenheit gießen. Im Laufe des Sommers werden die Scheinknollen angehäufelt, oder man bleicht sie mit Pappe- oder Plastikkragen.
Kulturdauer: 80–90 Tage.
Krankheiten und Schädlinge: Im allgemeinen wenig Befall. Halten Sie Schnecken fern, und bekämpfen Sie Blattläuse, Erdraupen und die Möhrenfliege. Überständige Knollen auf sehr fruchtbarem Boden faulen leicht.
Ernte: Ab August. Spät gesäter Knollenfenchel kann im Herbst unter Hauben gesetzt und dann noch bis Ende November geerntet werden. Die Knollen werden mit dem Messer am Wurzelhals abgeschnitten.
Fruchtfolge, Mischanbau: Knollenfenchel fällt in die Gruppe B. Vorkultur: Erbsen, Kohlrabi, Radieschen, frühe Salatsorten oder Spinat. Günstig ist die Mischkultur mit Chicorée, Endivien, Erbsen, Gurken, Kopfsalat und Salbei, ungünstig mit Bohnen und Tomaten. Nachkultur nach frühem Knollenfenchel kann sein: Späte Buschbohnen, Chicorée (Fleischkraut), Endivie, Feldsalat, späte Kohlarten, Sommerspinat, Radieschen.
Nährwert: 51 kJ (12 kcal): 1 g Eiweiß, 0,3 g Fett, 2 g Kohlenhydrate. Mineralstoffe: 70 mg Calcium, 45 mg Phosphor, 1,4 mg Eisen, 70 mg Natrium, 400 mg Kalium. Vitamine: 4,7 mg Karotin, 0,21 mg B_1, 0,1 mg B_2, 0 mg B_6, 5 mg C.

Knollenfenchel 'Zefa Fino'; junge Pflanze, die nach dem Anhäufeln noch etwas weiterwachsen muß.

Nach dem Auflaufen wird auf 20–25 cm voneinander ausgedünnt.

Ausgewachsene und erntereife, gut gebleichte Knolle von 'Zefa Fino'.

Kartoffel

Solanum tuberosum

Die 1565 nach Europa eingeführte Kartoffel ist zu unserem Volksnahrungsmittel Nr. 1 geworden. Sie wird hauptsächlich gekocht gegessen, zur Zeit aber auch in Form von Fritten, Röstkartoffeln und vielen anderen Zubereitungen, niemals aber roh. Die Kartoffel ist unsere wichtigste Stärke-Quelle. Auf einer 50 m^2 großen Fläche produzieren die Pflanzen täglich ½ kg Stärke.

Zu den bedeutendsten Ländern auf dem Gebiet des Kartoffelanbaues und der Kartoffelzüchtung zählen seit eh und je die Niederlande. Niederländische Pflanzkartoffeln werden in die ganze Welt exportiert, die Sorte 'Bintje' z. B. kennt man überall.

Jeder zünftige Gartenfreund will natürlich auch Kartoffeln in seinem Garten anbauen. So einfach liegen die Dinge aber nicht: Der Anbau dieser rahmgelben Knollen wird gegebenenfalls geregelt durch Landesverordnungen, die auch der Hobby-Gärtner beachten muß. So dürfen – z. B. in den Niederlanden – Kartoffeln nicht öfter als 1 mal in 4 Jahren auf derselben Fläche angebaut werden. Wer sich nicht daran hält, kann bestraft werden. Unsinn, sagt Prof. Alwin Seifert, Autor des Buches »Gärtnern, Ackern ohne Gift« und Verfechter des biologischen Gemüsebaues. Er baute nämlich *siebzehn* Jahre hintereinander Kartoffeln auf demselben Stück Land an, ohne unter irgendwelchen Schädlingen zu leiden. Sein Geheimnis: Er düngte seinen Boden mit Kompost aus ... Kartoffellaub! Ein altes Sprichwort sagt ja auch: Der schlampigste Bauer hat die größten Kartoffeln, weil er vergißt, das Laub wegzuräumen. Wir haben dies auch einmal probiert, aber nach 5–6 Jahren schon konnten wir nur noch kleine, häßliche Knöllchen ernten.

So gibt es wohl noch ein Dutzend Anekdoten und Histörchen rund um die Kartoffel, dieses wichtige Nahrungsmittel. Wir wollen Sie damit aber nicht langweilen.

Sorten: Es gibt eine Unzahl von Kartoffelsorten, die man nach verschiedenen Gesichtspunkten einteilen kann. Einige der wichtigsten Kriterien sind: Ertrag bei früher Rodung, Form der Knolle, Geschmack, Verbrauchseigenschaften, Resistenz gegen bestimmte Krankheiten. Weiter kann man die Sorten einteilen nach der Ernte- bzw. Reifezeit. Auch wird unterschieden zwischen Speisekartoffeln und Wirtschaftskartoffeln (für die Herstellung von Kartoffelmehl und dergleichen) sowie zwischen Kartoffeln für

Oben: Kiste mit Kartoffeln in Torfmull, gelagert bei 15° C und nicht zu dunkel. Die Keime hier haben die richtige Länge.

Unten: Selbsthergestelltes Pflanzgestell für zwei Pflanzlöcher; der Fuß ganz links ist für den Abstand.

Links: Auch mit Leine und Pflanzholz kann man Kartoffeln gut pflanzen. Das Arbeiten entlang einer geraden Linie erleichtert auch das spätere Hacken.

Unten: In diesem Stadium müssen die Kartoffeln angehäufelt werden, um einem Vergrünen der Knollen vorzubeugen.

Boden: Kartoffeln kann man auf verschiedenen Bodentypen erfolgreich anbauen, wenn man nur die passende Sorte wählt. So gibt es Sorten, die Lehmboden vorziehen, und solche, die besser auf Sandboden wachsen. Der Boden soll fruchtbar sein und nicht zu trokken, aber auch nicht zu naß. Flachgründige Böden sind für den Anbau von Kartoffeln ungeeignet. Ein hoher Kalkgehalt ist nicht nötig, Kalk fördert im Gegenteil Kartoffelschorf. Der optimale pH-Wert liegt zwischen 5,0 und 6,0. Düngung mit verrottetem Stallmist, Blut-, Horn- und Knochenmehl ist allemal gut; Sie können aber auch mit richtig zusammengestelltem Mineraldünger arbeiten.

Pflanzzeit: Das Pflanzgut sind kleine Kartoffeln, die vom vorigen Jahr übriggeblieben sind. Es empfiehlt sich, Pflanzgut jedes Jahr von einem Saatzuchtbetrieb hinzuzukaufen, der die Lieferung virusfreien Materials garantiert. Wenn Sie eigenes Pflanzgut verwenden wollen, tun Sie dies höchstens jedes zweite Jahr, denn sonst gehen Ihre Erträge schnell zurück.

Sehr gebräuchlich ist das Vorkeimen des Kartoffel-Pflanzgutes. Dazu werden die Knollen dicht aneinander in Kistchen gelegt und zwar so, daß die Partie mit den meisten Augen nach oben zeigt. Unten in die Kistchen kommt eine dünne Schicht Torfmull. Die Kistchen werden bei 15° C hell aufgestellt. Stehen sie dunkel, entwickeln sich nur lange, geile Keime, die beim Pflanzen der

den Inlandsmarkt und zum Export. Uns interessieren hier lediglich die Speisekartoffeln. Wir nennen nachstehend die in der Bundesrepublik Deutschland verbreitetsten, zur Anerkennung 1984 angemeldeten Sorten, gegliedert nach sehr frühen, frühen, mittelfrühen und mittelspäten bis sehr späten Sorten, in Anlehnung an die Beschreibende Sortenliste 1984 »Kartoffeln« des Deutschen Bundessortenamtes. Diese Liste enthält 139 Kartoffelsorten, ein Angebot, das die Schwierigkeit der Sortenwahl verdeutlicht.

Sehr frühe Sorten:
'Christa', 'Ukama', 'Hela', 'Atica', 'Gloria', 'Saskia', 'Ostara, 'Carola', 'Isabell', 'Semena', 'Scala'.

Frühe Sorten:
'Sieglinde', 'Berolina', 'Jessica', 'Cinja', 'Cilena', 'Amalia', 'Ilona'.

Mittelfrühe Sorten:
'Granola', 'Grata', 'Hansa', 'Irmgard', 'Roxy', 'Grandifolia', 'Nicola', 'Ulla', 'Quarta', 'Clivia', 'Désirée', 'Jetta', 'Juliver'.

Mittelspäte bis sehr späte Sorten:
'Aula', 'Datura', 'Saturna', 'Isola', 'Maritta', 'Condea', 'Cosima'.

Links oben: Im Lager müssen faule Kartoffeln regelmäßig entfernt werden.

Rechts: Die Ernte der frühen Sorten beginnt bereits im Juni.

Links unten: Schlecht angehäufelte Kartoffeln sind grün geworden.

Knollen leicht abbrechen. Was wir brauchen, sind kurze, gedrungene, feste Keime. Kartoffeln pflanzen wir so, daß Nachtfröste ihnen nichts mehr anhaben können, wenn sie aus dem Boden kommen. Bei uns müssen wir mit dem Auftreten von Spätfrösten bis Mitte Mai rechnen. Die Triebe aus vorgekeimten Knollen kommen bei einigermaßen warmem Wetter nach etwa zwei Wochen aus dem Boden, und daraus ergibt sich als beste Pflanzzeit Ende April. Da das Vorkeimen etwa fünf Wochen dauert, muß man damit im letzten Märzdrittel beginnen. Nicht vorgekeimte Kartoffeln können Sie ab Mitte April pflanzen.

Wenn Sie noch früher pflanzen wollen, müssen Sie entsprechend eher vorkeimen und die Pflanzen notfalls gegen Frost schützen, z. B. mit Folie. Da es sich ja doch im Garten meist nur um kleinere Flächen handelt, kann man dafür auch ohne allzuviel Mühe einen Tunnel bauen.

Pflanzung: Allgemein werden Abstände von 30×30 bis 45×45 cm empfohlen, Pflanztiefe 10–15 cm. Die Pflanzlöcher bohren Sie am besten mit einem Pflanzeisen, oder auch mit dem Stiel einer Schaufel oder Harke. Schütten Sie die Pflanzlöcher nach der Pflanzung gleich wieder zu. Es empfiehlt sich, in geraden Reihen zu pflanzen, um später leichter hacken und anhäufeln zu können.

Wenn Sie die Kartoffeln zwei Jahre hintereinander auf derselben Fläche anbauen, dann müssen Sie damit rechnen, daß im zweiten Jahr zahlreiche Keime von Knollen erscheinen, die beim Roden im vorigen Jahr im Boden geblieben sind. Das stört natürlich beim Hacken bzw. Anhäufeln. Stecken Sie deshalb bei jeder Pflanzkartoffel ein kleines Stöckchen in den Boden, dann können Sie später leicht erkennen, wo die »guten« Kartoffeln stehen.

Anbau-Ratschläge: Wie erwähnt, können die jungen Kartoffeltriebe durch Nachtfröste geschädigt werden. Es ist aber kein Unglück, wenn dies geschieht: Die Knollen besitzen nämlich noch einige schlafende Augen, die austreiben, wenn die ersten Keime erforen sind. Doch sollten wir es nicht darauf ankommen lassen. Abdecken mit Folie und Bau eines Tunnels haben wir schon erwähnt. Eine weitere Frostschutz-Methode ist das Beregnen der Fläche, das aber so lange erfolgen muß, wie der Frost andauert. Es kann dann natürlich auf dem Kartoffelfeld ziemlich naß werden.

Sobald die Kartoffeln gut aufgelaufen sind, können Sie mit dem Hacken beginnen. Aber Vorsicht: Oft kommen die Pflanzen mit mehreren Trieben, die Sie mit der Hacke nicht zerstören dürfen. Äußerst segensreich wirkt sich das zeitige Hacken auf erstmalig bebautem oder einem verwahrlosten Boden aus, da dieser besonders schnell verunkrautet, vor allem, wenn es viel regnet. Also dranbleiben, die Kartoffeln werden es Ihnen danken.

Bei trockenem Wetter lohnt es sich, namentlich auf Sandboden, hin und wieder zu wässern, vor allem Frühkartoffeln bringen dadurch höhere Erträge.

Spätestens Mitte Juni müssen die Kartoffeln angehäufelt werden, d. h. es wird Erde rundherum an die Pflanzen herangebracht. Dadurch soll verhindert werden, daß die sich entwickelnden Knollen aus dem Boden schauen und durch Lichteinfluß grün werden. Anhäufeln erhöht außerdem die Erträge und dient gleichzeitig der Unkrautbekämpfung. Häufeln Sie aber nicht an, bevor Sie das Unkraut weggehackt haben, denn wenn erst einmal angehäufelt ist, läßt sich nicht mehr gut hacken. Sie können jede Pflanze einzeln mit der Schaufel oder Hacke anhäufeln, etwa 20–30 cm hoch, einfacher ist es, mit einem Anhäufelgerät gleich die ganze Reihe zu bearbeiten.

Kulturdauer: Von 60 Tagen für die frühesten Sorten bis zu 150 Tagen für die mittelspäten und die Lagersorten.

Krankheiten und Schädlinge: Wir kennen an die 50 Krankheiten, Schädlinge und sonstige Gefahren, die im Kartoffelanbau zu Mißerfolgen führen können. Darunter sind mindestens 12 Viruskrankheiten. Sie stellen die größte Gefahr für den Kartoffelanbau dar.

Um mit den letzteren zu beginnen: Sie lassen sich nicht direkt bekämpfen. Das beste Vorbeugungsmittel ist die Verwendung anerkannten, virusfreien Pflanzgutes. So gibt es heute immer mehr Sorten, die gegen das Y-Virus, die gefährlichste Form, resistent sind. Kartoffelmüdigkeit wird verursacht durch äußerst winzige Älchen, die an den Wurzeln leben. Auch hier kann man immer mehr auf resistente Sorten ausweichen. Ein sicheres Mittel, den Älchenbefall gering zu halten, ist Fruchtwechsel. Es gibt vielerorts gesetzliche Vorschriften, denen zufolge Kartoffeln erst nach einer bestimmten Zahl von Jahren wieder auf der gleichen Fläche angebaut werden dürfen.

Die Kraut- und Knollenfäule ist die gefährlichste aller Kartoffelkrankheiten. Sie verursacht, vor allem in regenreichen Jahren, auf den Blättern kleine und große, unregelmäßige, braune Flecke. Auf den Knollen ist die Schale stellenweise eingesunken, und das Fleisch zeigt braune Partien. Gegen diese üble Krankheit kann vorbeugend mit Fungiziden wie Kupferoxychlorid, Zineb oder Maneb gespritzt werden. Feuchtes Wetter im Sommer fördert den Befall. Auch hier gibt es mehr oder weniger resistente Sorten.

Schorf ist eine Krankheit der Knollen, die besonders in trockenen Sommern auftritt. Die Schale ist rauh, mit kleinen, warzenartigen Pocken; die befallenen Stellen sinken später ein. Die Kartoffeln sind weitgehend entwertet.

Die Nennung weiterer Krankheiten und Schädlinge wollen wir Ihnen in diesem Buch ersparen. Düngen Sie gut, halten Sie Fruchtwechsel ein, und Sie werden im großen und ganzen befriedigende Ernten erzielen.

Ernte: Die ersten, noch recht kleinen Knollen der frühesten Sorten können Sie bereits Ende Juni aus dem Boden holen. Sie schmecken phantastisch, und doch warten viele Gartenfreunde lieber noch ein paar Wochen, bis die Knollen etwas größer sind. Die frühen Sorten sind erntereif, wenn die Pflanzen voll blühen. Mittelfrühe Sorten werden im August, mittelspäte und späte Sorten Ende September bis in den Oktober hinein geerntet.

Oben: Kartoffeln der Sorte 'Eba', einer Spätsorte.

Links: die rote Kartoffelsorte 'Irene'. Beachten Sie die praktische Rodegabel mit stumpfen Zinken. Sie verhüten, daß die Kartoffeln verletzt werden und später faulen.

Für die Ernte können Sie spezielle Kartoffel-Rodegabeln mit stumpfen Zinken verwenden. Mit diesen werden die Knollen am wenigsten beschädigt. Die Knollen läßt man bei schönem und frostfreiem Wetter noch einen Tag zum Abtrocknen auf dem Boden liegen. Danach müssen sie dunkel aufbewahrt werden, um nicht zu vergrünen. Achten Sie darauf, daß sie gut abgetrocknet sind, sonst gibt es im Lager viel Fäulnis.

Mittelfrühe, mittelspäte und späte Sorten lassen sich gut lagern. Man kann sie draußen einmieten, besser ist jedoch die Aufbewahrung in einem kühlen, frostfreien Schuppen oder trockenen Keller. Lesen Sie regelmäßig die schlechten Knollen aus.

Ende Februar beginnen die meisten Kartoffeln zu keimen, und die Qualität nimmt dann rasch ab. Das Keimen kann man hinauszögern, indem man die Kartoffeln gleich nach der Ernte mit einem der im Handel befindlichen Keimhemmungsmittel einstäubt.
Bei guter Kultur können von einer 100 m^2 großen Fläche etwa 250–300 kg Kartoffeln geerntet werden.
Fruchtfolge, Mischanbau: Kartoffeln gehören in die Fruchtwechsel-Gruppe A (1. Tracht). Geeignete Vorkulturen sind: Gartenkresse, Radieschen, Spinat. Umstritten ist die Kombination mit Roten Beten, Erbsen und Tomaten. Günstig ist der Mischanbau mit Bohnen, Dill, frühem Kohl, Kohlrabi, Mais, Meerrettich, Puffbohnen, Speiserüben, Spinat. Studentenblumen helfen gegen Älchen, Hanf wirkt angeblich gegen die Kraut- und Knollenfäule. Mischanbau mit Kartoffeln wird jedoch in der Praxis kaum gehandhabt. Sie können es ja mal versuchen. Pflanzen Sie Kartoffeln aber auf keinen Fall zusammen mit Einlegegurken, Salatgurken, Sellerie oder Sonnenblumen. Zur Nachkultur eignen sich Buschbohnen, Endivien, Erdbeeren, später Kohl wie Blumenkohl, Brokkoli, Rosenkohl und außerdem auch noch Salat und Spinat.
Nährwert: 357 kJ (84 kcal): 2 g Eiweiß, 0,1 g Fett, 19 g Kohlenhydrate. Mineralstoffe: 10 mg Calcium, 60 mg Phosphor, 0,5 mg Eisen, 10 mg Natrium, 600 mg Kalium. Vitamine: 0,01 mg Karotin, 0,1 mg B_1, 0,05 mg B_2, 0,35 mg B_6, 15 mg C.

Oben: Wenig bekannt ist das Einmieten von Kartoffeln. Das geht nur gut an einem hoch gelegenen, trockenen Platz. Der Boden der Miete wird zunächst mit Ried oder Stroh bedeckt, darauf kommt eine Schicht Kartoffeln.

Mitte: Die Knollen werden allseits mit Ried umgeben, um Kontakt mit der nassen Erde zu vermeiden.

Unten: Nach dem Einlagern der Knollen kommt eine 20–30 cm starke Schicht Erde auf die Miete.

Zwiebelgewächse

Allgemeines

Alle Pflanzen in diesem Kapitel gehören nicht nur der gleichen Familie, den Liliaceae, an, sondern auch derselben Gattung, nämlich *Allium,* der Zwiebel.

Viele Arten bilden eine unterirdische Zwiebel. Dies geschieht ausschließlich im Langtag, und das bedeutet, daß diese Arten zeitig im Jahr gesät oder gesteckt werden müssen. Während der Zwiebelbildung, in der Hauptwachstumszeit, ist der Wasserbedarf ziemlich hoch. Die Zwiebeln müssen wir als Stengel mit verdickten Blättern ansehen. Diese Blätter stehen sehr dicht zusammen und umschließen einander. Wir bezeichnen sie als „Schalen".

Zwiebelgewächse kommen wild hauptsächlich in Gebieten vor, in denen es im Sommer so trocken wird, daß alle grünen Pflanzen zugrunde gehen. Das tun die Zwiebelgewächse auch, doch ohne zu murren, denn sie haben sich hierauf sorgfältig vorbereitet: In ihren Schalen haben sie soviel Reservestoffe gespeichert, daß sie am Leben bleiben und eine bessere Zeit – das nächste Frühjahr – abwarten können. Die Pflanzen blühen dann, wodurch die fleischigen Schalen leergesaugt werden. Inzwischen haben sich an der Basis der Zwiebeln aus Achselknospen einige neue Zwiebelchen entwickelt: Die Brutzwiebeln. Die alte Pflanze stirbt schließlich ab und der Vorgang wiederholt sich.

Schalotten, Knoblauch und Zwiebeln, alle reagieren sie genau nach diesem Muster, sogar in unserem Land, in dem gerade der August so regenreich ist. Dessen ungeachtet beginnen die Pflanzen in diesem Monat abzusterben, soviel Wasser Sie ihnen auch geben mögen. Sie sind fertig mit dem Wachsen und reif, geerntet zu werden.

Porree besitzt eine etwas andere Zwiebelform. Hier haben wir es mit einer langgestreckten, fest geschlossenen Blattbasis zu tun, die oben in lange, schmale grüne Blätter ausläuft. Den untersten Teil der Pflanze, den Schaft, können wir verlängern, indem wir die Pflanzen anhäufeln; es ist dies eigentlich ein Bleichprozeß.

Zum großen Teil handelt es sich bei den Zwiebelgewächsen um Lager- oder Wintergemüse. Vor allem gesäte Zwiebeln kann man sehr lange aufbewahren, wenn es nur frostfrei geschieht. Sie treiben erst im Frühjahr aus, und ihre Qualität nimmt dann schnell ab. Gepflanzte Zwiebeln und Schalotten sind etwas weniger lange haltbar. Porree ist ein Wintergemüse, dem Frost nicht viel ausmacht, und das bis zum zeitigen Frühjahr im Boden bleiben kann.

Obwohl Zwiebeln und vor allem Knoblauch durch ihren intensiven Geruch viele Parasiten abschrecken und man sie aus diesem Grunde auch z. B. zwischen Möhren pflanzt, werden sie selbst befallen. Für die Zwiebelfliege, die auch auf Porree vorkommt, wirkt der starke Geruch offensichtlich so attraktiv, daß sie ihre Eier an der Stengelbasis ablegt. Die ausschlüpfenden Maden machen mit den jungen Zwiebelpflänzchen kurzen Prozeß. Es gibt noch weitere Fliegen und Käfer an Zwiebelgemüsen, so daß Sie auch bei diesen Kulturen auf der Hut sein müssen, um größere Schäden abzuwehren.

Wir haben in diesem Buch auch einige weniger bekannte Zwiebelgemüse aufgenommen, wie Knoblauch, die Luftzwiebel und die Winterzwiebel. Knoblauch gedeiht in unserem Klima vorzüglich, wenn man nur das richtige Pflanzmaterial hat. Er leidet auch nicht unter Schädlingen. Die Luftzwiebel ist wegen ihrer am Stengel sich bildenden Brutzwiebeln interessant. Auch einige Knoblauchherkünfte zeigen diese Erscheinung. Die frostharte Winterzwiebel kommt in Mode, weil sie uns die Möglichkeit bietet, schon sehr zeitig im Frühjahr frische Zwiebeln zu ernten, zweifellos ein beachtlicher Vorteil. Einzelheiten erläutern wir in den Beschreibungen der verschiedenen Arten.

Zwiebeln und Schalotten

Allium cepa und *Allium ascalonicum*

Zahlreiche Arten der Gattung *Allium* werden seit altersher als Nahrungs- und Genußmittel angebaut. Es gibt auch Zierzwiebeln mit schönen, kugelförmigen Blütenköpfen für das Blumenbeet.

Von den Zwiebelpflanzen wird meistens die Zwiebel gegessen, sowohl roh als auch gekocht oder gebraten, doch wird gelegentlich auch der Stengel, und zwar der untere Teil, verzehrt.

Zwiebeln können ganz jung und frisch verbraucht werden, überwiegend aber gelten sie als typisches Dauergemüse, das uns den ganzen Winter über Tränen entlocken kann. Und dies tun, wie wir festgestellt haben, vor allem die selbstangebauten Zwiebeln, wahrscheinlich weil die ätherischen Öle, die den Tränenfluß verursachen, hier konzentrierter vorliegen, als bei den – meist mit viel Stickstoff herangezogenen – Zwiebeln vom Gemüsegärtner.

Wir besprechen hier die Saatzwiebeln, die Steckzwiebeln und die Schalotten, das sind Zwiebeln mit mehreren kleinen, der Zwiebelscheibe aufsitzenden Nebenzwiebeln. Die übrigen Zwiebel-Arten behandeln wir unter eigenem Titel.

Sorten: Wir unterscheiden zwischen Pflanz- und Steckzwiebeln, Saatzwiebeln und Pflanzschalotten.

Als Pflanz- oder Steckzwiebel ist 'Stuttgarter Riesen' am verbreitetsten, da sie am wenigsten zum Schießen neigt. Auch 'Braunschweiger Dunkelblutrote' und 'Birnförmige' sind empfehlenswert.

Die genannten Sorten eignen sich auch für die Aussaat an Ort und Stelle. Ertragreicher sind hier jedoch die verschiedenen Herkünfte vom Typ 'Rijnsburger', sowie eine ganze Reihe neuer Hybridsorten wie 'Superba', 'Hygro', 'Hyduro' und 'Ontario'.

Für Aussaat unter Glas und späteres Auspflanzen im Freiland sind alle Sorten geeignet. Vor allem für die gut lagerfähigen Sorten mit langsamer Entwicklung wie 'Stuttgarter Riesen' und 'Braunschweiger Dunkelblutrote' wirkt sich die Vorkultur unter Glas positiv aus, die Sorten 'Ailsa Craig' und 'The Kelsae' werden dabei besonders groß.

Bei Schalotten sind bei uns keine unterschiedlichen Sorten bekannt.

Boden: Im Erwerbsgemüsebau werden Zwiebeln meist auf lehmigen Böden angebaut, und nicht ohne Grund. Günstig sind nämlich ein pH-Wert über 6,5 sowie reichlich Kali und nicht allzuviel Stickstoff. Organi-

Oben links: Zwischen ausgesäten Möhren werden Steckzwiebeln gesetzt. Diese Kombination schreckt die Möhrenfliege ab.

Oben rechts: Schalotten einige Zeit nach dem Stecken der Zwiebeln.

Rechts: Sehr dekorativ ist die 'Braunschweiger Dunkelblutrote'. Die Zwiebeln sind auch im Innern rötlich und werden deshalb gern roh für Salate usw. verwendet.

»Salat-Zwiebeln« sind frühe Zwiebeln, die dicht gesät und unreif geerntet werden.

Schalotten, hier die Sorte 'Sante', bringen frühe Ernten von guter Qualität.

sche Dünger wie Kompost, Stallmist usw. müssen gut untergearbeitet werden, am besten noch im Herbst.

Man kann aber auch auf anderen Böden erfolgreich Zwiebeln kultivieren, vor allem wenn man den vorgenannten Anforderungen Rechnung trägt. So haben wir auch auf Sandboden beste Ergebnisse erzielt.

Aussaatzeit: Zwiebeln kann man schon im Januar im Gewächshaus bei 10–16° C aussäen. Wenn die Sämlinge groß genug sind, um sie zu pikieren, kommen sie einzeln in kleine Plastik- oder Torftöpfe. Allmählich abhärten und Anfang April ins Freiland pflanzen.

Üblicher ist die Aussaat Ende Februar oder Anfang März unter Pflanzhauben. Die Samen keimen erst, wenn das Thermometer auf über 7° C klettert. Ab Ende März wird im Freien ausgesät.

An Stelle der Aussaat können wir Zwiebeln auch pflanzen. Dazu kaufen wir uns sogenannte Steckzwiebeln, das sind kleine Zwiebelchen, die der Gärtner im vorigen Jahr aus Samen herangezogen hat. Sie werden im April 4 cm tief in den Boden gedrückt. Natürlich können Sie sich auch selbst Steckzwiebeln heranziehen, Sie müssen dann Anfang April aussäen. Gute Pflanzzwiebeln sind nicht größer als 2 cm.

Pflanzschalotten können schon im Februar gesteckt werden. Im übrigen darf man sowohl Steckzwiebeln als auch Schalotten nicht zu früh pflanzen, weil die Pflanzen sonst leicht in Blüte schießen. Dem kann man vorbeugen, indem man das Pflanzgut wenigstens 1 Monat bei 20° C lagert. Gewöhnlich hat dies aber der Pflanzgut-Lieferant schon vorher für Sie getan.

Aussaat: Zwiebeln werden in Reihen gesät oder gepflanzt. Abstand 25 cm und Saattiefe 1,5 cm. Saatzwiebeln müssen ausgedünnt werden, Steckzwiebeln werden mit 6–10 cm Abstand in der Reihe gepflanzt.

Säen Sie aus, um Steckzwiebeln zu erhalten, dann nicht oder kaum ausdünnen, weil die Pflanzen ja klein bleiben sollen.

Zwiebelsamen bleibt 2–3 Jahre keimfähig.

Anbau-Ratschläge: Zwiebeln gedeihen am besten an einem sonnigen, geschützten Platz. Wenn es im Sommer sehr trocken wird, hören sie auf zu wachsen, und das Laub stirbt ab. Um dies zu verhindern, sollte bei trockenem Wetter rechtzeitig gegossen werden.

Kulturdauer: Für Saatzwiebeln 150 Tage, Steckzwiebeln können schon nach 60 Tagen geerntet werden, doch läßt man sie meistens länger, auch wohl bis zu 150 Tagen im Boden.

Krankheiten und Schädlinge: Es gibt eine ganze Reihe von Schädlingen, die unsere Zwiebeln bedrohen. Arg schlimm ist der Befall durch die Zwiebelfliege. Sie legt Ende Mai ihre Eier an die Basis der jungen Pflanzen. Die nach einiger Zeit schlüpfenden Larven zerfressen die Zwiebel; das Laub wird vorzeitig gelb und stirbt ab. Steckzwiebeln leiden im allgemeinen weniger unter der Zwiebelfliege.

Stengelälchen verursachen mißgebildete, geschwollene und gedrehte Blätter. Die Zwiebeln sind mehlig, oft eingerissen und stinken. Bauen Sie auf verseuchtem Boden die nächsten fünf Jahre keine Zwiebeln an. Einige Bekämpfungsmittel gegen die Zwiebelfliege wirken auch gegen Stengelälchen.

Der Falsche Mehltau äußert sich anfangs in hellgrün bis gelb gefärbten Flecken auf den Blättern. Später zeigen sich graue bis dunkelviolette Sporenrasen auf dem Laub. Bekämpfung besonders bei nassem Wetter notwendig: Spritzen mit Fungiziden.

Der Zwiebelbrand befällt ausschließlich Pflanzen im Keimlingsstadium. Die kranken Sämlinge welken, sterben ab und verfaulen. Auch hier Landwechsel für mehrere Jahre.

Ernte: Noch nicht ausgewachsene Zwiebeln können schon zeitig als »Salat-Zwiebeln« geerntet werden. Hierzu nimmt man hauptsächlich die frühesten und größten Schalotten und Steckzwiebeln, weil bei diesen die Gefahr des Schießens besonders groß ist. Im Juli beginnt dann die Erntezeit der früh gepflanzten Schalotten. Die kleinen Schalotten können als Pflanzgut für das nächste Jahr aufbewahrt werden. Zwischendurch können

Die Zwiebel 'Unwin's First Early Set', eine Sorte, die wir in England am 26. Juni photographierten.

Sie natürlich ab und zu eine halbreife Zwiebel aus dem Boden holen, um sie sogleich zu verwenden. Richtig reif sind die Zwiebeln aber erst Ende August. Man erkennt das am Absterben des Laubs. Wenn in einem nassen August die Blätter nicht braun werden wollen, wird gelegentlich empfohlen, das Laub zu knicken, um so die Reife der Zwiebeln zu erzwingen. Andere jedoch sind gegen diese Maßnahme. Auf jeden Fall sollen die Zwiebeln Ende August aus dem Boden genommen werden und noch eine Weile zum Trocknen auf dem Beet liegen bleiben. Nur wenn es regnet, müssen sie unter Dach trocknen.

Dann wird das dürre Laub abgeschnitten, und die Zwiebeln kommen zunächst zum weiteren Abtrocknen in einen luftigen Lagerraum. Anschließend hängen wir sie in Netzen unter ein Vordach, wo sie bis zu den ersten Frösten bleiben können, um erst dann in einen kühlen, frostfreien und trockenen Raum, etwa im Speicher, aufbewahrt zu werden. Sie können auch das Laub an den Zwiebeln belassen, um einen Zopf zu flechten, wie es häufig mit dem Knoblauch geschieht. Es sieht hübsch aus, aber die Zöpfe fallen oft schon nach einem Monat auseinander, weil das Laub noch trockener wird und schrumpft.

Die besten Lagerzwiebeln sind Saatzwiebeln; Steckzwiebeln wachsen zwar schneller, sind aber weniger gut lagerfähig. Ist es im Lager kühl genug, halten sich die Zwiebeln bis März und treiben dann meist aus. Die braune äußere Schale der Zwiebel soll man nicht entfernen, sie erhöht die Haltbarkeit.

Fruchtfolge, Mischanbau: Bezüglich des Fruchtwechsels gehören die Zwiebeln in Gruppe B (2. Tracht). Eine Vorkultur ist nicht gut möglich, weil man sowohl Saatzwiebeln als auch Steckzwiebeln möglichst schon sehr zeitig in den Boden bringt. Günstig ist der Mischanbau mit Bohnenkraut, Chicorée, Einlegegurken, Erdbeeren, Dill, Kamille, Knollensellerie, Mairüben, Mangold, Möhren, Pastinak, Petersilie, Porree, Radieschen, Roten Beten, Schwarzwurzeln, Tomaten und Zucchinis. Ungünstig ist die Kombination mit Bohnen, Erbsen, Kartoffeln, Kohlarten, Rettich und Spargel. Als Nachkultur kann man noch Spinat oder Feldsalat säen.

Nährwert: 206 kJ (49 kcal): 1 g Eiweiß, 0,5 g Fett, 10 g Kohlenhydrate. Mineralstoffe: 30 mg Calcium, 40 mg Phosphor, 0,5 mg Eisen, 10 mg Natrium, 200 mg Kalium. Vitamine: 0,03 mg Karotin, 0,03 mg B_1, 0,02 mg B_2, 0,12 mg B_6, 10 mg C.

Stengelzwiebel, Winterheckzwiebel

Allium fistulosum

In jungem Zustand ähneln Stengelzwiebeln den „Salatzwiebeln", doch besteht zwischen ihnen ein großer Unterschied. Letztere sind gewöhnliche Zwiebeln oder Schalotten, die in einem frühzeitigen Stadium geerntet werden. Die Stengelzwiebel dagegen bildet nie eine Zwiebel, der verdickte Stengel erinnert vielmehr an Porree. Wie bei diesem bleibt durch Anhäufeln ein großer Teil des Stengels hell. Stengelzwiebeln werden roh oder kurz gekocht bzw. gebraten gegessen.

Sorten: Interessant sind vor allem die japanischen Sorten wie 'Ishikura', 'Kincho' und 'Tsukuba'.

Boden: s. Zwiebeln.

Aussaatzeit: Ab Januar warm unter Glas für die Frühjahrskultur, bis Anfang Juni für den Herbstanbau.

Aussaat: Bei früher Saat in Kistchen oder Saatschalen: Keimtemperatur 20° C. Nach dem Auflaufen mag die Temperatur auf 15° C absinken. Die späteren Aussaaten können auch draußen erfolgen.

Anbau-Ratschläge: Früh gesäte Pflänzchen können nach ungefähr 3 Monaten ins Freie gepflanzt werden. Reihenabstand 25–30 cm, in der Reihe 10 cm. Es empfiehlt sich, Stengelzwiebeln in 10–15 cm tiefe Furchen zu pflanzen. Diese können dann allmählich mit Erde angefüllt werden, wodurch die Stengel schön hell werden. Bei Freilandaussaat beträgt der Reihenabstand 30 cm, in der Reihe wird auf 10 cm Abstand ausgedünnt. Während des Wachstums können die Pflanzen etwas angehäufelt werden.

Kulturdauer: Für Frühkultur bis 180 Tage, bei Sommer- und Herbstanbau 120 Tage und mehr.

Krankheiten und Schädlinge: Wenig bekannt, s. Zwiebeln.

Ernte: Stengelzwiebeln können Sie in allen Wachstumsstadien ernten. Warten Sie zu lange, besteht die Gefahr des Schießens. Späte Sätze können ziemlich lange im Boden bleiben, weil diese Zwiebelart einige Grade Frost verträgt.

Fruchtfolge, Mischanbau: s. Zwiebeln.

Nährwert: s. Zwiebeln.

Die Stengelzwiebel 'Tsukuba'. Wird roh oder kurz gekocht verzehrt.

Silberzwiebel

Allium cepa

Silberzwiebeln sind kleine, runde, weiße Zwiebeln, die speziell zum Einlegen in Essig kultiviert werden. Der Anbau erfolgt hauptsächlich in südlichen Ländern, ist aber auch bei uns möglich.

Sorten: Leiten sich von der gewöhnlichen Zwiebel ab. Bei dichter Saat zur Gewinnung von Silberzwiebeln geeignet: 'Weiße Königin', 'Barletta'.

Boden: Gedeiht auf jedem Boden, der lokker genug ist und genügend Kali und Kalk enthält. Bei zuviel Stickstoff im Boden wachsen die Pflanzen zu stark, die Zwiebeln werden nicht rund, sondern flaschenförmig.

Aussaatzeit: Ab Ende März ins Freiland.

Aussaat: In Reihen mit 5 cm Abstand voneinander. Silberzwiebeln müssen ziemlich dicht gesät werden, die Zwiebeln sollen eng beieinander stehen, sonst werden sie zu groß. Saattiefe 5 cm (!). Die Samen bleiben 2–3 Jahre keimfähig.

Anbau-Ratschläge: Kommen die Zwiebeln ein wenig aus dem Boden, sollten sie etwas angehäufelt werden, sonst werden sie grün.

Kulturdauer: Ungefähr 100 Tage.

Krankheiten und Schädlinge: s. Zwiebeln.

Ernte: Sobald das Laub beginnt abzusterben, sind Silberzwiebeln erntereif. Läßt man sie länger im Boden, besteht die Gefahr, daß sie erneut austreiben, und dies bedeutet Qualitätsverlust.

Fruchtfolge, Mischanbau: s. Zwiebeln.

Nährwert: s. Zwiebeln.

Oben: Silberzwiebel 'Barletta', hier bereits reichlich groß.

Luftzwiebel, Ägyptische Zwiebel

Allium cepa var. *viviparum*

Die Luftzwiebel ist ein ausdauerndes Gewächs, das nicht nur Zwiebeln in der Erde, sondern auch an den Stengeln bildet. Diese kleinen Zwiebelchen werden roh oder gebraten gegessen, können aber auch als Pflanzgut verwendet werden. Man findet dieses Verhalten auch bei einigen Lilien-Arten, die an ihren Stengeln ebenfalls Brutzwiebeln tragen.

Sorten: Spezielle Sorten sind uns nicht bekannt.

Boden: s. Zwiebeln.

Pflanzzeit: Da Luftzwiebeln bei uns nicht blühen, werden auch keine Samen gebildet. Keine Not, wir können ja die Stengelzwiebelchen auch als Pflanzgut verwenden. Wir bringen sie schon im März in den Boden.

Pflanzung: In Reihen mit 40 cm Abstand voneinander, in der Reihe 30 cm. Pflanztiefe 6 cm.

Anbau-Ratschläge: Diese kräftigen Pflanzen können auch leichten Schatten vertragen. Rechtzeitig hacken, sonst sind keine besonderen Maßnahmen notwendig. Die Pflanzen halten jahrelang aus.

Kulturdauer: Luftzwiebeln treiben recht zeitig im Frühjahr aus. Die ersten Zwiebelchen kann man dann schon Ende Mai ernten und verzehren.

Rechts: Ein merkwürdiges Gewächs ist die Luftzwiebel oder Ägyptische Zwiebel; die Brutzwiebeln wachsen oben an den Stengeln.

Krankheiten und Schädlinge: s. Zwiebeln. Im allgemeinen aber robuster als diese.
Ernte: Ein Teil des Erntegutes kann für die Vermehrung verwendet werden. Auch die Luftzwiebeln, die man am Stengel beläßt, gelangen eines Tages von selbst auf den Boden, wo sie spontan Wurzeln bilden. Die geernteten Zwiebelchen lassen sich kühl und trocken gut lagern.
Fruchtfolge, Mischanbau: s. Zwiebeln.
Nährwert: s. Zwiebeln.

Winterzwiebeln werden im August gesät und können ab Mai geerntet werden. Hier die Sorte 'Senshyu Semi-Globe Yellow'.

Winterzwiebeln

Allium cepa

Als Winterzwiebeln bezeichnet man winterharte Zwiebel-Selektionen, die noch im Hochsommer gesät werden können. Mit etwas Glück und ein wenig Kälteschutz überstehen sie den Winter und entwickeln sich im Frühjahr sehr schnell. Auf diese Weise bekommt man schon im Mai frische Zwiebeln, was angesichts der üblichen, langen Kulturdauer der Saat- und Steckzwiebeln höchst willkommen ist. Versuchen Sie es einmal.
Der Anbau von Winterzwiebeln, an sich schon lange bekannt, hat durch die Einführung japanischer, besonders frühreifender Sorten einen neuen Impuls erhalten. Man spricht seitdem auch von »Japanischen Zwiebeln«.
Sorten: Geeignet sind: 'Weiße Frühlingszwiebel', 'Express Yellow', 'Mayon' und 'Senshyu' oder 'Senshyu Semi-Globe Yellow'.
Boden: s. Zwiebeln.
Aussaatzeit: Der richtige Zeitpunkt ist sehr wichtig. Sät man zu spät, gehen die Pflanzen zu klein in den Winter, sät man zu früh, schießen sie im Frühjahr rasch in Blüte. Die beste Zeit ist Mitte August.

So müssen Winterzwiebeln im Oktober aussehen, wenn sie den Winter gut überstehen sollen. Frostschutz ist nur bei strenger Kälte notwenig.

Aussaat: In Reihen, 20–25 cm auseinander. In der Reihe sollen die Samen ungefähr 2 cm voneinander zu liegen kommen.
Anbau-Ratschläge: Bei trockenem Wetter die Aussaaten gießen. Nach 10 Tagen müssen die Pflänzchen aus der Erde sein. Dünnen ist vorerst nicht nötig, die Pflanzen sollen zügig wachsen, so daß sie gegen Ende Oktober 15–20 cm hoch sind.
Ein Kälteschutz ist normalerweise nicht nötig, nur bei sehr strengem Frost sollte man doch ein Stück Plastik über die Pflanze decken.
Kulturdauer: Ungefähr 300 Tage, bereits bis Mitte Juni können im allgemeinen alle Zwiebeln geerntet sein.

Krankheiten und Schädlinge: Der große Vorteil jeder Winterkultur ist, daß in dieser Zeit kaum irgendwelche Schädlinge aktiv sind. Erst im Frühjahr muß man wieder mit ihnen rechnen, es sind die gleichen wie bei den Zwiebeln.
Ernte: Erst im März werden Winterzwiebeln auf etwa 10 cm Abstand voneinander ausgedünnt. Die herausgezogenen Zwiebeln sind selbstverständlich schon eßbar. Ab Mitte Mai kann man nach Bedarf ernten, doch voll ausgewachsen sind die Zwiebeln erst im Juni. Das Umlegen des Laubs, so daß die Sonne die Zwiebeln bescheinen kann, fördert deren Ausreife. Winterzwiebeln sind nicht lange lagerfähig, sie sollten nach 2 Monaten verbraucht sein.
Fruchtfolge, Mischanbau: s. Zwiebeln. Die Möglichkeiten für eine Nachkultur sind gut, da die Winterzwiebeln zeitig das Land frei machen.
Nährwert: s. Zwiebeln.

Knoblauch

Allium sativum

Knoblauch ist mehr ein Gewürzkraut als ein Gemüse, weil die ziemlich scharfen »Zehen« in der Küche nur mit Maßen verwendet werden. Der Duft des Knoblauchs ist berüchtigt, doch da man ihm heilsame Eigenschaften zuschreibt und er vielen Menschen schmeckt, wird er sehr viel gebraucht.
Knoblauch gehört in ein warmes Klima, in kühlen, nassen Sommern wird die Ernte bei uns nur bescheiden ausfallen. Trotzdem sei empfohlen, den Knoblauchanbau zu versuchen, allenfalls in einem Mistbeetkasten oder nur in einem Topf auf dem Balkon.
Sorten: Über Knoblauchsorten ist nur wenig bekannt, auch die Sortenlisten der EG nennen keine. Und doch gibt es deutlich voneinander unterscheidbare Formen. Nach unseren Erfahrungen bringt Knoblauch aus Samenhandlungen oft nur sehr schlechte Resultate. Dagegen ergab bei uns eine französische Herkunft, von einem Gemüse-Anbauer bezogen, außerordentlich starke Pflanzen mit großen, saftigen Zehen. Hat man einmal einen guten Knoblauchtyp bekommen, sollte man jedes Jahr einen Teil der Ernte für den nächstjährigen Anbau verwenden.
Boden: s. Zwiebeln.
Pflanzzeit: Knoblauch kann schon zeitig gepflanzt werden, ab Februar. Bei guten Herkünften erscheint das Laub außerordentlich schnell, und es ist auch nicht empfindlich gegen Nachtfröste.
Pflanzung: In Reihen mit 15–20 cm Abstand voneinander; Abstand in der Reihe 10 cm. Pflanztiefe 3 cm; achten Sie darauf, daß die Spitze der Zehen nach oben zeigt.

Knoblauch französischer oder spanischer Herkunft gedeiht meistens recht gut in unserem Klima.

Knoblauch kann ziemlich früh geerntet werden, sobald das Laub abzusterben beginnt.

Anbau-Ratschläge: Knoblauch liebt viel Sonne und Wärme, darum an geschütztem Platz anbauen. Im zeitigen Frühjahr können Pflanzhauben sehr dienlich sein. Bei trockenem Wetter ab und zu gießen, um die vorzeitige Ausreife zu verhindern; die Zehen würden zu klein bleiben.
Manche Knoblauch-Typen entwickeln schon im ersten Jahr Stengelzwiebelchen, die man zur Vermehrung verwenden kann. Merkwürdigerweise bilden diese aber keine Zehen, wenigstens nicht im ersten Jahr. Auch ist der Geschmack weniger scharf.
Kulturdauer: Ungefähr 120 Tage.
Krankheiten und Schädlinge: s. Zwiebeln. Im allgemeinen keinerlei Befall.
Ernte: Die Ernte beginnt, sobald das Laub abstirbt, meist Ende Juli. Das besagt natürlich nicht, daß Sie nicht auch vorher schon eine Zwiebel herausziehen können. Der Knoblauch wird ausgegraben und bleibt bei sonnigem Wetter noch ein paar Tage zum Abtrocknen auf dem Beet liegen. Dann werden mit geschickten Händen »Zöpfe« geflochten, die an einem luftigen, trockenen Platz zum weiteren Trocknen aufgehängt werden. Zum Winter hin muß der Knoblauch ins Haus, damit er nicht erfriert. Die Zehen treiben nicht so leicht aus, die Zöpfe kann man daher in die warme Küche hängen. Wenn die Zehen auszutreiben beginnen, ist auch ungefähr die Pflanzzeit gekommen.
Fruchtfolge, Mischanbau: Der intensive Knoblauchduft soll eine ganze Reihe schädlicher Insekten abschrecken, in erster Linie die Möhrenfliege. Darum wird Knoblauch auch gern zwischen die Möhrenreihen gepflanzt. Nach unseren Erfahrungen ist dies aber kein ausreichender Schutz.
Nährwert: 477 kJ (114 kcal): 6 g Eiweiß, 0,1 g Fett, 28 g Kohlenhydrate. Mineralstoffe: 38 mg Calcium, 134 mg Phosphor, 1,4 mg Eisen, 1 mg Magnesium. Vitamine: 0,2 mg B_1, 0,08 mg B_2, 14 mg C.

Porree

Allium porrum

Porree oder Winterlauch gehört zur gleichen Gattung wie die Zwiebel, was man deutlich an der unvollkommenen, langgestreckten Zwiebelform des untersten Teiles der Pflanze erkennen kann. Dieser eßbare Teil ist weiß, und man kann ihn durch Anhäufeln der Pflanzen noch verlängern.
Porree ist an sich zweijährig, doch wird er in der zweiten Wuchsperiode ungenießbar hart, weshalb die Kultur stets innerhalb eines Jahres abläuft. Da die Pflanzen winterhart sind, kann später Porree den ganzen Winter über draußen stehen bleiben. Er ist also ein typisches Wintergemüse, das bis März/April gegessen wird. Porree wird ausschließlich gekocht verzehrt.
Sorten: Für frühe Ernten im Sommer und Herbst werden schnellwachsende Sorten mit langem, möglichst dickem Schaft bevorzugt, z. B. 'Früher Sommer', 'Titan', 'Herbstriesen', 'Hilari', 'Bavaria', 'Schweizer Riesen'. Für späten Anbau zur Ernte im Winter und bis ins Frühjahr eignen sich vor allem kompakt wachsende Sorten mit kurzem Schaft, die meist auch eine sehr dunkle Laubfärbung zeigen: 'Carentan', 'Winterriesen', 'Blaugrüner Winter'.
Boden: Porree verlangt einen lockeren, fruchtbaren Boden mit einem pH-Wert zwischen 6,5 und 7,5. Schwere, nasse Böden sind weniger geeignet. Günstig ist Düngung mit verrottetem Stallmist oder Kompost.
Aussaatzeit: Sommerporree muß schon im Januar im warmen Gewächshaus ausgesät werden, z. B. in mit guter Aussaaterde gefüllten Kistchen. Temperatur 18–20° C. Herbstporree wird ab Ende Februar kalt unter Glas ausgesät.
Winterporree kann im April im Freiland ausgesät werden.

Aussaat: Porree wird stets breitwürfig gesät, im Gewächshaus oder kalt unter Glas meistens in Kistchen, draußen auf einem besonderen Saatbeet. Die Aussaaterde muß sorgfältig mit Torfmull, Lauberde oder einem anderen durchlässigen Material hergerichtet werden.

Bei der Anzucht im warmen Gewächshaus kann die Temperatur mit zunehmendem Wachstum der Pflänzchen allmählich gesenkt werden, so daß sie, wenn sie ab Mitte März draußen ausgepflanzt werden, gut abgehärtet sind. Da es dann draußen noch sehr kalt und unfreundlich sein kann, ist es ratsam, diesen frühen Porree gleich nach dem Auspflanzen mit einem Tunnel oder Plastikfolie zu überdecken. Die Mühe lohnt sich.

Auch der kalt unter Glas gesäte Porree muß gut abgehärtet werden, bevor man ihn nach draußen pflanzt; das ist freilich erst etwas später, meistens Anfang Mai, der Fall.

Aus dem Saatbeet im Freiland muß Porree für die Ernte im Winter vor dem 21. Juni ausgepflanzt werden. Dabei kürzt man die Würzelchen und Blätter etwas ein.

Porree wird erst verpflanzt, wenn die Sämlinge etwa Bleistiftstärke erreicht haben. Die Kultur wird fortgesetzt in Reihen mit 30 cm Abstand, in der Reihe mit 15 cm. Mit einem Pflanzholz sticht man ein Loch, setzt die Pflanze hinein und spült das Loch mit Wasser zu. Auf diese Weise bekommen die Würzelchen den besten Kontakt mit dem Boden, und die Gefahr des Vertrocknens der Sämlinge ist abgewendet.

Es ist zwar kein Fehler, die jungen Porreepflanzen in der gewohnten Weise in den Boden zu setzen, es wird aber dann der unterste, weiße Teil des Stengels arg kurz werden. Wünschen Sie jedoch langgebleichten Porree mit viel Weiß, dann ist es ratsamer, ihn in 20 cm tiefe Furchen zu pflanzen. Nach dem Pflanzen wird gut angegossen, doch nicht so kräftig, daß die Gräben zugespült werden. Sie sollen sich nämlich in dem Maße, in dem der Porree wächst, ganz allmählich füllen, und das geschieht von selbst durch den Regen.

Porreesamen behält seine Keimfähigkeit nur 1–2 Jahre.

Porree kann schon sehr früh in Kistchen ausgesät werden. Auspflanzen spätestens am 21. Juni.

Porree mit mäßig lang gebleichten Schäften; hier die holländische Sorte 'Attractief'.

Anbau-Ratschläge: Sorgen Sie stets für genügend Wasser, vor allem nach dem Auspflanzen; doch achten Sie auch darauf, daß durch das viele Gießen der Boden nicht dichtgeschlämmt wird, denn die Wurzeln brauchen Sauerstoff, um sich normal zu entwickeln. Eine gute Methode, den Boden feucht zu halten und das Unkraut zu unterdrücken, ist das Mulchen.
Werden die Blattspitzen braun, dann besteht Verdacht auf Stickstoffmangel. Geben Sie dann ein wenig Düngerlösung.
Wenn die Furchen zugeschlämmt sind, oder Sie gar nicht in Furchen gepflanzt haben, kann Porree auch noch gebleicht werden, indem man die Pflanzen nach und nach anhäufelt.
Kulturdauer: Von 90 Tagen für den frühesten Sommerporree bis fast 1 Jahr für Winterporree.
Krankheiten und Schädlinge: Es gibt eine ganze Reihe von Blattfleckenkrankheiten, die sich in länglichen, weißen oder braunen Flecken äußern. Einige von ihnen werden durch das Saatgut übertragen. Mit Fungiziden können diese Krankheiten bekämpft werden.
Die aus den Eiern der Lauchmotte schlüpfenden Raupen fressen Gänge in die Blätter. Die Bekämpfung erfolgt mit Mitteln gegen Raupen.
Die Zwiebelfliege befällt auch Porree: Die weißen Maden finden wir am und im Fuß der Pflanze.
Ernte: Sommerporree wird von Ende Juni bis Ende September geerntet. Dann beginnt die Ernte des Herbstporrees, die bis in den November dauert. Der späte Porree bleibt den ganzen Winter über draußen (bei sehr strengem Frost gut anhäufeln oder auf andere Weise schützen) und wird im zeitigen Frühjahr geerntet. Steht Ihnen der Porree im Wege, können Sie ihn auch roden und einmieten. Damit verhindern Sie zugleich das Durchschießen, d.h. das Blühen der Pflanzen. Geschossener Porree ist nicht mehr genießbar.
Beim Ernten von Porree hilft man am besten mit dem Spaten nach, sonst besteht die Gefahr, daß man die Stangen in zwei Stücke reißt. Schneiden Sie auch gleich die überzähligen Blätter und Wurzeln ab, und entfernen Sie die äußeren faulen Blätter, dann haben Sie nachher in der Küche nicht so viel Abfall.
Fruchtfolge, Mischanbau: Im Fruchtwechsel gehört Porree in die Gruppe A (1. Tracht). Bevor man ihn pflanzt, kann man frühen oder Winterblumenkohl anbauen, auch Erbsen, Kohlrabi, Puffbohnen, frühen Salat oder Spinat. Auch frühe Kartoffeln bieten eine Möglichkeit der Vorkultur. Umstritten ist der Mischanbau mit Bohnen, Kohlarten, Kohlrabi, Mangold, Möhren und Salat. Günstig dagegen der mit Chicorée, Endivien, Erdbeeren, Kamille, Kartoffeln, Knollensellerie, Schwarzwurzeln, Sellerie, Tomaten und Zwiebeln, und ungünstig der mit Erbsen. Als Nachbau für frühen Porree kommen noch späte Kohlarten in Betracht. Auch mit Endivien und Chicorée kann man es versuchen, allerdings erst nach einer Nachdüngung mit etwas Stickstoff.
Nährwert: 138 kJ (33 kcal): 2 g Eiweiß, 0,5 g Fett, 5 g Kohlenhydrate. Mineralstoffe: 60 mg Calcium, 30 mg Phosphor, 1 mg Eisen, 5 mg Natrium, 250 mg Kalium. Vitamine: 0,6 mg Karotin, 0,12 mg B_1, 0,04 mg B_2, 0,25 mg B_6, 25 mg C.

Durch Anhäufeln von Porree wird ein größerer Teil des Schaftes weiß.

Winterporree ist recht frosthart und wird erst im Frühjahr geerntet.

Folgende Seite: Violettroter Blumenkohl 'Nero di Sicilia'.

Kohlarten

Allgemeines

Alle Kohlarten gehören zur Familie der Kreuzblütler, was sich deutlich zeigt, wenn Kohlpflanzen einmal durchschießen und die großen Trauben gelber Blüten erscheinen. Im Kohlsamenbau ist die Blüte natürlich notwendig, man kennt die prächtig gelb leuchtenden Felder in Frankreich – in unserem Gemüsegarten jedoch ist dies höchst unerwünscht. Schießt der Kohl in Blüte, haben wir irgend etwas verkehrt gemacht.

Den gedrungensten Blütenstand zeigt der Brokkoli. Was wir von ihm essen, sind die Blütenknospen, kurz bevor sie sich öffnen. Ein Stück Stengel dabei ist auch noch recht schmackhaft. Warten wir mit der Ernte aber zu lange, dann ist das richtige, feste Blütenknospenstadium vorbei, und es erscheinen rasch die gelben Blüten.

Beim Blumenkohl essen wir ebenfalls die Blütenknospen, die hier stark zusammengedrängt sitzen. Der ganze Blumenkohl wird auf einmal geerntet. Blumenkohl schießt zwar nicht so schnell, trotzdem muß man sorgfältig den richtigen Erntezeitpunkt beachten.

Beim Rosenkohl haben wir es mit Kospen zu tun, die in den Blattachseln des langen Stammes erscheinen. Im zweiten Jahr treiben diese großen Knospen aus, doch das warten wir nicht ab.

Die Kopfkohlarten wie Weißkohl, Rotkohl und Wirsing bilden eine gewaltig große Knospe, deren Blätter fest aufeinandersitzen. Meistens sind diese glatt und straff, doch beim Wirsingkohl zeigen sie Runzeln und Höcker. Der Spitzkohl ist Weißkohl mit einem kegelförmigen Kopf.

Nicht rund, sondern von langgestreckter Form ist der Chinakohl, eine Art, die sehr schnell in Blüte schießt. Deswegen wird dieser Kohl erst nach den längsten Tagen im Sommer angebaut.

Grundsätzlich wäre zum Anbau von Kopfkohl noch folgendes zu sagen: Für den Hausgarten, vor allem den kleineren, kommen hauptsächlich frühe Sorten in Betracht, da Spätkraut auf dem Markt verhältnismäßig billig angeboten wird. Der Vorteil der frühen Sorten ist, daß sie uns noch den Anbau einer Nachkultur ermöglichen.

Ein bekannter Blattkohl ist der Grünkohl mit mehr oder weniger stark gekräuselten Blättern. Er ist leicht zu kultivieren und besonders in Norddeutschland bekannt und äußerst beliebt. Doch gibt es auch Länder, wo man ihn – mehr noch den Markstammkohl (*Brassica oleracea* var. *medullosa*) – an die Schweine verfüttert.

Zum Schluß noch die knollenbildenden Kohlarten. Es gibt solche mit unterirdischen und solche mit oberirdischen Knollen.

Unterirdisch wachsen die Kohlrüben, ebenfalls ein Viehfutter, und für uns genießbar eigentlich nur, solange sie sehr jung sind, etwa von der Größe kleiner Mai- oder Herbstrüben. Letztere wurden bereits bei den Knollen- und Wurzelgemüsen auf S. 79 behandelt.

Oberirdische Knollen bildet der Kohlrabi, die sehr schmackhaft sind, wenn sie jung geerntet werden.

Soviel über den großen Formenreichtum der Gattung *Brassica*.

Kohl anzubauen ist nicht so einfach, wie es scheint. Die meisten Gartenfreunde betrachten Kohl als schwieriges und oft unheilbar krankes Gemüse. In der Tat befällt eine ganze Reihe von gefährlichen Parasiten den Kohl und kann zu jämmerlichen Mißernten führen.

Nach vielem Experimentieren in unseren Modellgärten, wo uns anfänglich auch jeder Kohlanbau mißlang, haben wir eine Methode gefunden, gesunden Kohl anzubauen, ohne zu spritzen.

An vorderster Stelle steht die Bedrohung durch die Kohlhernie, einen Schleimpilz, der im Boden lebt, und gegen den der Gartenfreund ziemlich machtlos ist. Wir bauen unseren Kohl – von der Aussaat bis zur Ernte – in sozusagen eingepackter Erde, der wir etwas Kalk zugefügt haben. Ein hoher pH-Wert hemmt nämlich die Entwicklung des Pilzes. Auf der Photo-Serie sehen Sie, wie wir vorgehen.

Gegen die verschiedenen tierischen Schädlinge wie Kohlfliege, Kohlweißling, Kohldrehherzmücke usw. heißt das Zauberwort Insektengaze, wenn Sie nicht spritzen wollen. Die Biester kommen nicht an den Kohl heran, und er bleibt gesund. Zum Schluß noch ein Tip: Ziehen Sie Kohlpflanzen so früh wie möglich heran, beginnen Sie mit den Aussaaten ruhig schon im Februar. Nur Chinakohl und einige Brokkoli-Sorten muß man spät säen, weil sie sonst schießen.

Kohlarten sind Vielfraße. In bezug auf den Fruchtwechsel gehören nahezu alle in die Gruppe A (1. Tracht). Auf armen Böden muß sogar während der Kultur nachgedüngt werden.

Abbildungen Seite 100
Links: Löcher graben zum Einsenken der Töpfe.
Mitte: Der Topf ohne Boden.
Rechts: Der Gärtnererde in den Töpfen wird vorsichtshalber noch etwas Kalk hinzugefügt.

Abbildungen Seite 101
Ganz links: Die ebenfalls in kleinen Töpfen herangezogenen Kohlpflänzchen werden in die in den Boden gesenkten Töpfe gepflanzt.
Links: Die Wurzeln bleiben im Topf und gehen nicht in den benachbarten, vielleicht verseuchten Boden.

Weißkohl, Spitzkohl

Brassica oleracea var. *capitata*

Im Erwerbsgemüsebau ist dies die meist angebaute Kohlart. Weißkohl wird in erster Linie produziert zur Herstellung von Sauerkraut, in der Bundesrepublik Deutschland und in den Niederlanden aber auch für den Export. Für den Sofortverbrauch wird in manchen Gebieten dem frühen, schnellwachsenden Spitzkohl der Vorzug gegeben. Beide, Weißkohl und Spitzkohl, können sowohl roh als auch gekocht verzehrt werden.

Sorten: Für frühesten Anbau sind 'Marner Allfrüh', 'Dithmarscher Frühstamm 49' und die Spitzkohlsorten 'Erstling' und 'Prospera' zu empfehlen.

Für Sommeranbau eignen sich 'Minicole' und 'Marner Julico' sowie die Spitzkohlsorte 'Spitfire'. Herbstsorten, vor allem auch für die Sauerkrautherstellung, sind: 'September', 'Musca', 'Braunschweiger' und die Spitzkohlsorte 'Filderkraut'.

Späte Sorten mit festen Köpfen für längere Lagerung sind: 'Marner Lagerweiß', 'Hidena', 'Langendijker Dauer' und 'Dauerweiß', 'Amager hochstrunkig'.

Boden: Günstig ist ein nahrhafter, humusreicher, genügend kalkhaltiger Boden mit einem pH-Wert um 7,0. Bei trockenem Wetter im Sommer muß reichlich gewässert werden. Lehmboden ist hervorragend geeignet für Weißkohl, Spitzkohl gedeiht auch auf leichteren Böden gut.

Junger Spitzkohl kann schon zeitig im Jahr angebaut werden.

Spitzkohl 'Spitfire', erntereif.

Aussaatzeit: Frühe Sorten im Januar bei leichter Wärme unter Glas. Mittelfrühe Sorten: Im März, ebenfalls noch unter Glas. Späte Sorten: Im April ins Freiland, auspflanzen spätestens in der zweiten Junihälfte.

Spitzkohl kann auch Ende September gesät werden. Die jungen Pflanzen werden in Töpfen überwintert und im März ausgepflanzt. Für den Winteranbau von Spitzkohl, für den allein die Sorte 'Prospera' geeignet ist, wird Mitte August gesät.

Aussaat: Wir erwähnten bereits, wie überaus wichtig es ist, daß die Kohlpflänzchen in Kohlhernie-freier Erde herangezogen werden. Dies geht am einfachsten in üblicher »verpackter« Gärtnererde (s. S. 100/101), der etwas Kalk zugefügt wurde.

In den Saatschalen keimen die Samen schon bei 10° C am Tage und 6° C des Nachts, günstiger ist es jedoch, wenn die Temperatur etwas höher liegt, bis 18° C. Sobald die Sämlinge sich verpflanzen lassen, kommen sie in 9×9 cm Töpfe, auch wieder in gesunde Gärtnererde mit etwas Kalkzusatz. Jetzt stellen wir sie in das ungeheizte Gewächshaus oder den kalten Kasten, wo die Temperatur nicht so hoch sein darf. Bei einigermaßen frostfreiem Wetter können wir sie draußen auspflanzen, denn ein geringer Frost schadet nicht. Da Kälte zum Schießen der Pflanzen führen kann, sei geraten, Tunnels über den Kohl zu setzen.

Säen Sie Kohl draußen auf ein Saatbeet, müssen Sie sicher sein, daß der Boden frei von Kohlhernie ist, sonst mißlingt die Anzucht mit Sicherheit. Mischen Sie etwas Kalk in den Boden.

Der für den Winteranbau ausgesäte Spitzkohl wird Anfang Oktober ausgepflanzt.

Am einfachsten ist es natürlich, nicht selbst auszusäen, sondern die Jungpflanzen zu kaufen.

Kohlsamen bleiben, gut aufbewahrt, 4 bis 5 Jahre keimfähig.

Anbau-Ratschläge: Die Aussaat von Spitzkohl Ende September mit anschließender Überwinterung der Kohlpflänzchen empfehlen wir eigentlich nicht. Es macht viel Arbeit, und die Köpfe sind kaum eher fertig als bei Aussaat im Januar unter Glas. Wenn Sie Winteranbau treiben wollen, dann versuchen Sie es, aber ausschließlich mit der Sorte 'Prospera'.

Grundsätzlich sollte Kohl früh ausgepflanzt werden. Im März und April sind noch nicht viele Parasiten da, und die Pflanzen erhalten einen deutlichen Vorsprung. Nur später Spitzkohl muß natürlich im Sommer gepflanzt werden, als Nachkultur z. B.

Pflanzentfernungen: Weißkohl 50×50 cm, bei guter Düngung 70×70 cm; Spitzkohl 40×40 cm.

Ist Ihr Boden frei von Kohlhernie, können Sie direkt in die Erde pflanzen. Geben Sie sicherheitshalber noch etwas Kalk rund um die Wurzel, und drücken Sie die Pflanzen fest an. Danach kräftig angießen. Halten Sie den Boden stets locker und unkrautfrei. Wenn die Pflanzen zügig am Wachsen sind, können Sie noch etwas mineralischen oder organischen Dünger geben. Wir verwenden mit gutem Erfolg Blutmehl (5–14 % Stickstoff). Bei zu raschem Wuchs oder auch bei Trokkenheit platzt besonders Spitzkohl gern, achten Sie darauf!

Kulturdauer: Von 100 Tagen für schnellwachsenden Spitzkohl bis zu 250 Tagen für späten Lager-Weißkohl.

Krankheiten und Schädlinge: Bei Kohl ein sehr wichitger Punkt. Bereits auf S. 100 haben wir dargelegt, was man gegen die schlimmsten Feinde des Kohls tun kann, ohne zu spritzen. Hier wollen wir sie alle noch einmal kurz besprechen.

Blattläuse, insbesondere die Mehlige Kohlblattlaus, kann leicht mit den üblichen Mitteln bekämpft werden.

Weißkohl 'Hidena' eignet sich für Spätanbau.

Dies gilt auch für junge, kleine Raupen, die an den Blättern fressen oder sie zusammenspinnen.
Die Kleine Kohlfliege, meist kurz Kohlfliege genannt, legt ihre Eier am Stengelgrund ab. Die daraus schlüpfenden weißen Maden tun sich an der Pflanze gütlich. Hiergegen helfen die bekannten Kohlkragen, die verhindern, daß die Fliege an die Stengelbasis gelangt.
Kohlhernie ist eine pilzliche Krankheit, die an den Wurzeln der Kohlpflanzen dicke Knoten hervorruft.
Die Kohldrehherzmücke legt ihre Eier in das Herz der Kohlpflanzen. Die Maden fressen mit Vorliebe an den jungen Herzblättern und verursachen einen spiralförmigen Drehwuchs. Die Pflanze wächst wohl weiter, doch kommt es nicht zur Kopfbildung.
Kohlmotten, Kohleulen und Kohlweißlinge legen Eier ab, aus denen Raupen schlüpfen, die nicht gerade schonend mit Ihren Pflanzen umgehen.
Beim Durchschneiden von Kohlköpfen werden braune bis schwarze Verfärbungen sichtbar, die meistens auf zu schnelle Entwicklung und zuviel Stickstoff zurückzuführen sind.
Schnecken schätzen Kohl sehr und fressen runde Löcher in die Blätter.
Der Falsche Mehltau befällt bei feuchtem Wetter besonders die jungen Pflänzchen: Gelbweiße Flecken auf dem Blatt.
Ernte: Spitzkohl muß rechtzeitig geerntet werden, bevor er platzt; wir empfehlen, den Bestand täglich zu kontrollieren. Auch den Sommer-Weißkohl zeitig ernten, er muß nicht die maximale Größe haben. Nur die Lagersorten können bis Ende September auf dem Beet bleiben.
Manchmal wird Kohl aber auch später geerntet – die Pflanzen vertragen etwas Frost –, und wenn man sie mit Folie abdeckt, kann man sie bis Weihnachten stehenlassen. Ein geringeres Risiko gehen Sie ein, wenn Sie den Lagerkohl Ende September ernten, die losen Blätter entfernen, vom Strunk aber noch ein gutes Stück belassen. Die Köpfe können so umgekehrt in einem kühlen, aber frostfreien Schuppen an den Strünken aufgehängt werden. Sie können sie auch in Kisten aufbewahren. Unbedingt wichtig ist regelmäßige Kontrolle auf Fäulnis.
Fruchtfolge, Mischanbau: Nahezu alle Kohlarten gehören in Gruppe A (1. Tracht). Vor spätem Kohl kann man frühe Buschbohnen, Erbsen, Möhren und Salat anbauen. Der meiste Weißkohl kommt aber schon so früh in den Boden, daß eine Vorkultur kaum noch möglich ist.
Umstritten ist der Mischanbau mit Erbsen, Kartoffeln und Porree, günstig dagegen mit Buschbohnen, Dill, Einlegegurken, Endivien, Kamille, Koriander, Kümmel, Pfefferminze, Radieschen, Rettich, Roten Rüben, Salat, Salatgurken, Salbei, Sellerie, Schnittmangold und Wermut. Genug Möglichkeiten also, um zwischen den jungen Kohlpflanzen noch ein anderes schnellwachsendes Gemüse anzubauen.
Ungünstig dagegen ist die Kombination mit Erdbeeren, Knoblauch, Senf und Zwiebeln. Als Nachkultur hinter frühem Kohl können Sie Radieschen oder Möhren wählen.
Nährwert: (Angegeben für Spitzkohl, die Werte für Weißkohl weichen nur wenig ab) 138 kJ (33 kcal): 3 g Eiweiß, 0,5 g Fett, 4 g Kohlenhydrate. Mineralstoffe: 50 mg Calcium, 30 mg Phosphor, 0,5 mg Eisen, 10 mg Natrium, 300 mg Kalium. Vitamine: 0,04 mg Karotin, 0,04mg B_1, 0,04 mg B_2, 0,10 mg B_6, 60 mg C.

Wirsing

Brassica oleracea var. *sabauda*

Wirsing ist ein Kopfkohl, verhältnismäßig locker, mit krausen, höckerigen Blättern. Es gibt spitze und kugelrunde Formen. Auch kann man der Farbe nach gelbgrünen und dunkelgrünen Wirsing unterscheiden.
Wirsing eignet sich für den Früh-, Sommer- und Herbstanbau, es gibt sogar einige Sorten, die den ganzen Winter über draußen bleiben können. Man kann ihn sowohl roh als auch gekocht verzehren.
Sorten: Für frühen Anbau geeignet sind: 'Vorbote', 'Frühwirsing Praeco HKZ' (HKZ = Holsteinische Kohlzucht) und 'Langendijker Früher'.
Sommersorten sind: 'Ferrus HKZ', 'Marner Frühkopfwirsing' und 'Marner Grünkopf'.
Für Herbstanbau sind zu empfehlen: 'Marner Septemberwirsing', 'Hammer' und 'Vertus'.
Späte Herbst- und Wintersorten, die auch Frost vertragen, sind 'Wirosa', 'Winterfürst' und 'Marner Grüfewi'. Wenn sie abgedeckt werden, können sie sogar stärkere Fröste überstehen und damit das Lagerproblem etwas erleichtern. Zur Lagerung ist vor allem die Sorte 'Dauerwirsing' geeignet.
Die Sorte 'Celsa' ist aus einer Kreuzung mit Weißkohl hervorgegangen. Sie ist besonders frosthart.
Boden: s. Weißkohl.
Aussaatzeit: s. Weißkohl. Für den Anbau über Winter wird bereits Ende August ausgesät. Außerdem warm aussäen ab Januar. Für den späten Herbstanbau kann im Freien bis Mitte Mai gesät werden. Dies gilt auch für den Winterwirsing.

So sieht Herbstwirsing im Querschnitt aus. Verhältnismäßig lockere Anordnung der krausen Blätter.

Typisch für das Aussehen des Wirsings ist das krause und höckerige Blatt.

Wirsing 'Langendijker Früher' am 1. Juli.

Aussaat: s. Weißkohl.
Anbau-Ratschläge: Früher Wirsing wird auf 50×50 cm, später Wirsing auf 60×60 cm ausgepflanzt. Im übrigen verläuft die Kultur wie bei Weißkohl beschrieben.
Kulturdauer: Von 130 Tagen für frühen bis gut 200 Tagen für späten Wirsingkohl.
Krankheiten und Schädlinge: s. Weißkohl. Es besteht eine ausgesprochene Anfälligkeit für Blattläuse.
Ernte: Ab Mai für überwinterte Pflanzen, den sogenannten Adventswirsing. Frühwirsing ist Anfang Juni erntereif. Späte Sorten bis Mitte November ernten. Die Lagerfähigkeit ist ziemlich gering. Mehr oder weniger eignen sich dazu noch die genannten Spätsorten, die in milden Wintern sogar draußen bleiben und bis Februar geerntet werden können.

Fruchtfolge, Mischanbau: s. Weißkohl.
Nährwert: 121 kJ (29 kcal): 2 g Eiweiß, 0,5 g Fett, 4 g Kohlenhydrate. Mineralstoffe: 50 mg Calcium, 30 mg Phosphor, 0,5 mg Eisen, 10 mg Natrium, 300 mg Kalium. Vitamine: 0,04 mg Karotin, 0,04 mg B_1, 0,04 mg B_2, 0,15 mg B_6, 40 mg C.

Rotkohl

Brassica oleracea var. *capitata*

Rotkohl ähnelt sehr dem Weißkohl, nur die Farbe ist lila-violett, aber niemals rot. Er enthält viel Farbstoff und wächst etwas schwächer als Weißkohl.
Ein ausgezeichnetes Lagergemüse, doch gibt es auch schnellwachsende Sorten, die sich schon im Juni für die Zubereitung eines Rotkohlsalates eignen.
Sorten: Für den frühesten Anbau ist 'Langendijker Allerfrühester' zu empfehlen. Hiervon wird auch eine besonders frühe Selektion angeboten: Stamm Pancras.
Weitere Frühsorten sind: 'Frührot', 'Marner Frührotkohl' und 'Langendijker Früher'.
Sommersorten sind 'Mohrenkopf' und 'Allrot'.
Für Herbsternte ist vor allem 'Septemberrot' geeignet.
Gute Lagersorten sind 'Marner Lagerrot', 'Langendijker Dauer' und 'Dauerrot'.
Boden: Die frühen Sorten baut man am besten auf leichterem Boden an, für den späten Rotkohl ist Lehmboden besser. Doch wenn der pH-Wert stimmt und genügend gedüngt wird, sind eigentlich alle Böden geeignet.
Aussaatzeit: Der früheste Anbau beginnt mit Aussaaten im Januar. Für den etwas späteren Anbau sät man im Februar/März, alles natürlich unter Glas. Die Aussaaten für Herbst- und Dauer-Rotkohl erfolgen bis Ende März unter Glas oder im Freiland.
Aussaat: s. Weißkohl.
Anbau-Ratschläge: Wenn das Frühjahr sehr kalt ist, neigt Rotkohl zum Schießen. Deshalb die Pflanzen mäßig warm halten, bis das Wetter besser ist, oder einen Tunnel verwenden, der später entfernt wird. Pflanzabstand für Frühsorten 50×50 cm, für späte wenigstens 60×60 cm.
Während des Wachstums sollte vor allem später Rotkohl eine Nachdüngung erhalten.
Kulturdauer: Von 120 Tagen für die frühesten Sorten bis zu gut 200 Tagen für Dauer-Rotkohl.
Krankheiten und Schädlinge: s. Weißkohl.
Ernte: Die frühesten Sorten schon im Juni. Es ist nicht unbedingt notwendig, daß die Köpfe voll ausgewachsen sind, sie schmekken auch jung ausgezeichnet.

Kohlkragen sind ein altbewährtes, sicheres Mittel gegen die Kleine Kohfliege.

Oben: Rotkohl 'Langendijker Dauer'. Besser als jeder Rotkohl aus der Tiefgefriertruhe.

Rechts: 'Langendijker Früher'.

Unten rechts: Chinakohl.

Lager-Rotkohl kann bis in den Oktober hinein geerntet werden. Die äußeren Blätter entfernen, den Strunk belassen und die Köpfe in einem frostfreien Raum aufhängen. Bei Temperaturen um den Nullpunkt beträgt die Lagerzeit einige Monate.
Fruchtwechsel, Mischanbau: s. Weißkohl.
Nährwert: 102 kJ (24 kcal): 2 g Eiweiß, 0,2 g Fett, 4 g Kohlenhydrate. Mineralstoffe: 50 mg Calcium, 30 mg Phosphor, 0,4 mg Eisen, 9 mg Natrium, 300 mg Kalium. Vitamine: 0,03 mg Karotin, 0,09 mg B_1, 0,03 mg B_2, 0,12 mg B_6, 60 mg C.

Chinakohl

Brassica pekinensis

Im Gegensatz zu den vorstehend behandelten Kopfkohl-Arten ist Chinakohl einjährig. Die Pflanzen bilden einen strunklosen, langgestreckten Kopf. Sie werden gewöhnlich erst in der zweiten Jahreshälfte angebaut, da sie sonst schießen; eine echte Nachkultur also.

Chinakohl wird roh und gekocht gegessen.
Sorten: 'Cantoner' oder 'Granat' ist eine ältere, hochwachsende Sorte mit langen, schlanken Blättern. Neue japanische Hybridsorten haben kompakteren Wuchs mit breiten, festen Köpfen: 'Hongkong Hybrid', 'Nagoaka King' und 'WR 60 Days'.
Weniger schoßanfällig bei warmer Vorkultur ist 'Spring A 1'.
Boden: Chinakohl gedeiht am besten auf sandigem oder lehmig-sandigem, humusreichem Boden mit einem pH-Wert um 7,0. Der Boden muß aber stets genügend feucht und reich an Nährstoffen sein.
Aussaatzeit: Chinakohl wird meistens erst nach den längsten Tagen im Jahr ausgesät, weil sonst die Gefahr der Blütenbildung und des Durchschießens besteht. Die japanischen Hybriden neigen etwas weniger dazu, aber die Gefahr bleibt. Die beste Saatzeit liegt zwischen 15. Juli und Anfang August.
Aussaat: Da das Schießen nicht allein von der Tageslänge, sondern auch von der Temperatur abhängt, können Sie schon früher säen, sofern Sie dafür sorgen, daß die jungen Pflänzchen nicht zu kalt stehen. Aussaaten

Links: Chinakohl 'Osiris'.

unter Glas, bei wenigstens 20° C und nachts nicht unter 16° C, sind in der Regel erfolgreich. Säen Sie dann aber gleich in 9 cm-Töpfe oder auch Torftöpfe, denn Pikieren bedeutet wieder erhöhte Gefahr des Schossens.
Bei Freiland-Aussaat wird in Reihen mit 40 cm Abstand voneinander und der Saattiefe von 2 cm gesät. Achten Sie darauf, daß das Saatbeet stets gut feucht ist.
Die Samen behalten 4–5 Jahre lang ihre Keimfähigkeit.
Anbau-Ratschläge: Nach dem Auflaufen wird Chinakohl bis auf 40 cm Abstand ausgedünnt. Stets genügend Wasser geben, und nach einem Monat auch eine kleine Nachdüngung. Chinakohl, der zu trocken gestanden hat, ist nahezu ungenießbar.
Die meisten Sorten schließen selbst, so daß es sich erübrigt, die Köpfe mit einem Band zusammenzubinden.
Kulturdauer: Wenigstens 75 Tage.
Krankheiten und Schädlinge: s. auch unter Weißkohl. Chinakohl gehört zu den kohlhernieanfälligsten Kohlarten; deshalb auf verseuchtem Land auch Chinakohl nur in großen bodenlosen Töpfen auspflanzen, wie es die Fotos auf S. 100 und 101 zeigen. Auch alle übrigen Kohlschädlinge kommen auf Chinakohl vor.
Ernte: Ab Ende September. Chinakohl verträgt einige Kältegrade, so daß man ihn manchmal noch bis Ende November ernten kann. An einem kühlen Platz läßt er sich gut bis Januar aufbewahren.
Fruchtfolge, Mischanbau: Bezüglich des Fruchtwechsels: Gruppe A (1. Tracht). Da die Aussaat erst spät im Jahr erfolgt, ist eine Vorkultur möglich, z. B. Buschbohnen, Erbsen, Karotten, Kartoffeln und Salat.
Bezüglich der Mischanbau-Kombinationen s. Weißkohl. Eine Nachkultur kommt nicht in Betracht.
Nährwert: 70 kJ (17 kcal): 1 g Eiweiß, 0,5 g Fett 2 g Kohlenhydrate. Die Mineralstoffe: 125 mg Calcium, 45 mg Phosphor, 1 mg Eisen, 10 mg Natrium, 250 mg Kalium. Vitamine: 0,03 mg Karotin, 0,03 mg B_1, 0,04 mg B_2, 0,05 mg B_6, 25 mg C.

Grünkohl

Brassica oleracea var. *sabellica*

Grünkohl, auch als Krauskohl bekannt, ist ein köstliches vitaminreiches Wintergemüse. Er ist am leichtesten von allen Kohlarten zu kultivieren. Die Pflanzen wachsen auf nahezu jedem Boden und sind auch weniger anfällig für Krankheiten und Schädlinge.
In Norddeutschland – wie in Holland – wird viel Grünkohl gegessen (Oldenburger »Nationalgericht«: Kohl und Pinkelwurst), natürlich nur gekocht. Im übrigen Ausland wird dieser köstliche Blattkohl nur wenig geschätzt, und selbst in Spitzen-Restaurants findet man Grünkohl nur selten auf der Speisekarte. Zu unrecht?
Sorten: Wir unterscheiden Sorten für den Herbst- und für den Winteranbau, ferner Sorten mit hohem Strunk und solche ohne Strunk.
'Niedriger Grüner Krauser' ist eine strunklose Herbstsorte, die in schneereichen Lagen sehr gut überwintert. Die Blätter können

Unten: Der Grünkohl 'Fribor' ist eine der neuen ausgeglichenen Hybridsorten.

jedoch leichter verschmutzen als bei höheren Sorten.
'Halbhoher Grüner Krauser', 'Westländer Halbhoher' und 'Lerchenzungen' sind Sorten für die Ernte vor stärkeren Frösten.
Die Sorte 'Hammer' ist etwas weniger frostempfindlich, ebenso die neuen Sorten 'Arpad', 'Darkibor', 'Fribor' und 'Vates'.
Boden: Nicht anspruchsvoll. Grünkohl gedeiht auf leichtem Sandboden ebensogut wie auf Lehmboden. Da er eigentlich immer eine Nachkultur ist, sollte man auch zusätzlich etwas düngen, zumindest auf Sandboden. Ein pH-Wert um 7,0 ist, wie für alle Kohlarten, auch für Grünkohl günstig.
Aussaatzeit: Anfang Mai bis Mitte Juni.
Aussaat: Gewöhnlich auf ein besonderes Saatbeet, so daß die Vorkultur noch etwas länger stehenbleiben kann. Nicht zu dicht säen und genügend Wasser geben.
Die Samen behalten 4–5 Jahre ihre Keimfähigkeit.
Anbau-Ratschläge: Kann auch im Halbschatten noch mit Erfolg angebaut werden. Vor Mitte Juli müssen die Herbstsorten, und vor Mitte August die Wintersorten gepflanzt werden. Pflanzabstand für die niedrigen Sorten 50×50 cm, für die höherwerdenden 60×60 cm. Gut angießen und mehrmals hacken.
Kulturdauer: Für die Herbstsorten ungefähr 150 Tage, für die Wintersorten, die erst nach Weihnachten geerntet werden, 240 Tage.
Krankheiten und Schädlinge: Die üblichen Kohlschädlinge befallen Grünkohl viel seltener als die anderen Kohlarten, doch für ungünstige Standorte trifft dies nicht zu. Am häufigsten treten noch die Raupen des Kohlweißlings auf.
Kohl, der lange im Winter draußen bleibt, wird bei ungünstigem Wetter gern von Vögeln und besonders auch von Hasen gefressen. Mit Netzen oder einem Zaun kann man die Pflanzen davor schützen.
Ernte: Man sagt, daß Grünkohl besser schmeckt, wenn Frost über ihn hinweggegangen ist. Auf jeden Fall ist er dann süßer, denn bei Frost nimmt der Zuckergehalt im Blatt zu. Bei den ausgesprochenen Herbstsorten sollte man jedoch nicht so lange warten, denn sie könnten erfrieren. Die Wintersorten kann man wohl bis zum März stehen lassen, doch verlieren die Pflanzen dann an Geschmack.
Fruchtfolge, Mischanbau: Um Fruchtwechsel brauchen Sie sich beim Grünkohl nicht viel zu kümmern. Er kann praktisch nach jedem anderen frühen Gemüse angebaut werden. Am ehesten kommen in Betracht Buschbohnen, Erbsen, frühe Kartoffeln, Möhren, Salat usw.

Eine ältere Rosenkohlsorte im August, deren Rosen nicht gleichzeitig reifen.

Mischanbau ist möglich mit späten Buschbohnen, Endivien, Kohlrabi, Mangold, Salat und spätem Spinat. Nachkulturen kommen nicht in Betracht.
Nährwert: 174 kJ (41 kcal): 4 g Eiweiß, 1 g Fett, 4 g Kohlenhydrate. Die Mineralstoffe: 200 mg Calcium, 70 mg Phosphor, 1 mg Eisen, 50 mg Natrium, 500 mg Kalium. Vitamine: 5,5 mg Karotin, 0,02 mg B_1, 0,2 mg B_2, 0,22 mg B_6, 100 mg C.

Rosenkohl

Brassica oleracea var. *gemmifera*

Diese erst im 18. Jahrhundert in Belgien entdeckte Kohlart gehört heute zu den wichtigsten Wintergemüsen. Wie beim Grünkohl gibt es auch hier zahlreiche winterharte Sorten, die bis in das Frühjahr hinein im Garten bleiben können. Die Pflanzen sind zweijährig: Im zweiten Jahr treiben die »Rosen« zu Blütentrieben aus. Soweit dürfen wir es als Gemüse-Esser natürlich nicht kommen lassen. Rosenkohl wird allgemein nur gekocht verzehrt. Man zählt ihn allgemein zu den „edleren" Gemüsen.
Es ist vor allem der hohe Gehalt an wertvollem Vitamin C, der die besondere ernährungsphysiologische Bedeutung dieses feinen Wintergemüses ausmacht. Allerdings sinkt dieser hohe Wert durch die – an sich erwünschte – Frosteinwirkung (s. o.) ein wenig ab.
Sorten: Im Erwerbsgemüsebau bevorzugt man neue Hybridsorten, bei denen die Röschen gleichmäßig am Strunk verteilt sitzen. Sie reifen gleichzeitig, so daß die Ernte maschinell erfolgen kann. Da Sie aber wahrscheinlich nicht über eine Erntemaschine verfügen, können Sie ebensogut die älteren Sorten anbauen, bei denen die Röschen nicht alle gleichzeitig reifen. Das ist manchmal sogar nicht unerwünscht.
Ältere Sorten, bei denen die Reife der Röschen nacheinander von unten nach oben erfolgt, sind 'Wilhelmsburger' und 'Rosella'

Links: Ein schöner Rosenkohl mit festen Röschen.

So darf es nicht aussehen. Bei schneller Entwicklung bedingt durch ungünstige Bodenverhältnisse, zuviel Nässe oder übermäßige Stickstoffdüngung bleiben die Röschen lose und schließen nicht fest. Sie sind minderwertig und schlecht haltbar.

(früh), 'Hilds Ideal' und 'Harola' (mittelfrüh bis spät) und die starkwachsende späte Sorte 'Abunda'.

Neue einheitlich reifende Hybridsorten sind 'Topscore' (früh), 'Lunet', 'Camelot' und 'Predora' (mittelfrüh) sowie 'Fortress' und 'Sigmund' (spät).

Boden: Rosenkohl gedeiht am besten auf schwereren Böden, wie Löß-, Lehm- oder tonigen Böden. Er muß zügig wachsen können, sonst werden die Rosen zu locker. Dies passiert gelegentlich auch auf leichten Sandböden, die zu stark, besonders mit Stallmist, gedüngt wurden. Für solche Böden eignen sich am besten Sorten mit niedrigem, gedrungenem Wuchs. Ein relativ hoher pH-Wert – um 7,0 – ist günstig, er beugt dem Kohlhernie-Befall vor.

Aussaatzeit: Rosenkohl hat eine lange Kulturdauer und muß darum schon zeitig gesät werden: Anfang März bis Ende April.

Aussaat: Gewöhnlich auf ein eigenes Saatbeet und, wenn sehr früh gesät wird, am besten unter Glas oder Folie. Geben Sie zusätzlich Kalk und auch etwas Dünger auf das Saatbeet.

Die Samen bleiben 4–5 Jahre keimfähig.

Anbau-Ratschläge: Die Anzucht der Jungpflanzen nimmt etwa 6 Wochen in Anspruch, das Auspflanzen auf die Beete kann daher ab Ende April bis in den Juni hinein erfolgen. Es dürfen nur völlig gesunde Pflanzen gesetzt werden, Pflanzabstand 60×60 cm.

Für die Düngung von Rosenkohl sei folgende Empfehlung gegeben: Als Grunddüngung vor der Pflanzung gebe man 70–80 g/m² eines Blaukorn-Volldüngers. Während der Vegetation, wenn notwendig, mit 30–40 g/m² des gleichen Volldüngers nachdüngen, eventuell auch nach der ersten Pflücke im September. Bekommen die Pflanzen nach längerem Regen gelbliches Laub, helfen 20 g/m² eines schnellwirkenden Stickstoffdüngers (z. B. Kalkammonsalpeter).

Kulturdauer: Mindestens 200 Tage, kann aber, da später Rosenkohl lange draußen bleibt, bis fast 1 Jahr betragen.

Krankheiten und Schädlinge: Anfällig für die meisten der schon beim Weißkohl genannten Schädlinge. Die Kleine Kohlfliege legt ihre Eier auch gern in die Röschen, die dann von den Maden zerfressen werden. Eine Blattfleckenkrankheit verursacht runde, braune, sich später weiß verfärbende Flecke auf den Blättern. Auf Sandboden tritt häufig Kalimangel auf.

Ernte: Bei den neueren Hybriden sind – wie erwähnt – alle Röschen gleichzeitig erntereif. Die übrigen Sorten müssen mehrere Male durchgepflückt werden. Dabei können gleichzeitig lose oder faule Röschen sowie Wurzelaustriebe entfernt werden. Die erste Pflücke beginnt in der Regel Ende September; winterharte Sorten können bis ins Frühjahr hinein geerntet werden. Rosenkohlpflanzen zu kappen, wie es noch manchmal geschieht, ist nicht ratsam, da die Winterhärte darunter leidet.

Wie beim Grünkohl erhöht Frost den Zuckergehalt der Röschen und verbessert damit den Geschmack. Sind die Röschen steif gefroren, muß man sie nach dem Auftauen sogleich kochen, denn solche Röschen sind nicht mehr länger haltbar.

Fruchtfolge, Mischanbau: Rosenkohl gehört in Gruppe A (1. Tracht). Als Vorkultur kommen in Frage: Erbsen, früher Kopfsalat, Spinat, ja selbst frühe Kartoffeln werden vor Rosenkohl angebaut. Auch Sommermöhren können im Juni schon das Feld geräumt haben. Bezüglich günstigen und ungünstigen Mischanbaues s. bei Weißkohl. Nachkulturen kommen nicht in Betracht.

Nährwert: 172 kJ (41 kcal): 4 g Eiweiß, 0,5 g Fett, 5 g Kohlenhydrate. Mineralstoffe: 30 mg Calcium, 125 mg Phosphor, 1 mg Eisen, 10 mg Natrium, 500 mg Kalium. Vitamine: 1 mg Karotin, 0,12 mg B_1, 0,12 mg B_2, 0,3 mg B_6, 150 (!) mg C.

Blumenkohl

Brassica oleracea var. *botrytis*

Beim Blumenkohl bilden die Knospen des Blütenstandes ein halbkugelförmiges, geschlossenes, fleischiges Gebilde, die sogenannte Blume, die weiß, grün, violett oder orangerot gefärbt sein kann. Blumenkohlanbau ist hohe Kunst des Gemüsebaues. Nur erfahrenen Kultivateuren gelingt dies problemlos, es sei denn, man spritzt den ganzen Giftschrank leer, wie es manche Berufsgärtner auch tun.

Blumenkohl wird sowohl roh als auch gekocht gegessen.

Sorten: Es gibt viele Sorten, die vor allem nach ihrer Aussaatzeit eingeteilt werden können.

Winterblumenkohl wird im August gesät, im September gepflanzt und nach dem Winter im April/Mai geerntet. Überwinterung mit wenig Frostschaden ist jedoch nur im Weinbau- und maritimen Klima möglich. Geeignet sind die Sorten 'Walcheren Winter' mit mehreren Typen, die sich geringfügig in der Reifezeit unterscheiden, 'Snow Prince', 'Snow February' und 'Snow March'.

Für Frühanbau eignen sich 'Allerfrühester Erfurter Zwerg', 'Opal', 'Mechelner' und 'Alpha'. Dabei gibt es sowohl die Möglichkeit, im Oktober in einem ungeheizten Frühbeet zu säen und zu überwintern, als auch ab Januar in einem geheizten Gewächshaus.

Für Sommeranbau eignen sich blattreiche Typen wie 'Hilds Neckarperle'. Neue, noch stärker wachsende Sorten, bei denen das Laub die Blume gut deckt, sind jedoch meist besser: 'Sesam', 'Celesta', 'Fortuna'.

Für den Herbstanbau sind die meisten Sommersorten ebenfalls geeignet, dazu 'Dok' und 'Flora Blanca'.

Boden: Blumenkohl verlangt einen sehr fruchtbaren, stets genügend feuchten Boden; optimaler pH-Wert um 7,0.

Aussaatzeit: Sehr unterschiedlich, je nach Anbauweise.

Winterblumenkohl wird in der letzten Juni-Woche gesät. Für die noch spätere Kultur über Winter ist die letzte September- oder erste Oktober-Woche die beste Zeit; für den ganz frühen Anbau Ende Januar bis Anfang März, für den Sommer-Blumenkohl Mitte März bis Mitte Mai. Die Aussaat für den Herbstanbau Ende Mai bis spätestens erste Juli-Woche für die sehr späten Sorten.

Aussaat: Wir empfehlen, sämtliche Blumenkohl-Aussaaten in Saatschalen mit guter Aussaaterde, vermischt mit 50 % scharfem Sand und mit Zusatz von etwas Kalk, vorzunehmen. In der kalten Jahreszeit sollte die Temperatur nicht unter 12° C liegen. Nach dem Auflaufen pikieren in 9 cm-Töpfe, gefüllt mit einwandfreier Gärtnererde, in die wieder etwas Kalk eingearbeitet wurde.

Wenn nötig, die Jungpflanzen vor dem Auspflanzen allmählich abhärten.

Anbau-Ratschläge: Der Anbau von Winterblumenkohl ist eigentlich nur da möglich, wo es im Winter nicht stärker friert als −8° C. Bei tieferen Temperaturen mißlingt die Kultur. In den übrigen Gebieten kann man versuchen, den Winterblumenkohl durch Tunnels zu schützen. Sorgen Sie aber dafür, daß die Pflanzen kräftig und ausgereift in den Winter gehen. Im Frühjahr erscheint dann erst etwas Laub und danach der eigentliche Blumenkohl.

Auch der noch spätere winterliche Anbau ist eine ziemlich mühselige Angelegenheit. Nach der Aussaat im Herbst bleiben die Pflanzen den ganzen Winter über unter Glas und kommen dann im März nach draußen.

Blumenkohl 'All The Year Round', eine englische Sorte, die, wie es ihr Name sagt, in allen Jahreszeiten angebaut werden kann.

Einfacher ist die ganz frühe Kultur (Aussaat Ende Januar bis Anfang März). Hier werden die halbwarm herangezogenen Pflanzen im April ausgepflanzt. Sie dürfen dann aber noch nicht zu groß sein, denn das kann zu Wachstumsstörungen mit vorzeitiger Blumenbildung führen. Auspflanzen mit völlig unbeschädigtem Topfballen und gründliches Angießen können diesem Übel entgegenwirken.

Pflanzenentfernung wenigstens 50×50 cm.

Für den Sommeranbau kann eventuell auf ein Freiland-Saatbeet gesät werden, doch wir halten mehr von der Anzucht in Töpfen, wie auf S. 109 beschrieben. Nach 4 Wochen schon können Sie die jungen Pflänzchen auspflanzen; Pflanzabstand 50×60 cm.

Dasselbe gilt für den Herbstblumenkohl, der noch etwas weiter gepflanzt werden kann, bis 70×70 cm.

Während des Wachstums der Pflanzen sollten Sie stets für genügend Wasser sorgen.

Nach frühem Blumenkohl kann noch eine große Auswahl an Herbstgemüsen angebaut werden, nach Winterblumenkohl naturgemäß noch mehr. Späte Buschbohnen, Knollensellerie und Porree sind nur einige Beispiele.

Nährwert: 104 kJ (25 kcal): 2 g Eiweiß, 0,5 g Fett, 3 g Kohlenhydrate. Mineralstoffe: 20 mg Calcium, 30 mg Phosphor, 0,5 mg Eisen, 15 mg Natrium, 400 mg Kalium. Vitamine: 0,03 mg Karotin, 0,05 mg B_1, 0,07 mg B_2, 0,2 mg B_6, 80 mg C.

Links: Blumenkohl vom Typ 'Alpha'. Es handelt sich hierbei um eine ganze Gruppe von Sorten, die sich durch lockeren Wuchs und große, gut gewölbte, mittelfeste Blumen auszeichnen, die sich gelblich verfärben, wenn man sie nicht abdeckt. In diese Gruppe gehören bekannte Sorten wie 'Delfter Markt', 'Delfix', 'Delma', 'Neckarperle', 'Sesam' u. a.

Unten: Um Verfärbung des Blumenkohls zu vermeiden, werden ein oder zwei Blätter über die Blume geknickt. Sie bleibt dann schön weiß.

Auch eine Nachdüngung mit etwas Blutmehl oder Stickstoff in anderer Form kann sehr nützlich sein. Wenn die Blume gebildet ist, werden häufig zwei Blätter so geknickt, daß sie sie gegen das Sonnenlicht abschirmen. Geschieht dies nicht, kann es zu unerwünschter Verfärbung kommen.

Ferner müssen die Pflanzen unbedingt gegen schädliche Insekten geschützt werden, sei es durch Spritzmittel, sei es mit Hilfe von Insektengaze. Letztere ist für biologische Anbauer das einzig Wahre. Die Blumenkohlkultur während der Wintermonate hat den großen Vorteil, daß es zu der Zeit noch keine Schädlinge gibt, die Bekämpfungsmaßnahmen erfordern.

Kulturdauer: Am kürzesten ist der Sommeranbau mit 120 Tagen, und am längsten der Anbau des Winterblumenkohls mit bis zu 300 Tagen.

Krankheiten und Schädlinge: Alle beim Weißkohl erwähnten Krankheiten und Schädlinge können auch beim Blumenkohl auftreten, außerdem noch die Herzlosigkeit, verursacht durch eine Verletzung des Vegetationspunktes in der Jugend; vor allem beim Herbstblumenkohl. Das sogenannte Klemmherz, hauptsächlich bei den 'Alpha'-Sorten, wird durch Molybdänmangel verursacht. »Schift« (= dicke Milch) nennen die Holländer eine Erscheinung, bei der die Blütenknospen vorzeitig gebildet werden. Die Blume hat eine höckerige Oberfläche und wird schnell grau.

Ernte: Blumenkohl ist reif, wenn die Blume am Rand etwas locker zu werden beginnt. Dann sollte er aber sofort geschnitten werden, denn sonst wird er, vor allem bei höherer Temperatur, schnell überreif. Geernteter Blumenkohl kann an einem kühlen Ort kurze Zeit aufbewahrt werden.

Fruchtfolge, Mischanbau: Bezüglich Fruchtwechsel: Gruppe A (1. Tracht). Je nach Aussaatzeit und Kulturdauer kommen verschiedene Vor- und Nachkulturen in Betracht. Bis Sie den Herbstblumenkohl im Garten auspflanzen, können auf der gleichen Fläche frühe Kartoffeln stehen, aber auch frühe Buschbohnen, Erbsen und Möhren. Günstig ist der Mischanbau mit Sellerie, sonst sind nur wenig Kombinationen üblich. Spinat scheint wenig geeignet zu sein.

Brokkoli

Brassica oleracea convar. *botrytis* var. *italica*

Brokkoli ähnelt sehr dem Blumenkohl, doch wachsen bei ihm die Blütenknospen viel schneller aus, mit der Folge, daß er auch viel schneller durchschießt, vor allem in der warmen Jahreszeit. Die in mehr oder weniger großen »Blumen« zusammenstehenden Blütenknospen sind oft über die ganze Pflanze verstreut; man erntet sie mit einem Stückchen Stengel daran. Nach der Ernte der Hauptblume entwickelt die Pflanze aus Achselknospen neue Blumen.
Brokkoli wird sowohl roh als auch gekocht gegessen.

Sorten: Wir können zwei Gruppen unterscheiden: Den Winterbrokkoli, der den Winter überdauert und im Frühjahr viele kleinere Blumen entwickelt, und den Sommerbrokkoli, der im Sommer und Herbst geerntet wird, oft mit einer großen Hauptblume.
Saatgut vom Winterbrokkoli wird bei uns kaum gehandelt, man müßte versuchen, englische Sorten zu bekommen wie 'Green Sprouting' oder die bläulich-violette 'Purple Sprouting'.
Vom Sommerbrokkoli werden mehrere Sorten angeboten, z. B. 'Atlantic', 'Corvet' und 'Southern Comet'. Für den Hausgarten ist vor allem 'Calabreser' geeignet, der nicht so einheitlich reift und über einen längeren Zeitraum zu ernten ist.

Boden: s. Blumenkohl.

Aussaatzeit: Winterbrokkoli wird im April oder Mai gesät, Sommerbrokkoli ab Ende Januar bis Ende Mai.

Aussaat: Winterbrokkoli wird meistens draußen auf einem Saatbeet herangezogen, doch kann dies ohne weiteres auch in Saatschalen geschehen. Letzteres ist auf jeden Fall für den frühen und mittelspäten Sommerbrokkoli zu empfehlen, da etwas zusätzliche Wärme die Keimung fördert. Vermeiden Sie jedoch Temperaturen über 15° C, weil die jungen Pflanzen sonst zu sehr in die Länge wachsen. Die Dauerkultur im Topf, wie bei den anderen Kohlarten angegeben, schließt das Risiko des frühzeitigen Kohlhernie-Befalls aus.
Die Samen bleiben 4 Jahre keimfähig.

Anbau-Ratschläge: Früh gesäte Sommerbrokkoli-Pflänzchen kann man nach dem Abhärten Ende März/Anfang April im Garten auspflanzen. Ein leichter Nachtfrost schadet kaum. Später gesäte Pflanzen und Winterbrokkoli sind nach 4–5 Wochen groß genug zum Auspflanzen. Pflanzen Sie aber nicht später als Ende Juli.
Pflanzabstand: 50×50 cm für Sommer- und 60×60 cm für Winterbrokkoli.

Kulturdauer: Ab 90 Tage für Sommer- bis zu 360 Tagen für Winterbrokkoli.

Krankheiten und Schädlinge: Auch hier wieder sämtliche üblen Kohlschädlinge, wenn auch in etwas schwächerem Ausmaß als beim Blumenkohl. Brokkoli-Frühkultur hat natürlich den Vorteil, daß noch wenig Ungezie-

Oben: 'Purple Sprouting', ein Winterbrokkoli.

Links unten: Die Sorte 'Verde Romanesco' wurde früher zum Blumenkohl gerechnet.

Rechts unten: Sommerbrokkoli 'Calabreser'.

fer umherfliegt. Trotzdem sind Bekämpfungsmittel bzw. Insektengaze keineswegs überflüssig. Wegen weiterer Einzelheiten s. Weißkohl.

Ernte: Ein schwieriger Punkt. Besonders Sommerbrokkoli wird häufig zu spät geerntet; die Blütenknospen sind dann schon zu stark angeschwollen, die Blume wird zu lokker. Bei warmem Wetter kann es auf einen halben Tag ankommen. Deshalb jeden Tag am Brokkoli-Beet entlanggehen und ernten, was reif ist. Beim Abschneiden wird noch ein gutes Stück Stengel mitgenommen. Wenn dieser schon zu hart zum Beißen ist, wird er dünn geschält.

Der so zusammengesammelte Brokkoli kann einige Tage im Kühlschrank aufbewahrt werden, bis man genügend für eine Mahlzeit hat. Im Herbst bzw. Frühjahr (Winter-Brokkoli) geht die Entwicklung erfreulicherweise nicht so schnell, und man kann geruhsamer ernten. Ältere Stengelteile sind oft kaum noch genießbar.

Beim Sommer-Brokkoli wird zunächst die mittlere Blume geerntet; danach entwickeln sich aus Achselknospen noch eine Menge kleiner Blumen.

Fruchtfolge, Mischanbau: Bezüglich Fruchtwechsel: Gruppe A (1. Tracht). Vor dem Auspflanzen von Herbst- oder Winterbrokkoli können auf dem gleichen Beet frühe Buschbohnen, Erbsen, Kopfsalat, Sommermöhren, früher Porree oder Spinat angebaut werden. Bezüglich Mischanbau s. Blumenkohl. Nach sehr frühem Brokkoli kann noch ein Nachbau von Spinat oder Feldsalat erfolgen.

Nährwert: 155 kJ (37 kcal): 5 g Eiweiß, 0,5 g Fett, 3 g Kohlenhydrate. Mineralstoffe: 25 mg Calcium, 125 mg Phosphor, 3 mg Eisen, 10 mg Natrium, 350 mg Kalium. Vitamine: 0,25 mg Karotin, 0,1 mg B_1, 0,2 mg B_2, 1,1 mg B_6, 90 mg C.

Der Riesen-Kohlrabi 'Superschmelz', eine Sorte, die nicht so schnell holzig wird.

Kohlrabi

Brassica oleracea var. *gongylodes*

Kohlrabi, wegen seiner verhältnismäßig kurzen Kulturdauer eines der ersten Gemüse im Garten, ist ein Sonderling unter den Kohlarten. Die Pflanze bildet eine massive Stengelknolle, stellt also etwas ganz anderes dar als die zahlreichen anderen Kohlarten mit Köpfen aus vielen gekrümmten Blättern. Verwechseln Sie Kohlrabi übrigens nicht mit Kohlrüben, die unterirdische Knollen bilden.

Die weißlichen, hellgrünen oder auch violetten Knollen werden roh oder gekocht gegessen, oft werden auch die Blätter gern mitverzehrt.

Brokkoli 'Southern Comet', eine ausgezeichnete Sommersorte.

Sorten: Für frühesten Anbau haben sich vor allem 'Express Forcer', 'Trero' und die blaue Sorte 'Azur Star' bewährt. Die weiße Sorte 'Lauro' und die blauen 'Blaro' und 'Delikateß' sind zum Anbau während des ganzen Jahres geeignet.

'Superschmelz' und 'Blauer Speck' sind Sommersorten, die kaum holzig werden.

Boden: Kohlrabi kann gut auf leichteren Böden angebaut werden, wenn nur der pH-Wert stimmt – um 7,0. Ausgezeichnet wirkt eine Düngung mit Stallmist oder einem anderen organischen Material.

Aussaatzeit: Ab Ende Januar für den Anbau im Gewächshaus, bis Mitte Juli für Herbstkultur.

Aussaat: Möglichst in Saatschalen, wie bei anderen Kohlarten beschrieben. Dauerkultur in Töpfen. Bei Aussaat im Haus ist eine Temperatur von 18–20° C anzustreben, später genügen etwa 16° C. Auch nachts sollte es nicht kälter als 12° C werden, da sonst die Gefahr des vorzeitigen Schießens besteht.

Auch bei späterer Saat, beim Abhärten und anschließendem Auspflanzen besteht diese Gefahr. Deshalb bei früher Kultur möglichst Folie benutzen.

Anbau-Ratschläge: Nach dem Abhärten die Kohlrabi auf 30×30 cm auspflanzen und dafür sorgen, daß sie ungestört wachsen können, denn sonst werden die Knollen schnell holzig. Also wenn nötig gießen, und vielleicht auch mit etwas Dünger nachhelfen, wenn die Pflanzen im Wachstum sind. Schutz gegen Kohlschädlinge ist auch hier notwendig, d.h. Spritzen oder andere Abwehrmaßnahmen ergreifen.

Kulturdauer: Von 90 Tagen im Sommer bis zu 150 Tagen im zeitigen Frühjahr.

Krankheiten und Schädlinge: s. Weißkohl. Eine besondere Gefahr ist die Kleine Kohlfliege, aber auch die Kohlhernie ist ein gefürchteter Feind. Bei Kultur unter Glas können der Grauschimmel (*Botrytis*) und der Falsche Mehltau auftreten, wenn die Luftfeuchtigkeit zu hoch ist.

Ernte: Die Versuchung ist groß, die Knollen möglichst dick werden zu lassen, damit man mehr auf den Teller bekommt. Tun Sie das nicht: Knollen von ungefähr 6 cm Durchmesser schmecken am besten. Eine Ausnahme ist die Sorte 'Superschmelz'. Sie bleibt zart und wohlschmeckend, auch wenn sie größer und älter wird. Geerntete Knollen sollten bald verzehrt werden, man kann sie aber auch eine gewisse Zeit in der Tiefkühltruhe aufbewahren.

Oben: Ein im Topf kultivierter blauer Kohlrabi; ein guter Vorschlag für den Balkon.

Links: Kohlrabi 'Trero' bildet eine schöne helle Stengelknolle.

Fruchtfolge, Mischanbau: Kohlrabi ist ein Gemüse, das sehr viel als Vor- oder Nachkultur angebaut wird, weil die Kulturdauer nur kurz ist. Was den Fruchtwechsel betrifft, so kann man ihn – abweichend von anderen Kohlarten – in die Gruppe B (2. Tracht) einordnen. Als Vorkultur kommen praktisch alle Gemüse in Betracht, die bis spätestens Ende Juni geerntet sind. Umstritten ist der Mischanbau mit Porree und Tomaten, also lieber nicht. Günstig dagegen soll die Kombination mit Bohnen, Einlegegurken, Erbsen, Kartoffeln, anderen Kohlarten, Kopfsalat, Radieschen, Rettich, Roten Beten, Schwarzwurzeln, Sellerie, Spargel und Spinat sein.

Als Nachkultur eignen sich Auberginen, Bohnen, Einlegegurken, Endivien, Knollenfenchel, Knollensellerie, Kopfsalat, Melonen, Möhren, Paprika, Porree, Rote Bete, Tomaten und Zucchinis.

Nährwert: 102 kJ (24 kcal): 2 g Eiweiß, 0,1 g Fett, 4 g Kohlenhydrate. Mineralstoffe: 90 mg Calcium, 60 mg Phosphor, 1 mg Eisen, 10 mg Natrium, 500 mg Kalium. Vitamine: 0,25 mg Karotin, 0,04 mg B_1, 0,05 mg B_2, 0,09 mg B_6, 60 mg C.

Weitere Kohlarten

Brassica species

Auf den Märkten Mitteleuropas werden dem Verbraucher heute etwa 40 Gemüsearten mit annähernd 1000 Sorten angeboten. Trotzdem kommen immer wieder neue Arten und Sorten hinzu. Ihre Einbürgerung geht nur langsam vor sich, der Konsument muß sich erst an sie gewöhnen. Von den neuen Kohlarten aus dem Fernen Osten sind die meisten schnellwachsende Blattkohle. Gegessen werden die Blätter, die Stengel und manchmal auch die Blüten.

Pak-Choi *(Brassica rapa* var. *chinensis)* ähnelt etwas dem Chinakohl, doch ist der Kopf nicht geschlossen. Es kommt hier auf die dicken, weißen Stengel an, die jung, manchmal zusammen mit dem Blatt geerntet werden. Gute Sorten sind 'Shirona' und 'Taisai'. Schade, daß sie so leicht in Blüte schießen. Die Sorte 'Japro' neigt weniger dazu.

Amsoi *(Brassica juncea),* Sarepta-Senf oder Indischer Senf, ist eine niedrige, senfartige Pflanze mit einer lockeren Blattrosette. Gegessen werden die Blätter, die Blattstiele und Blütenknospen. In unserem Klima schießen die Pflanzen leider sehr schnell.

Choi-Sum *(Brassica rapa* var. *parachinensis)* wird unter allerlei Namen wie 'Choisum' und 'Tsai' in den Katalogen angeboten. Bildet ebenfalls eine flache, lose Rosette, schießt aber auch schnell in Blüte.

Kai-Lan *(Brassica rapa* var. *alboglabra),* auch Chinesischer Brokkoli genannt. Ähnelt auch sehr unserem Sommer-Brokkoli, nur sind die »Blumen« viel lockerer. Die Blütenknospen öffnen sich sehr bald, doch ist das nicht schlimm, weil die Blüten ebenfalls gegessen werden.

Boden: Günstig ist ein reichlich gedüngter, stets gut feuchter Boden mit einem pH-Wert um 7,0.

Aussaatzeit: Fast alle genannten Kohlarten schießen bei zu niedrigen Temperaturen und im Langtag. Auch das Verpflanzen vom Saatbeet auf den endgültigen Platz regt oft die Blütenbildung an. Den größten Anbauerfolg bringt die späte Aussaat, Ende Juli und August. Früh aussäen ist nur bei Anzucht im warmen Gewächshaus möglich.

Aussaat: Wenn möglich, gleich in 9 cm-Töpfe. Nach dem Auflaufen nur 1 Pflanze stehen lassen. Bei früher Aussaat 20–25° C Keimtemperatur, danach ständig 18–20° C.

Anbau-Ratschläge: Bei früher Aussaat im Hause erst auspflanzen, wenn es wenigstens 18° C warm ist, oder Tunnels verwenden. Pflanzabstand für die meisten Arten 20×25 bis 30×30 cm.

Kulturdauer: Die Pflanzen wachsen schnell und dürfen nicht zu spät geerntet werden. Pak-Choi z. B. ist schon nach 50 Tagen erntereif.

Krankheiten und Schädlinge: Hierüber ist noch wenig bekannt. Wir fanden, daß Schnecken gierig auf Pak-Choi sind. Die Kleine Kohlfliege legt ihre Eier gern an die Stengelbasis junger Pflanzen ab, worauf die Maden sich durch die Stengel fressen.

Ernte: Zeitig, auf jeden Fall bevor die Pflanzen in Blüte schießen. Meistens sind sie jedoch eher eßbar, als Sie denken. Sofort verbrauchen.

Fruchtfolge, Mischanbau: Darüber ist wenig bekannt. Die meisten diesbezüglichen Angaben für Weißkohl dürften auch hier zutreffen, aber Genaues weiß man nicht.

Nährwert: Nicht bekannt, vielleicht vergleichbar mit Chinakohl.

Rechte Seite: Eine außergewöhnlich reich und auffallend blühende Stangenbohne, eine sogenannte Feuer- oder Prunkbohne.

Links: 'Pak Choi' ist wohl der bekannteste und am leichtesten zu kultivierende, fremdländische Stengelkohl.

Hülsenfrüchte

Allgemeines

Hülsenfrüchte gehören zur Familie der Schmetterlingsblütler oder Leguminosae, wie auch die Robinie, der Ginster und der Goldregen. Die Blüten erinnern mit ihrem Schiffchen, ihren Flügeln und Fahnen in der Tat entfernt an Schmetterlinge. Die Früchte sind Hülsen, das sind fleischige Umhüllungen, in denen sich die Samen – z. B. Erbsen und Bohnen – befinden. Bei manchen Hülsenfrüchten kann man die ganzen Hülsen essen, bei anderen muß man die Samen aus den Hülsen herauspulen, weil sich an der Innenseite der Hülsen eine harte, pergamentartige Haut befindet, die die Hülse ungenießbar macht. Oft beginnen diese Häute aber erst zu verhärten, wenn die Früchte voll ausgereift sind, so daß unreife Hülsen durchaus genießbar sind. Ein gutes Beispiel dafür sind die 'Haricots Verts'.

Erbsen und Bohnen können sowohl halbreif als auch reif gegessen werden, doch stets werden sie erst gekocht. Reife, getrocknete

Oben an der Hülse ist die harte Haut sichtbar, die die Hülsen ungenießbar machen kann.

Erbsen und Bohnen können sehr lange aufbewahrt werden: Früher, als die Menschen noch keine Tiefkühltruhe kannten, waren sie ein wichtiger Bestandteil der Wintervorräte. Heute brauchen wir zu diesem Zweck sicher nicht trockene Bohnen und Erbsen anzubauen. Wenn jedoch Salatbohnen z. B. für den Frischverzehr zu groß geworden sind, können Sie sie hängen lassen, um sie im Herbst trocknen und auspulen zu können.

Von allen Gemüsen liefern Erbsen und Bohnen bei weitem die meiste Energie in Form von Eiweiß und Kohlenhydraten.

Wir könnnen im wesentlichen zwei große Gruppen von Hülsenfrüchten unterscheiden: Bohnen (Gattung *Phaseolus*) und Erbsen (Gattung *Pisum*). Weitere Schmetterlingsblütler sind Puffbohnen, Sojabohnen, Linsen usw.

Viele Schmetterlingsblütler sind Kletterer. Stangenbohnen haben windende Stengel, sie sind linkswindend, drehen also, von oben gesehen, gegen die Sonnenlaufbahn (entgegen dem Uhrzeigersinn). Zum Winden setzen wir Stangen, daher auch die Bezeichnung »Stangenbohnen«. Reisererbsen bilden Ranken, mit denen sie sich an jeder erreichbaren Stütze festhalten können. Früher steckte man dazu Reiser – Schnittholz von Eichen, Ulmen, Ahorn usw. – in den Boden, wovon sich die Bezeichnung ableitet.

Immer mehr werden von Bohnen und Erbsen auch Buschformen angebaut. Buschbohnen klettern nicht, sie stehen mehr oder weniger von selbst aufrecht. Das erspart eine Menge Arbeit, vor allem im hochmechanisierten Erwerbsanbau. Bei Erbsen ist die Buschform noch nicht so entwickelt. Die Pflanzen bleiben zwar niedrig, sind aber doch für eine gewisse Stützung dankbar. Im allgemeinen ist die Ernte von Busch-Formen geringer als von kletternden Bohnen und Erbsen, dafür aber ist die Kulturdauer kürzer.

Ein großer Unterschied zwischen Erbsen und Bohnen besteht in bezug auf Frostempfindlichkeit und Keimtemperatur. Erbsen keimen bei niedrigen Temperaturen und können als junge Pflanzen einige Grade Frost aushalten. Bohnen keimen nur in warmem Boden und erfrieren schon beim geringsten Nachtfrost.

Links oben: Der Faden, ebenfalls ein ungenießbarer Teil vieler Hülsenfrüchte.

Links unten: Bohnen sind linkswindend, gegen die Sonnenlaufbahn.

Rechts: Erbsen werden am besten an einem festen Drahtgeflecht gezogen.

Oben: Bambus-Bohnenstangen, je vier Stück zu Hocken zusammengebunden.

Rechts oben: Eine lange Reihe Bohnenstangen.

Rechts: »Wigwam«, eine elegante Stütze für Stangenbohnen.

Unten: Für die Befestigung der Bohnenstangen ist ein Plastik-Baumband mit einer Schnalle ideal. Es kann jahrelang gebraucht werden.

Puffbohnen dagegen, die einer anderen Gattung *(Vicia)* angehören, können Kälte gut vertragen.
Die meisten Schmetterlingsblütler können mit Hilfe von Knöllchenbakterien an den Wurzeln den Boden mit Stickstoff aus der Luft anreichern. Ein ungemein wertvoller Prozeß, denn so braucht der Anbauer selbst

keinen Stickstoff zu geben, es sei denn, der Boden ist extrem arm. Die Düngung der Hülsenfrüchte beschränkt sich daher auf etwas Phosphat, Kali und eventuell Kalk. Gelegentlich ist auch eine Düngung mit Spurenelementen angezeigt, vor allem mit Mangan. Was den Fruchtwechsel betrifft, so gehören Erbsen und Bohnen in die Gruppe C (3. Tracht). Bei Erbsen wird oft geraten, nicht nur 3, sondern sogar 6 Jahre zu warten, bis man wieder auf dieselbe Fläche geht.
Vorkultur von Blattgemüse oder sehr frühem Kohl ist eigentlich nur bei Bohnen möglich, weil Erbsen oft schon im Februar in den Boden kommen. Als Nachkultur nach früh geernteten Erbsen oder frühen Buschbohnen sind z. B. späte Kohlarten, Endivien und Knollenfenchel geeignet.
Ebenso wie bei anderen Gemüsen kommt auch bei Hülsenfrüchten eine Anzahl lästiger Krankheiten und Schädlinge vor, denen man jedoch bei Erbsen zum großen Teil dadurch begegnen kann, daß man schon sehr früh mit der Kultur beginnt. Eine Aufzählung der bekanntesten Schädlinge finden Sie jeweils bei den einzelnen Gemüsearten angegeben.

Trockenkochbohnen

Phaseolus vulgaris

Trockenkochbohnen nennt man sie, weil sie nach der Ernte erst getrocknet werden, bevor sie gegessen werden. Man spricht wohl auch von Trockenbohnen, Weißen Bohnen, Braunen Bohnen oder Kiebitzbohnen. In unreifem Zustand werden nur die 'Flageolet'-Sorten (flachovaler Hülsenquerschnitt) ausgepult und gegessen. Unter »Sorten« finden Sie eine komplette Übersicht.
Der Anbau von Trockenkochbohnen ist viel weniger verbreitet als der von zartschaligen Sorten, den Salat- und Schnittbohnen. Meistens überläßt man ihn dem Erwerbsgemüsebauer und kauft ein Paket Trockenbohnen für eine Mahlzeit im Winter. Wenn Sie im Garten ein Plätzchen erübrigen können, raten wir Ihnen trotzdem zu einem Versuch, denn selbstangebaute Bohnen schmecken viel besser.
Trockenkochbohnen sind fast immer Buschbohnen. Nur wenige Sorten wachsen in die Höhe und benötigen Stangen.
Trockenkochbohnen werden nur gekocht gegessen.
Sorten: Am beliebtesten sind bei uns die weißen Sorten 'Delca', 'Facta' und 'Schäfers Kolumbus'. Auch die braune Sorte 'Trobo' wird beim Kochen hell.
'Aurora' und 'Red Mexican NW 63' haben rote, 'Black Beauty' schwarze Körner. Die sogenannten Kiebitzbohnen, z. B. 'Borlotto' und 'Caloria', sind gefleckt.
Die Flageolet-Bohnen sind besonders in Frankreich populär. Sie vertragen nasses und kaltes Wetter nur schlecht. Sie werden – wie erwähnt – halbreif verzehrt.
Nur wenig bekannt sind die tropischen Sojabohnen, die wir ohne weiteres zu den Trokkenkochbohnen zählen können, obwohl sie einer anderen Gattung *(Glycine)* angehören. Für unsere klimatischen Verhältnisse ist die Sorte 'Gieso' ausgelesen worden. Sojabohnen zeichnen sich durch hohen Eiweißgehalt und angenehmen, nußartigen Geschmack aus. Der Ertrag ist in unserem Klima jedoch nur gering.
Boden: Bohnen gedeihen praktisch in jedem Boden, der nicht zu naß ist. Am besten sind humusreiche, warme Sandböden. Der pH-Wert soll neutral sein, um 7,0. Also genügend kalken.
Wichtig ist ferner eine reichliche Gabe von Phosphat und Kali. Stickstoff ist weniger nötig, denn Bohnen produzieren selbst eine gewisse Menge dieses Nährstoffs. Es sollen möglichst organische Dünger angewendet werden.

Links: Die Kiebitzbohne ist eine große, buntgefleckte Trockenbohne.

Rechts: Die holländische Sorte 'Kogelboontje', eine kleine schmackhafte, braune Trockenkochbohne.

Unten: So werden Trockenkochbohnen eine Zeitlang aufgehängt. Danach können sie gedroschen werden.

Aussaatzeit: Da alle Bohnen frostempfindlich sind, wird selten vor Anfang Mai gesät. Ein zweiter Grund für die späte Aussaat ist, daß Bohnen in einem Boden, der noch kalt und naß ist, besonders schlecht keimen. Im Gewächshaus können wir ab Mitte April in Töpfe aussäen, auch für tropische Bohnen ist dies empfehlenswert.

Aussaat: Trockenkochbohnen sät man gewöhnlich in Reihen, Abstand 40 cm, in der Reihe 5–10 cm; Saattiefe 2–3 cm. Legen Sie ein paar Bohnen mehr aus, denn sie keimen nicht alle. Für die Aussaat in Töpfen füllen Sie 9 cm-Plastiktöpfe mit gewöhnlicher Topferde und legen 3–5 Bohnen hinein. Keimtemperatur wenigstens 10° C. Bohnensamen bleiben 4–6 Jahre keimfähig.

Anbau-Ratschläge: Alle Bohnen lieben Wärme, wählen Sie deshalb einen geschützten und sonnigen Platz für sie aus. Bei Trokkenheit genügend Wasser geben, hauptsächlich während der Blüte und des Fruchtansatzes. Hacken Sie häufig, um den Boden offen zu halten.

Kulturdauer: 140 Tage, bei Flageolet-Sorten etwas weniger.

Krankheiten und Schädlinge: Bohnen, die im Freiland keimen, können von der Bohnenfliege befallen werden. Die Maden dieses gefährlichen Schädlings fressen das Herz der Sämlinge, die daraufhin absterben. Meistens ist das Saatgut aber gebeizt und dadurch vor Befall geschützt.

Gekaufte Samen sind manchmal vom Bohnenkäfer befallen, dessen Larven das Sameninnere gefressen haben. Auch hiergegen hilft Beizen.

Während des Wachstums können als Folge zu hoher Luftfeuchtigkeit Pilzkrankheiten auftreten, wie *Botrytis* oder die *Sclerotinia*-Welke. Pflanzen Sie die Bohnen nicht zu dicht und spritzen Sie notfalls mit Fungiziden. Bezüglich der gelegentlich auftretenden Fettflecken- und Brennfleckenkrankheit s. bei Gartenbohnen.

Gegen die gefürchteten Viruskrankheiten können Sie nicht viel unternehmen, das Wichtigste ist die Auswahl resistenter Sorten. Die Gemeine Spinnmilbe verursacht anfangs punktförmige Flecke auf der Oberseite des Blattes, das sich später fahlbraun verfärbt und abfällt. Hiergegen kann man ein Spinnmilbenmittel, ein sogenanntes Akarizid anwenden (Wartezeit beachten!). Blattläuse schließlich sind leicht zu bekämpfen, auch mit umweltfreundlichen Mitteln.

Ernte: Die Flageolet-Sorten werden geerntet, sobald sich eine ansehnliche Bohne gebildet hat. Diese ist dann zwar noch keineswegs voll ausgereift, wird aber gerade in diesem Zustand gern gegessen, ähnlich übrigens der Puffbohne.

Alle Trockenkochbohnen dagegen werden Ende September geerntet, auf jeden Fall vor dem ersten Nachtfrost. Die Pflanzen werden gerauft, d. h. ganz aus dem Boden gezogen und umgekehrt in Büscheln an einem trockenen und luftigen Platz auf dem Dachboden oder in einem Schuppen aufgehängt, damit die noch nicht völlig ausgereiften Hülsen nachreifen können. Wenn die Pflanzen völlig trocken sind, können die Bohnen aus den Hülsen herausgeklopft werden. Sie werden als Vorrat für den Winter trocken aufbewahrt.

Fruchtfolge, Mischanbau: Bezüglich Fruchtwechsel: Gruppe C (3. Tracht). Vor Bohnen können Sie im gleichen Jahr Kohlrabi, Radieschen oder Salat anbauen. Günstig ist der Mischanbau mit Dill, Endivien, Erdbeeren, Gurken, Kartoffeln, Kohlarten, Kohlrabi, Mais, Mangold, Möhren, Radieschen, Rettich, Rhabarber, Rote Bete, Salat, Sellerie, Spinat, Tomaten und Zucchinis. Ungünstig sind die Kombinationen mit Fenchel, Knoblauch, Porree, Schnittlauch, Zwiebeln und auch Gladiolen.

Eine Nachkultur ist kaum möglich, da die Bohnen lange stehenbleiben.

Nährwert: 1128 kJ (266 kcal): 20 g Eiweiß, 1,5 g Fett, 43 g Kohlenhydrate. Mineralstoffe: 80 mg Calcium, 400 mg Phosphor, 5 mg Eisen, 2 mg Natrium, 1250 mg Kalium. Vitamine: 0,4 mg Karotin, 0,6 mg B_1, 0,1 mg B_2, 0,35 mg B_6, 2 mg C.

Gartenbohne

Phaseolus vulgaris

Eine grünhülsige Perlbohne; die einzelnen Bohnen zeichnen sich deutlich ab.

Gartenbohnen sind zartschalige Bohnen, es kommt uns nicht nur auf den Inhalt der Hülsen an, wie bei den Trockenbohnen, sondern auch die Hülse selbst wird gegessen. Entweder werden die Bohnen ganz, als Salatbohnen verzehrt, oder sie werden erst zerschnitten, bevor man sie kocht: Schnittbohnen.
Für die verschiedenen Gartenbohnen-Typen gibt es im wesentlichen noch folgende Bezeichnungen: Prinzeßbohnen (sehr jung geerntet = »haricots verts«), Zuckerbohnen (stark runzelige Hülsen), Brechbohnen (auch in ausgewachsenem Zustand glatt durchzubrechen) usw. Man unterscheidet ferner Stangenbohnen, die eine Stange oder andere Stütze brauchen, da sie – bis zu 3 m – hoch wachsen, und Buschbohnen, die niedrig bleiben und darum keine oder kaum eine Stütze nötig haben.
Nach dem Hülsenquerschnitt unterscheiden wir flachhülsige: die Schwertbohnen, und flach-ovale: die Flageolet-Bohnen. Ist die Hülsenschale dünn, so daß sich die Körner deutlich abzeichnen, sprechen wir von Perlbohnen. Bei den meisten Sorten ist der Querschnitt rund und weniger eingeschnürt; sie haben keine besondere Bezeichnung.
Eine verhältnismäßig grobe Art sind die Speckbohnen. Sie haben eine besonders lange und fleischige Hülse, meistens ohne Innenhaut und Fäden, und werden fast ausschließlich als Schnittbohnen verarbeitet. Sie sind süßer im Geschmack als zahlreiche andere Schnittbohnensorten.
Die Hülsenfarbe unserer Gartenbohnen ist meistens grün, doch gibt es auch Sorten mit gelben Hülsen (Wachsbohnen, Butterbohnen) und auch solche mit violettroten Rändern.

Blüten der blauhülsigen Buschbohne 'Purple Queen'. Die Bohnen zeigen den gleichen Farbton, werden aber beim Kochen grün.

Schließlich seien die Feuer- oder Prunkbohnen, *Phaseolus coccineus*, erwähnt, die es nur als Klimmer gibt. Es existieren sowohl weiß- als auch rotblühende Sorten. Auch sie werden meistens als Schnittbohnen verwendet. Die rotblühenden Prunkbohnen sind außerdem eine Zierde des Gemüsegartens. Die Farbe der Hülsen ist meistens grün, doch es gibt auch hier Sorten mit gelben Hülsen und auch solche mit blauen. Auch die Körner sind mehr oder weniger buntfleckig.
Die Hülsen mancher Bohnensorten haben Fäden, die man mit einem Messer entfernen bzw. abziehen kann. Je älter die Hülse, um so stärker ist dieser Faden. Heute gibt es überwiegend fadenlose Sorten, die allerdings bei hohen Temperaturen etwas fädig werden können.

Ebenfalls unangenehm beim Verzehr von Bohnen ist die harte, pergamentartige Haut in der Innenwand der Hülse. Je älter die Hülse, um so zäher ist die Haut. Es gibt heute schon Sorten ohne die Haut, die nicht so jung geerntet werden müssen. Bohnen vom Typ 'Haricots verts' bilden diese Haut sehr schnell, und dies ist mit ein Grund, weshalb sie so zeitig gepflückt werden.
Gartenbohnen werden niemals roh gegessen.
Sorten: Die Zahl der Bohnensorten ist außergewöhnlich groß. Bei der nachstehenden Aufzählung der Sorten folgen wir im wesentlichen den Empfehlungen der Beschreibenden Sortenliste 1983 für Hülsenfrüchte des Deutschen Bundessortenamtes. Auch richte man sich nach den regionalen Empfehlungen erfolgreicher Gemüsebauer, der Gartenbauberatungsstellen und des Samenhandels.
Buschbohnen grünhülsig: 'Pfälzer Juni', Schwertbohne, flacher Hülsenquerschnitt, sehr früh zu ernten; 'Regulex', eine frühe,

Links: Eine gelbhülsige Buschbohne, eine sogenannte Wachs- oder Butterbohne.

Rechts: Die grünhülsige Buschbohne 'Ajax'.

flachovale Flageoletbohne; 'Dufrix', ebenfalls flachoval und früh; eine alte frühe Sorte mit runden, kleinen, etwas schwer zu erntenden Hülsen ist 'Saxa'. Früh bis mittel sind 'Marona', 'Fori', 'Daisy', 'Maja', 'Maxi' und 'Ajax'.

Buschbohnen gelbhülsig: 'Frühe dickfleischige Wachs', eine frühe flachovale Flageoletbohne; ebenfalls früh ist die rundovale Sorte 'Butterzart'; etwas später zu ernten sind die runden 'Goldimmens' und 'Hildora'.

Buschbohnen blauhülsig: 'Purple Queen' und 'Purple Teepee', die blauen Hülsen werden beim Kochen grün.

Die extrem kleinen, französischen »Filetbohnen« werden sehr früh geerntet und sind daher besonders zart und schmackhaft. Sie werden auch bei uns immer beliebter. Geeignete Sorten sind 'Tuf', 'Kra' und 'Deline'.

Stangenbohnen grünhülsig: 'Perle von Marbach', flachhülsige Schwertbohne, schnellwachsend, sehr früh zu ernten; 'Hilda', eine mittelfrühe, flache Schwertbohne. Die rundhülsigen Sorten haben meist eine längere Entwicklungszeit: 'Markant', früh bis mittel; 'Neckarkönigin', mittel bis spät; und 'Mombacher Speck'.

Stangenbohnen gelbhülsig: Die sehr frühe bis frühe, flachhülsige Schwertbohne 'Goldhilde'. Mittel bis spät sind 'Biancy', 'Mago' und 'Neckargold'.

Stangenbohnen blauhülsig: 'Blauhilde', mittel bis spät. Beim Kochen werden die Hülsen grün.

Boden: s. Trockenkochbohnen.

Aussaatzeit: Da Bohnen frostempfindlich sind, wird meistens nicht so früh gesät, außer bei Gewächshauskultur. Anfang Mai ist früh genug. Buschbohnen können aber auch noch sehr spät, bis Anfang Juli, gesät werden.

Aussaat: Stangenbohnen werden gewöhnlich Anfang Mai am Fuß der Stangen in Horsten zu 3–5 Samen ausgelegt. Bei kaltem, nassem Wetter keimen die Bohnen aber nicht, sondern faulen im Boden. Deshalb legen wir die Bohnen in mit Erde gefüllte 9×9 cm-Töpfe, 3–5 Stück je Topf, und lassen sie im Haus oder auf der Fensterbank keimen. Die Minimum-Keimtemperatur beträgt 10° C. Danach abhärten und nach den Eisheiligen, Mitte Mai, an die Stangen im Garten auspflanzen.

Buschbohnen werden in Reihen mit 40 bis 60 cm Abstand ausgesät und dann in der Reihe auf 10 cm ausgedünnt. Auch Horstaussaat ist üblich mit jeweils 5 Bohnen, mit 40 cm Abstand von Horst zu Horst. Die Samen kommen 2–3 cm tief in den Boden. Vorkeimen in Töpfen ist auch hier gut möglich, allerdings bei Reihenkultur mit etwas

Auspflanzen von Stangenbohnen zwischen erntereifen Spinat.

Anbinden von Bohnen, wenn sie nicht von selbst (linkswindend) ranken.

Die holländische Buschbohne 'Diana', eine der zahlreichen neueren Sorten; außerordentlich ertragreich.

Haricot vert 'Fin de Bagnols'; größer dürfen die Hülsen nicht werden, sonst bildet sich in den eine harte Haut.

mehr Arbeit verbunden. Frühanbau kann auch unter Folie erfolgen, setzen Sie die Hauben dann schon im März auf den Boden, damit er sich erwärmen kann.

Anbau-Ratschläge: Alle Bohnen lieben Schutz und Wärme. Nasses, kaltes Wetter bringt schlechte Ernten. Vermeiden Sie auch hohe Stickstoffgaben, sie sind nicht nötig.

Stangenbohnen brauchen feste Stützen. Am besten werden hierfür haltbare Stäbe verwendet, die man mehrere Jahre benutzen kann. Sie werden in Reihen oder in Hocken (s. Abb. S. 117 links oben) gesetzt. Sie können auch ein hohes Drahtgeflecht errichten und die Pflanzen daran hochziehen. Wie Sie die Bohnen auch stützen, sorgen Sie in jedem Fall für einen festen Stand, sonst wird Ihnen das Ganze beim ersten besten Sturm umgeweht. Alle Bohnen sind linkswindend. Wenn Sie sie um die Stangen leiten wollen, dann entgegen dem Uhrzeigersinn.

Am robustesten sind die Feuer- oder Prunkbohnen, sie leiden auch am wenigsten unter Krankheiten und Schädlingen. Da sie üppiger als die meisten anderen Bohnensorten wachsen, legt man bei der Aussaat oft nur 3 Bohnen pro Horst aus. Einen Nachteil allerdings haben die Prunkbohnen: Bei hohen Temperaturen fallen viele Blüten ab, und dies bedeutet weniger Hülsen. Deshalb einen nicht allzu geschützten Platz aussuchen, wie es für andere Bohnen ratsam ist, und möglichst etwas später aussäen (Ende Mai), damit Blüte und Fruchtansatz in eine schon etwas kühlere Zeit fallen.

Zwecks Unkrautbekämpfung und Lockerung der Bodenoberfläche wird man bei Buschbohnen mit einmaligem Hacken vor Schließen des Bestandes auskommen. Es empfiehlt sich, dabei die Pflanzen zur Erhöhung der Standfestigkeit leicht anzuhäufeln. Stangenbohnen werden meist 2–3 mal gehackt.

Bei Trockenheit gießen. Beregnen ist möglich, doch sollte dies nicht während der Blüte erfolgen.

Kulturdauer: Für Stangenbohnen ungefähr 100–120 Tage. Buschbohnen sind eher fertig, von 40 Tagen für die ersten 'Haricots verts' bis zu 90 Tagen für die meisten anderen Sorten.

Krankheiten und Schädlinge: s. Trockenkochbohnen. Außerordentlich wichtig ist Resistenz gegen die verschiedenen Viruskrankheiten. Eine üble Bakterienkrankheit ist die Fettfleckenkrankheit. Auf den Blättern erscheinen wässerige Flecken mit gelblichem Rand, die bei warmem Wetter eintrocknen. Auch die Hülsen zeigen solche glasigen Stellen. Diese Krankheit kommt hauptsächlich von verseuchtem Saatgut und ist kaum zu bekämpfen, auch nicht mit chemischen Mitteln. Eine weitere gefährliche und gefürchtete Krankheit ist die durch einen Pilz verursachte Brennfleckenkrankheit. Auf den Keimblättern, Stengeln, Blattadern und vor allem auf den Hülsen entstehen rundliche, braune Flecke, die von einem schwarzen Rand umgeben sind. Auch die Samen werden befallen und können die Krankheit übertragen. Auf Samen und befallenem Bohnenlaub kann der Pilz überwintern und jahrelang am Leben bleiben. Die stärkste Ausbreitung der Krankheit im Bohnenbestand erfolgt bei kühlem und feuchtem Wetter, bei Trockenheit kommt die Seuche zum Stillstand. Die Bekämpfung ist außerordentlich schwierig. Das Wichtigste ist der Anbau resistenter Sorten sowie die Verwendung gesunden Saatgutes. Beizung desselben bzw. Heißwasserbehandlung sowie Fungizid-Spritzungen – am wirksamsten mit Thiocarbamaten – bringen nur Teilerfolge. Weiteren Pilzkrankheiten, vor allem dem Grauschimmel *Botrytis,* kann man weitgehend vorbeugen, indem man nur bei trockenem Wetter erntet und die Bohnen vorsichtig

Schöne, junge Früchte einer rotblühenden Prunkbohne; s. auch Abb. S. 115.

pflückt, so daß keine zu großen Wunden entstehen.

Ernte: Manche Leute meinen zwar, daß Bohnen mit dicken Hülsen am besten schmecken, doch ist es im allgemeinen wohl ratsamer, die Bohnen recht jung zu ernten. Einige Sorten neigen dazu, strähnig zu werden. Dies gilt besonders für die Prunkbohnen, sie müssen daher jung geerntet und gegessen werden. Speckbohnen haben nur wenig Haut und keine Fäden und können deswegen etwas später geerntet werden. Gehen Sie also möglichst täglich zu Ihrem Bohnenbeet und pflücken Sie die Hülsen, die die gewünschte Größe erreicht haben. Meistens sind viel zu viel Bohnen gleichzeitig reif, und man kommt in die Versuchung, sie noch eine Woche länger hängen zu lassen; das ist jedoch nicht richtig. Eine Möglichkeit ist, den Überschuß einzufrieren, die andere besteht darin, die Bohnen hängen zu lassen, um sie später als Trockenkochbohnen zu ernten.

Pflücken Sie – noch einmal sei es gesagt – die Bohnen vorsichtig, vermeiden Sie an den Pflanzen größere Wunden, die die Gefahr des Pilzbefalls erhöhen.

Frisch geerntete Bohnen welken rasch, sie können ohne Kühlung manchmal nur wenige Stunden aufbewahrt werden. Dagegen kann man sie bei 6–8° C und hoher relativer Luftfeuchtigkeit (92 %) in dünner Schicht oder in Kisten bis zu einer Woche lagern. Die optimale Lagertemperatur für Feuerbohnen beträgt 5° C.

Viele Stangenbohnen sind lang, flach und um die Samen mehr oder weniger eingeschnürt.

Seltsam gefleckte Hülsen der Buschbohne 'Drakentong Wasboon'.

Fruchtfolge, Mischanbau: Bohnen gehören bezüglich des Fruchtwechsels in Gruppe C (3. Tracht), d. h. kein Stallmist und wenig Mineraldünger. Als Vorkultur können Sie Kohlrabi, Radieschen, Rettich oder frühen Salat wählen. Nach Frühkartoffeln oder frühem Blumenkohl kann man noch späte Buschbohnen anbauen. Günstige Mischkulturen, ebenso wie die ungünstigen, sind bei Trockenkochbohnen auf S. 118 angegeben. Als Nachkultur nach frühen Buschbohnen eignen sich später Blumenkohl, Endivien, Kohlarten und Kohlrabi.

Nährwert (Buschbohnen): 138 kJ (33 kcal): 2 g Eiweiß, 0,5 g Fett, 5 g Kohlenhydrate. Mineralstoffe: 40 mg Calcium, 50 mg Phosphor, 0,6 mg Eisen, 0,5 mg Natrium, 250 mg Kalium. Vitamine: 0,2 mg Karotin, 0,07 mg B_1, 0,09 mg B_2, 0,07 mg B_6, 10 mg C.

Nährwert (Stangenbohnen): 51 kJ (12 kcal): 1 g Eiweiß, 0,2 g Fett, 2 g Kohlenhydrate. Mineralstoffe: 40 mg Calcium, 30 mg Phosphor, 0,5 mg Eisen, 2 mg Natrium, 250 mg Kalium. Vitamine: 0,2 mg Karotin, 0,07 mg B_1, 0,06 mg B_2, 0,08 mg B_6, 15 mg C. Insgesamt also ein etwas geringerer Nährwert.

Links: Speckbohnen werden wohl auch als Salatbohnen verwendet; sie haben keine Fäden und keine Häute und schmecken süßer. Hier die Sorte 'Necores'.

Rechts: Rotblühende Prunkbohnen sind eine wahre Zierde im Gemüsegarten. Sie können wirklich damit prunken.

Puffbohnen

Vicia faba

Behaglich eingebettet liegen diese Samen in der Puffbohne, einer Hülsenfrucht, die besonders zeitig im Jahr angebaut werden kann.

Auch Dicke Bohne, Große Bohne, Pferdebohne oder Saubohne genannt. Die Bohnen sind in der Tat meist groß, flach und befinden sich in riesigen Hüllen, aus denen sie herausgepult werden müssen, bevor sie gekocht werden. Puffbohnen sind weiß oder schwarzweiß blühende Pflanzen. Die Samen der letzteren färben sich beim Kochen braun. Sie enthalten mehr Gerbsäure als die weißblühenden und beim Kochen weißbleibenden Sorten. Da Puffbohnen ein wenig Frost vertragen, kann man sie etwas früher als Busch- oder Stangenbohnen aussäen, mit denen sie im übrigen nur entfernt verwandt sind.

Sorten: Schwarz gefleckte Blüten und ein großes Korn haben 'Con Amore', 'Gruno' und 'Hedosa', kleinkörnig ist 'Felix'. Sie besitzen den typischen Geschmack und werden deshalb gern angebaut.

Sorten mit reinweißer Blüte und einem schwächer ausgeprägten, milderen Geschmack sind meist kleinkörnig: 'Bianka', 'Dreifach weiße' und 'Eureka'.

Boden: Puffbohnen gedeihen auf jedem Boden, der die Feuchtigkeit einigermaßen hält.

Aussaatzeit: Puffbohnen werden oft viel zu spät gesät. Die jungen Pflanzen können gut −3 bis −4 °C Frost vertragen, so daß man sie durchaus schon im März aussäen kann. Noch besser ist die Aussaat im Februar in Töpfen im Gewächshaus. Anfang April werden sie dann, etwas abgehärtet, im Garten ausgepflanzt.

Aussaat: Im Garten sät man in Reihen mit 40−60 cm Abstand, in der Reihe wird auf 10 cm ausgedünnt. Saattiefe 3−5 cm, Minimum-Keimtemperatur 5° C. Bei Aussaat in Töpfen 1−2 Bohnen je Topf, nach dem Auflaufen nur 1 Pflanze stehen lassen. Auch die Aussaat in Schalen oder Kistchen ist möglich. Die Samen bleiben 4 Jahre keimfähig.

Anbau-Ratschläge: Es wurde bereits gesagt: Puffbohnen müssen früh gesät werden. Bei später Kultur besteht die Gefahr, daß Virosen auftreten, daß der Fruchtansatz vermindert wird, und daß vor allem schon bald die Schwarze Bohnenlaus auftritt, die sich gerade auf Puffbohnen in unvorstellbarer Weise vermehren kann.

Puffbohnen müssen gut gestützt werden, mit einem Drahtgeflecht oder angebunden an Bambusstäbe.

Kulturdauer: Bis zu 90 Tagen.

Krankheiten und Schädlinge: Kontrollieren Sie die Pflanzen täglich auf Befall mit der Schwarzen Bohnenlaus. Diese ist leicht mit einer Spiritus-Seifenlösung zu bekämpfen. Da die Läuse hauptsächlich auf den saftigen Triebspitzen sitzen, werden diese gelegentlich wohl auch ausgekniffen. Das bedeutet natürlich eine Ertragseinbuße, weshalb wir mehr dazu raten, die Läuse direkt zu bekämpfen. Wenn früh gesät wird, sind die Pflanzen für die schwarze Brut nicht mehr so saftig und appetitlich, und der Befall bleibt schwächer.

Bei später Aussaat treten häufig im Juni Viruskrankheiten auf.

Ernte: Junge Puffbohnen sind leckerer als alte, weshalb man nicht zu spät ernten sollte. Die Hülsen sollen ausgewachsen, aber noch grün und die Körner noch nicht hart, sondern milchig weiß und saftig sein. Man beginnt mit der Ernte Ende Mai; sie dauert, je nach Witterung, bis Ende Juni. Puffbohnen werden in der Regel mehrmals geerntet. Man fängt mit der Pflücke unten an der Pflanze an, wo sich die ältesten und dicksten Hülsen befinden; danach kommen die jüngeren, höherstehenden an die Reihe. Im Kühllager können Puffbohnen bei 0 bis −1 °C 2−3 Wochen aufbewahrt werden. Die abgeernteten, vertrocknenden Pflanzen können kompostiert oder zerkleinert und untergegraben werden.

Fruchtfolge, Mischanbau: Puffbohnen gehören bezüglich des Fruchtwechsels in die Gruppe C (3. Tracht). Eine Vorkultur ist nahezu unmöglich. Günstig ist der Mischanbau mit Dill und Kartoffeln. Nach Puffbohnen kann man noch vieles anbauen, z. B. Endivien, späte Kohlarten, Kohlrabi und Salat.

Nährwert: 172 kJ (41 kcal): 5 g Eiweiß, 0,5 g Fett, 4 g Kohlenhydrate. Mineralstoffe: 20 mg Calcium, 100 mg Phosphor, 5 mg Eisen, 5 mg Natrium, 400 mg Kalium. Vitamine: 0,15 mg Karotin, 0,1 mg B_1, 0,15 mg B_2, 0,1 mg B_6, 80 mg C.

In Töpfen vorgezogene Puffbohnen werden, nach Abhärtung, Anfang April im Garten ausgepflanzt.

Erbsen

Pisum sativum

Die in Vorderasien beheimateten Gemüseerbsen wurden bis ins Mittelalter nur als Speisetrockenerbsen genutzt. Wir unterscheiden Schalerbsen oder Palerbsen, Markerbsen, Zuckererbsen und Trockenerbsen.

Schal- oder Palerbsen: Sie besitzen in der Regel ein rundes, glattschaliges Samenkorn und enthalten Kohlenhydrate in Form von Stärke. Trotz des etwas weniger guten Geschmacks und der geringeren Süße werden sie gern angebaut, da sie im Wuchs widerstandsfähig und relativ frostverträglich sind (−5° C im Blatt, −3° C in der Blüte) und deshalb früher ausgesät werden können. Man kann sie kleinkörnig ernten, aber auch ihr trockenes Korn ist zum Kochen geeignet. Bei Pal- oder Schalerbsen kommt es also hauptsächlich auf die kleinen Samen an, die in der Hülse verborgen sitzen. Sie werden ausgepult und gekocht gegessen. Eine ziemlich mühsame Arbeit, das Auspulen, besonders wenn Sie die kleinen köstlichen Erbsen haben wollen.

Markerbsen haben meistens ein runzeliges, geschrumpftes Korn. Sie sind oft größer und zarter, enthalten Zucker und schmecken süß. Temperaturen unter −3° C können bereits Schaden verursachen. Als Trockenerbsen sind Markerbsen ungeeignet, weil sie beim Kochen nicht weich werden.

Oben: Buscherbsen. Wenn der Boden zuviel Stickstoff enthält, ist bestimmt eine Stütze notwendig.

Links: So werden Erbsen mit Reisig gestützt. Dies sieht etwas natürlicher aus als Drahtgeflecht.

Schalerbsen und Markerbsen lassen sich nicht immer mit Sicherheit an Form, Farbe oder Größe unterscheiden, da je nach Witterung während der Reife die Schrumpfung des Korns sehr verschieden stark ausgeprägt sein kann. So gibt es auch glatte Markerbsen und andererseits mehr oder weniger stark geschrumpfte Schalerbsen. Ein sicheres Unterscheidungsmerkmal ist allein die Form der Stärkekörner, die aber nur unter dem Mikroskop festgestellt werden kann. Schalerbsen haben ein einfaches, glattes, meist ovales Stärkekorn mit exzentrischen Ringen, während es bei Markerbsen klumpig und zerklüftet ist.

Zuckererbsen: Diese unterscheiden sich von den Schal- und Markerbsen dadurch, daß sie keine Pergamentschicht an der Innenseite der Hülsen besitzen. Man verzehrt die fleischige, süße Hülse mit den noch unentwikkelten Samen. Zuckererbsen können sowohl süß-schmeckende Markerbsen- als auch Schalerbsenstärkekörner haben. Da die Hülsen der Zuckererbsen auch in einem reiferen Stadium nicht hart werden, können wir die Erbsen schön groß werden lassen, bevor wir sie zusammen mit den Hülsen ernten und kochen. Auf diese Weise ist der Ertrag wesentlich höher, ohne die geringste Geschmackseinbuße. Zuckererbsen werden überwiegend in Haus- und Kleingärten angebaut.

Trockenerbsen: Unter Trockenerbsen verstehen wir alle Erbsen, die in ausgereiftem Zustand geerntet werden. Sie können trokken als Vorrat für den Winter aufbewahrt werden, z. B. für die beliebte und allgemein geschätzte Erbsensuppe.

Der Selbstanbau von Trockenerbsen ist bei uns verhältnismäßig wenig verbreitet. Sie werden größtenteils importiert. Haben Sie etwas Platz im Garten übrig, können Sie es ja auch einmal versuchen. Es ist nicht sonderlich schwierig.

Bei den Trockenerbsen gibt es gelbe Erbsen, graue Erbsen, Rosinenerbsen (marmoriert) und grüne Erbsen. Bei letzteren gibt es solche mit runden Samen und solche mit kantigen Samen: die Schockererbsen. Grüne Erbsen, halbiert, heißen Krackererbsen oder Spalterbsen.

Alle diese Erbsen werden gekocht gegessen. Als Trockenerbsen müssen sie aber vor dem Kochen erst eingeweicht werden.

Man kann auch noch folgende Unterscheidung treffen: es gibt kletternde Erbsen oder Reisererbsen, die eine Stütze brauchen, und Buscherbsen, die mehr oder weniger von selbst aufrecht stehen.

Sorten: Die Beschreibende Sortenliste 1983 des Deutschen Bundessortenamtes enthält 14 Schalerbsen-, 85 Markerbsen- und 6 Zuckererbsensorten. Folgende seien hier empfohlen:

Schalerbsen: 'Maiperle', 'Maibote' und 'Schnabel großhülsige mit gedrücktem Korn'. Alle drei müssen durch Reiser gestützt werden.

Ohne Reiser wachsen 'Kleine Rheinländerin' und 'Watex'.

Alle genannten Sorten sind im Frischkorn hellgrün und für die Naßkonservierung geeignet.

Markerbsen: 'Senator', im Frischkorn hellgrün, muß mit Reisern gestützt werden, ebenso 'Aldermann'.

Auch Buscherbsen werden meistens am Drahtgeflecht gezogen, da Pflege und Ernte viel leichter sind.

Die verbreitete holländische Reisererbse 'Allervroegste Mei'.

Links: Die weißen Schmetterlingsblüten von Erbsen, an denen später die Hülsen erscheinen.

Links: In England werden viel große, süße Palerbsen angebaut, so wie hier die Sorte 'Sweet Green'.

Ohne Reiser wachsen: 'Progress', 'Kelvex', 'Lancet' und 'Wunder von Kelvedon'. Die letztgenannten Sorten sind im Frischkorn dunkelgrün.

Zuckererbsen: Für Anbau an Reisern: 'Frühe Heinrich', frühreifend, und 'Edula', mittelfrüh.

'Denise' ist eine frühreifende, niedrigbleibende Sorte. Mittelfrüh und ebenfalls für Anbau ohne Reiser: 'Suggy', 'Zuga', 'Rheinische Zucker', 'Graue Buntblühende'.

Die späte 'Schweizer Riesen' ist sehr starkwachsend und kann auch zur Berankung von Zäunen verwendet werden.

Boden: Erbsen können Sie auf jedem einigermaßen fruchtbaren, gut gelockerten Boden anbauen. Optimaler pH-Wert: zwischen 6,0 und 7,0. Viel Stickstoff ist, wie bei allen stickstoffsammelnden Leguminosen, nicht notwendig, also keinen frischen Stallmist geben, etwas Kali und Phosphat reichen in der Regel aus.

Aussaatzeit: Erbsen können schon früh gesät werden, da die jungen Pflänzchen ein paar Grade Frost vertragen. Schon ab Februar können die Samen in den Boden, der März ist der günstigste Aussaatmonat. Nach April sollte man keine Erbsen mehr aussäen, weil bei sommerlich warmer, trockener Witterung der Fruchtansatz zu wünschen übrig läßt.

Aussaat: Die meisten Erbsensorten sind Buscherbsen. Sie werden im Garten in Reihen mit 40–50 cm Abstand ausgesät, in der

Oben: Buscherbse 'Norli' mit reichem frühem Ertrag.

Links: Bei gewöhnlichen Erbsen ist dies das richtige Erntestadium. Es ist noch keine Haut gebildet.

Rechts: Die dicke Palerbsen-Hülse 'Sugar-Snap'.

Reihe werden die Samen 8–10 cm voneinander entfernt ausgelegt.
Reisererbsen, die ohne weiteres 1,5 m hoch werden können, pflanzt man etwas weiter voneinander, bis 1,20 m Reihenabstand. Oft sät man auch in Doppelreihen mit 10–15 cm Abstand und 1,20 m Entfernung bis zur nächsten Doppelreihe. Saattiefe bis 5 cm. Bei Reisererbsen muß für Stützen gesorgt werden.
Man kann Erbsen auch in Töpfen oder Kistchen im Gewächshaus heranziehen. Minimum-Keimtemperatur 5° C. Nach Abhärtung kommen die Pflanzen nach draußen, zur Verfrühung der Ernte am besten unter Tunnels. Erbsensamen bleiben 3–6 Jahre keimfähig.
Anbau-Ratschläge: Vögel versuchen häufig, die gerade gesäten Erbsen aus dem Boden zu holen oder später die Hülsen von den Pflanzen zu picken. Sie können dies durch Überspannen der Beete mit Gazegewebe oder Folie verhindern. Folie über den Saatbeeten beschleunigt überdies die Keimung im Garten. Wenn die Pflänzchen 5 cm hoch sind, muß die Stützvorrichtung, Reisig oder ein Drahtgerüst, aufgestellt werden. Sorgen Sie für eine stabile Stütze, denn die Pflanzen, insbesondere die Klettererbsen, werden später ziemlich schwer.
Kulturdauer: Von 90 Tagen für sehr frühe bis zu 120 Tagen für die späten Sorten.
Krankheiten und Schädlinge: Auf Böden mit hohem pH-Wert kann leicht Manganmangel auftreten. Die untersten Blätter verfärben sich gelb, doch die Nerven bleiben grün. Die Keime der Samen sterben ab, und beim Kochen bleiben solche Erbsen hart. Dagegen hilft das Spritzen mit Mangansulfat während der Blüte und der Anbau auf Böden mit geringerem Kalkgehalt.
Die Erbsengallmücke legt ihre Eier in die Blütenknospen, die Maden fressen die Knospen aus.
Eine große Gefahr ist der Erbsenwickler. Eiablage zur Blütezeit an die Kelchblätter. Die Larven zerfressen die unreifen Körner in den grünen Hülsen. Erbsen möglichst früh aussäen (Blüte vor Mitte Juni), damit die Blüte nicht in die Hauptflugzeit des Schmetterlings fällt.
Pilzkrankheiten treten besonders bei Stickstoffüberdüngung und nassem Wetter auf. Genannt seien hier nur der Erbsenmehltau, die Brennfleckenkrankheit der Erbse und der Erbsenrost.
Gegen sie hilft vorbeugend ein großzügiger Fruchtwechsel. Durch sehr frühe Aussaaten kann man dem Befall mit den meisten Krankheiten und Schädlingen zuvorkommen.

Palerbsen-Hülsen; Zuckererbsen sind eigentlich Palerbsen ohne Haut.

Die Hülsen der Spargel-Erbse besitzen merkwürdige Flügel. Sie müssen auf jeden Fall jung geerntet werden. Der Ertrag ist daher nicht hoch.

Ernte: Früh ernten bedeutet: kleine Ernte mit vorzüglichem Geschmack. Zu späte Ernte bringt Masse mit geringerem Geschmack. Palerbsen auf jeden Fall früh ernten, später werden sie zäh. Zuckererbsen können – wie erwähnt – später geerntet werden, sie sind auch dann noch zart und süß.
Alle Erbsen, die getrocknet werden sollen, muß man voll ausreifen lassen. Dieses Stadium ist erreicht, wenn die Blätter gelb zu werden beginnen. Grüne und gelbe Erbsen reifen als erste. Lockern Sie die Pflanzen an ihrem Standort, und lassen Sie sie noch ein paar Tage auf dem Land trocknen. Danach werden sie in einem Schuppen oder unter einem Vordach aufgehängt. Wenn die Erbsen völlig trocken sind, werden sie gedroschen: Packen Sie sie in einen Jutesack und schlagen Sie mit einem Teppichklopfer darauf; danach werden die Erbsen herausgesiebt.
Fruchtfolge, Mischanbau: Erbsen gehören in Gruppe C (3. Tracht). Eine Vorkultur ist wegen der sehr frühen Aussaatzeit fast unmöglich. Günstig ist der Mischanbau mit Dill, frühen Endivien, Knollenfenchel, Gurken, Kohlrabi, Mangold, Salat und Zucchinis. Umstritten ist die Kombination mit Bohnen, Kartoffeln und Kohl. Ungünstig ist das Zusammenpflanzen mit Fenchelkraut, Knoblauch, Porree, Schnittlauch, Tomaten und Zwiebeln.
Für den Nachbau kommen folgende Arten mit kurzer Kulturzeit in Betracht: Endivien, Knollenfenchel, späte Kohlarten, Möhren und Salat.
Nährwert (Palerbsen): 257 kJ (61 kcal): 4 g Eiweiß, 0,5 g Fett, 10 g Kohlenhydrate. Mineralstoffe: 20 mg Calcium, 80 mg Phosphor, 2 mg Eisen, 10 mg Natrium, 300 mg Kalium. Vitamine: 0,4 mg Karotin, 0,17 mg B_1, 0,15 mg B_2, 0,09 mg B_6, 50 mg C.
Nährwert (Zuckererbsen): 128 kJ (30 kcal): 2,5 g Eiweiß, Fett = ?, 5 g Kohlenhydrate. Mineralstoffe: 40 mg Calcium, 30 mg Phosphor, 0,5 mg Eisen, 5 mg Natrium, 250 mg Kalium. Vitamine: 0,2 mg Karotin, 0,15 mg B_1, 0,06 mg B_2, 0,09 mg B_6, 70 mg C.
Nährwert (Trockenerbsen): 1145 kJ (270 kcal): 21 g Eiweiß, 1,5 g Fett, 43 g Kohlenhydrate. Mineralstoffe: 80 mg Calcium, 400 mg Phosphor, 5 mg Eisen, 10 mg Natrium, 1 g Kalium. Vitamine: 0,15 mg Karotin, 1,1 mg B_1, 0,1 mg B_2, 0,25 mg B_6, 2 mg C.

Rechts oben und unten: Eine Kuriosität, die holländische Reiser-Trockenerbse 'Blauwschokker'; kann gut frisch verzehrt werden.

Spargelerbse

Tetragonolobus purpureus

Merkwürdig, die Spargelerbse ist ein nur selten in Gärten anzutreffendes Gemüse, das auch in Fachkreisen oft nicht bekannt ist. Sie ziert sich mit hübschen roten Blüten und bringt eigenartig geflügelte Hülsen. Diese müssen jung gepflückt und gekocht gegessen werden. Versuchen Sie es doch einmal!
Sorten: Nicht bekannt.
Boden: Gedeiht gut in einem leidlich fruchtbaren, nicht zu trockenen Boden.
Aussaatzeit: Ab Ende April im Freien.
Aussaat: In Reihen mit 20–30 cm Abstand. Saattiefe 1–2 cm. Nach dem Auflaufen auf 10 cm in der Reihe ausdünnen.
Anbau-Ratschläge: Spargelerbsen brauchen zum guten Gedeihen ziemlich viel Wärme, doch wenn sie erst einmal Fuß gefaßt haben, wachsen sie zügig. Die Pflanzen sind sehr schlaff; wir stützten sie, indem wir sie an Bambusstäbe banden. Sie wuchsen daran etwa 50 cm hoch, blühten übermäßig und setzten viele Hülsen an. Die Blüte zieht sich ziemlich lange hin, ebenso die Ernte.
Kulturdauer: Ab 90 Tage.
Krankheiten und Schädlinge: Darüber ist nichts bekannt.
Ernte: Sehr wichtig ist, die Hülsen jung zu ernten. Werden sie länger als 5 cm, schmekken sie nicht mehr. Je mehr Sie pflücken, desto länger blüht die Pflanze. Auf diese Weise kann man bis Ende August ernten.
Fruchtfolge, Mischanbau: Hierüber ist wenig bekannt. Vergleichen Sie mit anderen Hülsenfrüchten. Als Vorkultur eignet sich z. B. Kohlrabi, früher Salat oder Spinat, als Nachkultur: Feldsalat. Günstige und ungünstige Kombinationen können wir nicht angeben.
Nährwert: Nicht bekannt.

Bleichgemüse

Allgemeines

Es muß ein Landstreicher, Naturapostel, ein Häusler oder sonst ein mit Boden und Pflanze eng verbundener Mensch gewesen sein, der entdeckte, daß manche Pflanzen viel leckerer schmecken, wenn sie eine Zeitlang unter der Erdoberfläche gewachsen waren. Vielleicht geschah diese Entdeckung mit Blättern des gewöhnlichen Löwenzahns, die zufällig von einem Maulwurfshügel zugedeckt worden waren. Diese Blätter waren bleich und viel zarter als das grüne Laub.
Oder war es der wilde Spargel, auf den zufällig einmal etwas Erde gelangte?
Wie dem auch sei, seit dieser ersten Überraschung hat der Verzehr gebleichter Gewächse ständig zugenommen, so daß wir beim Spargel geradezu von einem Frühjahrskult sprechen können (»Haben Sie den ersten Spargel schon probiert?«).
Und zur Erzeugung von Chicorée gibt es heute schon Betriebe, in denen überhaupt keine Erde mehr zu finden ist. Das dritte wichtige Bleichgemüse ist der Bleichsellerie, eine Pflanze, die heute ebenfalls millionenfach angebaut wird.
Alle Bleichgemüse lassen sich verhältnismäßig einfach vom Gartenfreund kultivieren, Bleichsellerie vielleicht noch am schwierigsten, das hängt etwas von der Bodenart ab. Köstlicher Spargel, frischer Chicorée und andere gebleichte Gemüse, wir werden sie nachstehend alle besprechen.
Bleichgemüse wird oft zwei- oder mehrjährig kultiviert. Es leuchtet ein, daß eine Pflanze, die unterirdisch oder im Dunkeln wächst und kein Blattgrün besitzt, nicht assimilieren d.h. Zucker, Stärke und andere Verbindungen produzieren kann, weil ihr das Sonnenlicht für die Photosynthese (s. S. 7) fehlt. Der künstlich herbeigeführte Lichtentzug beim Bleichen veranlaßt die Pflanze zur Bildung größerer Einzelzellen und dünnerer Zellwände. Das Gewebe wird dadurch zarter, schmackhafter und bekömmlicher. Durch das Bleichen kommt es andererseits aber zu einer gewissen Reduzierung und Wertminderung der Inhaltsstoffe.
Befinden sich in der Wurzel noch genügend Reservestoffe, dann kann es die Pflanze wohl eine Zeitlang im Dunkeln aushalten. Wenn die Finsternis aber kein Ende nimmt, dann geht jede Pflanze unwiderruflich zugrunde. Das Bleichen dauert daher niemals länger als einige Monate, danach stirbt die Pflanze ab oder man muß ihr die Möglichkeit geben, normale, grüne Blätter zu bilden, wieder zu assimilieren und sich erholen zu können. Wir werden sehen, daß der Bleichprozeß bei jedem Gemüse seine Besonderheiten hat, doch das Prinzip, mehr Zartheit durch weniger Licht, gilt für alle diese Pflanzen.
Durch die speziellen Verhältnisse in der Kultur der Bleichgemüse sind die Möglichkeiten eines Mischanbaues ziemlich beschränkt. Bei Spargel z. B. wird während des Stechens die Fläche zunächst nicht voll genutzt, doch danach werden die Pflanzen riesig groß, und darunter ist es dann für eine andere Kultur zu dunkel. Grundsätzlich kann man natürlich noch etwas Kopfsalat zwischen Spargel anbauen, aber lohnt sich das? Ebenso ist es mit jeder Vor- und Nachkultur: im Prinzip wohl möglich, aber nicht leicht durchführbar.
Krankheiten und Schädlinge treten bei Bleichgemüsen auffallend wenig auf. Natürlich besteht immer die Möglichkeit eines Pilzbefalls, besonders beim Chicorée, doch die eierlegenden und fressenden Parasiten bleiben im allgemeinen fern.
In diesem Kapitel gibt es eine Besonderheit: Beim Chicorée besprechen wir zusätzlich zwei nahe Verwandte, eine rotblättrige (Radicchio) und eine grünblättrige Form (Fleischkraut). Beides sind Zichorien-Gewächse, die jedoch nicht gebleicht werden. Im Geschmack ähneln sie sehr dem Chicorée, sind nur ein wenig bitter.
Ein Gemüse, das gelegentlich auch gebleicht wird, ist der Rhabarber. Da das Bleichen hier aber mehr die Ausnahme als die Regel ist, finden Sie dieses Gemüse im Kapitel Blatt- und Stengelgewächse.

In England sahen wir diesen handlichen Bleichtopf, eine Art Kölner Steingut, ohne Boden. Er wird über das austreibende Gemüse (Rhabarber, Meerkohl) gestülpt. Durch Abheben des Deckels kann man den Bleichvorgang gut verfolgen.

Spargel

Asparagus officinalis

Wie viele unserer Gemüsearten ist die Heimat des Spargels Vorderasien. Cato (234–149 v. Chr.), der älteste unter den römischen Schriftstellern, die über den Landbau schreiben, ist wohl der erste, der über die uns heute bekannte Art des Spargels berichtet. Er empfiehlt, ihn 9–10 Jahre an Ort und Stelle stehen zu lassen (!). Der naturwissenschaftliche Schriftsteller Plinius (23–79 n. Chr.) berichtet, daß in Ravenna drei Spargel auf ein Pfund gingen. Nach Deutschland dürfte der Spargel – über Frankreich – gelangt sein. Wohl jeder kennt die Zierspargel-Arten *Asparagus densiflorus* und *A. falcatus,* die als stark wachsende Zimmerpflanzen in vielen Wohnungen zu finden sind. Hier geht es um die winterharte Art *A. officinalis,* um die »Heil- und Arzneipflanze« Spargel (lat. *officinalis* = Arznei-). Als Medizin wird die Pflanze heute allerdings kaum noch gebraucht, allenfalls als Mittel gegen Lustlosigkeit in der Liebe; denn Spargel steht im Ruf, ein zuverlässiges Aphrodisiacum zu sein. Unsere Erfahrungen in dieser Hinsicht gehören nicht in dieses Buch, wir wollen Sie über den Anbau dieses köstlichen Gemüses informieren.

Sorten: Eine alte Standardsorte, die selten enttäuscht, ist 'Ruhm von Braunschweig'. In neuerer Zeit sind einige leistungsfähigere Sorten hinzugekommen, wie 'Schwetzinger Meisterschuß' oder 'Lukullus II', eine Sorte, die nur rein männliche Pflanzen bringt. Männliche Pflanzen, die keine Beeren tragen, bringen im folgenden Jahr meist bessere Erträge. Bei 'Huchels Auslese' wird das Saatgut durch Staudenauslese gewonnen.

Aus Holland kommen neue Hybridsorten: 'Limbras 22', besonders früh, 'Limbras 26', mittelfrüh, 'Limbras 18', spät, mit besonders kräftigen Stangen.

Dies alles sind Bleichspargelsorten, die auch zum Anbau als Grünspargel geeignet sind. Ihre Stangen verfärben sich dann jedoch blau oder violett. 'Spaganiva' verfärbt sich als Grünspargel nur hellgrün und wird deshalb für diese Anbauform besonders empfohlen.

Boden: Ein sehr wichtiger Punkt, über den viele falsche Meinungen existieren. In fast allen Büchern können Sie lesen, daß Spargel auf leichte Sandböden gehört. Das ist nicht richtig. Spargel hat die gewaltige Wuchskraft eines Unkrautes und gedeiht auf Lehmböden ebenso gut oder vielleicht sogar noch besser als auf Sand.

Es sind nur zwei Voraussetzungen wichtig: Der Boden muß genügend Kalk enthalten

Einjährige Spargelpflanzen werden in einen Graben gepflanzt; die Wurzeln werden gleichmäßig verteilt.

Ein angehäufeltes Spargelbeet wird im Frühjahr glatt gestrichen.

(pH um 7,0), und das Grundwasser darf nicht zu hoch stehen (80–100 cm tief).

Etwas anderes ist es mit dem Boden, mit dem wir die Pflanzen bedecken, und in dem dann die bleichen Triebe emporwachsen sollen; er darf nicht zu schwer sein, denn sonst werden die Stangen krumm und unansehnlich. Im Erwerbsanbau ist es natürlich unwirtschaftlich, Sand auf einen Lehmacker zu bringen, doch der Gartenfreund, der gern Spargel ißt, kann sich ein paar Kubikmeter Sand kommen lassen, der dann jahrelang verwendbar ist.

Aussaatzeit: Spargel können Sie aussäen, Sie können aber auch Spargel-Jungpflanzen kaufen. Die Aussaat erfolgt am besten in Töpfen, ab Anfang März, im kalten Gewächshaus oder draußen auf einem Saatbeet ab April.

Aussaat: In Töpfen mit guter Aussaaterde; 1–2 Samen je Topf, auch in Saatschalen mit anschließendem Pikieren. Keimtemperatur um 20° C, danach wieder etwas kühler halten.

Die Samen bleiben 3–5 Jahre keimfähig.

Anbau-Ratschläge: Der selbstgesäte Spargel wird im 1. Jahr draußen in Reihen auf ein sonniges Beet gepflanzt; Reihenabstand 30 cm, Abstand in der Reihe 15–20 cm. Die Pflanzen sollen zügig wachsen, deshalb bei trockenem Wetter gießen und im Laufe des Sommers eine zusätzliche Düngergabe verabreichen. Von Spargelstechen ist natürlich im 1. Jahre keine Rede.

Im 2. Jahr kommen die Spargelpflanzen an ihren endgültigen Platz. Dies geschieht im zeitigen Frühjahr, sobald das Wachstum einsetzt.

In diesem Stadium können Sie natürlich auch beim Gärtner gekaufte Pflanzen verwenden; die Selbstaussaat und die Kultur im 1. Jahr ersparen Sie sich damit.

Die Spargelbeete werden in 150 cm Abstand voneinander angelegt, der Abstand in der Reihe beträgt 40 cm. Meistens genügt eine einzige Reihe Spargel.

In diesem Jahr werden die Spargelpflanzen in 25–30 cm tiefe Gräben gepflanzt. Unten in den Graben kommen etwas Kompost, Stallmist oder andere Bodenverbesserungsmittel. Die fleischigen Wurzeln der Spargelpflänzchen werden gleichmäßig nach allen Seiten verteilt.

Den Graben füllt man nicht völlig zu, lediglich das Herz der Pflanze wird etwa 5 cm hoch mit Erde bedeckt.

Im Laufe des weiteren Wachstums im Sommer wird der Graben allmählich mit Erde angefüllt. Durch den Regen geschieht dies weitgehend von selbst, doch können Sie ab und zu auch etwas nachhelfen. Düngen Sie im Sommer noch einmal, um das Wachstum zu fördern. Eine Spargelernte kommt aber auch im zweiten Jahr noch nicht in Betracht. Schneiden Sie im Dezember das erforene Laub am Boden ab.

Im dritten Jahr werden schon zeitig im Januar/Februar die heruntergeschnittenen Pflanzen 30–40 cm hoch mit Erde angehäufelt. Die Unterkante des Hügels ist 80 cm und die Oberkante 40 cm breit. Die dafür erforderliche Erde nehmen Sie aus dem Zwischenraum zwischen den Reihen, Sie können aber auch eigens herangeschaffte Erde dazu verwenden. Der Erdhügel hat eine konische Form und ist oben abgeplattet.

Ende April/Anfang Mai wird das angehäufelte Beet noch einmal schön flach gestrichen, und dann beginnt das Warten auf die ersten Spargelköpfe, s. weiter unter Ernte.

Der Spargel kündigt sein Erscheinen durch Risse in der Erde an.

Beim Ernten wird zunächst rund um den Spargeltrieb etwas Erde entfernt.

Statt eines Spezial-Spargelmessers können Sie auch ein Küchenmesser benutzen.

Nach der Ernte wird das angehäufelte Beet wieder eingeebnet. Die Erde kommt wieder zurück in den Graben zwischen den Beeten, aber nicht ohne zuvor etwas Stallmist oder einen anderen Dünger eingebracht zu haben. Haben Sie extra Deckerde verwendet, wird diese zur Seite gebracht und für das nächste Jahr aufgehoben.
Die Spargelpflanzen müssen nun wieder flott Laub produzieren, damit sie assimilieren und Reservestoffe bilden können und kräftige Wurzeln für den Austrieb im nächsten Jahr bekommen. Im Dezember wird das erforene Laub wieder bis zum Boden weggeschnitten, und im Frühjahr werden die Beete wieder angehäufelt. Das ist in wenigen Worten der in der Spargelkultur übliche Turnus.
Auf diese Weise kann man dann wenigstens 15 Jahre lang Spargel kultivieren.

Zum Jahresende hin wird das abgestorbene Laub abgeschnitten.

Wünschen Sie grünen Spargel, dann wird natürlich keine Deckerde aufgebracht.
Kulturdauer: Bei diesem ausdauernden Gewächs kann man eigentlich nicht von Kulturdauer reden, sondern eher von Ernteperioden (s. unten).
Krankheiten und Schädlinge: Wir haben in unseren Spargelkulturen noch niemals etwas mit Krankheiten oder Schädlingen zu tun gehabt. Sicher liegt dies daran, daß in der ganzen Nachbarschaft kein Spargel angebaut wird. Lebt man in einem Spargelanbaugebiet, muß man zumindest mit dem Spargelkäfer rechnen, der aber erst auftritt, wenn die Pflanzen Laub besitzen, an dem sie fressen können.
Die Spargelfliege tritt ebenfalls erst Ende Juni auf, vor allem in Junganlagen. Die Larven fressen Gänge in die Triebe, die verkrümmen und absterben.
Die Larven der Bohnenfliege dagegen fressen sich schon im Mai quer durch die Spargelstengel. Nur durch Vermischen des Erdbodens mit einem Bekämpfungsmittel kann man dieser Gefahr begegnen.
Ernte: Im ersten Erntejahr – das ist also das dritte Jahr nach der Aussaat – darf man nur kurze Zeit Spargel stechen, nicht länger als bis zum 1. Juni. In den folgenden Jahren erntet man bis Johanni, das ist der 24. Juni. Es kommt natürlich nicht genau auf den Tag an, aber dieses Datum ist nun einmal gebräuchlich.
Der richtige Erntezeitpunkt ist gekommen, wenn der glattgestrichene Boden Risse zeigt. Wenn Sie mit den Fingern etwas Erde wegkratzen, dann sehen Sie schon den hellen Spargelkopf. Der bleiche Trieb wird nun vorsichtig mit der Hand oder einer kleinen Handschaufel freigegraben und am unteren Ende mit einem scharfen Messer abgeschnitten. Es gibt für diesen Zweck auch spezielle Spargelmesser, man braucht dann nicht so tief zu graben. Doch mit ein wenig mehr Mühe und einem gewöhnlichen Küchenmesser geht es auch sehr gut. Stechen Sie den Spargel nicht länger als Ihr Kochtopf breit oder hoch ist, 20 cm dürfte das richtige Maß sein.
Gehen Sie jeden Tag am Spargelbeet entlang, und ernten Sie den jeweils stechreifen Spargel, sonst verfärben sich die Köpfe violett. Das ist an sich nicht weiter schlimm, der gute Geschmack leidet kaum darunter, aber es sieht etwas unschön auf Ihrem Teller aus.
Geernteter Spargel kann unter Wasser im Kühlschrank mehrere Tage aufbewahrt werden.
Nach der täglichen Ernte müssen die Erdlöcher wieder zugemacht und die Beete glattgestrichen werden.
Die Ernte von grünem Spargel ist etwas einfacher: abschneiden, sobald sie 20 cm lang sind. Aber auch bei diesem Spargel wird die Ernte am 24. Juni beendet.
Fruchtfolge, Mischanbau: Bei dieser Dauerkultur kann man von Fruchtfolge eigentlich kaum sprechen. Der Mischanbau mit Gurken, Kohlrabi, Kopfsalat und Tomaten dürfte günstig sein, erscheint uns aber wenig praktisch. Abgeraten wird von der Kombination mit Knoblauch und Zwiebeln. Nachkultur, ebenso wie Fruchtwechsel, ist beim Spargel bedeutunglos.
Nährwert: 68 kJ (16 kcal): 1 g Eiweiß, 0,14 g Fett, 3 g Kohlenhydrate. Mineralstoffe: 20 mg Calcium, 60 mg Phosphor, 1 mg Eisen, 5 mg Natrium, 200 mg Kalium. Vitamine: 0,03 mg Karotin, 0,1 mg B_1, 0,07 mg B_2, 0,05 mg B_6, 20 mg C.

Chicorée, Fleischkraut, Radicchio

Cichorium intybus var. *foliosum*

Radicchio, ein Gemüse, das bei uns nicht ganz einfach zu kultivieren ist, weil die Wurzeln frostempfindlich sind.

In Belgien und in den Niederlanden kennt man hauptsächlich den Brüsseler Chicorée, den – aus zuvor angebauten Wurzeln – im Dunkeln gewachsenen Sproß. Entwickelt sich dieser ungebleicht im Tageslicht, sprechen wir von Fleischkraut. Der in Italien verbreitete, roten Salatköpfen ähnliche Radicchio ist gleichfalls eine Zichorien-Form. Hierher gehört auch die Wurzelzichorie (*Cichorium intybus* var. *sativum*), die als Kaffee-Ersatz verwendet wird.

Bei der üblichen Salatzichorie handelt es sich um eine im Sommer durch Aussaat gewonnene, kräftige Pflanze, deren Laub im Herbst abgeschnitten wird. Die Wurzel wird aufbewahrt, und der sich später daraus entwickelnde Sproß ist das Produkt, um das es hier geht. Beim Fleischkraut wird der Kopf unmittelbar gebildet.

Sorten: Vom Chicorée gibt es vor allem in Holland und Belgien eine große Anzahl von Sorten. Sie werden nach Treibtermin (früh, mittel, spät) und nach Art der Abdeckung unterschieden.

Früh: 'Deldra', 'Extrema', 'Megro extra früh', 'Wolfero Primo', 'Firmato', 'Megro früh', 'Wolfero Sekundo'.

Mittel: 'Dubbel Blank', 'Gebo mittelfrüh', 'Produktiva', 'Wolfero Tertio'.

Spät: 'Delvo', 'Dubbel Blank', 'Ivorine', 'Megro spät', 'Produktiva', 'Zoom.'.

Geeignet für Treiberei ohne Deckerde: 'Barola', 'Normato', 'Terosa', Videna' und auch 'Zoom'.

Fleischkraut: 'Zuckerhut', starkwachsend.

Radicchio: 'Palla Rossa', bildet Köpfe im 1. Jahr; 'Roter von Verona', überwintert im Freien und bildet Köpfe im März/April des folgenden Jahres; 'Rosetta', bildet keinen Kopf.

Boden: Die Ansprüche an den Boden – ebenso wie an das Klima – sind nicht hoch. Es ist gar nicht einmal gut, Salatzichorie auf dem besten Boden anzubauen. Je ärmer der Boden, desto besser entwickeln sich die Wurzeln. Zu leichte Böden jedoch sind ungeeignet, da sie rasch austrocknen. Chicorée braucht aber im Sommer normale Niederschläge. In sehr nahrhaftem Boden gibt es verzweigte Wurzeln, die sich nicht gut eintopfen lassen.

Dies alles gilt auch für das Fleischkraut und den Radicchio.

Aussaatzeit: Nicht vor Anfang Mai, da sonst die Gefahr des Schießens infolge zu niedriger Temperatur zu groß ist. Für eine sehr frühe Kultur sollte man unter der wärmenden Folie aussäen. Säen sie zu spät, dann sind die Wurzeln im Herbst noch zu klein, um ein gutes Treibergebnis zu erzielen.

Fleischkraut wird am besten in der letzten Juniwoche gesät. Bei früherer Aussaat schießen die Pflanzen leicht. Radicchio wird, je nach Sorte, von Ende Mai bis Anfang August ausgesät. Die Gefahr des Schießens ist am geringsten bei Aussaaten nach dem längsten Tag.

Aussaat: An Ort und Stelle, mit 30 cm Reihenabstand. Nach dem Auflaufen auf 15 cm vereinzeln, Fleischkraut und Radicchio auf 30 cm. Saattiefe 2–3 cm. Die Samen behalten ihre Keimkraft mindestens 3 Jahre.

Anbau-Ratschläge: Hacken und, wenn nötig, gießen. Die Blätter vertragen ein paar Grad unter Null, mit Ausnahme des Radicchio, der aus diesem Grunde mit Folie oder Stroh abgedeckt werden sollte. Die Pflanzen wachsen in der Regel bis Oktober.

Dann kann die Chicorée-Treiberei beginnen. Zunächst werden die Wurzeln gerodet; sie bleiben danach, mit dem Laub daran, noch eine Woche auf dem Beet liegen, nur

Fleischkraut, ein problemloses und schmackhaftes Gemüse, das Ende Oktober geerntet werden kann.

nicht in der Sonne. Achten Sie darauf, daß sie nicht erfrieren.
Nun wird das Laub bis auf 2–3 cm über der Wurzel abgeschnitten. Nicht tiefer, um den Vegetationspunkt nicht zu beschädigen. Die Seitenwurzeln werden entfernt, und die Hauptwurzel wird ein wenig eingekürzt.
Für die Kalttreiberei werden die Wurzeln im Garten an einem Platz eingeschlagen, an dem das Grundwasser nicht zu hoch steht. Sie werden säuberlich nebeneinander auf den ebenen Boden des Einschlags gestellt, und darauf kommt eine 20–30 cm hohe Schicht leichter Erde. Zum Schutz gegen Frost wird der Einschlag schließlich noch mit Schilf oder Stroh abgedeckt. Je nach Temperatur werden sich nun die Triebe in der Deckerde entwickeln. Etwa Mitte Januar können Sie ja einmal nachsehen, ob die Köpfe schon groß genug sind.
Ist der Boden wärmer, werden auch die Köpfe schneller gebildet; und damit kommen wir zur Warmtreiberei, der meist üblichen Methode. Bei dieser werden die Wurzeln in Kisten gesetzt und auch mit Erde bedeckt. In den ersten 10 Tagen noch keine Wärme geben, danach hauptsächlich den Unterboden erwärmen und die Deckerde kühler halten. Für sehr frühe Treiberei kann bis auf 22°C geheizt werden, für mittelfrühe bis 20°C und für späte bis 18° C. Das sind Höchsttemperaturen, die übliche Treiberei mit bestem Ergebnis erfolgt bei 7–13°C.
Für die späte Treiberei kann man die Wurzeln auch in einem Kühlschrank bei Temperaturen etwas über Null aufbewahren. Sie werden dann erst im Frühjahr zum Treiben aufgesetzt, bringen dann aber verhältnismäßig bald schöne Köpfe.
An Stelle von Kistchen, die meistens nicht tief genug sind, empfehlen wir den Gebrauch von großen Plastik-Eimern, wie es die Abbildung zeigt. Diese müssen aber mit Abflußlöchern versehen sein, um auf jeden Fall stauende Nässe zu vermeiden.
Es gibt auch Sorten, die einen festen Kopf bilden, ohne daß Deckerde aufgebracht wird. Das spart natürlich viel Arbeit. Die Wurzeln werden in Kistchen oder Eimern, notfalls auch in Pappkartons aufgesetzt, die innen mit schwarzer Folie ausgekleidet sind. Zwischen die Wurzeln kommt Erde, die mit Wasser hineingespült wird, so daß sie fest stehen. Oben auf die Wurzeln kommt nun aber keine Deckerde. Die Kiste, der Eimer oder der Karton müssen gegen Licht völlig abgeschirmt werden, denn sonst werden die Köpfe nicht weiß, sondern grün und bitter.
Die beste Temperatur für diese Treibmethode beträgt etwa 16° C.
Fleischkraut braucht nicht getrieben zu werden, die Köpfe können im Oktober direkt vom Gartenbeet geholt werden.
Radicchio ist frostempfindlich und muß deshalb rechtzeitig gerodet werden. Die Wurzeln werden ebenso behandelt wie die vom Chicorée und kommen dann in ein kaltes, aber frostfreies Gewächshaus. Sie können auch versuchen, Radicchio draußen in einem Tunnel zu kultivieren, die Wurzeln brauchen dann nicht erst gerodet zu werden. Die Temperatur soll 10° C nicht übersteigen, sonst bekommt man keine schönen Köpfe. Abdekken mit Erde ist nicht notwendig.

Oben von links nach rechts: Das Treiben von Chicorée: Die Wurzeln ausgraben, das Laub abschneiden, aber nicht zu tief, und das Aufsetzen zum Treiben in einem geeigneten Behälter.

Rechts: Ein schönes Ergebnis der Chicorée-Treiberei.

Links: So sehen junge Radicchio-Pflanzen aus. Bei guter Pflege – hacken und ausreichend gießen – entwickeln sie sich zügig weiter.

Rechts: Der Boden in den Gräben wird vorher mit guter Gärtnererde verbessert.

Kulturdauer: Für Chicorée 180 Tage, für Fleischkraut und Radicchio wenigstens 120 Tage, beides bis zum Beginn der Treiberei gerechnet.

Krankheiten und Schädlinge: Es können Älchen und Wurzelläuse auftreten, man kennt Pilzkrankheiten an Wurzel und Blatt, und aus Holland wird über eine Minierfliege berichtet, deren Maden in den Wurzeln junger Pflanzen minieren und bei der Treiberei sogar in die Sprosse eindringen und diese entwerten, doch sind alle diese Schädlinge selten und erfordern normalerweise keine Gegenmaßnahmen. Gelegentlich während der Treiberei Fäulnis, wenn es zu warm und die Erde zu naß ist.

Ernte: Die Ernte erfolgt, wenn die Köpfe die gewünschte Länge erreicht haben. Sie können bei niedriger Temperatur einige Zeit – im Dunkeln – aufbewahrt werden. Fleischkraut wird Ende Oktober direkt vom Beet geerntet.

Fruchtfolge, Mischanbau: Bezüglich des Fruchtwechsels: Gruppe C (3. Tracht). Chicorée ist eine Hauptkultur und läßt eigentlich nur wenig Raum für irgendwelche Vor- und Nachkulturen im gleichen Jahr. Günstig ist Mischanbau mit Knollenfenchel, Möhren, Tomaten und Zwiebeln.

Bei Fleischkraut und Radicchio können Sie als Vorkultur frühes Gemüse anbauen, z. B. Spinat, Radieschen oder andere Gemüse, die bis Mitte Juni das Feld geräumt haben.

Nährwert: Für Chicorée: 68 kJ (16 kcal): 1 g Eiweiß, 0,18 g Fett, 3 g Kohlenhydrate. Mineralstoffe: 20 mg Calcium, 20 mg Phosphor, 0,5 mg Eisen, 5 mg Natrium, 200 mg Kalium. Vitamine: 1,29 mg Karotin, 0,04 mg B_1, 0,03 mg B_2, 0,05 mg B_6, 5 mg C.

Bleichsellerie

Apium graveolens var. *dulce*

Eine Form des Selleries, die in den letzten Jahren mehr und mehr verlangt wird und praktisch auch das ganze Jahr hindurch erhältlich ist (viel importiert). Gegessen werden, sowohl roh als auch gekocht, die langen, bleichen Blattstiele. Bleichsellerie ist besonders leicht verdaulich.

Sorten: Die traditionellen Sorten werden gebleicht, indem man die Stiele während des Wachstums durch Anhäufeln oder Papiermanschetten vor Licht schützt. Eine Verbesserung stellen die selbstbleichenden Sorten, wie 'Goldgelber Selbstbleichender' dar, die ohne diese Maßnahmen genügend helle Stiele ergeben. Diese sind außerdem auch meist fleischiger als die der grünen Sorten. Noch neuer sind die grünbleibenden Sorten, die nicht so schnell faserig werden wie die selbstbleichenden: 'Clairette', 'd'Elne', 'Giant Pascal' und 'Utah'.

Boden: Der Boden soll stets gleichmäßig feucht sein und viel Humus enthalten. Tief bearbeiten und, wenn nötig, mit Kalk auf ein pH von etwa 7,0 bringen. Der Boden muß ferner nährstoffreich sein, um einen flotten Wuchs zu gewährleisten.

Aussaatzeit: Ende März bis April unter Glas.

Aussaat: In Saatschalen, ziemlich feucht halten, nach dem Auflaufen in Töpfe pikieren. Die Samen keimen langsam, deshalb zu-

Auspflanzen von Bleichsellerie im Juni in Gräben. Diese werden im Laufe des Sommers allmählich mit Erde aufgefüllt.

Oben: Bleichen erreicht man auch durch Tiefpflanzen und, wenn nötig, durch zusätzliches Anhäufeln von etwas Erde. Die Kultur des Bleichselleries ist nicht ganz einfach und gelingt nur in einem feuchten, nährstoffreichen Boden.

Links: Die Stengel des Bleichselleries können mit schwarzer Plastik-Folie gegen Licht abgeschirmt werden, wodurch sie bleich und zart werden. Bei den sogenannten selbstbleichenden Sorten ist dieses Einpacken nicht notwendig.

nächst eine Nacht in lauwarmem Wasser weichen oder in einer Schale mit feuchtem, scharfem Sand vorkeimen lassen.

Anbau-Ratschläge: Auspflanzen in der zweiten Junihälfte, die gewöhnlichen Sorten in 15–20 cm tiefe und 40 cm voneinander entfernte Gräben. Abstand in der Reihe 20 cm. Selbstbleichender Sellerie wird 30×30 cm gepflanzt. Bleichselleriepflanzen sollen dicht aneinander stehen. Dies fördert das Strecken der Blattstiele und erhöht den Bleicheffekt. Bei trockenem Wetter stets gut gießen. Die Gräben werden im Laufe des Sommers allmählich aufgefüllt. Alle Sorten ein- oder zweimal mit organischem oder mineralischem Stickstoff nachdüngen.

Sellerie kann man auch bleichen, indem man Manschetten aus dunklem Papier oder Plastik um die Stiele bindet.

Kulturdauer: Ungefähr 180 Tage.

Krankheiten und Schädlinge: Braune Herzen (»Schwarzherzigkeit«) führen rasch zu Fäulnis. Eine der Ursachen: Stickstoffüberschuß. An den Pflanzen saugen Blattläuse und Wanzen. Der *Septoria*-Blattfleckenkrankheit kann man vorbeugen, indem man gebeiztes Saatgut kauft. Schnecken müssen bekämpft oder abgesammelt werden.

Ernte: Ab September kann nach Bedarf geerntet werden. Im Kühlschrank ist Bleichsellerie – im Plastikbeutel – eine Zeitlang haltbar. Die Pflanzen können draußen länger stehenbleiben, wenn man sie gegen Frost mit Plastik-Folie schützt.

Fruchtfolge, Mischanbau: Bleichsellerie gehört in Gruppe A (1. Tracht). Als Vorkultur kann man verschiedene Gemüse anbauen, die bis Mitte Juni das Feld räumen, z. B. Erbsen, frühen Kohl (Spitzkohl), Kohlrabi, Radieschen, Rettich, Spinat. Nach der Vorkultur eine kräftige Stickstoffdüngung verabreichen! Keine Nachkultur.

Nährwert: 51 kJ (12 kcal): 1 g Eiweiß, 0,2 g Fett, 2 g Kohlenhydrate. Mineralstoffe: 80 mg Calcium, 40 mg Phosphor, 0,5 mg Eisen, 150 mg Natrium, 400 mg Kalium. Vitamine: 0,03 mg Karotin, 0,08 mg B_1, 0,15 mg B_2, 0,1 mg B_6, 25 mg C.

Sonstige Bleichgemüse

In gewissem Umfang werden auch noch andere, oft ausdauernde Gewächse gebleicht. Die bekanntesten sind die Kardone oder Gemüseartischocke, der Löwenzahn, die Schwarzwurzel und der Meerkohl.

Das Bleichen erfolgt im allgemeinen durch Anhäufeln mit Erde oder durch Einpacken der betreffenden Pflanzenteile in schwarze Plastikfolie. In England sahen wir praktische Bleichtöpfe aus Ton. Diese haben keinen Boden, so daß sie über die Pflanzen gestülpt werden können. Durch den Deckel kann man den Wuchs der Pflanze gut beobachten.

Kardone, *Cynara cardunculus,* auch Gemüseartischocke oder Spanische Artischocke genannt, ähnelt sehr unserer nur als Kulturpflanze bekannten Artischocke, *Cynara scolymus.* Die Kultur ist einjährig: Aussaat im Frühjahr, zügig im Wuchs halten und bleichen im August/September.

Ende März kann bereits in Töpfe gesät werden, Keimtemperatur 20° C. Im Mai, nach Abhärten, auspflanzen auf 80×80 cm. Mitte August kann mit dem Bleichen begonnen werden. Dazu wird schwarze Plastik-Folie um die Stengel gebunden, so daß kein Licht mehr an sie herankommt. Nach einigen Wochen werden die Blattstiele geerntet, genügend lange gekocht und gegessen.

Das Problem ist, daß dieses Gemüse gern vorzeitig schießt. Die Blattstiele sind dann nicht mehr zart und wohlschmeckend. Das Schießen kann man vermeiden, indem man erst Anfang Juni warm aussät. Mit dem Bleichen muß man dann bis Ende September/Anfang Oktober warten.

Der **Löwenzahn,** *Taraxacum officinale,* ist eine weitverbreitete, ausdauernde Wiesenpflanze. Oft werden die austreibenden Blätter auf der Wiese durch Maulwurfshaufen zugedeckt. Der Holländer spricht geradezu von »Maulwurfsalat«. Die gebleichten Blätter und Blattstiele schmecken ausgezeichnet. Für den Anbau als Gemüse sind einige Sorten ausgelesen worden, die viel Blattmasse und wenig Blüten bringen: 'Großblättriger Löwenzahn', 'Krausblättriger Löwenzahn', Frühester verbesserter Löwenzahn'. Aussaat im Frühjahr in Reihen mit 25 cm Abstand, in der Reihe nach Auflaufen auf 20 cm vereinzeln. Wachsen lassen und im Herbst roden und einschlagen wie Chicorée. Kann auch in einem dunklen Raum ohne Deckerde getrieben werden. Etwas zusätzliche Wärme fördert den Austrieb aus dem Wurzelstock. Über 15° C soll die Temperatur aber nicht ansteigen. Sobald die Triebe etwa 10 cm lang

Rechts: Das Bleichen der Kardone-Stengel erfolgt im Herbst. Schwarze Plastik-Folie hält das Licht ab.

Unten: Mit dem dekorativen, graugrünen Blatt ist die *Cynara cardunculus* auch eine schöne Zierpflanze.

Links: Nach dem Wegräumen eines Maulwurfhügels können Sie dieses Bild sehen: gebleichte Löwenzahnstengel.

Rechts: Im Boden zurückgebliebene Wurzelstücke der Schwarzwurzel können erneut austreiben. Die Augen sind deutlich zu erkennen.

Oben: Nach dem Abräumen der Deckerde sieht das Schwarzwurzelblatt so aus. Im Hintergrund ungebleichtes Laub.

Links: Eine Meerkohlpflanze in ungebleichtem Zustand.

sind, werden sie abgeschnitten und roh oder leicht gekocht verzehrt.

Die **Schwarzwurzel,** *Scorzonera hispanica,* haben wir bereits bei den Wurzelgemüsen auf S. 78 besprochen. Es sind winterharte, ausdauernde Pflanzen, die – wenn sie nicht geerntet wurden – im Frühjahr wieder austreiben und Blüten bringen. Bevor es aber dazu kommt, können Sie die jungen Triebe mit Erde bedecken, wodurch sie bleich und zart bleiben. Unter Folie erfolgt der Austrieb noch etwas schneller. Nach der Ernte der gebleichten Teile können Sie die Wurzeln noch verspeisen oder, wenn sie zu zäh sind, verwerfen. Meist aber bleibt die Qualität der Wurzel voll erhalten.

Der **Meerkohl,** *Crambe maritima*, ist eine winterharte Pflanze, die im Frühjahr ausgesät und im zweiten Frühjahr gebleicht wird. Meerkohl bildet sehr kräftige Pflanzen, die im Herbst oberirdisch absterben und im folgenden Frühjahr – wie beim Spargel beschrieben – angehäufelt werden. Die jungen Triebe wachsen in der Deckerde und bleiben hell. Sobald sie zum Licht durchbrechen, müssen sie geerntet werden. Durch Kochen werden die Stengel schön zart und können gegessen werden.

Man kann auch Meerkohlpflanzen im Herbst roden und mit etwas zusätzlicher Wärme – nicht über 15° C – antreiben. Wenn dies in einem dunklen Raum geschieht, braucht keine Deckerde aufgebracht zu werden.

Meerkohl, der im Garten stehenbleibt, treibt erneut aus und entwickelt Blüten. Im Jahre darauf kann das Abdecken wiederholt werden. Außer durch Samen kann Meerkohl auch durch Teilung oder Wurzelstecklinge vermehrt werden. Als Stecklinge verwendet man die Nebenwurzeln, die in 10–15 cm lange Stücke geschnitten und in Kistchen mit feuchtem Sand gelegt werden. Bei etwas zusätzlicher Wärme werden die Wurzelstücke bald austreiben. Die neuen Pflanzen werden dann wieder auf den Beeten ausgepflanzt.

Fruchtgemüse

Allgemeines

Unter Fruchtgemüse verstehen wir Gemüsearten, deren mehr oder weniger große Früchte wir verzehren. Den Begriff »Fruchtgewächse« wollen wir hier vermeiden, denn dazu gehört auch das Obst. Letzteres ist stets mehrjährig, während wir es beim Fruchtgemüse überwiegend mit einjährigen Pflanzen zu tun haben.
Botanisch gesehen, sind die Früchte vielfach Beeren. Eine Sonderstellung unter den Fruchtgemüsen nehmen die Hülsenfrüchte ein. Hier ist die Frucht eine Hülse.
Interessant und teilweise auch durchaus von praktischer Bedeutung sind die blütenbiologischen Verhältnisse. Wir haben es z. T. mit normaler Befruchtung, z. T. aber auch mit Parthenokarpie, d. h. Fruchtbildung ohne Bestäubung durch den männlichen Partner, zu tun. Mitunter spielt auch die künstliche Bestäubung durch den Menschen eine Rolle.
Sämtliche Fruchtgemüse, die wir in diesem Kapitel behandeln, brauchen für gutes Gedeihen reichlich Wärme. Das ist der Grund, warum sie häufig unter Glas oder Folie angebaut werden. Bei nassem, kaltem Wetter, wie es bei uns ja nicht selten ist, treten gern Pilzkrankheiten auf, und außerdem reifen die Früchte nicht aus.
Alle hier besprochenen Fruchtgemüse sind auch besonders empfindlich gegen Nachtfröste. Frühe Aussaaten sind durchaus möglich, aber dann müssen die Pflanzen bis nach den Eisheiligen Mitte Mai warm und geschützt gehalten werden. Sie können z. B. Tomaten schon im Februar aussäen und nach zweimaligem Verpflanzen haben Sie Mitte Mai dann schon recht stattliche Pflanzen. Zucchinis, die viel schneller wachsen, brauchen nicht so früh gesät zu werden. April ist früh genug, die Pflanzen sind nach anderthalb Monaten schon recht groß.
Die meisten Fruchtgemüse zeigen – wenn alles gut geht – einen sehr kräftigen Wuchs. Zum Teil sogar so kräftig, daß die Ausbildung der Frucht darunter leidet. Darum müssen wir den Pflanzen helfen mit Kulturmaßnahmen wie Entspitzen, Ausgeizen usw., die das Wachstum bremsen und die Fruchtausbildung fördern.
Die Ernte der Fruchtgemüse läßt oft lange auf sich warten. Veredelte Gurken und Zucchinis kann man schon Ende Juni ernten, sonst aber sind die Pflanzen etwa im August soweit. Um z. B. die Tomaten gegen Frühfröste zu schützen und die Temperatur ein wenig zu erhöhen, werden die Pflanzen mit Folie abgedeckt; so kann man die Ernte wesentlich verlängern. Fruchtgemüse sind nicht für lange Lagerung geeignet. Manche kann man wohl einmachen, im allgemeinen aber werden sie frisch konsumiert.
Schließlich die Düngung: Während des Wachstums ist eine wöchentliche Düngergabe mit organischem oder mineralischem Dünger dringend zu empfehlen. Der Nährstoffbedarf ist groß, und wenn wir nicht genügend düngen, schließen die Pflanzen vorzeitig mit Wuchs und Fruchtbildung ab.

Vorige Seite: Ein Korb voller Fruchtgemüse wie Tomaten, Gurken und Zucchinis. Deren Anbau ist nicht immer ganz einfach, weil die meisten Arten viel Wärme verlangen.

Links: Das Abdecken mit Folie bewirkt eine beachtliche Temperaturerhöhung.

Tomaten

Lycopersicon lycopersicum

Die Tomate ist die bedeutendste Gemüseart und wird auf der ganzen Welt in großen Mengen angebaut. Welch gewaltige Entwicklung seit dem 16. Jahrhundert, als die ersten noch sehr primitiven »Liebesäpfel« oder »Paradiesäpfel« aus Südamerika über Italien zu uns gelangten! Aber erst nach dem Krieg 1914–18 hat die Tomate in Deutschland allgemeine Wertschätzung erfahren und ist zu einem heute nicht mehr wegzudenkenden Volksnahrungsmittel geworden. Noch stürmischer war die Entwicklung in Holland, wo die Tomate zu einem wichtigen Exportartikel geworden ist. Und je mehr man mit Stickstoff düngt, um so größer werden die »roten Beutel mit Wasser«, und um so mehr Kilo kann man verladen. Der Geschmack geht bei dieser Handlungsweise allerdings verloren.

Bei vernünftiger Tomatenkultur braucht man dies jedoch nicht zu befürchten. Selbsterzeugte Tomaten schmecken stets besser, besonders wenn man die richtigen Sorten anbaut.

Tomaten gibt es in verschiedenen Formen und sogar in verschiedenen Farben, von denen orangerot am beliebtesten ist. In den letzten Jahren sind die großen, unregelmäßig geformten Fleischtomaten stark aufgekommen. Andererseits sind aber auch Mini-Tomaten, die sogenannten Cocktail- oder Kirschtomaten sehr beliebt, die man auch gut im Topf auf dem Balkon ziehen kann.

Tomaten werden im allgemeinen roh gegessen, aber auch in gekochtem Zustand oder zu Suppen und allerlei Gerichten gebraucht. Eine außergewöhnlich vielseitig verwendbare Frucht.

Sorten: Der Gartenfreund legt besonderen Wert darauf, daß die Sorte gut schmeckt und sich für den Anbau draußen im Garten eignet. Nur wenige verfügen über ein Gewächshaus oder wollen in diesem Tomaten anbauen. Deshalb sind Robustheit, Kälte-Resistenz und Widerstandsfähigkeit gegen Krankheiten maßgebende Eigenschaften.

Tomaten sollen möglichst hellfrüchtig sein, da Sorten, die in unreifem Zustand vom Stielansatz her dunkelgrün »geflammt« sind, stark dazu neigen, ungleichmäßig zu reifen und »Grünkragen« zu bilden.

Sehr wohlschmeckend ist die klein- bis mittelgroßfrüchtige 'Vollendung', die allerdings geflammt ist. Weiter zu empfehlen sind 'Hellfrucht Frühstamm', 'Moneymaker' und die etwas größere Sorte 'Bonset' sowie die Hybridsorten 'Hildares', 'Estrella' und 'Curabel'.

Tomaten sind dekorative Pflanzen, die man sehr gut auch im Topf ziehen kann, zumindest die Zwergsorten.

Bei Fleischtomaten gibt es stark gerippte Sorten wie 'Marmande' oder 'Supermarmande' und glattfrüchtige wie 'Amfora', 'Master' oder 'Dombo'.

Den Liebhabern der kleinfrüchtigen sogenannten Kirsch- oder Cocktail-Tomaten seien besonders die überaus reichtragenden Sorten 'Sweet 100' und 'Tommy' empfohlen.

Die niedrigbleibenden Buschtomaten können auch in Töpfen, Balkonkästen und Plastiksäcken gezogen werden. Auch hier gibt es normalfrüchtige Sorten wie 'Maja' und 'Balkonstar'; Fleischtomaten wie 'Luv Busk Sperling's Liebchen' und 'Patio' sowie kirschfrüchtige wie 'Minibel' und 'Tiny Tim'.

Zum Schluß noch eine Kuriosität: die gelbbleibende Tomate 'Sonnenschein'.

Boden: Erwünscht ist ein durchlässiger, humoser Boden mit einem pH-Wert von 6,5 bis 7,0. Nährstoffe müssen stets reichlich vorhanden sein, deshalb sollte man während der Kultur mehrmals nachdüngen. Man sagt, daß Tomaten ohne Bedenken jahrelang hintereinander auf demselben Stück Land angebaut werden können, und auch, daß sie von einem Kompost profitieren, der aus ... Tomatenpflanzen entstanden ist. Da mag etwas Wahres dran sein, die Gefahr des Befalls mit Pilzkrankheiten und tierischen Schädlingen nimmt dann allerdings zu.

Immer mehr werden Tomaten in Töpfen oder speziellen »Torfsubstratsäcken« angebaut. Da diese aber oft nur schwer erhältlich sind, kann man auch ohne weiteres irgendwelche andere, mit Gärtnererde gefüllte Gefäße verwenden, wenn sie nur am Boden ein oder zwei Löcher haben. Die üblichen Standard-Gärtnererden enthalten natürlich mineralischen Dünger. Wenn man diesen nicht will, dann muß man sich selbst eine »biolgische« Erde zusammenstellen, aus Kompost, verrottetem Kuhmist, Torfmull, Knochenmehl und etwas Kalk.

Aussaatzeit: Gärtner säen Tomaten das ganze Jahr hindurch aus, für den Gartenfreund ist Februar/März die übliche Aussaatzeit.

Aussaat: Tomaten brauchen zum Keimen viel Wärme, weshalb wir die Saatschalen bei 20–25° C Boden- und Lufttemperatur halten. Innerhalb einer Woche stehen dann die Pflänzchen über der Erde. Jetzt muß die Temperatur heruntergehen, sonst wachsen die Pflanzen im gleichen Tempo weiter, und das darf auf keinen Fall geschehen. Wärme also für die Keimung, bald danach aber kühler, vor allem nachts.

Wenn die ersten echten Blättchen gebildet sind, wird pikiert, am besten in 9-cm-Plastiktöpfe. Die Temperatur kann man nach einigen Tagen auf 16° C tagsüber absinken lassen, bei hellem Stand darf es ein wenig wärmer sein. Das Wachstum darf nie stillstehen, denn dann ist es zu kalt, die Pflanzen dürfen aber auch nicht dünn und geil aufwachsen, denn dann ist es zu warm.

Den besten und frühesten Ertrag bringt die Tomate in einem kleinen Gewächshaus.

Außer den Geiztrieben müssen auch die durchgehenden Triebe an den Blütentrauben entfernt werden.

Gewöhnlich wird im April ein zweites Mal verpflanzt, jetzt in mindestens 11-cm-Töpfe. Nun müssen die Pflanzen, die nach draußen sollen, allmählich abgehärtet werden, eine sehr wichtige Kulturmaßnahme.

Tomatensamen bleiben 4–6 Jahre keimfähig.

Anbau-Ratschläge: Wenn Sie die Tomaten selbst fragen würden, sie blieben lieber drinnen, im Gewächshaus. Sie lieben Wärme über alles, und fast alle Probleme während der Kultur entstehen durch Kälte und Nässe, unter denen wir im Sommer ja oft zu leiden haben. Nun gut, in einem schönen Sommer und an einem geschützten Platz kann der Anbau draußen bestens gelingen, warum also sollten Sie es nicht einmal versuchen?

Wenn die Pflanzen im Gewächshaus gut abgehärtet sind oder – besser noch – schon einige Tage in ihren Töpfen an einem geschützten Platz an der frischen Luft gestanden haben, können Sie mit dem Auspflanzen beginnen. Für gewöhnliche, große Tomaten beträgt der Pflanzabstand 60×60 cm, für kleine Tomaten etwas weniger. Günstig ist die Pflanzung an eine weiße Südwand. Auf jeden Fall soll der Platz vollsonnig sein.

Große Tomaten brauchen einen kräftigen Stab, an den sie gebunden werden, und den man am besten gleich mit setzt. Sehr geeignet sind 3 m lange Bohnenstangen, die man in zwei Teile zersägt. Das Anbinden erfolgt entsprechend dem Wachstum, am besten mit einem weichen Band (Tomatenband).

Ein sehr wichtiger Punkt ist das sogenannte Ausgeizen der Tomaten. Hierunter versteht man das Ausbrechen der in den Blattachseln entstandenen Seitentriebe. Tomaten werden also eintriebig gezogen. Einen Seitentrieb kann man leicht einmal übersehen, kontrollieren Sie deshalb Ihre Tomaten jede Woche, und dies den ganzen Sommer hindurch. Manchmal kommen auch Triebe aus dem Boden, die man ebenfalls nicht beläßt. Mitunter kommt es auch vor, daß ein Blütenstand durchgeht und einen Trieb entwickelt. Auch dieser muß entfernt werden.

Freilandtomaten beläßt man 3–5 Blütentrauben, nicht mehr, weil die obersten Tomaten doch nicht mehr ausreifen; 5 an einem sehr warmen Platz in einem sehr warmen Sommer, und 3 an einem weniger günstigen Platz in einem schlechten Sommer. Gewöhnlich wird nach der obersten belassenen Blütentraube die ganze Pflanze gekappt. Dann werden alle Ausläufer- und Geiztriebe entfernt, das Wachstum hört auf, und die ganze Kraft geht in die Früchte.

Es gibt aber auch Leute, die es für besser halten, nur die überzähligen Blütentrauben zu entfernen, statt die Pflanze zu kappen. Wir schlagen vor, beide Methoden auszuprobieren.

Es gibt auch Buschtomaten, das sind niedrigbleibende Pflanzen, die angeblich nicht angebunden zu werden brauchen. Doch Sie wissen ja allmählich, was es mit den »Busch«-Erbsen, den »Busch«-Bohnen usw. auf sich hat: Ohne Stütze fallen sie meistens um, so auch diese Buschtomaten. Geben Sie ihnen also lieber einen Stab. Eine fast drollige Eigenschaft der Buschtomaten ist, daß sie sich gewissermaßen selbst entspitzen: Nach der vierten Blütentraube treiben sie nicht mehr durch, und Geiztriebe entwickeln sie auch kaum noch.

Nun etwas über die Gewächshauskultur von Tomaten. Wie bereits erwähnt, ergibt sie bessere Resultate, weil die Früchte viel eher reifen. Im allgemeinen wählt der Liebhaber den Anbau im kalten Haus, doch ist es auch durchaus möglich, Treibtomaten anzubauen, die im Herbst gesät werden und den Winter über mit viel künstlicher Wärme weiterwachsen. Ein teurer Spaß, zumal der Geschmack solcher Tomaten bedeutend schlechter ist als der im Sommer geernteter Paradiesäpfel.

Im Gewächshaus können Sie, ebenso wie im Freien, nach Belieben Stock- oder Buschtomaten anbauen. Stocktomaten werden an Stäbe gebunden oder an Drähten nach oben geleitet. Das Gewächshaus muß gegen das grellste Sonnenlicht abgeschirmt werden, doch im Frühjahr hält man das Haus meistens geschlossen, um die Temperatur hoch zu halten. Im Sommer muß natürlich viel gelüftet werden, um die Wärme in verträglichen Grenzen zu halten.

Im Gewächshaus kann man den Pflanzen wohl 6–8 Blütentrauben belassen, bevor

Oben: Die Kirschtomate 'Sweet 100' mit gutem Fruchtbehang. Kirsch- oder Cocktailtomaten erfreuen sich wegen ihrer Süße und des guten Geschmacks steigender Beliebtheit.

man sie kappt. Es beginnt hier nicht nur die Ernte früher, sie ist auch größer. Im Gewächshaus kann es wohl manche Probleme mit dem Fruchtansatz geben: Die Selbstbestäubung funktioniert nicht. Sie können aber leicht nachhelfen, indem Sie mehrere Male im Laufe des Tages die Pflanze anstoßen. Der Blütenstaub löst sich dadurch aus den Staubgefäßen und fällt auf die Stempel.

Kulturdauer: Im Gewächshaus ab 120 Tagen. Draußen: bis etwa 200 Tage.

Krankheiten und Schädlinge: Tomaten können von verschiedenen Parasiten befallen werden. Da ist zunächst die Kraut- und Knollenfäule der Kartoffel, die auf den Blättern und Stengeln der Tomate mit dunkelbraunen Flecken beginnt. Bei feuchtem Wetter droht Befall mit dem Grauschimmel *Botrytis*. Grünkragen nennt man bei Tomaten in reifem Zustand einen Ring verhärteten, grünen Gewebes rings um den Stielansatz. Ursache: zuviel Stickstoff, Wachstumsstagnation oder zu starke Sonneneinstrahlung.

»Wasserkrankheit« nennt man die Braunverfärbung der Gefäßbündel im Fruchtfleisch. Ursache: starke Schwankungen der Temperatur und/oder der Luftfeuchtigkeit.

Blattläuse und Spinnmilben sind einige tierische Tomatenschädlinge. Sodann gibt es noch gut hundert weitere Krankheiten und Schädlinge, mit deren Aufzählung wir Sie hier aber nicht ermüden wollen. Bei guter Kultur und Beachtung des Fruchtwechsels dürfte es keine großen Probleme geben.

Ernte: Am wohlschmeckendsten sind Tomaten, die an der Pflanze voll ausreifen. Dazu brauchen wir die direkte Sonne. Oft werden auch einige Blätter entfernt, um der Sonne Zutritt zu den Früchten zu verschaffen.

Das Ausreifen der obersten Fruchttrauben läßt oft zu wünschen übrig, weil im ausklingenden Sommer das Wetter nicht mehr mitspielt. Für Freilandtomaten gibt es besondere Tomatenhauben, die über die Pflanzen gesetzt werden, um die Wärme zu halten, ein wirklich gutes Hilfsmittel. Man kann auch grüne Tomaten ernten und sie auf der Fensterbank nachreifen lassen. In wenigen Wochen verfärben sie sich prächtig orangerot.

Fruchtfolge, Mischanbau: Bezüglich des Fruchtwechsels: Gruppe A (1. Tracht). Bevor die Tomaten ausgepflanzt werden, kann man noch Kohlrabi, Radieschen, Salat oder Spinat anbauen. Umstritten ist der Mischanbau mit Kartoffeln und Kohlrabi, günstig der mit Buschbohnen, Chicorée, Knoblauch, Kohlarten, Mais, Möhren, Petersilie, Porree, Radieschen, Rettich, Roten Beten, Salat, Sellerie, Spargel, Spinat und Zwiebeln, nach unserer Meinung auch mit Gartenkresse und Studentenblumen; die beiden letzteren gegen verschiedene Parasiten.

Nährwert: 68 kJ (16 kcal): 2 g Eiweiß, 0,2 g Fett, 3 g Kohlenhydrate. Mineralstoffe: 10 mg Calcium, 20 mg Phosphor, 0,2 mg Eisen, 10 mg Natrium, 300 mg Kalium. Vitamine: 0,65 mg Karotin, 0,05 mg B_1, 0,02 mg B_2, 0,08 mg B_6, 15 mg C.

Rechts: Unregelmäßig geformte Fleischtomaten. Besitzen schnittfestes Fruchtfleisch und sind äußerst schmackhaft. Eine besonders für den Frischverzehr sehr geschätzte Frucht.

Salatgurken

Cucumis sativus

In diesem Buch sollen Salatgurken und Einlegegurken getrennt besprochen werden. Obwohl beide der gleichen botanischen Art angehören, unterscheiden sie sich hinsichtlich ihrer Verwendung.
Der wesentlichste Unterschied besteht in der Größe und der Beschaffenheit der Schale – höckerig oder glatt. Merkwürdig ist, daß Einlegegurken selten frisch gegessen und Salatgurken selten eingelegt werden. Auch finden wir es seltsam, daß Salatgurken fast nie gekocht werden. Auf diesem Gebiet gibt es zweifellos noch viel zu experimentieren, doch gehört das nicht in dieses Buch.
Früher bekam man hin und wieder bittere Gurken, ein Geschmack, den die meisten Menschen nicht schätzen. Heute sind nahezu alle Sorten bitterstoffrei.
Ältere Gurkensorten besitzen männliche und weibliche Blüten. Die Bestäubung der weiblichen Blüten führt zu Samenbildung in den Gurken, und diese verursacht einen bitteren Geschmack. Um eine Bestäubung zu vermeiden, müssen die männlichen Blüten entfernt werden. Wir wollen Sie mit diesen blütenbiologischen Details nicht länger langweilen, die neuen Sorten haben alle nur weibliche Blüten, die ohne Bestäubung Früchte ansetzen.
Gurken lieben sehr die Wärme und sind daher eigentlich Gewächshauspflanzen. Es gibt heute aber auch Freilandgurken, die verhältnismäßig schnell ziemlich kurze Früchte bringen, eine sichere Kultur für Folientunnels. Noch erfolgreicher ist der Freilandanbau veredelter Gurken. Bei dieser Technik – darüber an anderer Stelle mehr – werden junge, aus Samen herangezogene Gurkenpflänzchen auf Kürbisse veredelt, die gegen Bodenpilze resistent sind. Das Ergebnis ist eine große, frühe Ernte ausgezeichneter Gurken.
Sorten: Für den Anbau im Gewächshaus seien folgende Sorten mit normaler Fruchtgröße empfohlen: 'Sandra', 'Birgit' und 'Corona'. Neu sind die gegen den Echten Mehltau resistenten Sorten 'Bella' und 'Alcor'. Auch 'Aries' ist sehr widerstandsfähig, bringt aber im Gegensatz zu den vorgenannten großfrüchtigen Schlangengurken kleinere Früchte von maximal 25 cm Länge. Ältere Sorten bilden bei Wachstumsstörungen bittere Gurken aus. Die neueren Sorten dagegen sind – wie erwähnt – durchweg frei von Bitterstoffen.
Für den Anbau im Kasten oder Folientunnel geeignete Sorten: 'Aries', 'Tanja', 'Hoffmanns Produkta', 'Sprint' und 'Bugrostan'. Gute Sorten für den Freilandanbau sind: 'Tanja', 'Sprint', 'Highmark II', 'Sensation' und 'Hoffmanns Giganta'.

Gurken können mit bestem Erfolg auf Kürbis veredelt werden.

Das Kappen der Gurkenpflanzen dient dazu, das Wachstum etwas einzuschränken.

Neu ist die aus Neuseeland stammende Apfelgurke, eine Sorte mit Früchten von der Form der Kiwis. Sie sind sowohl für den Anbau unter Glas als auch für das Freiland geeignet.
Veredelte Gurkenpflanzen werden gewöhnlich von Gärtnern angeboten, doch meist ist der Sortenname unbekannt.
Boden: Günstig ist ein warmer, humusreicher, durchlässiger und stets ausreichend mit Nährstoffen versorgter Boden. Gurken sind verhältnismäßig empfindlich gegen hohe Salzkonzentrationen. Verrotteter Stallmist ist ihre »Lieblingsspeise«.
Aussaatzeit: Gewächshausgurken werden das ganze Jahr über angebaut; für den Gartenfreund beginnen die Aussaaten eigentlich erst im Februar. Bis Ende Juli kann gesät werden, um im Oktober noch zu ernten.
Für die Freilandkultur wird ab Anfang April in Töpfen ausgesät.
Aussaat: Die Samen brauchen zur Keimung viel Wärme, optimal sind 25° C. Oft wird empfohlen, die Samen erst ein paar Tage zwischen feuchtem Filterpapier vorkeimen zu lassen. Nach der Keimung weiterhin warm halten, bei 20–25° C. Wenn Sie zunächst in kleine Töpfe pikiert haben, dann setzen Sie die Pflanzen nach einigen Wochen in größere Töpfe um.
Bleiben die Pflanzen im Haus, können sie 4–5 Wochen nach der Aussaat ausgepflanzt werden. Sollen die Pflanzen ins Freiland, müssen sie erst gut abgehärtet werden, bevor man sie an einem milden, möglichst regnerischen Tag auspflanzt, nicht aber vor dem 15. Mai (Frostgefahr!).
Gurkensamen bleiben 5–7 Jahre keimfähig.
Veredeln: Wie erwähnt, können Gurken auf Kürbis veredelt werden, z. B. auf die Arten *Cucurbita beningasa* oder *C. ficifolia* (Samen schwer erhältlich). Sowohl die Unterlage als auch die Gurke müssen, wie vorstehend beschrieben, warm ausgesät werden. Die Gurke muß zum Veredeln etwas größer sein und wird darum eine Woche vor dem Kürbis ausgesät.
Sobald sich das erste Laubblatt der Unterlage bildet und das erste Laubblatt der Gurkenpflanze einen Durchmesser von 5 cm hat, kann veredelt werden.
Zu dem Zweck werden beide Pflanzen gerodet und geputzt. Etwa 1 cm unter den Keimblättern wird der Kürbis schräg von oben nach unten (mit einer Rasierklinge) etwa 1 cm tief eingeschnitten. Ein gleicher Schnitt wird bei der Gurke ausgeführt, doch hier von unten nach oben. Die Pflanzen passen nun, mit ihren »Gegenzungen«, genau ineinander und werden sorgfältig mit Bleifolie verbunden. Dann werden die Pflanzen zusammen in einen Topf gesetzt und bei hoher Luftfeuchtigkeit weiterkultiviert. Zu diesem Zweck kann man einen Plastikbeutel darüberziehen. Nach einigen Tagen allmählich abhärten (den Beutel entfernen), und wiederum einige Tage später den Kopf und eventuelle Seitentriebe der Unterlage abschneiden. Die untersten Blätter des Kürbis vorläufig noch belassen. Nach etwa 14 Tagen sind beide Pflanzen fest miteinander verwachsen; dann werden die Wurzeln der Gurkenpflanze abgeschnitten. Jetzt weiter abhärten und später, nach dem Auspflanzen draußen nicht vergessen, die letzten (runden) Blätter der Unterlage zu entfernen.
Eine reizvolle Tätigkeit für den fortgeschrittenen Hobby-Gärtner!

Anbau-Ratschläge: Wir beginnen mit dem Anbau von Gewächshausgurken. Die warm herangezogenen Pflanzen werden ab Ende März (auch später, bis Anfang August) in den gut vorbereiteten Gewächshausboden gesetzt. Der Anbau kann auch in Kulturgefäßen (s. Tomaten) erfolgen. Auch werden Gurken wohl in mit Mist durchsetzten Strohballen kultiviert. Pflanzabstand 50 cm. Neben die Gurkenpflanzen wird ein kräftiger Bambusstab gesetzt, oder es wird eine feste Schnur bis an die Decke des Gewächshauses gespannt. Die Triebspitzen der Pflanzen werden laufend angebunden oder um die Schnur geleitet. Die untersten Seitentriebe entfernen und die Spitze durchgehen lassen. Erst wenn der Vegetationspunkt das Dach des Gewächshauses erreicht, wird entspitzt. An den Seitentrieben erscheinen nun die – hoffentlich nur weiblichen – Blüten, und sobald Sie daran ein kleines Gürkchen sich entwickeln sehen, wird auch der Seitentrieb entspitzt. An jedem Seitentrieb entwickelt sich also nur 1 Frucht. Triebe, die jetzt noch entstehen, werden nach 3–5 Blättern gekappt.

Bei der Kultur der Gurken im kalten Kasten oder im Tunnel verfährt man wie folgt: Pflanzen Sie die Gurken – nach Abhärtung – Anfang Mai unter Glas oder Plastik. Rechnen Sie pro Pflanze 1 m^2. Wenn die Pflanzen 4 Blätter gebildet haben, entspitzen. Aus den 4 Blattachseln werden sich 4 neue Triebe entwickeln, die man gleichmäßig über die verfügbare Bodenfläche verteilt. Wenn diese ausgefüllt ist, werden auch diese Triebe entspitzt. Einfache Schnittmaßnahmen, aber notwendig für eine erfolgreiche Kultur.

Ohne eine gewisse Überdeckung können nur die robustesten Sorten kultiviert werden, und außerdem können Sie es einmal mit veredelten Gurken versuchen. Der Platz dafür muß geschützt und sonnig sein. Der Schnitt erfolgt wie bei der vorstehend beschriebenen Kultur im kalten Kasten.

Schließlich die Kultur im Topf, oder noch besser im Eimer mit Abflußlöchern. Hierfür kommen die Mini-Gurken in Betracht. Stekken Sie einen Stab bei, entspitzen Sie wie bei den Gewächshausgurken beschrieben, und kürzen Sie die Seitentriebe ein.

Kulturdauer: Am kürzesten bei den veredelten Gurken: Etwa 90 Tage bis zur Ernte der ersten Früchte. Es folgen Warmhausgurken und schließlich die Freilandpflanzen. Maximale Kulturdauer ca. 180 Tage.

Krankheiten und Schädlinge: An Gurken verhältnismäßig viel. Gegen verschiedene Bodenpilze und Fußkrankheiten hilft die Verwendung von auf Kürbis veredelten Pflanzen. Auch verschiedene Viruskrankheiten bedrohen Gurken, sie verursachen Flecke und Zeichnungen auf den Blättern. Bei feuchtem, kaltem Wetter treten vor allem der Echte und der Falsche Mehltau auf, ebenso der Grauschimmel. Im Gewächshaus können Weiße Fliege und Spinnmilben gefährlich werden.

Ernte: Wenn Ihnen die Gurken zum Verbrauch groß genug erscheinen, können Sie ernten. Schneiden Sie vorsichtig den Stiel mit einem Messer durch. Gewächshausgurken läßt man etwa 30 cm lang werden, Freilandgurken erntet man besser, wenn sie nur halb so lang sind. Die sogenannten Mini- und Apfelgurken werden noch kleiner geerntet.

Veredelte Gurken bringen eine frühe und reiche Ernte. Veredeln ist ein sicherer Schutz gegen Fußkrankheiten.

Fruchtfolge, Mischanbau: Ein Gemüse der Gruppe A (1. Tracht). Gurken sind Nährstoffzehrer. Zur Vorkultur eignen sich Kohlrabi, Radieschen und Rettich. Günstig ist der Mischanbau mit Bohnen, Dill, Erbsen, Knollenfenchel, Kohlarten, Koriander, Mais, Roten Beten, Salat, Sellerie, Sonnenblumen, Spargel und Zwiebeln, ungünstig mit Kartoffeln, Radieschen und Tomaten. Als Nachkultur kommen Spinat und Feldsalat in Betracht.

Nährwert: 26 kJ (6 kcal): 0,5 g Eiweiß, 0,2 g Fett, 1 g Kohlenhydrate. Mineralstoffe: 20 mg Calcium, 30 mg Phosphor, 0,5 mg Eisen, 5 mg Natrium, 200 mg Kalium. Vitamine: 0,17 mg Karotin, 0,03 mg B_1, 0,01 mg B_2, 0,03 mg B_6, 10 mg C.

Noch ziemlich unbekannt ist die Apfelgurke. Sie stammt aus Neuseeland, fühlt sich aber auch bei uns recht wohl.

Einlegegurken

Cucumis sativus

Schon an dem übereinstimmenden botanischen Namen können Sie die enge Verwandtschaft mit den soeben besprochenen Salatgurken erkennen. Dem Hobby-Gärtner sind Einlegegurken aber weniger vertraut, weil sie meist konserviert gegessen werden. Einmachen bedeutet natürlich viel Arbeit, also kauft man sie sich fertig eingelegt und nimmt den unangenehmen Geschmack des oft minderwertigen Essigs in Kauf. Für diejenigen, die selbst Gurken einlegen wollen, geben wir im folgenden die Beschreibung der Kultur. Sie ist nicht schwieriger als die der Salatgurken.

Einlegegurken werden üblicherweise im Freiland angebaut. Sie müssen jung geerntet werden, weil sie sonst zu viel Samen enthalten. Im Gegensatz zu den Salatgurken müssen hier die meisten Sorten noch bestäubt werden, um einen Fruchtansatz zu erhalten. Die neueren Sorten besitzen allerdings, wie die Salatgurken, nur weibliche Blüten, die keine Bestäubung brauchen.

Sorten: Alte Sorten wie 'Vorgebirgstrauben' und 'Delikateß' sind nicht bitterstofffrei und anfällig gegen Virus und Echten Mehltau. Neuere Sorten sind nicht nur resistenter und ohne Bitterstoff, sie blühen auch vorwiegend weiblich und bringen eine größere Zahl von Früchten: 'Fanto', 'Elon', 'Doplus', 'Meresto', 'Hokus'. Alle genannten Sorten benötigen eine Bestäubung. Neuerdings gibt es aber auch rein weiblich blühende parthenokarpe Sorten, die besonders früh und ertragreich sind, z. B. 'Colet'.

Zum Anbau als Senfgurke eignet sich die Sorte 'Riesen Schäl'.

Boden: s. Salatgurken.

Aussaatzeit: Am einfachsten ist, wie bei Salatgurken, die Anzucht unter Glas. Anfang April ist früh genug. Wollen Sie lieber draußen aussäen, tun Sie das nicht vor Mitte Mai.

Aussaat: Keimtemperatur ungefähr 25° C. Gleich in 9 cm-Töpfe säen oder später pikieren. Anzucht bei 20° C. Auch Direktaussaat, 3–6 Korn je Saatstelle, ist möglich. Die Samen bleiben 5–7 Jahre keimfähig.

Anbau-Ratschläge: Die Pflanzen beanspruchen eine Standfläche von ungefähr 1 m^2. Nach Belieben können Sie sie in Reihen – Reihenabstand 2 m, Abstand in der Reihe 50 cm – oder in Horsten, 1×1 m, pflanzen. Gewöhnlich läßt man die Ranken flach auf dem Boden liegen, doch kann man sie auch an einem festen Drahtgeflecht hochziehen. Schnitt ist im Freiland meistens entbehrlich. Eine andere Anbauweise ist die in Töpfen oder Eimern mit Abflußmöglichkeit. Geben Sie den Pflanzen in diesem Falle einen Stab mit Querlatten als Stütze, entspitzen Sie die Pflanzen nach dem 6. Blatt. Die Seitentriebe werden an die Querlatten gebunden.

Kulturdauer: 90 bis 120 Tage.

Krankheiten und Schädlinge: Ebenso wie bei Salatgurken kann vor allem der Echte Mehltau auftreten. Gegen ihn spritzen wir sofort bei den ersten Anzeichen des Befalls mit schwefelhaltigen oder entsprechenden organischen Fungiziden, um einer weiteren Ausbreitung vorzubeugen. Weitere Krankheiten sind der Falsche Mehltau sowie einige Blattfleckenkrankheiten. Gegen das Gurkenmosaikvirus müssen die übertragenden Blattläuse bekämpft werden. Die neueren Sorten sind jedoch ziemlich resistent. Bei schlechtem Wetter tritt leicht der Grauschimmel auf. Auch Blattläuse und Spinnmilben können uns in Verlegenheit bringen.

Ernte: Einlegegurken müssen klein geerntet werden. Besonders im Juli muß man die Pflanzen häufig kontrollieren, denn die Früchte werden in dieser Zeit schnell zu groß. Die Aufbewahrung erfolgt üblicherweise durch Einlegen in Essig.

Fruchtfolge, Mischanbau: s. Salatgurken.

Nährwert: (Eingelegt in Essig) 26 kJ (6 kcal): 0,5 g Eiweiß, Fett = ?, 1 g Kohlenhydrate. Mineralstoffe: 35 mg Calcium, 8 mg Phosphor, 3 mg Eisen, 30 mg Natrium, 350 mg Kalium. Vitamine: Keine (in Essig).

Einlegegurke 'Hokus', von ganz klein bis zur normalen Größe; ihre Früchte werden schnell zu groß.

Melonen

Cucumis melo

Melonen kann man in unserem Klima mit Erfolg eigentlich nur unter Glas oder Folie anbauen. Und auch dann gelingt es nur mit den sogenannten Zuckermelonen; die in Frankreich so beliebten Wassermelonen lassen wir hier außer Betracht, da sie bei uns nur schwer zu kultivieren sind.
Sorten: 'Ha'on', 'Ogen' und 'Maja' sind starkwachsende, hochrankende Sorten. 'Sweetheart' ist kurzrankig, 'Benarys Zukkerkugel' kann in günstigen Lagen auch im Freiland angebaut werden.
Boden: Sehr fruchtbare, warme Böden mit gutem Wasserabzug.
Aussaatzeit: Ab Mitte März für den Anbau in Wärme unter Glas, für den kalten Anbau besser Ende April.
Aussaat: Am besten gleich in Töpfe. Keimtemperatur 20–22° C. Samen bleiben 4–6 Jahre keimfähig.
Melonen können übrigens auch gut durch Stecklinge vermehrt werden.
Anbau-Ratschläge: Warm und hell kultivieren. Nach dem 4. Blatt entspitzen. Meist läßt man die Pflanzen auf dem Boden wachsen, weil die Früchte ziemlich schwer werden. Doch kann man Melonen im Gewächshaus auch an einem starken Draht ziehen. Ende Mai/Anfang Juni wird ausgepflanzt. Aus den Blattachseln der 4 Blätter entwickeln sich günstigstenfalls 4 Seitentriebe, die ebenfalls nach dem 5. oder 6. Blatt gekappt werden. Es entstehen nun aus allen Blattachseln der Seitentriebe wiederum neue Triebe, die ihrerseits nach dem 2. oder 3. Blatt entspitzt werden. Nach soviel Schnitt heißt es nun auf die Blüte warten. Die ersten Blüten werden oft entfernt, um mehr Früchte pro Pflanze zu erhalten. Maximal erntet man 4–6 Früchte. Anders als bei den neueren Salatgurkensorten müssen die Blüten bestäubt werden. Gibt es in der Nachbarschaft keine Bienen, bestäuben Sie die Blüten mit einem Pinsel.
Bei sonnigem Wetter muß ausreichend gelüftet werden, damit die Temperatur unter Glas oder Folie nicht zu sehr ansteigt.
Kulturdauer: Ungefähr 120 Tage.
Krankheiten und Schädlinge: Bodenpilze können Ihre Pflanzen vernichten, besonders wenn Sie Melonen immer wieder auf demselben Beet anbauen. Die Veredlung auf gegen Fußkrankheiten resistente Unterlagen ist zwar möglich, für den Gartenfreund aber kaum durchführbar.
Bei schlechtem Wetter besteht die Gefahr des Befalls mit verschiedenen Pilzkrankheiten. Hellgraue, eingesunkene Flecke auf den Früchten können durch zu intensive Sonneneinstrahlung entstehen (s. Salatgurken).
Ernte: Melonen sollen an der Pflanze reif werden. Da die Früchte leicht faulen, wenn sie mit Erde Kontakt haben, empfiehlt es sich, Brettchen unterzulegen. Die Frucht ist reif, wenn der Stiel zu schrumpfen beginnt. Die Frucht verbreitet dann auch einen herrlichen Duft.
Fruchtfolge, Mischanbau: Bezüglich des Fruchtwechsels gehören Melonen in Gruppe A (1. Tracht). Als Vorkultur eignen sich Kohlrabi, Radieschen und früher Salat. Günstig scheint der Mischanbau mit Mais zu sein.
Nährwert: 60 kJ (14 kcal): 0,5 g Eiweiß, 0,1 g Fett, 3 g Kohlenhydrate. Mineralstoffe: 15 mg Calcium, 10 mg Phosphor, 0,8 mg Eisen, 15 mg Natrium, 200 mg Kalium. Vitamine: 1,8 mg Karotin, 0,04 mg B_1, 0,05 mg B_2, 0,06 mg B_6, 12 mg C.

Eine bekannte Melonensorte ist 'Ogen'. Diese kann eventuell auch draußen kultiviert werden, besonders wenn man einen Folien-Tunnel verwendet.

Melonen im Gewächshaus, an Draht gezogen. Ihr Anbau im Freien ist bei uns ein Risiko.

Zucchini, Zucchetti und Riesenkürbis, Speisekürbis

Cucurbita pepo var. *giromontiina, Cucurbita maxima*

Die Pflanzen der Gattung *Cucurbita* stammen aus Mittelamerika und sind einjährig und frostempfindlich. Hier handelt es sich um zwei Arten, die wir, da sie in gleicher Weise kultiviert werden, gemeinsam behandeln.

Zu *Cucurbita pepo* gehören die Zucchinis, die Patisson oder Sqash sowie die zu dekorativen Zwecken gebrauchten Zierkürbisse. Die Pflanzen dieser Arten bilden keine langen Ranken und brauchen nicht so viel Platz. *Cucurbita maxima* dagegen rankt kräftig und bringt enorm große Früchte, »Riesenkürbisse« mit einem Gewicht bis zu 75 kg pro Stück. Zucchinis bilden gewöhnlich längliche, gurkenartige, grün oder gelb gefärbte Früchte. Sie werden gekocht gegessen. Eine abweichende Form besitzt der Patisson, der einer gelben fliegende Untertasse ähnelt.

Das Fleisch der Riesenkürbisse wird eingeweckt oder in Marmeladen mitverwendet.

Sorten: Hier herrscht ein enormer Formen- und Farbenreichtum. Beliebt sind vor allem Sorten mit dunkelgrünen Früchten wie 'Ambassador'. Empfehlenswerte Sorten mit etwas helleren Früchten sind 'Diamant' und 'Elite'. Sehr ertragreich mit goldgelben Früchten ist 'Gold Rush'.

Speisekürbisse sind weniger beliebt, oft werden sie nur ihrer imposanten Größe wegen zur Schau angebaut. Geeignete Sorten: 'Grüner Zentner', 'Riesenmelonen'. Der beliebte »Zierkürbis« wird als Mischung verschiedener Formen und Farben gehandelt.

Vom zarten und feinaromatischen Sqash oder Patisson-Kürbis sind die Sorten 'Sperling's Ufo' und 'Peter Pan' zu nennen.

Eine Spezialität aus Japan: Der »Vegetable Spaghetti« oder Spaghetti-Kürbis 'Sperling's Bologneser'. Zartgelbe, breit-walzenförmige Früchte, deren Inneres bei Reife spaghetti-ähnliche Fäden enthält.

Von hohem offiziellem Wert – gegen Krankheiten im Blasenbereich – sind die Samen der Art *Cucurbita pepo* convar. *citrullinina* var. *styriaca*.

Boden: Fruchtbare bis sehr fruchtbare, lokkere, warme Böden, mit gutem Wasserabzug. Riesenkürbisse gedeihen besonders gut auf dem Komposthaufen.

Aussaatzeit: Mitte April ist früh genug, da die jungen Pflanzen schnell wachsen.

Aussaat: Am besten gleich in Töpfe, bei 20–25° C. Langsam abhärten.

Oben: Junge Zucchini-Pflanzen im Gewächshaus.

Links: Die gelben Zucchinis schmecken noch besser als die grünen. Das ist die richtige Ernte-Größe.

Unten: Riesenkürbis-Pflanzen müssen gekappt werden, wenn der Haupttrieb 60 cm lang ist.

Rechts: Verschiedene Formen der Zucchinis. Einige Sorten stammen aus Italien.

Unten links: Der Spaghetti-Kürbis, auch für unser Klima geeignet.

Unten rechts: 'Peter Pan' ist der nach unserer Meinung schmackhafteste Patisson-Kürbis. Es empfiehlt sich, die sich zu zahlreich entwickelnden Blütenknospen um wenigstens die Hälfte zu reduzieren.

Anbau-Ratschläge: Nach Mitte Mai, besser Ende Mai bei mildem Wetter auspflanzen, bei schlechtem Wetter unter Folie. Zucchinis sind ziemlich robuste Pflanzen, die naßkaltes Wetter besser vertragen als Salatgurken oder Tomaten. Jede Zucchini-Pflanze braucht ungefähr 1 m^2 Platz. Pflanzen Sie nicht zu dicht, denn die Pflanzen bringen viele Früchte.
Riesenkürbisse werden meistens gekappt, wenn die Triebe 60 cm lang sind. Aus den Blattachseln entwickeln sich Seitentriebe mit männlichen und weiblichen Blüten. Die Befruchtung kann man fördern, wenn man bei trockenem Wetter die männlichen Blüten abpflückt, die Blütenblätter zurückschlägt und mit ihnen die weiblichen Blüten betupft. Man kann auch mit einem kleinen Pinsel

Die kräftige grüne Zucchini 'Elite', eine der empfehlenswertesten Sorten.

Speisekürbisse reifen erst im Herbst, Kulturdauer gut 150 Tage.

Krankheiten und Schädlinge: Bei nassem Wetter oft Fruchtfäule. Im allgemeinen sind die Pflanzen aber gesund, nur gelegentlich treten Mehltau und Viruskrankheiten auf. Die Weiße Fliege kann sogar draußen lästig werden.

Ernte: Zucchinis und Patisson ernten Sie am besten jung, es kommen noch genug nach. Zucchinis schneiden wir schon, wenn sie etwa 10 cm lang sind. An solchen Baby-Zucchinis sitzen oft noch die Blüten, die jedoch auch gegessen werden können.

Speisekürbisse erntet man erst nach voller Ausreife, wenn das Laub dem ersten Nachtfrost zum Opfer gefallen ist. Sie können danach eine ganze Zeit aufbewahrt werden.

Fruchtfolge, Mischanbau: Fruchtwechsel: Gruppe A (1. Tracht). Zur Vorkultur sind Kohlrabi geeignet. Günstig ist der Mischanbau mit Bohnen, Erbsen, Mais und Zwiebeln, ungünstig der mit Kartoffeln. Zucchinis kann man an sich bis in den Herbst hinein ernten, doch kann man sie, wenn man genug davon hat, auch früher roden und nach einer Nachdüngung als Folgekultur noch Spinat, Feldsalat oder auch Buschbohnen anbauen.

Nährwert: 113 kJ (27 kcal): 1 g Eiweiß, 0,1 g Fett, 5,5 g Kohlenhydrate. Mineralstoffe: 22 mg Calcium, 44 mg Phosphor, 0,8 mg Eisen, 1 mg Natrium, 380 mg Kalium. Vitamine: 0,1 mg Karotin, 0,05 mg B_1, 0,07 mg B_2, 0,5 mg B_6, 9 mg C.

durch die männlichen und weiblichen Blüten streichen. Insbesondere Zucchinis profitieren von diesem Vorgehen, wenn es im Garten an Insekten fehlt. Wenn wir jedoch ein Bienenvolk aufstellen, erhalten wir doppelt so viele Früchte an den Pflanzen.

Bei den Patisson stellten wir eine große Neigung zum Verzweigen fest, wodurch die Pflanzen zu dicht werden; wir entfernten mehrere Triebspitzen und erzielten ein stärkeres Fruchtwachstum.

Besonders bei Zucchinis, die laufend geerntet werden, ist es wichtig, im Laufe des Sommers häufiger zu düngen. Die Pflanzen bilden einen kurzen Stamm, der jedoch meistens umfällt. Um dies zu verhindern, setzen wir einen kurzen, festen Bambusstab in den Boden, an den die Pflanze angebunden wird.

Kulturdauer: Für Zucchinis, die ab Mitte Juni geerntet werden, mindestens 60 Tage.

'Zucchini Striata d'Italia'.

Paprika und Spanischer Pfeffer

Capsicum annuum

Der rote, grüne und gelbe Paprika gehören zur gleichen Art wie der längliche, scharf schmeckende Spanische Pfeffer. Die Anbauweise ist gleich, beide brauchen zum guten Gedeihen viel Wärme und Licht. Auch in bezug auf Wärme gehören sie zu den anspruchsvolleren Gemüsearten, ist doch ihre Heimat das tropische Amerika. Unsere Kulturformen sind einjährige Gewächse.

Sorten: Man unterscheidet mild schmeckenden Gemüsepaprika und scharf schmeckenden Gewürzpaprika, auch Spanischer Pfeffer genannt. Die Früchte ändern während des Reifevorganges ihre Farbe und sind reif meist süßer und reicher an Vitamin C als unreife Früchte.

Sorten mit großen, fleischigen, grünen, rotreifenden Früchten sind 'Rumba', 'Rodor', 'Bell Boy' und 'Merit'. Sehr beliebt ist auch der grüne, rotreifende 'Tomatenpaprika'. Grüne Sorten, die gelb reifen, sind 'Goldstar', 'Asti Geel' und 'Puszta Gold'. Die Sorte 'Frühzauber' hat kleinere, gelbgrüne, rotreifende Früchte.

Von den scharfen Sorten sind die bekanntesten: 'De Cayenne', 'Westlandse Lange Rode' und 'Red chili'. Diese Sorten haben alle zunächst grüne Früchte, die sehr dünn bleiben, sehr lang werden und später rot reifen.

Boden: Der Boden soll warm, fruchtbar und gut wasserdurchlässig sein. In der Vegetationszeit muß nachgedüngt werden.

Aussaatzeit: Mitte März ist früh genug.

Aussaat: In Saatschalen, warm, bei ungefähr 25° C, nach der Keimung etwas kühler. Die jungen Pflänzchen in kleine Plastiktöpfe pikieren und warm weiterkultivieren. Für die Kultur im Haus die Pflänzchen etwa Ende April auspflanzen, die hohen 60×60 cm, die niedrigen 30×30 cm. Pflanzen, die ins Freie kommen sollen, langsam abhärten, vielleicht sogar noch einmal in größere Töpfe verpflanzen und erst Ende Mai nach draußen bringen.

Die Samen bleiben 3–4 Jahre keimfähig.

Anbau-Ratschläge: Viel Wärme und Sonne sind notwendig für ein gutes Kulturergebnis. In warmen Sommern gibt es im Garten durchaus eine reiche Ernte, doch wenn es kalt und regnerisch ist, bringen die Kulturen im Tunnel und natürlich die im Gewächshaus bessere Erträge.

Paprika und Spanischer Pfeffer sind selbstfruchtbar. Sie blühen sehr reich, aber nicht alle Blüten geben eine Frucht; und das ist gut so, denn sonst würden die Früchte viel zu dicht aneinander sitzen. Entspitzen und Ausgeizen bei den höheren Sorten ist nicht unbedingt notwendig. Die niedrigbleibenden entspitzen sich selbst, d. h. sie verzweigen sich ncht mehr, wenn sie eine bestimmte Höhe erreicht haben.

Die hochwachsenden Sorten müssen stets an Stäben oder Draht aufgebunden werden, aber auch den niedrigbleibenden gibt man wenn möglich eine Stütze.

Kulturdauer: Mindestens 90 Tage im warmen Gewächshaus, und wesentlich länger bei kaltem Wetter draußen.

Rechts: Paprika 'Goldstar'. Färbt sich nach dem Grünstadium noch schön gelb.

Der Spanische Pfeffer färbt sich nur in schönen Sommern rot.

Krankheiten und Schädlinge: Im allgemeinen wenig Befall. Doch kommen auch einige Krankheiten und Schädlinge vor, die auch an den verwandten Tomaten und Gurken auftreten. Im Gewächshaus hat man es bisweilen mit Blattläusen und Spinnmilben zu tun. Während der Kultur können bei viel Feuchtigkeit an Pflanzen und Früchten verschiedene Fäulepilze auftreten. Zur Verhütung von Auflaufkrankheiten gebeiztes Saatgut verwenden.

Ernte: Beides, Paprika und Spanischer Pfeffer, können sowohl grün als auch ausgefärbt geerntet werden. Denken Sie daran, daß Mini-Sorten auch Mini-Früchte bringen. Also, nicht zu spät pflücken.

Grün gepflückte Paprikas können noch nachreifen und schön rot werden. Im Kühlschrank sind sie noch eine Zeitlang haltbar.

Fruchtfolge, Mischanbau: Fruchtwechsel: Gruppe B (2. Tracht). Als Vorkultur kommen Kohlrabi, Radieschen und Spinat in Betracht. Günstige oder ungünstige Kombinationen mit anderen Gemüsen sind uns nicht bekannt. Paprika und Spanischer Pfeffer sind auch keine Pflanzen für irgendwelchen Mischanbau, sie müssen selbst soviel Sonne und Licht wie möglich erhalten.

Nährwert: (gilt für roten Paprika). 119 kJ (29 kcal): 1 g Eiweiß, 0,3 g Fett, 6 g Kohlenhydrate. Mineralstoffe: 15 mg Calcium, 35 mg Phosphor, 0,5 mg Eisen, 6 mg Natrium, 250 mg Kalium. Vitamine: 4,1 mg Karotin, 0,06 mg B_1, 0,05 mg B_2, 0,27 mg B_6, 150 mg C (in grünen Früchten die Hälfte).

Aubergine, Eierfrucht

Solanum melongena

Die Heimat der Aubergine ist das tropische Ostindien. Aus unseren Gemüseläden ist sie heute nicht mehr wegzudenken. Die Aubergine ist ein einjähriges Nachtschattengewächs. Ihre kahlen Früchte sind bis 30 cm lang, je nach Sorte weiß, gelb, violett, dunkelpurpurn bis schwarz gefärbt, und meistens langgestreckt eiförmig, daher der Name Eierfrucht. Samen der verschiedenfarbigen Sorten sind im Handel erhältlich.

Auberginen brauchen noch mehr Wärme als Paprika. Die Freilandkultur ist ziemlich riskant, doch im kalten Gewächshaus kann man herrliche Früchte erzielen. Zum Verzehr werden Auberginen gekocht oder gebacken bzw. gebraten.

Sorten: Bekannte, gute Sorten sind 'Lange Violette', 'Negro', 'Baren' 'Haguro' und 'Adona'. Die Pflanzen der erstgenannten Sorte können 2 m hoch werden. Frühreif und schnellwüchsig ist 'Sperling's Blacky' mit Früchten, die wie große, schwarz-violett glänzende Eier aussehen. Kleine weiße, goldgelbreifende, sehr dekorative Früchte hat die Sorte 'Golden Eggs'.

Boden: Lockere, nährstoffreiche, humose und gut drainierte Böden.

Aussaatzeit: Ab Ende Februar. Frühe Aussaat ist günstig, um kräftige Pflanzen zu erhalten.

Aussaat: In Saatschalen, warm, bei 20 bis 25°C. Pikieren, sobald die ersten echten Blättchen erscheinen, am besten in Plastiktöpfe. Weiter warm kultivieren, und Mitte April im Gewächshaus auspflanzen. Gedrungen wachsende Sorten kann man auch in großen Töpfen oder Eimern kultivieren. Pflanzabstand 60×60 cm für die hochwachsenden, 30×30 cm für die niedrigen Sorten. Die Samen bleiben 4–5 Jahre keimfähig.

Anbau-Ratschläge: Junge Pflanzen mit nur einem einzigen Vegetationspunkt müssen entspitzt werden, damit sie sich verzweigen. Im Gewächshaus sollten wir nicht mehr als 4 Triebe an der Schnur oder am Stab nach oben leiten. Alle Geiztriebe, die sich an diesen Trieben bilden, werden vorsichtig entfernt.

Oben: Auberginen dürfen nicht zu viele Triebe bilden und müssen aus diesem Grunde entgeizt werden.

Links: Die Aubergine 'Haguro' ist eine kräftige Sorte, die eventuell im Freiland kultiviert werden kann, auch in einem genügend großen Topf.

Draußen, unter Glas oder Folie, beläßt man der Pflanze höchstens 2 Triebe, und bei Kultur in Töpfen oder Pflanzgefäßen sei empfohlen, die Auberginen nur eintriebig zu ziehen.

Bald werden die schönen, violetten Blüten erscheinen. Stehen sie zu dicht beieinander, werden einige entfernt, sonst können sich die Früchte nicht vollkommen entwickeln. 6–8 große Auberginen pro Pflanze genügen vollauf. Die Früchte entwickeln sich unter der Blüte, ohne daß eine Bestäubung nötig wäre. Entfernen Sie die vertrockneten Blüten, da von ihnen oft Fäulnis ausgeht.

Biegen Sie die Stengel beim Anbinden etwas nach außen, damit Luft und Licht Zugang ins Innere der Pflanzen finden. Aus demselben Grund werden mitunter auch die untersten Blätter entfernt.

Im Laufe der Vegetationszeit muß mehrere Male nachgedüngt werden.

Kulturdauer: Ungefähr 180 Tage, draußen mehr.

Krankheiten und Schädlinge: Blattläuse sind versessen auf Auberginenblätter; sie machen sie höckerig. Spinnmilben und Weiße Fliegen sind vor allem im Gewächshaus gefürchtet. Bei zu hoher Luftfeuchtigkeit tritt Grauschimmel auf.

Ernte: Auberginen sind erntereif, wenn die Schale der Früchte ein etwas mattes Aussehen erhält. Zu früh geerntete Früchte können noch giftiges Solanin enthalten. Bei zu später Ernte werden sie binnen kurzem schwammig. Nicht überreif geerntete Früchte lassen sich aufgehängt längere Zeit aufbewahren.

Fruchtfolge, Mischanbau: Hinsichtlich des Fruchtwechsels gehört die Aubergine in die Gruppe B (2. Tracht). Zur Vorkultur eignen sich u. a. Kohlrabi, Radieschen, Spinat und früher Salat. Günstige oder auch ungünstige Kombinationen sind uns nicht bekannt. Eine Nachkultur kommt in Anbetracht der langen Kulturzeit kaum in Frage.

Nährwert: 60 kJ (14 kcal): 0,5 g Eiweiß, 0,2 g Fett, 3 g Kohlenhydrate. Mineralstoffe: 10 mg Calcium, 12 mg Phosphor, 0,5 mg Eisen, 10 mg Natrium, 200 mg Kalium. Vitamine: 0,03 mg Karotin, 0,04 mg B_1, 0,05 mg B_2, 0,07 mg B_6, 10 mg C.

Zuckermais

Zea mays convar.*saccharata*

»Eine fremde Ente im Loch« nennen die Holländer dieses Fruchtgemüse, den Zuckermais, der nicht verwechselt werden darf mit dem Futtermais, der in der Landwirtschaft so viel angebaut wird. Mais ist eine Getreideart, die bei uns wenig gegessen wird. Zuckermais wird nur in geringem Umfang angepflanzt; zum Verzehr wird er gekocht.

Sorten: Einfach süße Sorten sind 'Early Cup', sehr früh, 'Aztec', früh, und 'Merit', mittelspät bis spät. Neue besonders süße Sorten sind 'Early Extra Sweet', früh, 'Tasty Sweet', mittelfrüh, und 'Florida Stay Sweet', mittelfrüh bis spät. Die späten Sorten reifen in unseren Sommern oft nicht aus.

Boden: Mais baut man besonders viel in Gebieten mit intensiver Viehzucht an und verarbeitet damit die riesigen anfallenden Stallmistmengen. Schon daraus ist ersichtlich, daß Mais einen hohen Nährstoffbedarf hat. Vor allem Stickstoff und Phosphat können Sie kaum zuviel geben. Schon vor der Anpflanzung muß der Boden reichlich mit Phosphat versorgt werden, und zusätzlicher Stickstoff kann während des Wachstums als Nachdüngung gegeben werden. Der Säuregrad des Bodens soll in etwa zwischen 5,5 und 7,0 liegen.

Aussaatzeit: Anfang bis Mitte April.

Aussaat: Legen Sie 2 Samen in einen mit Aussaaterde gefüllten 9-cm-Topf, und lassen Sie nach dem Auflaufen die stärkere Pflanze stehen. Optimale Keimtemperatur 10–15°C. Fangen Sie schon Ende April an, die Pflanzen abzuhärten.

Anbau-Ratschläge: Mais muß einen warmen und geschützten Platz erhalten. Warten Sie, bis die Nachtfröste vorbei sind, und pflanzen Sie den Mais dann in Reihen mit 70 cm Abstand voneinander. Abstand in der Reihe 20 cm. Rechtzeitig hacken und gießen. Entfernen Sie die Seitentriebe, wir brauchen sie nicht. Die Sorten neigen verschieden stark zur Seitentriebbildung.

Sorgen Sie im Juli und August für eine Nachdüngung mit Stickstoff – nach Belieben mit Blutmehl oder Mineraldünger.

Die Maispflanze bildet an der Spitze einen männlichen Blütenstand, aus dem Blütenstaub durch den Wind auf die weibliche, tiefer gelegene Blüte (den Kolben) gelangt. Wird in Ihrer Nähe Futtermais angebaut, besteht die Möglichkeit, daß dessen Blütenstaub Ihren süßen Mais befruchtet und Sie mehr oder weniger mehlige Körner ernten.

Kulturdauer: 180 Tage.

Rechts: Zuckermais; die schützenden Hüllblätter sind entfernt. Die schwarzen Fäden oben zeigen das richtige Erntestadium an.

Unten: Ausläufer am Grunde der Maispflanze müssen entfernt werden.

Krankheiten und Schädlinge: Im allgemeinen kein Befall.

Ernte: Wenn die Fäden am Kolben verwelken bzw. schwarz werden, ist es soweit. Entfernen Sie die Hüllblätter, und drücken Sie mit dem Fingernagel in ein Maiskorn. Tritt milchweißer Saft aus, ist der Kolben erntereif.

Köche sagen, daß der geerntete Mais auf dem schnellsten Wege zum Verbrauch in die Küche muß. Das stimmt, denn schon nach einem Tag Herumliegen ist der Geschmack nicht mehr so gut. Aus diesem Grund sind Maiskolben auch keine Versandware, die Qualität der selbstgeernteten und schnell verwendeten Kolben ist stets besser.

Fruchtfolge, Mischanbau: Angesichts des hohen Nährstoffbedarfes wird es Sie nicht verwundern, daß Mais in bezug auf den Fruchtwechsel in die Gruppe A (1. Tracht) eingeordnet wird. Eine Vorkultur von Kohlrabi, Radieschen oder Spinat ist gut möglich, doch sollten Sie danach erst noch einmal etwas düngen. Günstig soll die Kombination sein mit Buschbohnen, Dill, Einlegegurken, Erbsen, frühen Kartoffeln, Melonen, Salat, Salatgurken, Tomaten und Zucchinis, ungünstig mit Roten Beten und Sellerie.

Nährwert: 429 kJ (101 kcal): 3 g Eiweiß, 1 g Fett, 20 (!) g Kohlenhydrate. Mineralstoffe: 6 mg Calcium, 100 mg Phosphor, 0,5 mg Eisen, 2 mg Natrium, 250 mg Kalium. Vitamine: 0,35 mg Karotin, 0,12 mg B_1, 0,07 mg B_2, 0,12 mg B_6, 12 mg C.

Artischocke

Cynara scolymus

Die Artischocke ist eine ausdauernde Pflanze, deren noch geschlossene Blütenknospen gegessen werden. Diese werden am besten im ganzen gekocht. Gegessen werden die untersten, fleischigen Teile der Blütenblätter sowie der Blütenboden.
Genügend große Blütenknospen bringen in unserem Klima nur Pflanzen an sehr geschützten, warmen Plätzen. Die Pflanzen sind nicht völlig winterhart.
Sorten: Am verbreitetsten 'Große von Laon'.
Boden: An den Boden stellt die Artischocke hohe Ansprüche. Er soll warm, nährstoffreich, kalkhaltig, feucht sein; vor der Pflanzung am besten 50 cm tief rigolen.
Aussaatzeit: Ab März.
Aussaat: Unter Glas. Keimtemperatur 20°C. Nach Auflaufen der Samen in Töpfe pikieren, abhärten und erst Ende Mai nach draußen pflanzen; Abstand 1×1 m.
Die Samen sind 4–5 Jahre keimfähig.
Da Artischocken nicht sehr samenbeständig sind, empfiehlt es sich, die besten Pflanzen zu selektieren, um sie dann durch Teilung vegetativ weiter zu vermehren.
Anbau-Ratschläge: Im ersten Jahr dürfen Sie von den Pflanzen noch keine Ernte erwarten. Geben Sie reichlich Wasser und Dünger, damit die Pflanzen zügig wachsen.

Rechts: Artischocken sind ausgesprochen schöne Pflanzen, sie ähneln sehr der nahe verwandten Kardone *Cynara cardunculus.* In unserem Klima werden die Blütenknospen nicht so groß wie in südlichen Ländern.

Unten: Artischocke 'Large Round French Queen', in England photographiert.

Im Winter müssen die Stauden mit Tannen- oder Kiefernreisig gegen Frost geschützt werden.
Gelegentlich wird geraten, Artischocken alle 2–4 Jahre zu verpflanzen. Dies dürfte sich jedoch erübrigen, wenn die Pflanzen alljährlich eine kräftige Düngung erhalten.
Kulturdauer: Die Ernte ist jedes Jahr Ende August/September zu erwarten.
Krankheiten und Schädlinge: Manchmal einige Blattläuse.
Ernte: Die Blütenknospen müssen geerntet werden, bevor sie sich öffnen. Pro Pflanze kann man mit 4–8 Blütenknospen rechnen. Sie lassen sich einige Zeit kühl aufbewahren.
Fruchtfolge, Mischanbau: Uninteressant, weil die Artischocke eine ausdauernde Pflanze ist. Allenfalls können im ersten Jahr die großen Zwischenräume mit Salat, Gurken, Sellerie usw. genutzt werden.
Nährwert: 248 kJ (59 kcal): 2,4 g Eiweiß, 0,1 g Fett, 12,2 g Kohlenhydrate. Mineralstoffe: 53 mg Calcium, 130 mg Phosphor, 1,5 mg Eisen, 47 mg Natrium, 350 mg Kalium. Vitamine: 17 mg Karotin, 0,14 mg B_1, 0,05 mg B_2, 0,4 mg B_6, 9 mg C.

Beerenobst

Allgemeines

Beerenobst heißt im Holländischen »Kleinfruit« und im Englischen »Small fruit«, beides bedeutet »Kleinfrucht«. Dazu zählt man ausdauernde Pflanzen und Sträucher, die, ebenso wie ihre Früchte, nicht so groß werden wie das Kern- und Steinobst – Apfel, Birne, Kirsche –, die wir in diesem Buche nicht behandeln.
Im kleinen Hausgarten ist viel eher ein Plätzchen für etwas Beerenobst zu finden als für einen riesigen Apfelbaum. Doch soll auch gesagt werden, daß ein gut erzogener Spindelbusch ebenfalls nicht viel Platz braucht und dennoch eine beachtliche Apfelernte bringen kann. Aber das nur nebenbei!
Die meisten Beerenobstarten brauchen einen Platz in der vollen Sonne, so wie es auch für fast alle Gemüsearten zutrifft. Nur Brombeeren und allenfalls einige Waldfrüchte kommen mit etwas weniger Licht aus.
Wenn nicht viel Platz zur Verfügung steht, dann können Sie Arten wählen, die man, wie Brombeeren oder Kiwis, an einer Wand oder Pergola ziehen kann. Auch Rote Johannisbeeren und Stachelbeeren kann man gut an einer Wand kultivieren, wie es das Photo zeigt (S. 160 und 163). Selbst Erdbeeren können an einer Wand oder einem Klettergerüst hochgeleitet werden.
Beerenobst erfordert nicht viel Pflege: ein gewisser Schnitt, Düngen, Unkraut bekämpfen und ernten, wenn es soweit ist.
Das größte Problem liegt eigentlich darin, daß Beerenobstfrüchte von Vögeln außerordentlich gern gefressen werden, so daß unbedingt Maßnahmen ergriffen werden müssen, die gefiederten Freunde abzuwehren, sonst bleibt für uns nur wenig zu ernten übrig.
Die Vogelabwehr erfolgt mit Hilfe von angsterregenden Mitteln wie Vogelscheuchen, glänzender Folie, »singenden« Drähten, am wirksamsten aber mit Netzen. Bedauerlich ist, daß sich die Vögel oft im Netzgeflecht verfangen und man die armen Tierchen nur mit Mühe daraus befreien kann. Am besten ist ein mannshoher Spezial-Beerenobstkäfig mit Tür, der in England sehr verbreitet, bei uns aber nur selten zu sehen ist.
Da die Beerenobstarten lange am gleichen Platz stehen, gibt es in bezug auf Fruchtwechsel, Fruchtfolge und Mischanbau nicht viel zu berichten. Hinsichtlich der Düngung sind Kaligaben im allgemeinen höchst nützlich, hohe Stickstoffgaben dagegen können zu Problemen führen.
Außer Vögeln können auch Krankheiten dem Beerenobst gefährlich werden. Bei nassem Wetter treten vor allem Pilzkrankheiten auf, hauptsächlich bei Erdbeeren (Grauschimmel). Wenn Sie hier nicht spritzen wollen, dann sorgen Sie dafür, daß die Früchte zum raschen Abtrocknen mit Stroh oder Plastik unterlegt werden. Schließlich gibt es auch noch eine Anzahl tierischer Schädlinge, die aber im allgemeinen nicht viel Kummer bereiten. Wir besprechen sie jeweils bei den verschiedenen Beerenobstarten.
Beerenobst sollte in jedem Garten reichlich vertreten sein, zum Naschen für die Kinder sowie zur vielseitigen Selbstversorgung der Familie mit Frischobst, Marmeladen, Gelees, Konfitüren, Kompott, Obstsäften usw.

Beerenobstfrüchte sind für Kinder etwas Köstliches, weshalb sie auch gern bei der Ernte, hier von Erdbeeren, mithelfen.

Erdbeeren

Fragaria ananassa

Unsere heutige große Gartenerdbeere ist durch Kreuzung mehrerer botanischer Arten untereinander entstanden. Die Kataloge der Gartencenter sind gefüllt mit Fotos, die uns das Wasser im Mund zusammenlaufen lassen. Doch wollen wir auch unsere kleinfrüchtigen Erdbeeren, z. B. die Walderdbeeren, nicht vergessen. Deren Geschmack ist besonders köstlich, und jedes erstklassige Restaurant kauft sie gern.
Erdbeeren sind ausdauernde, starkwüchsige Pflanzen. Sie bilden Ausläufer, an denen neue Pflänzchen heranwachsen.
Sorten: Es gibt ständig neue Erdbeersorten, die sich durch Fruchtgröße, hohe Erträge usw. auszeichnen. Auf den Geschmack wird nicht immer besonders geachtet. So gibt es eine ganze Reihe von Sorten, die eine marktbeherrschende Rolle spielen – 'Bogota', 'Gorella', 'Redgauntlet', 'Silvetta', 'Valeta' u. a. – die wunderbar aussehen, geschmacklich

Rechts: Monatserdbeeren bringen im zweiten Jahr eine Fülle kleiner, köstlicher Früchte, deren Geschmack an Walderdbeeren erinnert.

Unten: 'Ostara' ist eine bekannte, mehrmals tragende Erdbeere, hier in schwarze Folie gepflanzt.

aber nicht zu den besten zählen. Wertvoller in dieser Hinsicht sind die Sorten 'Elvira', 'Induka', 'Karina', 'Senga Sengana', 'Tago', 'Tenira' u. a. Am köstlichsten schmeckt 'Korona'.

Dies alles sind Sorten, die nur einmal im Jahre tragen. Es gibt aber auch mehrmals tragende Erdbeeren, die sogenannten remontierenden Sorten, z. B. die sehr frühe 'Hummi-Eroma', sowie die Sorten 'Hummi-Gento' und 'Ostara', 'Rabunda' und 'Rapella'. Sie erfreuen uns durch eine besonders lange Erntezeit.

Dann gibt es die Klettererdbeeren, die an einem Drahtgeflecht oder an Stäben hochgezogen werden. Im Handel sind einige Sorten mit wunderschönen Phantasienamen, doch scheint es, daß diese alle nichts anderes sind als die mehrmals tragende 'Ostara'.

Kleinfrüchtige Erdbeeren sind die Walderdbeeren *Fragaria vesca* und die von dieser abstammenden, durch Samen vermehrten sogenannten Monatserdbeeren 'Rügen', 'Baron Solemacher', 'Rimona-Hummi' u. a.

Boden: Am besten gedeihen Erdbeeren in einem fruchtbaren, humosen Boden, der nie zu trocken werden darf. Der optimale pH-Wert liegt zwischen 6,0 und 6,5. Obwohl Erdbeeren ausdauernde Pflanzen sind, läßt man sie im allgemeinen nicht länger als 2, höchstens 3 Jahre an der gleichen Stelle stehen. Sie sind sehr empfindlich gegen Bodenpilze, die dazu führen, daß die Erträge rasch zurückgehen.

Aussaatzeit bzw. Pflanzzeit: Erdbeeren können tatsächlich durch Aussaat herangezogen werden, und zwar betrifft dies die kleinfrüchtigen Monatserdbeeren. Eine günstige Zeit für die Aussaat ist der Monat März, doch kann dies auch im September geschehen.

Das viel häufigere Pflanzen der Erdbeeren erfolgt gewöhnlich im Juli/August, möglichst nicht mehr nach dem 10. August, kann aber auch im April geschehen. Die Ernte fällt dann erst im 2. Jahr an.

Aussaat/Pflanzung: Die Aussaat erfolgt am besten in Saatschalen bei mäßiger Wärme. Pikieren in kleine Töpfe und nach Mitte Mai im Freien auspflanzen. Pflanzabstand sollte 40×40 cm sein.

Auch die jungen Ausläuferpflanzen pflanzt man auf 40×40 cm. Bei Reihenpflanzung: 60–80 cm Reihenabstand und 20–30 cm Abstand in der Reihe.

Nicht zu tief pflanzen, das Herz der Pflanzen soll sich in Höhe der Bodenoberfläche befinden. Ausreichend gießen, wenn trockene Witterung herrscht.

Anbau-Ratschläge: Bei Erdbeeren wird gern gemulcht, um saubere und trockene Früchte zu erhalten. Praktisch ist schwarze Plastik-Folie, in die beim Pflanzen kleine Schnitte gemacht wurden. Legen Sie das Beet ein wenig gewölbt an, damit das Wasser abfließen kann. Spezial-Erdbeerfolie besitzt bereits winzig kleine Löcher, so daß sich keine Pfützen bilden können. Es wird auch gern mit Stroh gemulcht, doch dies wird erst untergelegt, wenn die Früchte größer werden. Wenn die Erdbeeren reifen, sollten die Beete mit Netzen oder Gaze gegen Vögel geschützt werden, andernfalls bleibt für Sie nicht mehr viel zum Ernten übrig.

Blühende Erdbeeren versprechen eine reiche Ernte, sofern nicht der Erdbeerblütenstecher auftritt.

Von links nach rechts: Das Pflanzen von Erdbeeren in Plastik-Folie. Zunächst den Boden anfeuchten, danach die schwarze Polyäthylenfolie aufbringen. Es gibt auch spezielle Erdbeerfolie mit kleinen Löchern für den Wasserabfluß.

Mit einem Messer werden im Pflanzabstand kleine Löcher in die Folie geschnitten. Das Pflanzloch läßt sich dann gut mit einem Pflanzholz vorstechen, danach wird die Erdbeerpflanze in das Loch gesetzt.

Bei mehrmals tragenden Erdbeeren, z. B. 'Ostara', beseitigt man gern die ersten Blütentrauben, damit die Pflanze zunächst einmal mehr Blätter hervorbringt. Bei der Ernte werden nicht nur die reifen Früchte gepflückt, sondern es wird die ganze Traube, einschließlich der noch kleinen, unreifen Früchte, entfernt. Dies fördert die Bildung neuer Blütentrauben und damit auch neuer, großer Früchte.

Um eine besonders frühe Ernte zu erzielen, können Sie Tunnels über die Erdbeerpflanzen setzen. Bei warmem Wetter und während der Blüte muß ausreichend gelüftet werden. Kurz vor der Ernte können Sie die Tunnel-Folie durch Netze, ein Drahtgewebe oder Gaze als Schutz gegen Vögel ersetzen. 'Elvira' ist eine der geeignetsten Sorten für diese Anbauweise.

Wenn Sie über ein warmes Gewächshaus verfügen, können Sie Erdbeeren zu einem noch früheren Zeitpunkt ernten. Hierfür eignet sich besonders die Sorte 'Gorella'. Mitte Januar beginnt man mit 5–10° C und steigert im März auf 10–18° C. Es empfiehlt sich, während der Blüte den Blütenstaub mit einem kleinen Pinsel auf die Blüten zu bringen, um mehr Früchte zu erhalten.

Erdbeeren werden oft reichlich gedüngt, zuviel Stickstoff jedoch verleiht den Früchten einen wässerigen Geschmack und erhöht die Gefahr des Pilzbefalls, insbesondere mit dem gefürchteten Grauschimmel. Ratsamer ist es, sich mit Stickstoff zurückzuhalten und dafür etwas mehr mit Kali und Phosphorsäure zu düngen. Eine Hälfte im Frühjahr, die andere nach der Ernte.

Im Sommer bilden die meisten Erdbeeren zahlreiche Ausläufer, an denen sich Wurzeln und neue Pflanzen entwickeln. Letztere können für die Vermehrung benutzt werden. Oft wird empfohlen, einige Wochen nach der Ernte die Blätter der abgetragenen Erdbeerpflanzen abzuschneiden und auch die Ausläufer zu entfernen. Ein Teil der jungen Pflänzchen wird auf ein neues Erdbeerbeet gesetzt. Dort bleiben sie zwei oder drei Jahre stehen. Alte Beete werden nach zwei oder drei Jahren abgeräumt, auf diese Weise wird laufend ein Teil des Erdbeerbestandes verjüngt. Geschieht dies nicht, können Krankheiten stark zunehmen.

Erdbeerpflanzen, die keine Ausläufer bilden, können im Nachsommer oder zeitigen Frühjahr geteilt werden.

Es gibt spezielle Erdbeerkragen, um die Früchte sauber und trocken zu halten und Fäulnis zu verhüten.

Ganz Links: Nach der Ernte werden die Blätter der Erdbeerpflanzen abgeschnitten. Die jungen Pflanzchen, die sich an den Ausläufern gebildet haben, können jetzt abgenommen und für sich auf ein Beet gepflanzt werden, wo sie wiederum zwei Jahre stehen bleiben.

Links: Dieses Auspflanzen, auf dem nebenstehenden Photo dargestellt, geschieht hier ohne den Gebrauch schwarzer Folie.

Kulturdauer: Sehr verschieden, je nachdem, ob Sie frühe, späte oder mehrmals tragende Sorten oder Erdbeeren im Gewächshaus anbauen.
Krankheiten und Schädlinge: Der gefährlichste Feind ist ein Pilz – der die Fruchtfäule verursachende Grauschimmel. Der Obstbauer spritzt dagegen mit geeigneten Fungiziden. Weitere wichtige Schädlinge sind Erdbeerblütenstecher, Erdbeermilben, Blattläuse und Schnecken. Gegen Viruskrankheiten hilft Fruchtwechsel, vor allem aber der Bezug neuen, anerkannten, virusfreien Pflanzgutes.
Ernte: Erdbeeren sollen an der Pflanze voll ausreifen. Deshalb muß mehrere Male in der Woche gepflückt werden. Die Früchte sind baldmöglichst zu verzehren bzw. zu verarbeiten, da sie nicht lange haltbar sind, auch nicht im Kühlschrank.
Fruchtfolge, Mischanbau: Da Erdbeeren in der Regel erst im Augsut gepflanzt werden, können vorher noch viele Gemüsearten angebaut werden, selbst Frühkartoffeln.
Günstig ist der Mischanbau mit Buschbohnen, Borretsch, Knoblauch, Möhren, Petersilie, Porree, Radieschen, Rettich, Salat, Spinat und Zwiebeln. In der Praxis sieht man diese Kombinationen zwar nur selten, sie sind aber durchaus zu empfehlen. Kein Mischanbau mit Einlegegurken und Kohlarten. Nachkulturen entfallen, da die Erdbeeren ja auf dem Beet bleiben. Erst nach dem Abräumen eines Erdbeerbeetes kann man noch Spinat, Feldsalat und vielleicht auch Kohlrabi nachbauen. Düngen Sie dann aber vorher noch mit etwas Stickstoff.
Nährwert: 97 kJ (23 kcal): 0,5 g Eiweiß, 0,4 g Fett, 5 g Kohlenhydrate. Mineralstoffe: 15 mg Calcium, 25 mg Phosphor, 0,5 mg Eisen, 1 mg Natrium, 150 mg Kalium. Vitamine: 0,06 mg Karotin, 0,03 mg B_1, 0,07 mg B_2, 0,05 mg B_6, 60 mg C.

Rote Johannisbeere

Ribes rubrum

Man sollte vielleicht besser nur »Johannisbeeren« schreiben, denn es gibt ja auch weiße – nun ja, hellgelbe – Sorten. Wenn im Sommer die prächtigen roten Trauben reifen, ist es eine große Freude, die Beeren vom Strauch weg zu essen. In der Küche werden auch Marmelade und Gelee aus ihnen bereitet.
Sorten: Eine der bekanntesten Sorten ist nach wie vor 'Jonkheer van Tets', früh und ausgezeichnet im Geschmack. Eine ebenfalls frühe Sorte ist 'Heros'. Mehr für die Verarbeitung und weniger für den Frischgenuß geeignet ist die mittelfrühe 'Rote Vierländer'. Etwas später reift 'Red Lake'. 'Rondom' schließlich ist eine späte Sorte mit säuerlichem Geschmack; gut für Saftgewinnung.
Von Weißen Johannisbeeren seien hier genannt: 'Weiße Versailler' und 'Weiße aus Jüterbog'. Weiße Sorten werden verhältnismäßig wenig angepflanzt.
Kaufen Sie Johannisbeersträucher auf jeden Fall nur in einem guten Gartenbau- oder Baumschulbetrieb, denn es sind auch minderwertige Sorten im Handel.
Boden: In bezug auf den Boden sind Johannisbeeren nicht sehr wählerisch. Der pH-Wert soll im leicht sauren Bereich liegen, zwischen pH 6,0 und 7,0. Wichtig ist eine gute Kaliversorgung. Wir werfen Holzasche aus dem offenen Kamin an die Sträucher, sie enthält ziemlich viel Kali.
Pflanzzeit: Möglichst noch im Herbst, nach Blattfall im Oktober und November, oder zeitig im Frühjahr.
Pflanzung: Graben Sie eine genügend große Pflanzgrube, verbessern Sie die Erde mit verrottetem Stallmist, Torfmull oder anderem organischem Material, und pflanzen Sie die Sträucher auf 1,50 m Abstand voneinander. Nach dem Pflanzen gründlich angießen.
Anbau-Ratschläge: Im ersten Jahr geht es darum, dem Strauch eine gute Form zu geben. Sie können wählen zwischen dem gewöhnlichen Strauch, dem Stämmchen und der Spalier-Form. Beim Strauch brauchen wir etwa 8 Gerüstäste, die kräftig aufrecht und nach außen wachsen. Sie sollen einige Zentimeter über dem Boden dem Stock entspringen. Sind noch nicht genug Triebe vorhanden, schneidet man die vorhandenen besonders stark zurück (auf 2–3 Augen), und neue Triebe werden sich bilden. Achten Sie darauf, daß die Gerüstäste schön gleichmäßig verteilt angeordnet sind.
Sie können aber auch – mit etwas mehr Arbeit – eine Spindel heranziehen: ein durchgehender Stamm und daran, gut verteilt, etwa 12 Seitentriebe.

Rote Johannisbeeren können gut an einer Mauer oder einem Zaun gezogen werden, als Palmette (s. Text) oder als Fächer (s. Abb.).

Ein Stämmchen erhält man, indem man nur den Mitteltrieb des Strauches beläßt und an diesem regelmäßig alle Seitentriebe entfernt, bis er ca. 1 m hoch ist. Dann baut man mit etwa 6 Seitentrieben eine schöne runde Krone auf.
Palmetten werden freistehend erzogen, gewöhnlich aber an einer Mauer oder an einem Zaun. Wieder beläßt man an dem gekauften Strauch nur 1 Trieb und kappt diesen in 60 cm Höhe über dem Boden. Im Frühjahr läßt man nur die obersten 3 Knospen austreiben: ein Trieb nach oben, einer nach rechts, einer nach links. Im nächsten Herbst schneidet man den Haupttrieb bis auf etwa 25 cm über den ersten, untersten Seitenzweigen zurück. Wieder läßt man nur 3 Knospen austreiben. So geht es dann weiter: Jedes Jahr kommt eine Etage hinzu. Nach 4 Etagen ist die Palmette dann in der Regel fertig aufgebaut.
Nachdem Sie Ihren Johannisbeersträuchern die richtige Form gegeben haben, geht es nun darum, möglichst viele Beeren zu bekommen. Die meisten Sorten tragen am besten am zwei- und dreijährigen Holz. Dieses Holz sind die Seitentriebe der Gerüstäste. Im Sommer, nach der Ernte, müssen die Seitentriebe nach dem 5. Blatt entspitzt werden. Nach 2 oder 3 Jahren werden die Seitentriebe bis auf den Gerüstast entfernt, worauf sich neue Seitentriebe bilden, die ihrerseits wie vorstehend beschrieben eingekürzt werden. Bei Sorten, die an einjährigem Holz besser tragen, z. B. 'Rondom', empfehlen wir, nach der Ernte alle Seitentriebe zu entfernen.

Eine der bekanntesten Roten Johannisbeeren ist 'Jonkheer van Tets', eine frühe und wohlschmeckende Sorte.

Rote Johannisbeeren wachsen überall, so wie hier neben dem Hauseingang.

Vögel stellen nicht nur den Beeren nach, sondern auch den jungen Knospen, die im zeitigen Frühjahr für sie eine besondere Delikatesse zu sein scheinen. Beide Male schützen wir unsere Sträucher mit Netzen. Während der Blüte sind diese zu entfernen, weil Insekten, die die Bestäubung besorgen, durch sie behindert werden könnten.
Kulturdauer: Ohne Bedeutung bei diesen Sträuchern, da sie bei guter Pflege wenigstens 10 Jahre voll leistungsfähig sind.
Krankheiten und Schädlinge: Davon kennen wir eine ganze Reihe, doch hat man im allgemeinen nur wenig Last damit. Blattläuse, hauptsächlich die Johannisbeerblasenlaus, werden mit den üblichen Mitteln bekämpft. Pilze verursachen die Blattfallkrankheit, die mit kleinen, roten Flecken auf den Blättern ihren Anfang nimmt.
Ernte: Die ersten Beeren reifen ungefähr Anfang Juli, die letzten im August. Pflücken Sie die Trauben recht vorsichtig, und verbrauchen Sie sie so schnell wie möglich, denn sie besitzen nur eine geringe Haltbarkeit.
Fruchtfolge, Mischanbau: Ohne Bedeutung.
Nährwert: 109 kJ (26 kcal): 1,4 g Eiweiß, 0,2 g Fett, 5 g Kohlenhydrate. Mineralstoffe: 20 mg Calcium, 40 mg Phosphor, 1 mg Eisen, 3 mg Natrium, 250 mg Kalium. Vitamine: 0,04 mg Karotin, 0,08 mg B_1, 0,02 mg B_2, 0,07 mg B_6, 10 mg C.

Schwarze Johannisbeeren

Ribes nigrum

Schwarze Johannisbeeren sind weniger beliebt als die roten, weil sie vielen Menschen beim Rohgenuß zu sauer sind. Marmelade und Süßmost von Schwarzen Johannisbeeren sind jedoch hervorragend. Die neueren Sorten haben lange Trauben, die sich leicht ernten lassen.
Sorten: Starkwachsend, verhältnismäßig süß schmeckend ist 'Boskoop Giant'. Eine recht alte, sehr frostempfindliche Sorte ist 'Baldwin'. Weitere empfehlenswerte Sorten: 'Silvergieters Schwarze', 'Rosenthals Langtraubige Schwarze', 'Goliath', 'Rodknoop', 'Wellington XXX' u. a.

Boden: Schwarze Johannisbeeren schätzen einen ziemlich feuchten, recht humosen Boden mit einem pH-Wert um 6,5.
Pflanzzeit: Die jungen Sträucher können im Herbst ab Ende Oktober sowie im zeitigen Frühjahr gepflanzt werden.
Pflanzung: Graben Sie ein genügend großes Pflanzloch, und verbessern Sie den Boden mit verrottetem Stallmist und Torfmull. Pflanzentfernung für die meisten Sorten 1,5×1,5 m, für die besonders stark wachsenden Sorten 2×2 m. Nach der Pflanzung die Sträucher bis auf etwa 10 cm über dem Boden zurückschneiden.

Anbau-Ratschläge: Nach dem starken Pflanzschnitt kann man im ersten Jahr noch keine Beeren erwarten. Schwarze Johannisbeeren tragen am besten an Trieben, die im Vorjahr gewachsen sind. Die Blüte ist früh und kann durch Nachtfröste vernichtet werden. Man schützt die Pflanzen, indem man sie mit Plastikfolie, alten Gardinen oder dergleichen einhüllt oder während der Dauer des Frostes beregnet.
Die ersten 2 Jahre braucht nur wenig geschnitten zu werden. Achten Sie darauf, daß die Sträucher sich locker und luftig aufbauen, und entfernen Sie nur die zu dicht stehenden Triebe und jene Triebe, die quer in das Strauchinnere hineinwachsen wollen. Lassen Sie die besten Bodentriebe stehen, sie sollen die alten Gerüstäste ersetzen. Diese werden, wenn sie älter als 3 Jahre sind, am besten ganz entfernt, da sie nicht mehr viel Frucht bringen. Schneiden Sie sie so tief wie möglich am Boden weg.
Um die Bildung neuer Bodentriebe anzuregen, ist es ratsam, während der Vegetationsperiode zu düngen, am besten mit einem Gemisch aus organischem und mineralischem Dünger. Mulchen unter den Sträuchern ist gut, um die Oberkrume feucht zu halten.
Wie bei den Roten Johannisbeeren müssen auch hier die Beeren vor Vogelfraß geschützt werden, am besten mit Hilfe von Netzen.
Kulturdauer: Ohne Bedeutung.
Krankheiten und Schädlinge: Die Johannisbeergallmilbe lebt im Winter in den Knospen, die kugelig zu »Rundknospen« anschwellen, aber nicht mehr austreiben, sondern vertrocknen. Ferner Blattfallkrankheit wie bei Roten Johannisbeeren, Blattläuse und Spinnmilben.
Ernte: Schwarze Johannisbeeren sind erntereif, wenn sie schön dunkel sind und noch nicht von selbst abfallen. Sie sind nur kurze Zeit lagerfähig.
Fruchtfolge, Mischanbau: Ohne Bedeutung.
Nährwert: 162 kJ (38 kcal): 1,5 g Eiweiß, 0,1 g Fett, 8 g Kohlenhydrate. Mineralstoffe: 30 mg Calcium, 50 mg Phosphor, 1 mg Eisen, 5 mg Natrium, 300 mg Kalium. Vitamine: 0,2 mg Karotin, 0,08 mg B_1, 0,04 mg B_4, 0,07 mg B_6, 150 mg C.

Schwarze Johannisbeeren werden überwiegend zur Herstellung von Süßmost, Marmelade usw. verwendet. Eine wichtige Voraussetzung für hohe Ernten ist die richtige Schnittbehandlung.

Stachelbeeren

Ribes uva-crispa

Diese kleinbleibenden, stacheligen Sträucher bringen runde, schön geaderte Früchte mit harter Schale und süßem Inhalt hervor. Die Schalen werden beim Frischverzehr oft nicht mitgegessen, anders bei der Verarbeitung zu Marmelade und Gelee. Es gibt Stachelbeersorten mit roten, grünen und gelben Früchten, und solche mit und ohne Behaarung der Beeren.

Sorten: Viele Sorten sind englischer Herkunft. Zu empfehlen sind die alten englischen Sorten 'Rote Triumph' (Syn. 'Winhams Industry'), 'Maiherzog' (Syn. 'May Duke') und 'Lady Delamere' (grünweiße Beeren), ferner 'Hönings Früheste' (gelbfrüchtig), 'Gelbe Triumph', 'Grüne Kugel', 'Weiße Triumph' u. a.

Gegen den Amerikanischen Stachelbeermehltau resistent sind 'Resistenta' und 'Robusta'. Weitgehend stachellos ist 'Eridana'. Neuerdings gibt es auch Kreuzungen zwischen Stachelbeeren und Schwarzen Johannisbeeren, die 'Josta', mit in Trauben hängenden dunkelroten Früchten. Die Sträucher sind stachellos.

Boden: Wie bei Roten Johannisbeeren; pH 6,5–7,0. Wichtig ist eine gute Kaliversorgung.

Pflanzzeit: Im Herbst ab Ende Oktober und im zeitigen Frühjahr.

Pflanzung: Genügend große Pflanzlöcher graben, verrotteten Stallmist oder anderes organisches Material einarbeiten und die Sträucher mit einem allseitigen Mindestabstand von 1 m pflanzen.

Anbau-Ratschläge: Stachelbeeren tragen, wie Rote Johannisbeeren, an Kurztrieben, die an älteren Zweigen entstanden sind. Die Schnittbehandlung ist dementsprechend sehr ähnlich. Auch hier können Sie wählen zwischen der Strauchform, dem Stämmchen, einer Palmette, einem Fächer oder einem Schnurbaum. Bei der Strauchform kommt es darauf an, aus einem kurzen Stamm von wenigen Zentimetern Länge maximal 8 kräftige, aufrechte Gerüstäste heranzuziehen. Die sich bildenden Triebe sind schlaff und neigen sich gern nach außen herunter. Darum schneide man die Gerüstäste auf 1 Auge nach innen, um den neuen Trieb aufrecht, mehr einwärts wachsen zu lassen.

Wegen dieses überhängenden Wuchses ist es naheliegend und ratsam, ein Stämmchen heranzuziehen. Dazu wird ein Trieb an einem kräftigen Stab als Stütze bis in 1 m Höhe gezogen. An der Spitze läßt man 6 Triebe wachsen, um die Krone aufzubauen.

Rechts: Die Stachelbeersorte 'Rote Triumph' (Syn. 'Whinham's Industry'), eine Sorte, die noch aus dem vorigen Jahrhundert stammt.

Unten: Die Fächerform bringt bei Stachelbeeren oft ausgezeichnete Erträge.

Bezüglich des Aufbaues einer Palmette lesen Sie bitte bei der Roten Johannisbeere nach. Für den Platz an einer sonnigen Wand oder einem Zaun ist dies eine ausgezeichnete Form. Auch einen Fächer kann man gut an einer Wand ziehen: etwa 10 Gerüstäste werden zu dem Zweck fächerförmig über die Fläche verteilt.

Die Verlängerungstriebe der Gerüstäste werden in jedem Winter um die Hälfte eingekürzt, um sie zu kräftigen und den Austrieb der Knospen zu fördern.

Die Seitentriebe der Gerüstäste werden in der ersten Juliwoche auf 3–5 Blätter eingekürzt. Dies gilt für alle genannten Erziehungssysteme. Schließlich werden die Seitentriebe noch einmal im Herbst eingekürzt. Wünschen Sie nur wenige, aber große Beeren, dann schneiden Sie kurz, auf 2 Augen. Wünschen Sie viele, dafür aber kleinere Beeren, dann schneiden Sie weniger kurz.

Kulturdauer: Hier ohne Bedeutung.

Krankheiten und Schädlinge: Eine üble Krankheit ist der Amerikanische Stachelbeermehltau. Befallene Triebe kann man oft schon beim Sommerschnitt entfernen. Halten Sie das Herz der Sträucher offen, und achten Sie darauf, daß sie stets genügend Wasser haben, denn Trockenheit fördert den Befall. Tierische Schädlinge: Blattläuse und die außergewöhnlich gefräßigen Afterraupen der Stachelbeerblattwespe.

Ernte: Pflücken Sie nur die reifen, weichen Früchte, und lassen Sie die übrigen noch hängen. Schützen Sie Hände und Arme gegen die heimtückischen Stacheln.

Fruchtfolge, Mischanbau: Hier ohne Belang.

Nährwert: 119 kJ (28 kcal): 1 g Eiweiß, 0,15 g Fett, 6 g Kohlenhydrate. Mineralstoffe: 30 mg Calcium, 30 mg Phosphor, 1 mg Eisen, 2 mg Natrium, 200 mg Kalium. Vitamine: 0,2 mg Karotin, 0,02 mg B_1, 0,01 mg B_2, 0,08 mg B_6, 30 mg C.

Himbeeren

Rubus idaeus

Himbeeren muß man möglichst selbst anbauen, denn die Früchte sind so weich und versandempfindlich, daß man sie nur selten in den Geschäften angeboten bekommt. An sich ist die Himbeere kein schwieriges Gewächs, wenn man nur weiß, wie die Pflanzen geschnitten werden müssen; und das ist sehr einfach und macht nur wenig Arbeit. Himbeeren werden frisch verzehrt oder aber zu Saft, Gelee, Marmelade usw. verarbeitet.

Sorten: Die neueren Sorten sind sämtlich stachellos. Es gibt frühe und späte Himbeeren, ja sogar gelbfrüchtige Sorten. Sehr früh sind die schottische Sorte 'Glen Clova' und die englische Züchtung 'Malling Promise'. In der Reifezeit folgen 'Malling Exploit', 'Malling Jewel', 'Multiraspa', 'Zefa 1' und 'Zefa 2' sowie die Spätsorten 'Schönemann', 'Himbostar' u. a. Gelbe Sorten: 'Gelbe Antwerpener' und 'Shaffers Colossal'.

Boden: Himbeeren sind verhältnismäßig anspruchslos. Allerdings erzielen wir gesunde Pflanzen, guten Wuchs und hohe Erträge nur in windgeschützter, sonniger Lage auf einem kräftigen, mittelschweren und nährstoffreichen Boden. Wichtig und äußerst wertvoll ist ein hoher Humusgehalt. Der optimale pH-Wert liegt zwischen 6,0 und 7,0. Staunässe kann schlimme Folgen haben.

Pflanzzeit: Im Herbst ab Ende Oktober und im zeitigen Frühjahr.

Himbeeren an einer Südwand: Eine Garantie für hohe Erträge.

Pflanzung: Himbeeren können auf verschiedene Weise kultiviert werden: Jeder Strauch steht einzeln an einem Pfahl, oder die Sträucher wachsen in einer Reihe an einem einfachen oder doppelten Drahtgerüst. Am leichtesten erscheint uns Reihenanbau an einem einfachen Drahtgerüst. Zu diesem Zweck werden an den Enden der Reihe kräftige Pfähle so in den Boden geschlagen, daß sie in Reihenrichtung schräg nach außen weisen. Die Pfähle sollen noch etwa 1,50 m über den Boden hinausragen und die Reihen möglichst in Nordsüd-Richtung verlaufen. In der Reihe werden die jungen Himbeerruten in 30 cm Abstand voneinander gepflanzt.

Zwischen den Pfählen werden 3 galvanisierte oder Plastik-Drähte mit Hilfe von Drahtspannern gespannt. Ist die Reihe länger als 4 m, müssen wir noch Zwischenpfähle setzen, an denen der Draht mit Krampen so befestigt wird, daß man noch nachspannen kann (die Krampen nicht völlig einschlagen). Nach der Pflanzung die Ruten auf 30 cm Höhe zurückschneiden (Pflanzschnitt).

Anbau-Ratschläge: Himbeeren bilden im 1. Jahr Triebe, die im 2. Jahr Frucht tragen. Danach sterben die Triebe ab. Aus dem Boden erscheinen laufend neue Triebe, die wir sorgfältig anbinden, denn sie bringen uns die nächstjährige Ernte.

Im 1. Jahr nach der Pflanzung gibt es also noch keinen Ertrag. Binden Sie die erscheinenden Triebe fächerförmig, gut verteilt an den Draht. Verwenden Sie aber nur die Triebe, die direkt unter dem Draht erscheinen, und hacken Sie die übrigen Ausläufer, die zu weit außen aus dem Boden sprießen, gnadenlos weg. Es kommen noch genug. 10–15 Triebe pro laufenden Meter reichen vollauf.

Im 2. Jahr werden die im Vorjahr an den Draht gebundenen Ruten tragen. Gleichzeitig kommen aus dem Boden wiederum neue Triebe, die Sie zwischen die Tragruten einfügen, denn sie sind ja die Tragruten des nächsten Jahres. Wieder brauchen wir 10–15 Triebe pro Meter, direkt unter dem Draht aus dem Boden kommend und gut verteilt. Die überzähligen Triebe hacken wir wieder weg.

Ende September/Anfang Oktober werden die abgetragenen Ruten bis auf den Boden weggeschnitten. Die neuen Triebe werden jetzt gleichmäßig verteilt an den Draht gebunden. Um den Bestand schön locker zu halten (geringere Pilzgefahr), empfehlen wir, letztlich nicht mehr als 8 Triebe pro Meter zu behalten; wählen Sie dazu die kräftigsten aus. Sind sie länger als 1,50 m, dann binden Sie das obere Ende waagerecht entlang dem Draht. Ende Februar werden die neuen Ruten ein wenig über dem obersten Draht gekappt.

Himbeeren sehen immer schön aus, können aber im Geschmack sehr unterschiedlich sein.

Kulturdauer: Die Kultur verläuft gewissermaßen zweijährig, man kann sagen: Anderthalb Jahre von der Pflanzung bis zur ersten Ernte.

Krankheiten und Schädlinge: Davon bedroht – leider – eine ganze Reihe unsere Himbeerpflanzen. Mit Blattläusen wird man noch verhältnismäßig leicht fertig. Auch der Himbeerkäfer, von dem die bekannten »Würmer« in den Früchten stammen, läßt sich bekämpfen.

Gefährlicher sind die Pilzkrankheiten und Virosen. Versuchen Sie unbedingt, virusfreies Pflanzgut zu bekommen, und sorgen Sie dafür, daß Ihr Bestand nie zu dicht wird und damit Pilzbefall begünstigt. Eine Geißel des Himbeeranbaues ist die durch mehrere Pilze verursachte Rutenkrankheit. Auf den jungen Trieben zeigen sich blauviolette Flecke, die Rinde reißt auf und blättert ab. Die Ruten werden im Herbst vorzeitig gelb und sterben spätestens im nächsten Frühjahr ab. Bekämpfung: Mulchen, gleichmäßige Bodenfeuchtigkeit, Spritzungen mit Kupferoxychlorid.

Ernte: Himbeeren schmecken erst richtig, wenn sie voll reif sind. Dann soll man ernten und die Früchte gleich verzehren oder verarbeiten, denn ihre Haltbarkeit ist nur gering.

Fruchtfolge, Mischanbau: Ohne Bedeutung.

Nährwert: 92 kJ (22 kcal): 1,4 g Eiweiß, 0,3 g Fett, 4 g Kohlenhydrate. Mineralstoffe: 15 mg Calcium, 25 mg Phosphor, 1,5 mg Eisen, 1 mg Natrium, 200 mg Kalium. Vitamine: 0,08 mg Karotin, 0,09 mg B_1, 0,06 mg B_2, 0,07 mg B_6, 5 mg C.

Seitentriebe ohne Frucht im Juli abschneiden

Brombeeren

Rubus spec.

Brombeeren wachsen bei uns überall wild, und manch einer mag sich daran erinnern, wie er als Kind die verführerischen Früchte pflückte, mal dabei vom Regen durchnäßt, mal von den gemeinen Stacheln zerkratzt.
Es sind viel neue Sorten entstanden, die zum Teil im Garten noch kräftiger wachsen als unsere Wildbrombeeren. Höchst erfreulich ist, daß es jetzt auch stachellose Sorten gibt, obwohl behauptet wird, daß diese weniger gut schmecken. Schließlich gibt es auch noch Kreuzungen zwischen Himbeeren und Brombeeren mit so schönen Namen wie Boysenberry, Loganberry und Tayberry. Deren geringe Frosthärte ist der Grund, daß sie bei uns nur wenig Anklang finden.
Sorten: Die bekannteste, am stärksten wachsende und zugleich wohl auch anspruchsloseste Sorte ist 'Theodor Reimers' oder die 'Sandbrombeere'. Weitere empfehlenswerte Sorten: 'Black Satin', stachellos, etwas schwächer wachsend; 'Thornless Evergreen', eine der ersten amerikanischen stachellosen Brombeersorten; 'Schwarze Perle', 'Thornfree', 'Black Diamond', 'Himalaja', alle ebenfalls ohne Stacheln. Schließlich sei noch *Rubus phoenicolasius,* die Japanische Weinbeere genannt, eine hübsche, aber nicht sehr produktive Pflanze.
Boden: Brombeeren wachsen so stark, daß man ihnen, um sie im Zaum halten zu können, eigentlich einen nicht so guten Boden geben sollte. Je weniger Stickstoff sie bekommen, desto besser ist der Geschmack. Darum schmecken auch die wilden Brombeeren so gut, es düngt sie ja niemand.
Pflanzzeit: Im Herbst, Oktober und November, sowie das zeitige Frühjahr.
Pflanzung: Am besten kultiviert man Brombeeren in der gleichen Weise wie bei Himbeeren beschrieben. Auch sie tragen am zweijährigen Holz, das danach abstirbt; der Schnitt ist daher im Prinzip der gleiche.
Die Stützvorrichtung sollte allerdings etwas kräftiger und höher gebaut werden: bis 2 m hoch. Die am stärksten Wachsenden brauchen ungefähr 4 m Pflanzentfernung voneinander, so daß man in einem kleinen Garten nicht viel Pflanzen unterbringen kann und sich mit wenigen Sträuchern zufrieden geben muß.
Haben wir bei Himbeeren 8 Triebe pro Meter empfohlen, genügt bei Brombeeren auch wohl die Hälfte.
Das Einfügen der neuen Triebe zwischen die blühenden Tragruten ist bei Sorten mit Stacheln kein Vergnügen. Meistens unterbleibt dies, mit dem Ergebnis, daß der Strauch total verwildert und erst wieder im Herbst mit viel Schimpfen und übel zerkratzten Unterarmen ordentlich an die Drähte gebunden wird.
Brombeeren werden seltsamerweise von Vögeln wenig heimgesucht, man braucht deshalb für sie keine Netze.
Kulturdauer: Wie die Himbeere eine Dauerkultur mit zweijährigem Ertragsrhythmus, d. h. Früchte ernten wir an den im Jahr zuvor gewachsenen Ruten, beginnend im Jahr nach der Pflanzung.
Krankheiten und Schädlinge: Nicht so viele wie bei den Himbeeren, doch auch hier zu beachten. Verfärben sich die Früchte nicht dunkel, sondern bleiben rot, dann ist die Brombeergallmilbe am Werk gewesen. Ein Pilz verursacht im Frühsommer rote bis violettbraune Flecke an den jungen Ranken, die kümmern und absterben. Bekämpfung: Vorbeugend spritzen mit kupferhaltigen Mitteln.
Ernte: Brombeeren sind richtig reif, erst wenn sie tief dunkelrot bis schwarzrot sind, mit gewissen Unterschieden bei den einzelnen Sorten. Die Beeren müssen alsbald verzehrt oder verarbeitet werden, denn ihre Haltbarkeit ist, wenn auch etwas besser als bei den Himbeeren, nur gering.
Fruchtfolge, Mischanbau: Ohne Bedeutung.
Nährwert: 157 kJ (37 kcal): 1 g Eiweiß, 1 g Fett, 6 g Kohlenhydrate. Mineralstoffe: 60 mg Calcium, 25 mg Phosphor, 1 mg Eisen, 5 mg Natrium, 200 mg Kalium. Vitamine: 0,8 mg Karotin, 0,03 mg B_1, 0,04 mg B_2, 0,03 mg B_6, 12 mg C.

Der Schnitt von Brombeeren mit Stacheln ist eine lästige Arbeit, weshalb lieber stachellose Sorten gepflanzt werden, auch wenn sie nicht ganz so gut schmecken.

Stachellose Brombeeren in verschiedenen Reifestadien; daher wiederholt durchpflücken.

Waldheidelbeeren, Kulturheidelbeeren, Preiselbeeren

Vaccinium myrtillus, V. corymbosum, V. vitis-idaea

Waldheidelbeeren kommen bei uns weit verbreitet wild vor. Besonders viele Beeren gibt es, wenn das Frühjahr feucht und der Sommer nicht zu trocken ist. Viele fleißige Pflükker trifft man dann in unseren Wäldern. Sie können Waldheidelbeeren aber auch im Garten anpflanzen.

Die Kulturheidelbeere hat bedeutend größere Früchte als die Waldheidelbeere. Die Sträucher werden 1–2 m hoch, und es gibt eine große Zahl sehr guter Sorten.

Preiselbeeren sind niedrige, immergrüne Sträucher, bis 25 cm hoch, mit buchsbaumähnlichen Blättern und dunkelroten, runden, ziemlich sauer schmeckenden Beeren.

Waldheidelbeeren, Kulturheidelbeeren und Preiselbeeren kann man roh verzehren, häufiger jedoch werden sie, insbesondere die Preiselbeeren, zu Kompott, Marmelade, Gelee, Saft usw. verarbeitet.

Sorten: Von der wildwachsenden Waldheidelbeere gibt es keine Kulturformen. Erwähnt sei jedoch die in den Alpen vorkommende Form *leucocarpum* mit weißen, sehr schmackhaften Beeren.

Kulturheidelbeeren werden seit langem (1909) züchterisch bearbeitet. Das Ergebnis ist eine große Zahl ausgezeichneter Sorten wie 'Bluecrop', 'Collins', 'Bluetta', 'Ama', 'Heerma', 'Dixi', 'Coville' u. a.

Die bekannteste der hier genannten *Vaccinium*-Arten, die Waldheidelbeere.

Preiselbeeren werden heute noch größtenteils im Wald gesammelt, doch gibt es auch von dieser Obstart bereits einige Kultursorten: 'Koralle', 'Erntedank', 'Erntekrone', 'Erntesegen'.

Boden: Die Waldheidelbeere wächst in der flachen Humusschicht unserer Nadelholzwälder. Der Boden dort ist ziemlich sauer und feucht. Auch bei Anbau im Garten müssen Sie für einen sauren Boden sorgen, pH 4,0–5,0. Viel Nährstoffe braucht die Pflanze nicht, reichliche Düngung erhöht vielleicht den Ertrag, doch auf Kosten des Geschmacks. Auf keinen Fall kalkhaltige Düngemittel verwenden, auch kein Knochenmehl oder Geflügeldünger.

Dies alles gilt in verstärktem Maße für die Kulturheidelbeere, die einen noch niedrigeren pH-Wert verlangt: zwischen 3,5 und 5,0. Sie gehört, wie Rhododendron und andere Moorbeetpflanzen, in den Heideboden. Im Garten muß entweder der Boden mit viel saurem Torf, Nadelerde und dergleichen verbessert werden, oder Sie kultivieren die Pflanzen in großen Fässern oder ähnlichen Behältern, die mit geeigneter Erde gefüllt sind. Verrotteter Kuhmist kann verwendet werden, außerdem können Sie sehr gut speziell zusammengestellten, physiologisch sauer wirkenden Mineraldünger ausbringen.

Der Boden soll stets feucht sein, d. h. bei Trockenheit gießen (mit kalkarmem Wasser!). Stagnierende Nässe wird nicht vertragen, die Drainage muß funktionieren.

Die Preiselbeeren schließlich verlangen einen ebenfalls recht sauren Boden, mit einem pH-Wert zwischen 4,0 und 5,0.

Pflanzzeit: Obwohl sich Waldheidelbeeren leicht durch Aussaat vermehren lassen (Verschleppung durch Vögel), empfehlen wir, Jungpflanzen zu kaufen und diese im Herbst oder Frühjahr zu pflanzen. Letzteres gilt auch für die Kulturheidelbeeren und die Preiselbeeren.

Pflanzung: Die ungefähr 30 cm hoch werdenden Waldheidelbeersträucher wachsen bodendeckend. Sie bilden lange Ausläufer, die auch zur Vermehrung verwendet werden können. Egal, ob Sie in Reihen pflanzen oder im Verband, mit einem Abstand von etwa 40×40 cm, bald wird die ganze Fläche bedeckt sein.

Für Kulturheidelbeeren müssen genügend große Pflanzlöcher gegraben werden, wenigstens 50×50 cm. Diese füllt man mit der

Die Kulturheidelbeere verlangt einen sauren Boden, der meistens erst hergerichtet werden muß.

vorstehend beschriebenen sauren und humusreichen Erde. Pflanzabstand zwischen den Sträuchern 1,5×1,5 m.

Preiselbeeren bilden nach wenigen Jahren schon einen dichten, dunkelgrünen Teppich. Die Wurzeln gehen nicht sehr in die Tiefe. Pflanzenentfernung 25×25 cm.

Anbau-Ratschläge: Waldheidelbeeren vertragen Schatten, Kulturheidelbeeren dagegen verlangen die volle Sonne. Preiselbeeren wiederum gedeihen auch ganz gut an einem etwas schattigen Standort. Die Düngung erfolgt ausschließlich mit physiologisch sauren Düngemitteln, Waldheidelbeeren wenig, Kulturheidelbeeren 50 g Volldünger/m^2, Preiselbeeren sehr mäßig düngen.

Waldheidelbeeren verlangen keinen Schnitt. Bei Kulturheidelbeeren sollten Sie versuchen, die Sträucher mit 6–8 gleichmäßig im Raum verteilten Gerüstästen aufzubauen. Von Zeit zu Zeit lohnt ein Verjüngungsschnitt. Preiselbeeren werden nicht geschnitten.

Vögel und auch Wild schätzen die Beeren und Sträucher sehr. Zäune und Netze sind notwendig, um die Ernte zu retten.

Kulturdauer: Ohne Bedeutung.

Krankheiten und Schädlinge: Im allgemeinen wenig Befall. Kulturheidelbeeren leiden bei sehr feuchtem Wetter manchmal unter Blütenfäule, verursacht durch den Grauschimmel. Bisweilen tritt ein ebenfalls durch einen Pilz verursachtes Triebsterben auf. Die Raupen des Frostspanners lassen sich mit den üblichen – bienenungefährlichen – Insektiziden bekämpfen.

Preiselbeeren bilden niedrigbleibende Sträucher, die keinen Schnitt brauchen.

Ernte: Das Pflücken der kleinen und nah über dem Boden wachsenden Waldheidelbeeren ist recht mühsam. Die reifen Beeren sind schwarzblau. Die Ernte beginnt bereits im Juni, oft gibt es noch eine zweite Ernte im August.
Kulturheidelbeeren sind ebenfalls dunkelblau, doch mit farblosem Fruchtfleisch. Beginnen sie weich zu werden, ist es Zeit für die Ernte. Dies ist meistens im August der Fall. In einem kühlen Raum kann man die Beeren kurze Zeit aufbewahren. Die Preiselbeeren reifen als letzte: ab September bis Ende Oktober.
Fruchtfolge, Mischanbau: Ohne Bedeutung bzw. nicht bekannt. Kulturheidelbeeren mit Unterpflanzung von Waldheidelbeeren ist vielleicht gar nicht so abwegig?
Nährwert: a) Waldheidelbeeren: 165 kJ (39 kcal): 0,7 g Eiweiß, 0,6 g Fett, 9 g Kohlenhydrate. Mineralstoffe: 15 mg Calcium, 15 mg Phosphor, 1 mg Eisen, 0,5 mg Natrium, 80 mg Kalium. Vitamine: 0,1 mg Karotin, 0,01 mg B_1, 0,02 mg B_2, 0,04 mg B_6, 10 mg C.
b) Kulturheidelbeeren: 216 kJ (51 kcal): 0,6 g Eiweiß, 0,5 g Fett, 9 g Kohlenhydrate. Mineralstoffe: 5 mg Calcium, 12 mg Phosphor, 0,3 mg Eisen, 0 mg Natrium, 70 mg Kalium. Vitamine: 0,06 mg Karotin, 0,02 mg B_1, 0,03 mg B_2, 0 mg B_6, 2 mg C.
c) Preiselbeeren: 237 kJ (56 kcal): 0,7 g Eiweiß, 1 g Fett, 11 g Kohlenhydrate. Mineralstoffe: 15 mg Calcium, 12 mg Phosphor, 0,6 mg Eisen, 2 mg Natrium, 90 mg Kalium. Vitamine: 0,02 mg Karotin, 0,01 mg B_1, 0,02 mg B_2, 0,01 mg B_6, 12 mg C.

Cranberries

Vaccinium macrocarpon

Die Cranberry (Mehrzahl Cranberries) wird fast ausschließlich in Amerika angebaut. Bei uns in Europa wächst eine kleinfrüchtigere, verwandte Art wild, die Moosbeere *Vaccinium oxycoccus*.
Die Cranberry ist eine Obstart, die auf dem amerikanischen Markt eine sehr bedeutende Rolle spielt. Ihre Früchte gelten als köstliche Beilage zu Wild-, Geflügel- und anderen Gerichten. Nur selten werden sie roh gegessen.
Sorten: Die Zahl der Cranberry-Sorten ist außerordentlich groß. Einige gute sind die frühe 'Early Black', 'Bergman', 'Pilgrim', 'Howes', 'McFarlin' u. a. Von neueren Züchtungen seien nur genannt: 'Ben Lear', 'Franklin', 'Stevens' und 'Black Veil'.
Boden: Die Cranberry ist eine Halbsumpfpflanze, die viel Feuchtigkeit braucht und einen sauren Boden verlangt (pH 4,0–4,5). Da der Boden in den Gemüsegärten in der Regel nicht feucht genug ist, empfiehlt es sich, für die Cranberries ein künstliches, kleines Moor zu schaffen. Das Einfachste ist, ein Stück Folie so in den Boden einzulegen, daß ein 30 cm tiefer, kleiner »Teich« entsteht. Man kann natürlich auch eine flache Wanne eingraben oder zur Not, wenn es um einzelne Pflanzen geht, auch einen Eimer. Füllen Sie den Behälter mit einem sauren Substrat wie Moorboden, Torfstreu oder Torfmull. Da dieses Material extrem nährstoffarm ist, mischen Sie etwa 20 g/m^2 eines physiologisch neutralen Volldüngers unter.
Da Regenwasser nicht ablaufen kann, entsteht von selbst ein kleines Moor. Nur bei großer Trockenheit muß man regelmäßig Wasser nachfüllen.
Pflanzzeit: April/Mai.
Pflanzung: Direkt in das feuchte Substrat. Pflanzabstand 30×30 cm.
Anbau-Ratschläge: Der Boden muß stets gut feucht sein, doch soll das Wasser nicht oder nur kurzfristig über der Erde stehen. Für einen guten Fruchtertrag ist ein vollsonniger Platz notwendig. Schnitt ist unnötig, höchstens Einkürzen allzu langer Triebe. Düngen Sie äußerst sparsam, zumindest in den ersten Jahren. Erst wenn der Wuchs deutlich nachläßt, darf man ein wenig nachhelfen.
Cranberries sind zwar ziemlich winterhart, doch können die immergrünen Pflanzen bei längerem Frost vertrocknen. Die Pflanzen sollten über Winter mit Tannenzweigen, Schilf oder Stroh abgedeckt werden. Günstig ist ein gegen Ostwinde geschützter Platz.
Kulturdauer: Die Pflanzen sind viele Jahre ausdauernd.
Krankheiten und Schädlinge: In Europa noch nicht festgestellt.
Ernte: Cranberries müssen mehrmals durchgepflückt werden. Überreif sind die Beeren schlecht haltbar; kurz vor der Vollreife geerntet, können sie im Kühlschrank Wochen und Monate aufbewahrt werden.
Fruchtfolge, Mischanbau: Ohne Bedeutung.
Nährwert: 94 kJ (22 kcal): 0,5 g Eiweiß, 0,7 g Fett, 5 g Kohlenhydrate. Mineralstoffe: 15 mg Calcium, 10 mg Phosphor, 1 mg Eisen, 2 mg Natrium, 75 mg Kalium. Vitamine: 0,04 mg Karotin, 0,03 mg B_1, 0,01 mg B_2, 0,01 mg B_6, 15 mg C.
Bemerkenswert ist der verhältnismäßig hohe Gehalt an Vitamin C. Cranberries wurden aus diesem Grunde im vorigen Jahrhundert von amerikanischen Seefahrern auf ihren langen Reisen in großen Fässern mitgenommen, um die Schiffsmannschaft vor Skorbut zu schützen.

Cranberries, zur längeren Aufbewahrung kurz vor der Vollreife ernten.

Kiwis

Actinidia chinensis

Der Kiwi ist eigentlich der Nationalvogel von Neuseeland, aber auch die Frucht gleichen Namens wird dort viel angebaut. Ursprünglich kommt sie aus China (*chinensis*). Die Früchte, die roh gegessen oder zur Zubereitung von Marmelade, Kompott, Bowlen und anderen Getränken und Säften verwendet werden, kommen auch bei uns zur Reife. Seitdem man dies entdeckt hat, ist das Interesse für Kiwis sprunghaft angestiegen. Häufig gibt es jedoch Enttäuschungen, denn die Pflanzen sind nicht sehr winterfest, und die Erträge lassen oft lange auf sich warten.

Sorten: In den Geschäften werden Kiwis gewöhnlich ohne Sortenbezeichnung angeboten, und doch kennt man deutlich unterscheidbare Sorten wie 'Abbott', 'Ashoka', 'Bruno', 'Hayward' und 'Monty'.

Boden: Nahrhafte, humose, nicht zu kalkreiche Böden; pH-Wert um 5,0–6,0.

Pflanzzeit: Am besten im Frühjahr, März/April.

Pflanzung: Da Kiwis meistens an einer Hauswand oder einem Laubengang gepflanzt werden, wo der Boden oft sehr schlecht ist, empfehlen wir, ein großes Pflanzloch zu graben und der Pflanzerde zur nachhaltigen Bodenverbesserung reichlich verrotteten Stallmist, Kompost und viel Torfstreu oder Torfmull beizumischen.

Anbau-Ratschläge: Kiwis sind zweihäusig, d. h. die männlichen und weiblichen Blüten befinden sich getrennt auf verschiedenen Pflanzen. Sie müssen also außer den weiblichen Pflanzen auch mindestens 1 männliche haben, sonst gibt es keine Früchte. Eine männliche Pflanze kann bis zu 10 weibliche bestäuben.

Die Pflanzen winden sich von selbst an jeder Stütze empor, doch an einer kahlen Wand brauchen sie eine Kletterhilfe. Angesichts der nicht immer ausreichenden Winterhärte sollten wir einen sehr geschützten Platz, z. B. eine Wand nach Südwesten, aussuchen. Ein guter Schutz gegen kalte Winde ist ganz besonders wichtig. Im Frühjahr können Nachtfröste den jungen Austrieb stark schädigen, deshalb mit Folie abdecken oder die ganze Nacht über die Frostschutz-Beregnung laufen lassen.

Die langen Ranken werden an der Wand oder am Laubengang gut verteilt hochgeleitet. Zu lange Triebe werden gekappt und die Seitentriebe nach dem 5. Blatt entspitzt.

An einer Wand ziehen Sie die weiblichen Pflanzen am besten zu einer Palmette heran: Sie gehen dabei von nur 1 Haupttrieb aus, der senkrecht nach oben wächst. In 1 m Höhe wird er gekappt. Aus den 3 obersten Knospen entstehen nun Triebe, von denen 2 horizontal nach rechts und links und 1 weiter nach oben geleitet werden. Dieser wird nun rechtzeitig wieder entspitzt, so daß man im folgenden Jahr eine 2. Etage aufbauen kann. Aus den waagerechten Trieben entwickeln sich Seitentriebe, die nach dem 5. Blatt entspitzt werden. Früchte können Sie aber erst im 3. Jahr erwarten, wenn aus den Seitenzweigen wiederum neue Seitentriebe entstehen, die Blüten und dann auch Früchte tragen. 7 Blätter hinter der letzten Frucht werden die Triebe erneut entspitzt. Nach der Ernte kann überflüssiges Holz entfernt werden. Schneiden Sie 2 Knospen hinter der letzten Frucht alles weg.

Ist der Fruchtansatz zu stark, bleiben die Früchte klein. In dem Fall muß ausgedünnt werden.

Nach einigen Jahren können Sie die Pflanzen verjüngen, indem Sie einige alte Zweige völlig entfernen. Wählen Sie dafür gut plazierte junge Triebe als Ersatz.

Auch in der Kiwi-Kultur geht es also nicht ohne gewisse Schnittmaßnahmen.

Bei trockenem Wetter müssen die Pflanzen gut gegossen werden. Eine Nachdüngung in der Vegetationszeit ist kein überflüssiger Luxus.

Kulturdauer: Ohne Bedeutung.

Krankheiten und Schädlinge: Enthält der Boden zuviel Kalk, können die Pflanzen nicht genügend Eisen aufnehmen. Dies führt zu chlorotischen Flecken zwischen den Blattnerven. Hier helfen die Einbringung saureren Bodens und Spritzungen mit Eisenchelat-Präparaten.

Ernte: Wie schon erwähnt, reifen Kiwis langsam und sehr spät. Erst Ende Oktober können Sie die ersten Früchte ernten; sie sind dann aber noch sehr hart. Nachreifen im Zimmer kann durchaus noch 4 Wochen dauern. Um die Früchte vor dem Austrocknen zu schützen, wickeln Sie sie während der Nachreife in Plastik ein. Bei niedrigeren Temperaturen kann die Nachreife sogar einige Monate dauern, so daß Sie die Früchte im Kühlschrank bei 4–5° C noch lange Zeit frisch halten können.

Fruchtfolge, Mischanbau: Ohne Bedeutung.

Nährwert: 168 kJ (40 kcal): 1 g Eiweiß, 0,6 g Fett, 9 g Kohlenhydrate. Mineralstoffe: 26 mg Calcium, 70 mg Phosphor, 0,5 mg Eisen, 5 mg Natrium, 400 mg Kalium. Vitamine: 0,4 mg Karotin, 0,02 mg B_1, 0,05 mg B_2, B_6 unbekannt, 70 mg C. Beachtlich und besonders wertvoll ist der hohe Gehalt dieser Frucht an Vitamin C.

Wenn Kiwis richtig geschnitten weden, können sie reichlich Frucht bringen, doch reifen sie in unserem Klima sehr spät.

Rechte Seite: Kräutergarten von Sissinghurst Castle.

Gewürzkräuter

Allgemeines

Sie haben dieses Buch sicher nicht gekauft, um sich über Gewürzkräuter zu informieren, doch wir meinen, daß Gewürzkräuter und Gemüse unlösbar zusammen gehören. Aus diesem Grunde behandeln wir hier die wichtigsten Gewürzkräuter für den täglichen Gebrauch.

Kräuter gehören zum Gemüse, weil oft erst beide zusammen schmackhafte Speisen ergeben. Gewisse Kräuter können wir auch verwenden, um bestimmte Schädlinge abzuwehren. So wird z. B. Dill nicht nur zwischen Möhren gepflanzt, sondern auch zwischen Bohnen, Einlegegurken, Erbsen, Kartoffeln, Kohlarten und Kopfsalat. Petersilie wird zusammengepflanzt mit Einlegegurken, Erdbeeren, Rettich, Tomaten und Zwiebeln. So gibt es noch eine ganze Anzahl von Kombinationen, deren Nutzen zwar nicht immer bewiesen ist, die aber doch in der Praxis immer wieder Anwendung finden.

In erster Linie werden Kräuter natürlich dazu verwendet, um dem Gemüse einen besonders guten Geschmack zu verleihen. Dieser Verwendungszweck ist in den letzten Jahren enorm in den Vordergrund getreten, wobei die besseren Gaststätten den Ton angeben. Ist das wohl eine Folge davon, daß die meisten Gemüse nur einen bescheidenen Eigengeschmack haben? Es ist nicht sonderlich schwer, ein Essen nach Thymian oder Majoran schmecken zu lassen: In eine schlechte Pizza können Sie hinein tun, was Sie wollen, den Leuten schmeckt es, wenn nur genügend »Oregano« darin ist; Majoran-Geschmack und Pizza gehören nun einmal zusammen.

Wir meinen, daß die wirkliche Kunst der Kräuteranwendung darin besteht, den Gemüsen, den Fischen und dem Fleisch ihren natürlichen Geschmack zu erhalten, diesen aber mit einigen Kräutern so zu verfeinern, daß ein wirklich harmonisches Ganzes entsteht. Unser Buch ist aber kein Kochbuch, darum wollen wir dieses Thema nicht weiter verfolgen. Wir erzählen Ihnen auch nicht, ob Thymian an Fleisch oder Dill an Fisch gehört, wie es auf den Gewürzpackungen angegeben wird. Das müssen Sie selbst ausprobieren. Unübliche Kombinationen können dabei völlig überraschende Effekte erzielen. Wir geben nur an, ob ein Kraut beim Kochen oder Trocknen sein Aroma verliert oder behält. Alle in diesem Buch beschriebenen Kräuter sind in erster Linie Küchenkräuter.

Vielen Kräutern wird von jeher eine heilkräftige oder andere spezifische Wirkung zugeschrieben. Über dieses interessante Thema sind schon viele Bücher geschrieben worden, und wir raten Ihnen, sich ein solches spezielles Werk zu beschaffen, wenn Sie mehr darüber wissen möchten. Denn auch die Heilkunde paßt nicht in den Rahmen dieses Buches, und solche Kräuter, denen ausschließlich eine offizinelle und keine die Küche betreffende Wirkung zukommt, besprechen wir gar nicht. Unter »Geschichtliches« erzählen wir höchstens einmal eine nette Anekdote aus der – oft langen und meist auch recht interessanten – Geschichte eines Krautes.

Kräuter kann man praktisch überall anbauen, wie schon erwähnt, auch im Mischanbau mit bestimmten Gemüsen. Sehr zweckmäßig ist ein kleiner Kräutergarten möglichst nahe bei der Küche gelegen; denn gerade im Winter ist es wichtig, daß man schnell einmal ein paar Triebe aus dem Garten holen kann. Kräutergärtchen werden manchmal noch in altmodischen, geometrischen Formen angelegt und erinnern damit ein wenig an die klösterlichen Kräuterhöfe im Mittelalter. Wenn jedoch nur wenig Platz zur Verfügung steht, kann man Küchenkräuter ebenso in großen Töpfen, Eimern oder anderen Behältern anbauen und diese z. B. auch auf den Balkon stellen. Im allgemeinen verlangen Kräuter einen mäßig fruchtbaren Boden und eine sonnige Lage. Einige von ihnen vertragen auch Halbschatten.

Kräutergarten von Wisley Gardens. Beide in England. Gefällige, lockere Anordnung der Beete.

Schnittlauch

Schnittlauch

Allium schoenoprasum

Dieses viel verwendete Kraut gehört zu den Zwiebelgewächsen: Schnittlauch ist eine ausdauernde Pflanze mit zwiebelartigen Wurzeln. Gegessen werden aber die röhrenförmigen Blätter. Im Hochsommer erscheinen dann kugelförmige, violette Blütentrauben, die es berechtigt erscheinen lassen, Schnittlauch auch im Ziergarten anzubauen.
Schnittlauch kommt in ganz Europa auch wild vor.
Auf S. 93 finden Sie als Stengel- oder Winterzwiebel (*Allium fistulosum*) eine Pflanze beschrieben, die als »grober Schnittlauch« bezeichnet werden könnte. Daneben gibt es noch den Chinesischen Schnittlauch, *Allium odoratum,* eine Pflanze mit langen, flachen Blättern.
Geschichtliches: Schnittlauch ist mindestens schon seit dem Mittelalter bekannt, doch gibt es darüber nur wenig zu berichten. Auch Dodoens sagt in seinem Kräuterbuch kaum mehr, als daß Schnittlauch dem Porree ähnlich sieht. Er gibt, roh genossen, »grobes Blut, Winde und schwere Träume«; wir haben derartiges nach dem Genuß von Schnittlauch bisher allerdings nicht bemerkt.
Kultur: Schnittlauch steht gern in der vollen Sonne, mag aber keinesfalls zu trockenen Boden. Ab Mitte März kann ausgesät werden, und zwar gleich draußen in Reihen mit 20 cm Abstand voneinander. Nach dem Auflaufen kann etwas ausgedünnt werden, unbedingt nötig ist dies aber nicht. Im Winter sterben die Blätter ab, doch erscheint im zeitigen Frühjahr neues Laub.
Unter Krankheiten und Schädlingen leidet Schnittlauch im allgemeinen nur wenig. Sie entsprechen denen der Speisezwiebel.
Ernte: Schnittlauch kann das ganze Jahr über geerntet werden. Nach dem Schnitt treiben die Pflanzen wieder durch. Am zartesten sind die jungen Blätter, deshalb viel schneiden, damit viel zartes Blatt nachwächst.
Schnittlauch ist auch getrocknet zu kaufen, doch geht durch das Trocknen viel Aroma verloren. Auch durch Kochen verliert Schnittlauch an Geschmack, deshalb sollte man ihn an heiße Speisen erst unmittelbar vor dem Auftragen geben.

Dill

Dill

Anethum graveolens var. *hortorum*

Dill ist eine einjährige Pflanze, bis 1 m hoch, mit runden, gestreiften Stengeln und sehr fein gefiederten Blättern mit fadenförmigen Spitzen. Die zartgelben Blüten erscheinen von Juli bis September in vielstrahligen Dolden. Sie bringen viele Samen. Dill ist, hauptsächlich der schönen Blütenfarbe wegen, auch für den Ziergarten geeignet. Die Pflanze wird gern für den Mischanbau verwendet, weil man ihr nachsagt, Ungeziefer, vor allem Blattläuse, fernzuhalten.
Geschichtliches: Dill war schon den alten Ägyptern bekannt, in Europa galt er im Mittelalter als Glückskraut, das Hexen und Zauberer fernthielt. Junge Bräute taten Salz und Dill in ihre Schuhe.
Kultur: Dill wird ab Anfang April im Garten ausgesät, meist in Reihen mit 25 cm Abstand voneinander, nach dem Auflaufen kann bis zu 30 cm Abstand in der Reihe ausgedünnt werden. Pikieren Sie die jungen Pflänzchen lieber nicht, es gibt dabei zuviel Ausfall. Wenn die Pflanzen zu blühen beginnen, besitzen sie meist nur noch wenig Blätter, weshalb es ratsam ist, für die Ernte im Herbst noch einmal im Juni auszusäen. Im Winter stirbt Dill ab, sät sich aber – fast wie Unkraut – oft selbst aus.
Haben Sie in der Nähe Fenchel stehen, der ja mit Dill verwandt ist, besteht die Möglichkeit der gegenseitigen Bestäubung. Die Nachkommenschaft aus solchen Kreuzungen ist weder Dill noch Fenchel und schmeckt praktisch nach nichts.
Die feinen Blätter können in allen Stadien gepflückt werden, sind jedoch jung am aromatischsten. Frischer Dill ist nicht lagerfähig, er muß sogleich nach der Ernte verarbeitet werden. Getrockneter Dill besitzt nicht mehr viel Geschmack, auch Mitkochen verdirbt das Aroma. Unreife Blütendolden werden oft zum Einlegen von Gurken und dergleichen gebraucht. Man kann die Blüten auch trocknen, sie behalten viel von ihrem Duft. Schließlich können auch die aromatischen Samen aufbewahrt werden.

Gartenkerbel

Gartenkerbel

Anthriscus cerefolium

Die einjährige Pflanze besitzt einen hohlen Stengel, der bis 60 cm hoch werden kann, und dreifach gefiederte Blätter. Später erscheinen in Dolden stehende weiße Blüten. Es gibt auch noch einen sogenannten Myrrhenkerbel, *Myrrhis odorata,* mit gestreiften Stengeln, und auch den Fleckenschierling *Conium maculatum,* dessen Stengel meist

braunrot gefleckt sind. Es ist sehr wichtig, diese Arten auseinanderhalten zu können, denn während die ersten beiden genießbar sind, ist der Fleckenschierling äußerst giftig: Schon der Giftbecher des Sokrates war damit gefüllt. Kerbel riecht angenehm, eben nach Kerbel, der Schierling dagegen unangenehm. In der Natur kommt er ziemlich verbreitet vor.
Geschichtliches: Kerbel wurde schon im Mittelalter als Blutreinigungsmittel, gegen Gallensteine usw. gebraucht. Man wußte recht gut zu unterscheiden zwischen den verschiedenen Pflanzen, die dem Kerbel ähnlich sehen. Da ist z. B. auch noch *Chaerophyllum temulum,* der Betäubende Kälberkropf, der giftig ist und meist rotgefleckte Stengel hat. Der hier abgebildete »zahme Kerbel« *Anthriscus cerefolium* ist das vielgebrauchte Küchenkraut, das fast überall erhältlich ist.
Kultur: Kerbel kann ab April im Freien in Reihen mit 20 cm Abstand gesät werden. Der Boden darf nicht zu stark austrocknen, sonst keimt Kerbel schlecht. Nach dem Auflaufen auf 15 cm in der Reihe vereinzeln. Volle Besonnung ist gut, doch gedeiht Kerbel auch noch in leichtem Schatten. Wir empfehlen, im Laufe des Sommers mehrmals auszusäen, denn junge Blätter sind am schmackhaftesten.
Ernte: Kerbel kann geerntet werden, sobald die Pflanzen 10 cm Höhe erreicht haben. Wenn Sie nicht zu tief schneiden, treiben die Pflanzen noch einmal aus. Das Kraut sollte frisch verwendet werden; man kann es auch getrocknet kaufen, doch das Aroma ist dann schon weitgehend verloren gegangen. Mitkochen ist falsch, höchstens eine halbe Minute, in Kerbelsuppe, mit erwärmen. Kerbelsamen lassen sich gut aufbewahren, auch sie werden als Gewürz gebraucht.

Schnittsellerie

Sellerie

Apium graveolens

Neben Petersilie ist Sellerie zweifellos eines der bekanntesten und meist gebrauchten Küchenkräuter. Der Schnittsellerie, den man zu diesem Zweck verwendet, ist eine einjährige Pflanze mit einem glänzend grünen, zusammengesetzten Blatt und später grünweißen, in Dolden angeordneten Blüten. Es gibt einige Kuturformen, die als 'Gewöhnlicher Schnittsellerie', 'Krausblättriger verbesserter', 'Aromatisch' usw. vom Samenhandel angeboten werden.
Siehe auch Knollensellerie S. 81 und Bleichsellerie S. 135.
Geschichtliches: Sellerie kommt ursprünglich aus West-Asien und breitete sich nach Westen aus. Die Griechen legten das Kraut auf Grabsteine: Es war Pluto, dem Gott der Unterwelt, geweiht. Bei den Römern galt Sellerie als Glückspflanze, und im Mittelalter verwendete man ihn bei der Herstellung einer Hexensalbe. Heute liegt Sellerie in verschiedener Form völlig unschuldig im Gemüseladen. Daß er neben seiner Verwendung als Küchenkraut auch noch entwässernd wirkt, ist leicht festzustellen.
Kultur: Schnittsellerie keimt langsam; deshalb werden die Samen, wie Petersilie, gern mit feuchtem Sand vermischt und erst einige Zeit bei 20° C aufbewahrt, bevor sie in Reihen mit 20 cm Abstand voneinander ausgesät werden. Nach dem Auflaufen wird etwas ausgedünnt. Im Sommer kann für den Verbrauch im Winter noch einmal gesät werden. Am günstigsten ist ein feuchter Boden an einem gegen die grellste Sonne geschützten Platz. Der Boden kann ruhig schwer sein; Sellerie ist auch salzverträglich.
Ernte: Die frischen Blätter werden geschnitten, sobald die Pflanzen groß genug sind. Beim Trocknen geht das Aroma verloren, ebenso beim Mitkochen. Trotzdem wird die Verwendung von Sellerie in vielen Kochrezepten empfohlen. Auch Sellerie-Samen werden gelegentlich als Gewürz verwendet.

Meerrettich

Armoracia rusticana

Meerrettich, auch Kren genannt, ist eine ausdauernde Pflanze mit großen, dunkelgrünen Blättern auf 30 cm langen Stielen, die direkt der Wurzel entspringen. Die in Trauben stehenden weißen Blüten erscheinen an einem bis 1,20 m hohen Blütenstiel.
Der dicke, weiße Wurzelstock kann 60 cm lang werden.
Geschichtliches: Meerrettich wächst wild im östlichen Teil der Sowjetunion auf feuchten Standorten, z. B. an den Ufern von Bächen und Flüssen. Im Mittelalter wurde die Meerrettichwurzel nur wenig für Heilzwecke verwendet, später glaubte man Skorbut damit bekämpfen zu können. Heute kann man Meerrettichwurzel als köstliches Gewürz in Gläsern kaufen, feucht konserviert, weil beim Trocknen der Geschmack verloren geht.
Kultur: Optimal sind fruchtbare, lockere, feuchtigkeitshaltende Böden. Im Frühjahr kann im Freien ausgesät werden, später kommen die Pflanzen 40–50 cm voneinander entfernt zu stehen. Üblicher ist das Auspflanzen von Wurzelstücken im Herbst – oder natürlich der Kauf vorgezogener Pflanzen, durchaus eine lohnende Anschaffung. Meerrettich verliert im Winter das Laub, treibt im Frühjahr aber wieder aus.
Ernte: Es geht, wie Sie inzwischen wohl erkannt haben, um die Wurzel. Man läßt sie am besten möglichst lange im Boden, denn beim Trocknen geht der Geschmack verloren. Man kann sie wohl kurz mitkochen, doch je länger dies geschieht, um so mehr schwindet das Aroma. Lagerung ist in feuchtem Sand oder Erde bis zum Frühjahr möglich.

Meerrettichwurzel

Eberraute

Estragon

Eberraute

Artemisia abrotanum

Die Eberraute gehört zur gleichen Gattung wie der Beifuß *Artemisia vulgaris*. Lesen Sie bitte auch die Ausführungen über dieses Kraut (diese Seite). Die Eberraute hat sehr fein, fast fadenförmig eingeschnittene Blätter von graugrüner Farbe. Die Pflanze duftet nach Zitrone. Die kleinen unauffälligen Blütenköpfchen sitzen in den Blattachseln und sind blaßgelb gefärbt. Die Pflanze wird ungefähr 1 m hoch.

Geschichtliches: Bezüglich der Namensgebung s. unter Beifuß. Die Eberraute wurde in Europa schon im Mittelalter kultiviert. Wo sie ursprünglich herkommt, ist nicht bekannt. Doch schon immer galt sie als wirksames Mittel zur Vertreibung von Teufel, Hexen und Verrückten. Ein »gutes« Kraut also, dem auch eine gewisse Heilkraft zuerkannt wurde.

Kultur: Wie alle Arten der Gattung *Artemisia* bevorzugt auch die Eberraute einen sonnigen Standort und einen trockenen, kalkhaltigen Boden. Die Vermehrung erfolgt durch Aussaat im Frühjahr oder durch Teilung der Wurzelstöcke älterer Pflanzen im Frühjahr oder Herbst. Da die Pflanze von unten her verholzt, sollte dieser Halbstrauch in jedem Frühjahr stark zurückgeschnitten werden, damit er niedrig bleibt und neue, frische Triebe entwickelt.

Ernte: Das Beste ist die Verwendung der frischen Blätter. Diese lassen sich gut in Olivenöl aufbewahren. Beim Trocknen geht der Geschmack zum großen Teil verloren. Kochen Sie auch das Kraut lieber nicht mit.

Im biologischen Gartenbau gilt die Eberraute als Schutz gegen Kohlweißlingsbefall.

Estragon, Dragon

Artemisia dracunculus

Die Gattung *Artemisia* ist, wie man sieht, bei den Küchenkräutern gut vertreten; s. auch unter Eberraute und Beifuß, auf dieser Seite. Estragon ist eine bis 1 m hoch werdende Staude. In der freien Natur finden wir sie an trockenen Standorten, u. a. in Rußland und in den Vereinigten Staaten. An den verzweigten Stengeln sitzen lanzettförmige Blätter, die 10 cm lang und bis 1 cm breit werden können; sie sind unbehaart und glänzend grün. Die Pflanze blüht ab Anfang August mit in sehr lockeren Trauben stehenden, kugelförmigen, weißen bis hellroten Blütenköpfchen.

Geschichtliches: Die Bezeichnung *dracunculus* bedeutet im Lateinischen »Drache«, wahrscheinlich wegen der schlangenartigen Wurzeln. Schon Plinius empfahl Estragon gegen Drachen und Schlangen, auch das kann ein Grund für die Benennung sein. Bei uns ist Estragon etwa seit dem 13. Jahrhundert in Kultur, weniger als Heilpflanze, mehr als Küchenkraut.

Kultur: Vom Estragon sind verschiedene, völlig normal aussehende Typen im Handel, die aber kein Aroma besitzen. Deshalb Vorsicht, erst an den Pflanzen riechen, bevor Sie sie kaufen. Man kann auch selbst im Frühjahr aussäen, doch ist dabei die Gefahr noch größer, daß man minderwertigen Estragon erhält. Am wertvollsten sind die Nachzuchten des Französischen Estragons, der vegetativ, d. h. durch Stecklinge oder Teilung vermehrt wird. Leider ist diese Sorte nicht sehr winterhart, und sie setzt bei uns auch keinen Samen an. Der Russische Estragon dagegen kann zwar durch Samen vermehrt werden, besitzt aber nur wenig Aroma; damit ist uns also nicht sehr gedient.

Ernte: Beim Estragon kommt es uns auf die Blättchen an, die frisch verbraucht werden müssen. Auch einfrieren kann man sie recht gut. Selbst in Essig behält Estragon sein Aroma und wird in dieser Form zum Sauer-Konservieren verwendet. Das Trocknen der Blätter hat wenig Sinn, denn dabei geht, ebenso wie beim Mitkochen, der Geschmack verloren.

Beifuß

Beifuß

Artemisia vulgaris

Der Beifuß ist eine ausdauernde Pflanze mit einem bis 1,50 m hohen Stengel und gefiederten nur auf der Unterseite behaarten Blättern. Die gelblichen oder rotbraunen Blüten erscheinen von Juli bis September.

Geschichtliches: Die griechische Göttin Artemis – ihr entspricht die römische Diana –, Tochter des Zeus, war die Göttin der Geburt und der Jagd. Im Mittelalter war Beifuß ein bekanntes Zauberkraut, das bei Gewitter und gegen Diebe Schutz gewährte. Es wurde aber auch von Hexen zur Zubereitung von Zaubertränken benutzt. Und schon immer galt Beifuß als eine Pflanze, die Ungeziefer, wie Blattläuse, abschreckt.

Kultur: In der freien Natur finden wir den Beifuß an feuchten, nährstoffreichen und sonnigen Standorten, doch gedeiht er auch auf trockeneren Böden. Vermehrung durch Aussaat im März/April unter Glas oder im Mai im Freiland. Später werden die Pflanzen auf 40×40 cm ausgepflanzt. Auch Teilung älterer Pflanzen im Oktober oder März ist möglich.

Ernte: Blätter und Triebspitzen müssen geerntet werden, bevor sich die Blüten öffnen. Sie können frisch oder auch gekocht verwendet werden. Beim Kochen behält Beifuß seinen Geschmack.

Borretsch

Borretsch

Borago officinalis

Borretsch oder Gurkenkraut ist eine einjährige, in allen Teilen rauh behaarte Pflanze, die bis 50 cm hoch wird. Die lanzettlichen Blätter sind graugrün, zum Stiel hin schmaler. Prächtig die violettblauen, hängenden Blüten, ein Grund, dieses Kraut auch auf dem Blumenbeet anzupflanzen. Bienen sind auf Borretsch versessen.

Geschichtliches: Der Name soll sich ableiten von *bora*, das »Haar« bedeutet. Borretsch ist eine sehr alte Kulturpflanze, die auf ärmeren Böden im Mittelmeergebiet wild vorkommt. Früher wurde sie als Heilkraut verwendet, besonders gegen Entzündungen, und man glaubte auch, daß eine Vase mit Borretsch am Bett dem Schlafenden angenehme Träume verschafft.

Kultur: Ab März kann im Freiland ausgesät werden. In der Regel genügen einige Pflanzen, die man auf armen Böden in 50×50 cm Abstand, also ziemlich dicht pflanzt, da sie sonst leicht umfallen. Borretsch liebt die volle Sonne. Es werden viele Samen gebildet, die sich selbst aussäen, so daß man im folgenden Jahr überall neue Borretsch-Pflänzchen findet. An ihren Keimblättchen kann man sie leicht erkennen.

Ernte: Die möglichst jungen Blättchen können roh, aber auch gekocht verwendet werden. Attraktiv sind die Blüten, die ebenfalls roh genießbar sind und Salaten einen aparten Geschmack verleihen. Man kann die Blätter auch trocknen, doch verlieren sie dann weitgehend ihr Aroma. Dasselbe geschieht auch bei längerem Kochen.

Koriander

Coriandrum sativum

Einjährige, aus West-Asien und Nord-Afrika stammende Pflanze mit gerillten Stengeln und zweifach gefiederten, unangenehm riechenden Blättern. Die weißen, im Juli erscheinenden Blütchen bilden kleine zusammengesetzte Dolden. Danach reifen die kugelförmigen Samen.

Geschichtliches: Der Name »Koriander« leitet sich ab vom griechischen *koros,* was Wanze bedeutet. In der Tat haben sowohl die unreifen Samen als auch das Kraut einen deutlich wanzenartigen Geruch. Schon in Gräbern der alten Ägypter fand man Samen des Korianders, und man sprach ihm Heilkräfte zu, vor allem gegen Magen- und Darmbeschwerden. Koriandersamen wird manchmal auch dem Wein zugesetzt.

Heute wird Koriander viel in ausländischen Küchen zum Würzen von Gerichten gebraucht.

Kultur: Aussaat Anfang Mai in Reihen mit 30 cm Abstand. Nach dem Auflaufen auf ca. 15 cm ausdünnen. An den Boden stellt Koriander keine großen Ansprüche, liebt aber ein sonniges, warmes Plätzchen. Die Blüten erscheinen in reicher Fülle und ziehen viele Bienen an.

Ernte: Die Samen reifen unregelmäßig, darum muß mehrmals durchgepflückt werden.

Koriander

Den starken, charakteristischen süßen Duft bekommen die Samen erst nach einer gewissen Zeit der Lagerung. Beim Abkochen bleibt der Geschmack erhalten. Er sagt aber nicht jedem zu.

Gewürzfenchel

Foeniculum vulgare

Gewürzfenchel darf nicht verwechselt werden mit dem Knollenfenchel, den Sie auf S. 83 als Gemüse beschrieben finden. Der Gewürzfenchel bildet kaum Knollen; er besitzt zart geriffelte Stengel, an denen sehr fein gegliederte Blätter sitzen. Später erscheinen große, gelbe Blütendolden. Fenchel ist mal zweijährig, mal eine ausdauernde Pflanze. Fenchel ähnelt sehr dem Dill. Es kann auch zu spontanen Kreuzungen beider Arten kommen, doch die Nachkommen lassen den typischen Duft vermissen. Es gibt auch eine rotbraunblättrige Variante.

Geschichtliches: Fenchel stammt aus dem Mittelmeergebiet. Schon vor Christi Geburt galt er als Heilmittel, vor allem gegen Schlangenbisse und Augenkrankheiten. Auch schätzte man dieses gute Kraut, um sich gegen Hexen zu schützen. Heute ist Fenchel in erster Linie ein Küchenkraut.

Kultur: Aussaat ab März in Reihen mit 30 cm Abstand voneinander. Nach dem Auflaufen auf wenigstens 80 cm Abstand auspflanzen, sofern Sie überhaupt mehrere Pflanzen wünschen. Da es nicht sicher ist, ob der Fenchel nach dem Winter wieder austreibt, ist es ratsam, jedes Jahr neu auszusäen. Der Boden soll etwas Kalk enthalten, der Standort muß sonnig sein.

Fenchel

Ernte: Gebraucht wird vor allem das frische Blatt, doch finden auch die Samen in der Küche Verwendung. Man würzt mit ihnen fettes Fleisch, Fisch, Geflügel, aber auch frisches Gemüse usw. Zur Aufbewahrung eignet sich nur die Tiefkühltruhe, zumal beim Trocknen der Geschmack größtenteils verloren geht. Die Samen können natürlich trocken aufbewahrt werden, Fenchelblätter aber nie mitkochen.

Ysop

Ysop

Hyssopus officinalis

Ysop ist ein Halbstrauch, der bei uns 30 bis 60 cm hoch wird. Die kantigen, verzweigten Stengel verholzen an der Basis und besitzen eine mattbraune, abblätternde Rinde. Die aufsitzenden Blättchen sind lanzettförmig und in wärmeren Gebieten immergrün. Die meist blauen Blüten stehen in langen Scheinähren. Es gibt auch Kulturformen mit weißen und violetten Blüten.

Geschichtliches: »Hyssopus« ist ein griechischer Pflanzenname. Bereits in der Bibel wird dieses Kraut erwähnt: »Herr, segne mich mit Ysop«, lautet ein bekannter Text. Im Mittelalter war Ysop natürlich eine Heilpflanze, speziell gegen Erkältungskrankheiten. Heute ist es ein beliebtes Küchenkraut.

Kultur: Ysop verlangt zum guten Gedeihen einen warmen und sonnigen Platz. Da die Pflanzen nicht sehr winterhart sind, müssen sie in strengen Wintern gegen Frost abgedeckt werden. Der Boden darf wohl mal etwas austrocknen, er muß aber durchlässig und kalkreich sein.

Vermehrung durch Aussaat im April, möglichst unter Glas bei etwas Wärme. Später auspflanzen auf 50×50 cm Abstand. Im Sommer kann Ysop auch im Warmbeet durch Triebstecklinge vermehrt werden, und schließlich ist auch die Vermehrung durch Teilung im Herbst oder Frühjahr möglich.

Ernte: Blättchen des Ysops können Sie den ganzen Sommer hindurch ernten. Man kann sie trocknen und danach auch zu Pulver zerreiben. Beim Mitkochen geht der Geschmack verloren.

Lorbeer

Laurus nobilis

Ein Außenseiter im Kräutergarten ist dieser ausdauernde, nicht winterharte Strauch, eine Kübelpflanze, die man heute häufig in Stadtwohnungen, Geschäften, Hotels usw. antrifft. Eindeutig ein Gewächs, das einen gewissen Wohlstand verrät. Manchmal erscheinen im Sommer gelbweiße Blüten und anschließend blauschwarze Beeren. Es gibt auch verschiedene Kulturformen mit voneinander abweichenden Blättern.

Geschichtliches: Bei den alten Römern stand die Pflanze hoch im Kurs, denn man brauchte die Blätter des echten Lorbeers für Kränze. Auch heute noch verarbeitet man die (recht teuren) Blätter zu Kränzen für die Gewinner von Autorennen und andere Sportkoryphäen, doch man sieht häufig auch Kränze aus dem (billigeren) Laub des Kirschlorbeers *Prunus laurocerasus L.*, als Ersatz für den echten Lorbeer.

Heute findet man Lorbeerblätter, die sich gut trocknen lassen, in fast jeder Küche. Man verwendet sie vielfältig zu Marinaden. Eintöpfen, zu Saucen, Fischgerichten usw. Den reinsten Geschmack allerdings besitzen Lorbeer-Tropfen.

Kultur: Kleine Pflänzchen sind in den meisten Blumengeschäften und im Gartencenter erhältlich. Durch Schnitt kann man Pyramiden und andere Kronenformen heranziehen, doch erfordert dies viel Geduld. Vermehrung im Winter durch Stecklinge: 7 cm lange Triebspitzen, von denen man die untersten Blätter entfernt, werden bei 20° C unter Glas oder Folie in Vermehrungserde gesteckt; nach etwa 1 Monat bilden sie Wurzeln.

Der Lorbeer liebt im Sommer draußen einen geschützten und sonnigen Platz. Schildläuse sorgfältig bekämpfen! Mitte Oktober kommen die Pflanzen zur Überwinterung in einen hellen, vor allem aber kühlen Raum. Ideal ist natürlich ein kaltes Gewächshaus. Achten Sie sorgfältig darauf, daß die Temperatur nicht zu hoch ansteigt, besonders im

Lorbeerbaum

Frühjahr, denn sonst erscheinen vorzeitig neue Triebe. Ende April stellen wir den Lorbeer wieder ins Freie. Alle 2 Jahre verpflanzen und während der Wachstumszeit gut düngen.

Ernte: Lorbeerblätter werden sowohl frisch als auch getrocknet verwendet. Das Trocknen erfolgt am besten in einem Ofen bei 35°C. Lorbeer wird nie roh verzehrt, sondern stets mitgekocht und vor dem Essen aus dem Gericht wieder entfernt.

Liebstöckel

Levisticum officinale

Liebstöckel, auch als Maggikraut bekannt, in Klein-Asien heimisch, ist eine ausdauernde, kräftige, bis 2 m hoch werdende Pflanze mit dreiteiligen, glänzend grünen Blättern. Die kleinen gelben Blüten stehen in großen Dolden. Liebstöckel war schon den alten Griechen und Römern bekannt, die das Kraut gegen alle möglichen Leiden gebrauchten. Im Mittelalter wurde aus den Wurzeln ein Öl gewonnen, das ebenfalls gegen vieles gut war. Zum Schmunzeln: Die vermeintliche Wirkung gegen Sommersprossen. Als Heilkraut wird Liebstöckel heute kaum noch verwendet, um so mehr aber in der Küche, z. B. zur Verfeinerung von Suppen, Salaten, Eintopf- und vegetarischen Gerichten usw. Übrigens enthält Maggi auch Liebstöckel.

Kultur: Man kann die Pflanzen durch Aussaat im April heranziehen, zweckmäßiger jedoch ist die Teilung älterer Pflanzen. Setzen Sie die Stauden wenigstens 1 m auseinander, sofern Ihnen nicht überhaupt 1 Pflanze genügt. Im Herbst stirbt das Kraut ab, doch

Liebstöckel

im April treiben die enorm winterharten Pflanzen wieder aus.
Ernte: Man kann – ohne viel an Aroma zu verlieren – die Blätter und Samen auch trocknen. Selbst die Wurzeln kann man nutzen.
Liebstöckel kann, ohne den Geschmack zu verlieren, mit gekocht werden.

Zitronenmelisse

Melissa officinalis

Ausdauernde Pflanze aus dem Mittelmeergebiet, bis 80 cm hoch werdend. Die aufrechten Stengel sind vierkantig und tragen grobgesägte, eiförmige, zugespitzte Blätter. In den Blattachseln sitzen oft kleine Blattknospen und auch weiß oder hellviolett getönte, kleine Blüten. Die Pflanze blüht von Juni bis August und duftet in allen Teilen nach Zitrone.
Geschichtliches: Der Name *Melissa* bedeutet im Griechischen Honigbiene, und in der Tat ist Zitronenmelisse eine ausgezeichnete Bienenweide. Schon vor dem Jahr 1000 führten die Araber das Kraut in Spanien ein, und später sahen die Mönche in der Zitronenmelisse ein wirksames Heilkraut. Sie galt als Hexenpflanze, mit günstigen Wirkungen: Schützend, verjüngend, beruhigend.
Kultur: Zitronenmelisse liebt die volle Sonne und gedeiht in jedem nicht zu trockenen Boden. Die Pflanzen sind zwar ausdauernd, doch sollte man ihnen in strengen Wintern einen Frostschutz geben.
Die Vermehrung kann durch Aussaat im April oder durch Teilung älterer Pflanzen im Frühjahr oder Herbst erfolgen. Gärtnereien bieten vorgezogene Jungpflanzen an.

Zitronenmelisse

Ernte: Die frischen Blätter pflückt man meist, wenn sich die Blüten entfalten, sie können aber auch bereits jung, sofort nach ihrer Bildung geerntet werden. Der Frischverbrauch ist das Beste, denn durch Trocknen geht der Geschmack verloren. Auch Mitkochen macht das Kraut geschmacklos.

Minze

Mentha species

Von der Gattung *Mentha* gibt es eine ganze Reihe von Arten, Kreuzungen und Zierformen. Wir zählen nachstehend einige auf:
Mentha aquatica, die Bachminze, eine Pflanze, die in flachem Wasser äußerst üppig gedeiht.
Mentha × gentilis, die Edelminze, in England Ginger-Minze; davon gibt es auch eine bunte Sorte 'Variegata'.
Mentha × piperita, eine Kreuzung zwischen Bachminze und Grüne Minze, allgemein als Pfefferminze bekannt.
Mentha rotundifolia, eine weiße Minze mit rundem Blatt. In England: Apfelminze. Auch von dieser Art gibt es eine sehr schöne buntblättrige Form; die Sorte 'Bowles' hat zartgrüne Blättchen.
Mentha spicata ist die Grüne Minze, in England: Spearmint. Die Varietät *crispa* bzw. die Sorte 'Crispata' sind bekannt als die echte Krause Minze.
Insgesamt kennen wir mehr als 15 Arten. Sie sind ausdauernd, haben vierkantige Stengel, paarweise angeordnete Blätter und kleine, in Scheinähren stehende weiße bis purpurne Blüten. Die meisten Arten sind bei uns winterhart. Alle enthalten stark duftendes Öl.

Geschichtliches: *Mentha* leitet sich ab von der griechischen Nymphe Minthe, der Freundin von Pluto, dem Herrscher der Unterwelt. Diese Freundschaft weckte die Eifersucht von Persephone, Plutos Gemahlin. Aus Rache verwandelte diese Minthe in eine Pflanze. Wenn Eifersucht auch heute noch solche Folgen haben würde, gäbe es viel mehr Pflanzen auf der Erde.
Im Mittelalter kannte man hauptsächlich die Pfefferminze, die ihren Ursprung in China hat und über Ägypten zu uns kam. Man bereitete Tee aus ihr, was auch heute noch allgemein üblich ist. Noch bekannter sind allerdings die Pfefferminzbonbons oder -plätzchen (Pfefferminzöl mit Zucker), ebenfalls »Abkömmlinge« dieser Pflanze.
Als Kräuterpflanzen werden hauptsächlich die Grüne und die Weiße Minze gebraucht, doch ist es reizvoll, mit allen Arten zu experimentieren, weil das Aroma immer wieder ein wenig anders ist.
Kultur: Man muß versuchen, Jungpflanzen zu bekommen, die den gewünschten Geschmack besitzen. Die Aussaat führt zu allen möglichen Bastarden, auch unerwünschten Typen. Empfehlenswerter und auch am einfachsten ist die Teilung wertvoller älterer Pflanzen im Herbst oder Frühjahr. Das geht auch noch nach Jahren, wenn die Minze den Boden erschöpft hat und durch den Garten zu wandern beginnt. Der Boden darf nicht zu trocken sein, die Pflanzen gedeihen auch noch in leichtem Schatten.
Ernte: Nach Möglichkeit frische Blättchen verwenden. Man streift sie von den Stengeln ab und bewahrt sie in einem gut schließenden Behälter auf. Die meisten Arten lassen sich auch gut trocknen oder einfrieren. Beim Kochen bleibt der Geschmack erhalten.

Pfefferminze

Basilikum

Majoran

Basilikum

Ocimum basilicum

Basilikum ist eine einjährige, tropische Pflanze, die strauchartig wächst und 20 bis 40 cm hoch wird. Die gegenständigen Blätter sind gestielt und haben eine spitzovale Form. Die weißen oder hellvioletten, in Trauben sitzenden Blüten fallen nur wenig auf.
Es gibt auch noch eine kleinblättrige Art, *Ocimum minimum,* die nur 15 cm hoch wird.
Geschichtliches: Seltsam – und wenig glaubwürdig – ist die Geschichte von den drei Königen, die bei der Geburt von Jesus nach Bethlehem kamen: Einer von ihnen, Balthasar, sah einen Strauch mit einer Blüte, die schöner war als eine Rose. Und dieser Strauch sollte Basilikum heißen. Nun schauen Sie sich einmal die Blüte genau an … wir finden die Rose schöner.
Basilikum ist ein wichtiges Gewürzkraut für zahlreiche Speisen wie Salate, Suppen, Gemüse, Fisch, Fleisch, Geflügel, Saucen, Pasteten usw. Man kann auch Tee aus ihm bereiten, er ist Bestandteil des bekannten Kräuterlikörs Chartreuse, viele Speisen werden mit ihm gewürzt, und vergessen wir vor allem nicht Oma's Basilikum-Plätzchen.
Kultur: Günstig ist ein fruchtbarer Boden an einer sonnigen Stelle im Garten. In nassen, kalten Sommern kommen die Pflanzen nur schlecht voran, entwickeln sich aber, wenn sie sonnig und geschützt stehen, zu schönen, runden Sträuchern mit zierlichen, glänzenden Blättern. Man findet Basilikum auch als hübsche Topfpflanze auf der sonnigen Fensterbank.
Ab Ende März schon kann die Aussaat im Haus vorgenommen werden. Nach dem Auflaufen pikieren, eventuell erst noch in 9-cm-Töpfe, und nach den Spätfrösten Mitte Mai draußen auspflanzen; Abstand 30×30 cm. Auch die Kultur in großen Plastik- oder anderen Töpfen ist gut möglich. Für die Fensterbank sind 12 cm-Töpfe groß genug.
Ende September kann man Basilikum aus dem Garten in Töpfe setzen und in einem kühlen Zimmer noch eine ganze Zeit weiter kultivieren.
Ernte: Beim Basilikum interessieren nur die Blätter. Sie können frisch verwendet werden, was weitaus das beste ist. Ernten kann man sie in jedem Wachstumsstadium. Man kann das Kraut auch trocknen und sogar tiefgefrieren. Es kann in Speisen auch mitgekocht werden und behält trotzdem sein pikantes Aroma.

Majoran

Origanum vulgare

Das bekannte Oregano-Gewürz der Italiener ist der Majoran, auch Dost genannt – eine in Mittelasien beheimatete, bis 40 cm hoch werdende ausdauernde Pflanze. Die meist purpurroten Stengel tragen kleine, ei- bis herzförmige, ganzrandige und behaarte Blättchen. Die im Juli erscheinenden rotvioletten Blüten stehen in Doldenrispen zusammen.
Es gibt auch noch die Art *Origanum majorana* mit mehr eiförmigen, ebenfalls behaarten Blättern. Diese ist jedoch viel weniger winterhart und wird deshalb nur ein- oder zweijährig kultiviert.
Geschichtliches: Der Name leitet sich ab vom griechischen *oros* = Berg und *ganos* = Glanz oder Freude. So wie viele heutige Küchenkräuter war Majoran im Mittelalter eine Heilpflanze, u.a. gegen Husten, Magenbeschwerden, Zahnschmerzen. Teufel, Ameisen und Schlangen glaubte man mit Majoran vertreiben zu können. Kauen von Majoran – so meinte man – hebt die Stimmung, macht fröhlich und fördert die »Bergfreude« beim Bergsteigen. Ständig zunehmend ist heute die Beliebtheit des Majorans als »Pizza-Gewürz«, und noch manche weitere Verwendung in der Küche ist denkbar.
Kultur: Beide Arten können im April in Reihen mit 20 cm Abstand voneinander ausgesät werden. Nach dem Auflaufen wird pikiert und auf 20×25 cm ausgepflanzt, so sonnig wie möglich. Der Boden soll kalkhaltig, aber nicht zu trocken sein. Bei zweijähriger Kultur wird ebenfalls im April ausgesät, die Pflanzen werden unter Glas überwintert und blühen im zweiten Jahr. Blühende Triebe sind aromatischer, daher wählt man diese Anbauweise. Wir stellten jedoch fest, daß auch die einjährige Kultur ein sehr gutes Ergebnis liefert. *Origanum vulgare* kann im Sommer auch durch Stecklinge vermehrt werden. Auch die Teilung der Pflanzen im Herbst oder Frühjahr ist eine brauchbare Vermehrungsmethode.
Ernte: Frische Blätter können geerntet werden, sobald die Pflanzen groß genug sind. Die blühenden Triebe des zweijährigen *O. majorana* haben das meiste Aroma. Diese Art hat stets mehr Aroma als der gewöhnliche Dost *O. vulgare.* Gut möglich ist auch das Trocknen von Blättern und Blüten. Beim Mitkochen bleibt der Geschmack, wie bei den meisten mediterranen Kräutern, voll erhalten.

Petersilie

Petroselinum crispum

Verwechseln Sie dieses Kraut nicht mit der wild wachsenden Hundspetersilie oder dem Gefleckten Schierling (s. unter Kerbel), Sie würden es wahrscheinlich nicht überleben. Man muß nur am Kraut riechen, dann ist ein Irrtum kaum möglich. Petersilie ist eine zweijährige oder ausdauernde Pflanze mit dreifach gefiederten, in einer Rosette stehenden Blättern. Es gibt eine Reihe recht guter Sorten: die sehr ergiebige 'Hamburger Schnitt', die krausblättrigen Sorten 'Mooskrause', 'Edelstein', 'Hilds Grüne Perle', 'Wuschelkopf' u.a.
Petersilie hat einen außerordentlich hohen Gehalt an Provitamin A und enthält außerdem viel Eisen.
Neben der Blattpetersilie gibt es auch die Wurzelpetersilie (s. S. 82).

Petersilie

Geschichtliches: Im Mittelalter galt Petersilie als fiebersenkendes und abführendes Heilkraut. Als es damals noch nicht so viele Ärzte und Kliniken gab, glaubte man es auch als Abtreibungsmittel verwenden zu können. Und heute? Merkwürdig, trotz des damaligen Aberglaubens, daß Petersilie Unglück brächte, ist dieses Kraut zur Gewürzpflanze Nr. 1 geworden, die überall erhältlich ist.
Kultur: Petersiliensamen keimen langsam, darum keimt man sie gern in scharfem Sand vor und sät erst dann – im April – aus. Das Kraut wächst in jedem nicht zu trockenen Boden und verträgt auch etwas Schatten. Säen Sie in Reihen mit 20 cm Abstand voneinander, nicht zu dicht, damit Sie nicht ausdünnen müssen. Häufig wird im August noch einmal für den Gebrauch im Winter ausgesät. Die Pflanzen überwintern zwar, doch junges Laub ist wohlschmeckender.

Rosmarin

Ernte: Petersilie wird nach Bedarf geerntet. Verwenden Sie die Blätter so frisch wie möglich, durch Trocknen geht der Geschmack verloren. Das ist auch der Fall, wenn man Petersilie mitkocht. Leider wird das von vielen Rezeptemachern nicht genügend beachtet. Mitunter werden auch die Samen der Petersilie verwendet, sie verlieren aber erstaunlich schnell ihr Aroma.

Rosmarin

Rosmarinus officinalis

Ein immergrüner, bis 1,50 m hoch werdender Strauch aus dem Mittelmeergebiet. An den Stengeln befinden sich sehr schmale, oberseits grüne, unterseits graufilzige Blätter. Im Sommer erscheinen violettblaue oder weiße Lippenblüten.
Geschichtliches: Im alten Griechenland galt Rosmarin als Glückspflanze, als Abwehrmittel gegen alles Böse. Im Mittelalter war es eine Heilpflanze für viele Krankheiten des Magens, des Herzens, der Nerven usw. Heute wird aus Rosmarinblättern ein ätherisches Öl gewonnen, das vielen Parfums seinen Duft verleiht.
Kultur: Rosmarin ist bei uns nicht winterhart genug. Nur an sehr geschützten Stellen kann die Pflanze milde Winter überstehen. Ratsamer ist es daher, Rosmarin als Kübelpflanze in einem kalten Gewächshaus oder einem anderen frostfreien Raum zu überwintern. Gewöhnliche Topferde ist gut, ebenso aber auch ein leichter, durchlässiger, kalkhaltiger Gartenboden. Die Vermehrung erfolgt durch Aussaat oder durch Stecklinge im August unter Glas.
Ernte: Meistens werden die Blättchen gebraucht, doch sind auch Triebe, Blüten und Samen sehr aromatisch. Die Blätter können getrocknet werden, die Blüten muß man frisch verwenden. Durch Mitkochen geht der Geschmack nicht verloren.

Ampfer

Rumex species

Der Sauerampfer, *Rumex acetosa,* wurde früher als Spinat gegessen von Leuten, die den Gemüsehändler nicht bezahlen konnten. Das Blatt dieser ausdauernden Pflanze ist pfeilförmig. Wohlschmeckender ist *Rumex scutatus,* der Römische Ampfer. Seine Blätter sind mehr breit als lang, an der Spitze abgerundet und von blaugrüner Farbe. Da diese Art bei uns nur schwer erhältlich sein dürfte, wird unter der Bezeichnung Ampfer wohl meistens der gewöhnliche Feld-Sauerampfer geliefert, allenfalls eine Selektion davon.
Geschichtliches: *Rumex* bedeutet im Lateinischen auch Pfeil oder Speer, was auf die Form des Blattes hinweist. Und *acetum* heißt Essig, wonach das Blatt auch schmeckt. Früher gebrauchte man Ampfer als durstlöschendes Mittel. Dann wurden die Blätter gegen Skorbut empfohlen. Nach seiner volkstümlichen Verwendung als Gemüse erhält der Ampfer heute wieder mehr Bedeutung in der feinen französischen Küche.
Kultur: Ampfer gedeiht hervorragend in jedem Boden, der nicht zu trocken ist. Im Frühjahr wird in Reihen mit 20 cm Abstand voneinander gesät. Nach dem Auflaufen ausdünnen, bis die Pflanzen 3–5 cm auseinander stehen. Ampfer ist eine Staude und kann jahrelang auf derselben Stelle stehen. Sehr oft werden die Pflanzen vom Ampferblattkäfer befallen, der Löcher in die Blätter frißt. Eine Bekämpfung erübrigt sich jedoch meistens.
Ernte: Im Geschmack besteht zwischen jungen und älteren Blättern ein großer Unterschied. Je älter das Blatt, desto schärfer und unangenehmer schmeckt es. Deshalb schneidet man den Ampfer schon, wenn das Kraut 5–7 cm hoch ist. Hat man dies einmal versäumt, dann schneide man alles bis auf den Boden zurück, die Pflanzen treiben erneut aus.
Ampfer muß frisch verbraucht werden. Durch Kochen geht der saure Geschmack verloren. Aufwärmen und Tiefgefrieren ist gut möglich, Trocknen hat wenig Sinn.

Sauerampfer

Salbei

Bohnenkraut

Thymian

Salbei

Salvia officinalis

Der Echte oder Garten-Salbei wird bis 60 cm hoch und ist ein völlig mit graugrünem Filzhaar bedeckter Halbstrauch. Die Blätter sind oval bis lanzettförmig, runzelig, graugrün und bleiben in milden Wintern an den Pflanzen. Im Sommer erscheinen in den Blattachseln violette Lippenblütchen. Es gibt mehrere Gartenformen, z. B. 'Aurea' mit gelblichem Blatt und 'Purpurascens' mit violettfarbigem Laub.
Geschichtliches: *Salvia* kommt vom lateinischen *salvare,* d. h. heilen. Man hat in dieser Pflanze schon immer ein Heilkraut gesehen, ein Mittel gegen alle möglichen Leiden. Im Mittelalter galt Salbei – nach dem berühmten Albertus Magnus um 1200 – auch als Zauberkraut. Salbei macht schläfrig, man trinkt Salbei-Tee vor dem Schlafengehen.
Heutzutage ist Salbei ein Bestandteil von Mundwässern und »alternativen« Zahncremes. Das Kraut wird außerdem viel in der neuzeitlichen Küche verwendet.
Kultur: Strenge Winter setzen dem Salbei arg zu, deshalb sonnig und geschützt anpflanzen und im Winter etwas abdecken. Der Boden soll durchlässig und kalkreich sein. Vermehrung durch Aussaat im Frühjahr oder durch Stecklinge.
Ernte: Beim Salbei geht es hauptsächlich um die Blätter, die möglichst frisch sein sollen, aber auch getrocknet ihr Aroma behalten. Sie werden zu Wurst und Füllungen bei Gänse- und Schweinebraten, zur Verfeinerung des Aromas von Käse und Aal usw. verwendet. Auch die Samen werden zum Würzen von Speisen gebraucht. Salbei kann in Gerichten mitgekocht werden.

Bohnenkraut

Satureja hortensis und *S. montana*

Sommerbohnenkraut ist einjährig, hat sehr schmale Blätter und später violette Blüten. Höhe bis 20 cm.
Winterbohnenkraut ist ein Halbstrauch mit vierkantigen, unten verholzenden Stengeln und ebenfalls sehr schmalen, wintergrünen Blättern. Die weißen bis hellvioletten Blüten erscheinen im Nachsommer. Höhe bis 40 cm.
Geschichtliches: Das einjährige Bohnenkraut ist eine der altbekanntesten Kräuterpflanzen. Früher verwendete man es als Heilpflanze, heute wird es nur noch zur Geschmacksverbesserung von Hülsenfrucht-Gerichten gebraucht.
Kultur: Das einjährige Bohnenkraut wird in der Regel ausgesät, wenn die Gartenbohnen zu blühen beginnen. Auf diese Weise ist das Kraut genau dann gebrauchsfertig, wenn die Bohnen geerntet werden. Reihenabstand 15 cm, nicht zu dicht säen, dann brauchen Sie nicht auszudünnen. Natürlich können Sie auch noch später aussäen, um das Kraut für andere Hülsenfrüchte zu verwenden.
Winterbohnenkraut wird vermehrt durch Aussaat, Teilung und Stecklinge. Der beste Standort ist ein trockener, durchlässiger und kalkreicher Boden in sonniger Lage.
Ernte: Das einjährige Bohnenkraut wird möglichst jung geerntet, auf jeden Fall bevor es zu blühen beginnt. Die Blättchen kann man auch trocknen. Beim Mitkochen verliert Bohnenkraut seinen Geschmack nicht.
Winterbohnenkraut ist eigentlich mehr eine Zierpflanze als ein Gewürzkraut. Die Blätter sind weniger aromatisch, können aber trotzdem verwendet werden. Auch Trocknen ist möglich.

Thymian

Thymus species

Es gibt zahlreiche Thymian-Arten, die teilweise auch in Steingärten als Zierpflanzen Verwendung finden. Als Küchenkraut wird hauptsächlich *Thymus serpyllum*, der wilde Feldthymian, ein winterharter Strauch, gebraucht. Die Stengel sind liegend, die Blätter in der Form sehr variabel, an den Rändern leicht eingerollt. Im Juli erscheinen violette Lippenblüten. Viele namentliche Kulturformen.
An zweiter Stelle nennen wir *Thymus vulgaris*, den Gartenthymian, einen 20–30 cm hohen, bei uns leider nicht sehr winterharten Halbstrauch. Die schmalen Blättchen sind unterseits behaart und am Rand eingerollt.
Geschichtliches: Der Name stammt vermutlich aus dem Ägyptischen. In Europa galt der wilde Thymian als Vorbeugungsmittel gegen alle möglichen Leiden, und auch den Gartenthymian sah man als Heilkraut gegen viele Krankheiten an. Auch heute noch wird Thymian-Sirup gegen Husten eingenommen. In der Küche finden beide Arten Verwendung, außerdem noch andere Arten, z. B. der sogenannte Zitronenthymian.
Kultur: Thymian gedeiht vorzüglich in trokkenen, kalkhaltigen Böden in voll sonniger Lage. Im Winter müssen Sie dem Gartenthymian etwas Schutz geben oder ihn im Topf kultivieren. Die Vermehrung des wilden Thymians erfolgt durch Teilung, die des Gartenthymians durch Aussaat im April. Nicht pikieren, wohl aber ausdünnen, denn Verpflanzen gibt viel Ausfall.
Ernte: Von beiden Arten braucht man die Blätter, am besten frisch; aber auch getrocknet sind sie noch sehr aromatisch.

Die wichtigsten Düngemittel

O = organisch M = mineralisch N = Stickstoff P_2O_5 = Phosphorsäure K_2O = Kaliumoxyd CaO = Calciumoxyd (Kalk)
MgO = Magnesiumoxyd
Org = organischer Stoff pH + oder – = den Säuregrad erhöhende oder senkende Wirkung
Prozentgehalte sind größtenteils vorgeschriebene Mindestwerte

Düngemittel	O/M	% N	% P_2O_5	% K_2O	% CaO	% MgO	% Org	pH + oder –	Bemerkungen
Stickstoffdünger									
Ammoniumnitrat	M	34						–	Ammonium- und Nitrat-Stickstoff
Ammoniumsulfat (= schwefelsaures Ammoniak)	M	21						–	Ammonium-Stickstoff
Blutmehl	O	5–14							Langsam wirkend
Chilesalpeter	M	15						+	Nitrat-Stickstoff
Guano	O	8–15						+	Vogeldünger
Hornmehl	O	5–14						+	Wirkt noch langsamer als Blutmehl
Kalksalpeter	M	16						+	Nitrat-Stickstoff
Kalkammonsalpeter	M	26			10–16			–	Ammonium- und Nitrat-Stickstoff
Kalkmagnesiasalpeter	M	13				5		+	Nitratstickstoff und lösliches Magnesium
Kalkstickstoff	M	20–23			39			+	Amid-Stickstoff
Stickstoffmagnesiumsulfat	M	20				5			Ammonium-, Nitrat-Stickstoff und lösliches Magnesium
Harnstoff	M	46						–	Amid-Stickstoff
Schwefelsaures Ammoniak	M	21						–	Ammonium-Stickstoff
Ammonnitratamiddünger	M	28						–	Ammonium-, Nitrat- und Amid-Stickstoff
Phosphatdünger									
Superphosphat	M		18						Rohphosphat, mit Schwefelsäure aufgeschlossen
Triplesuperphosphat	M		50						Rohphosphat, mit Phosphorsäure aufgeschlossen
Thomasmehl (Thomasschlackenmehl)	M		15		45	2		+	Langsam wirkend, Produkt aus der Stahlfabrikation
Weicherdige Rohphosphate (z. B. Hyperphos)	M		30					+	Nicht wasserlöslich, daher langsam wirkend
Kalidünger									
Kalisalpeter s. Mehrnährstoffdünger									
Kaliumsulfat (= schwefelsaures Kali)				50					Lösliches K_2O und höchstens 3% Chlor
Patentkali	M			30		10			Voll löslich, viel angewendet

Düngemittel	O/M	% N	% P_2O_5	% K_2O	% CaO	% MgO	% Org	pH + oder –	Bemerkungen
Kalkdünger*)									
Gemahlener Branntkalk	M				65–95			+	Kalkstein gebrannt, danach gemahlen
Magnesium-Branntkalk, gemahlen	M				50–80			+	Magnesium-Kalkstein, gebrannt und gemahlen
Kalikieselkalk	M			3	30			+	Nebenprodukt der Zementindustrie
Kohlensaurer Magnesiumkalk Magnesiummergel	M				60–80	$MgCO_3$ 15–40		+	Häufig aus Dolomitgestein, oft mit höherem Magnesium-Gehalt
Löschkalk	M				$Ca(OH)_2$ 80–93			+	Gelöschtes Calciumoxyd, kann auch Magnesium enthalten
Magnesiumkieselkalk	M				40	3		+	Gemahlene Hochofenschlacke
Maerl	O				45	4		+	Gemahlene Korallenalgen aus dem Atlantischen Ozean
Scheideschlamm Carbokalk	O				45			+	Nebenprodukt der Zuckerindustrie

* Gehaltszahlen = basische Wirksamkeit

Düngemittel	O/M	% N	% P_2O_5	% K_2O	% CaO	% MgO	% Org	pH + oder –	Bemerkungen
Magnesiumdünger									
Bittersalz						15			Gut wasserlöslich
Kieserit						25			Weniger gut wasserlöslich
Spurenelement-Dünger									
Borax	M								Wenigstens 11% Bor
Kupferschlackenmehl	M								Enthält Kupfer, Blei, Zink, eventuell Kobalt
Mangansulfat	M								24% Mangan
Zinksulfat	M								23% Zink
Mehrnährstoffdünger (Beispiele)									
Blaukorn	M	12	12	17		2			+ Spurenelemente, chloridfrei
Nitrophoska perfekt	M	15	5	20		2			+ Spurenelemente, chloridfrei
Complesal plus	M	15	5	16		4			+ Spurenelemente, chloridarm
Alzodin komplett	M	18	6	8		2			+ 1% Eisen, chloridfrei
Kalisalpeter	M	13		38					Nitratstickstoff und wasserlösliches Kali
Flüssigdünger (Beispiele)									
Hortal	M	4	20	32		2			+ Spurenelemente
Mairol	M	14	12	14		0,3			+ Spurenelemente
Poly Crescal	M	14	10	14		0,7			+ Spurenelemente
Wuchsal	M	8	8	6		0,3			+ Spurenelemente

Düngemittel	O/M	% N	% P_2O_5	% K_2O	% CaO	% MgO	% Org	pH + oder –	Bemerkungen
Organische Düngemittel									
Knochenmehl	O	6	18					+	
Kakaoschalen	O	1,1	0,7	0,1	8,3	0,6			
Champignonsubstrat	O	0,5	0,3	0,6	1,6	0,6		+	
Kompost, selbst hergestellt	O	0,4	0,2	0,5				+	Schwankt sehr, je nach Zusammensetzung
Hornoska 6+9	O	6	9				55–60		Horn-, Knochen- (und Blutmehl)
Hornoska	O/M	7	7	9		2			Horn- und Knochenmehl
Hühnermist	O	1,1	1,6	0,7	2,4	0,3	23		
Hühnermist, getrocknet	O	5	4,6	3,1	6,7	1,2	66		
Cederan	O	6	8	10			45		
Kuhmist, verrottet	O	0,6	0,4	0,5	0,4	0,2	13,5		
Klärschlamm	O	0,5	0,7	0,1			30		
Guano	O	6	12	2					Vogelmist
Huminal	O	1	1	1		0,18			Torfdünger + Spurenelemente
Pferdemist	O	2,4	4	6	5	2			

Aussaatkalender

Die Farben bedeuten:

- Aussaat warm unter Glas im Haus oder Kasten
- Aussaat im kalten Kasten oder unter Folie
- Aussaat im Freiland
- Auspflanzen im Freien
- Vegetationsperiode im Freiland
- Erntezeit

Eventuell Vorkultur warm oder kalt unter Glas und/oder Anbau unter Folie

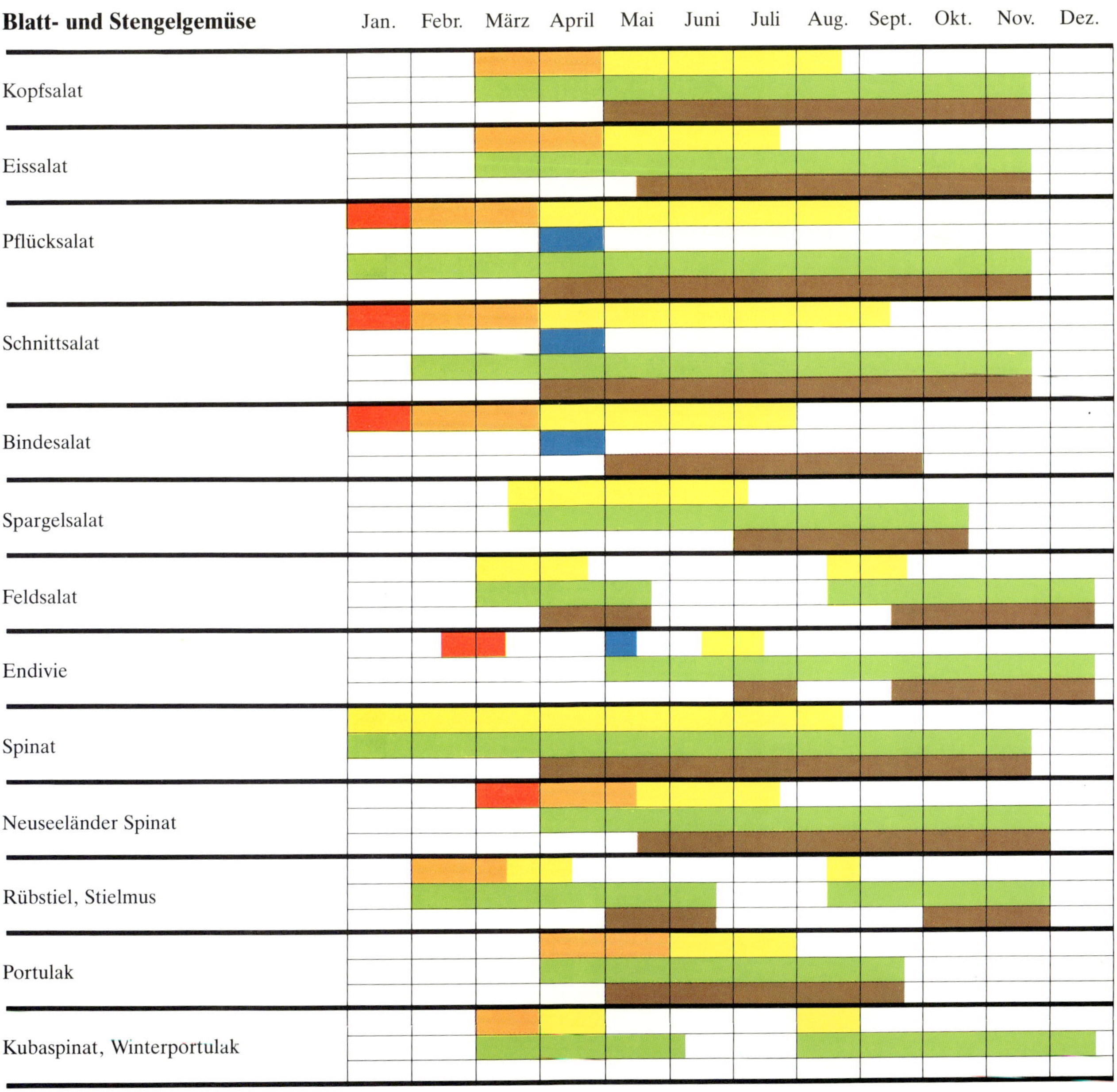

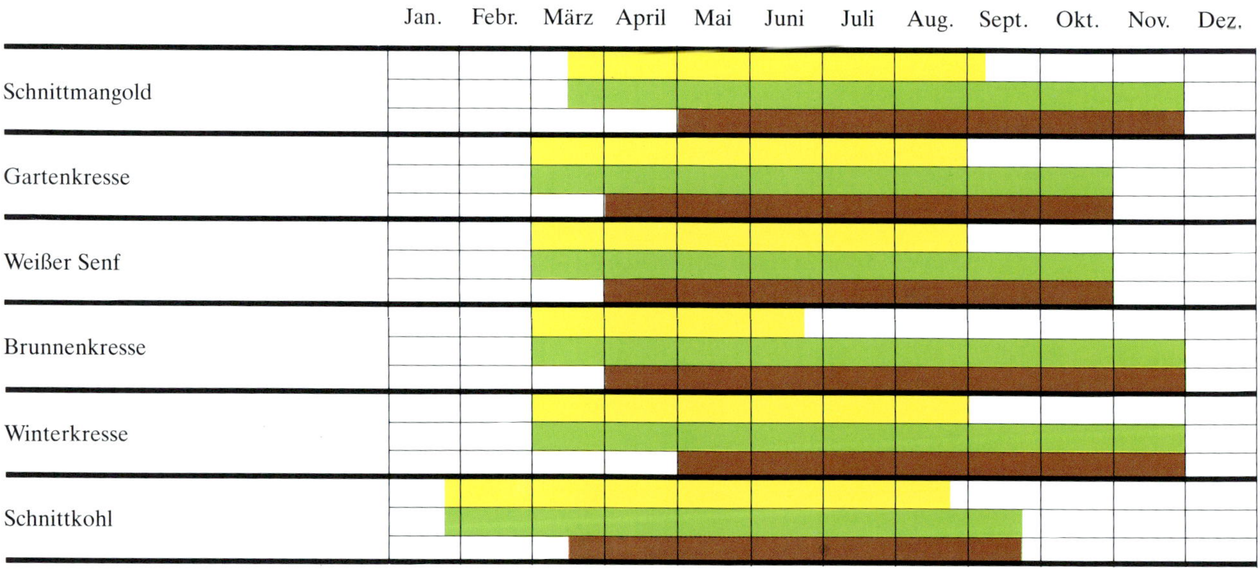

Knollen- und Wurzelgemüse

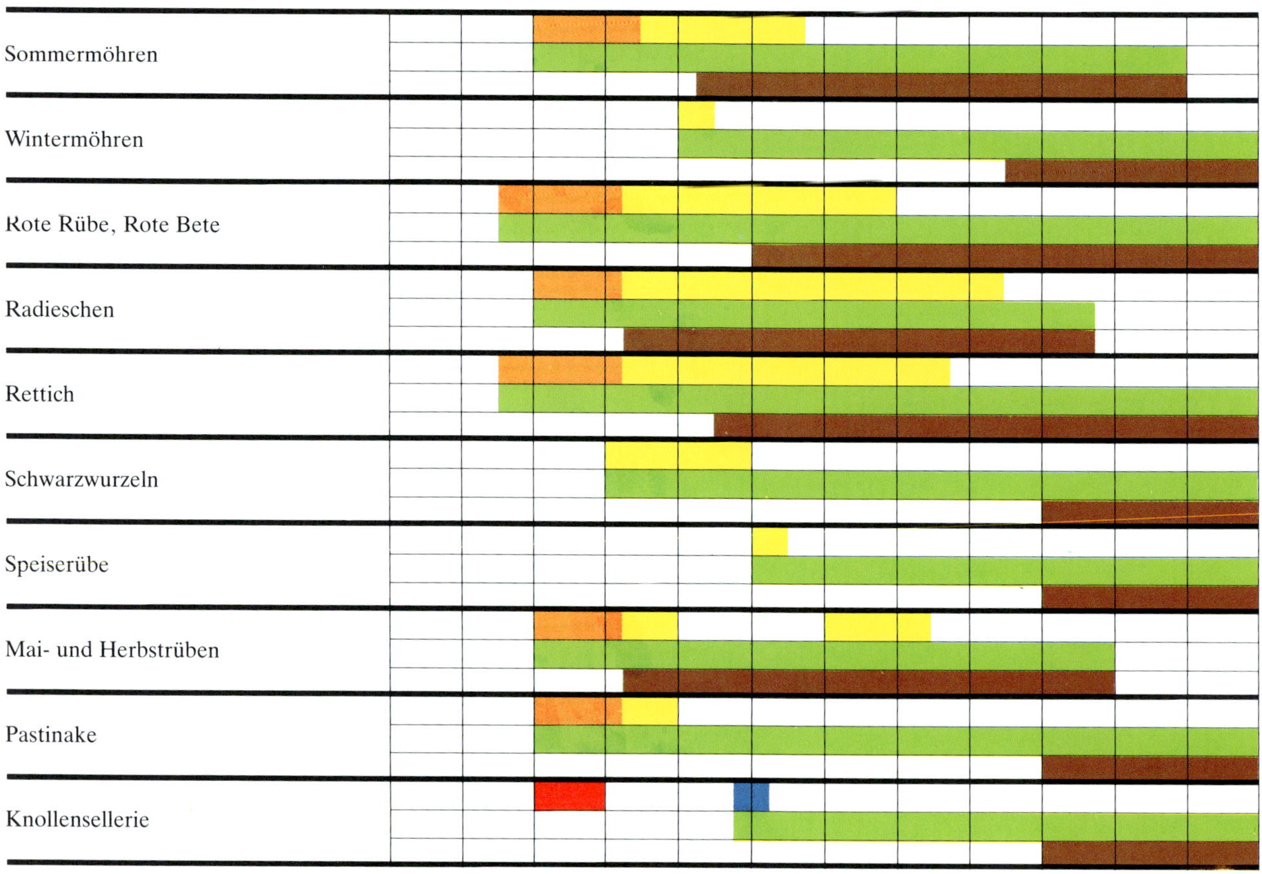

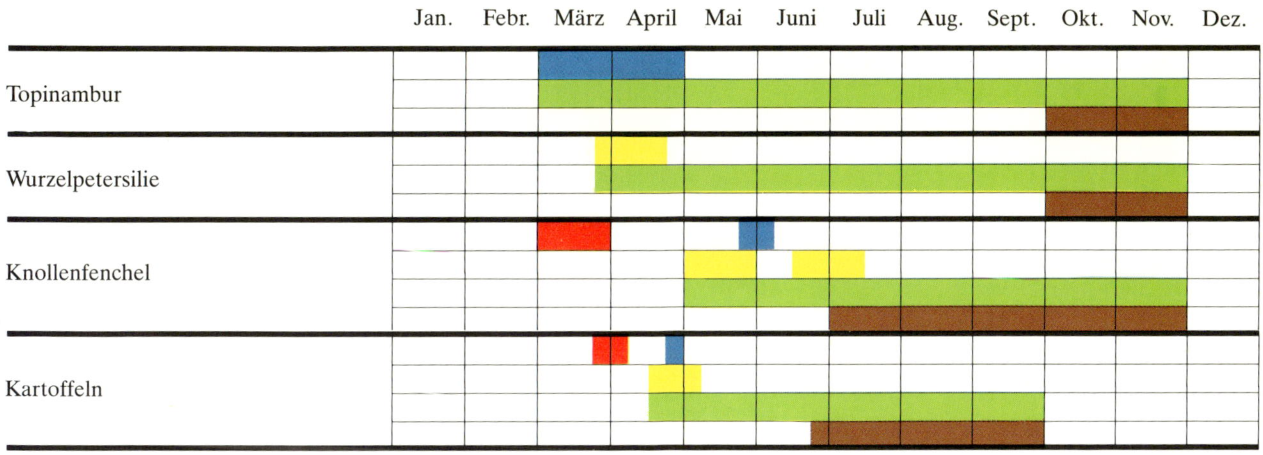

Zwiebelgewächse

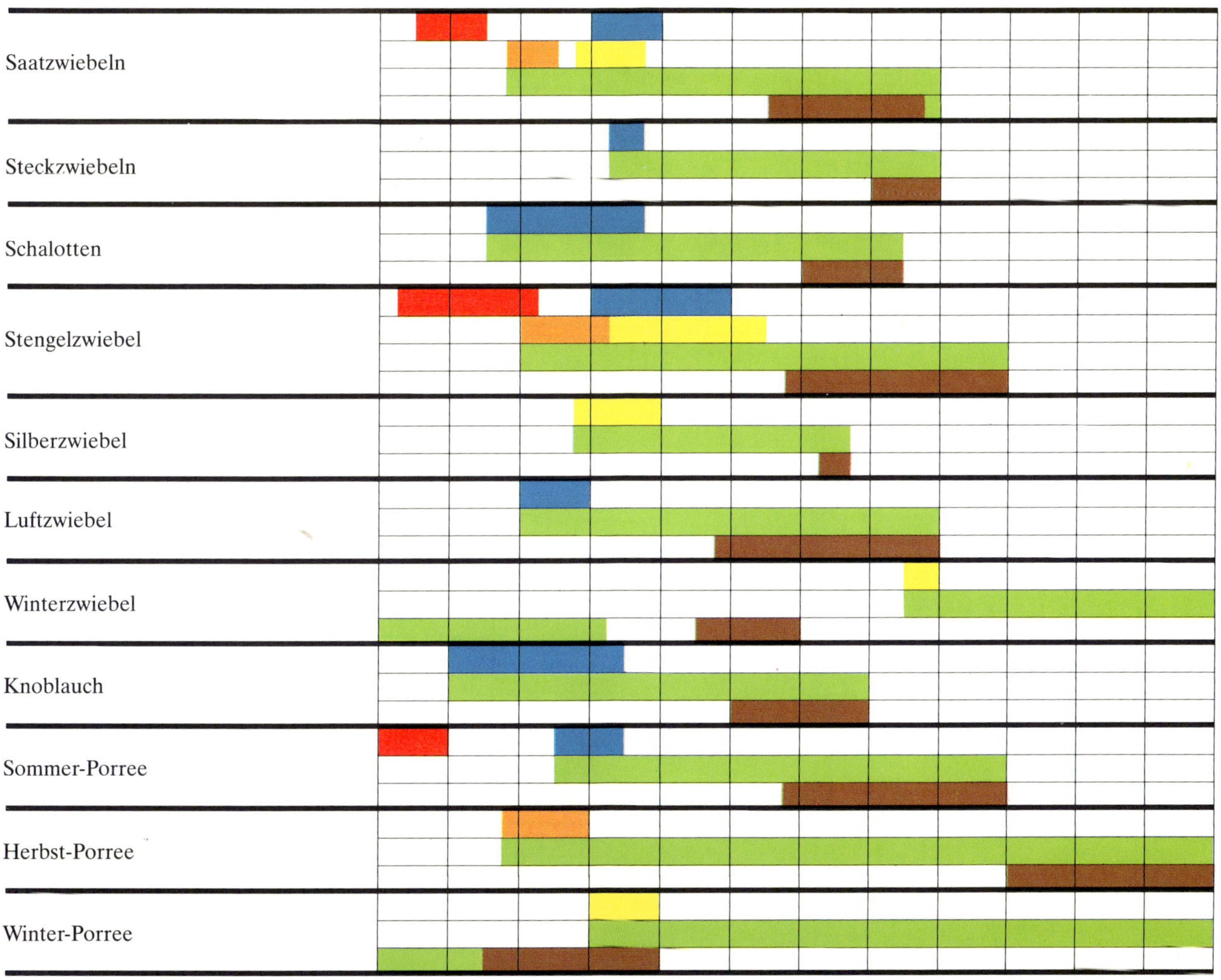

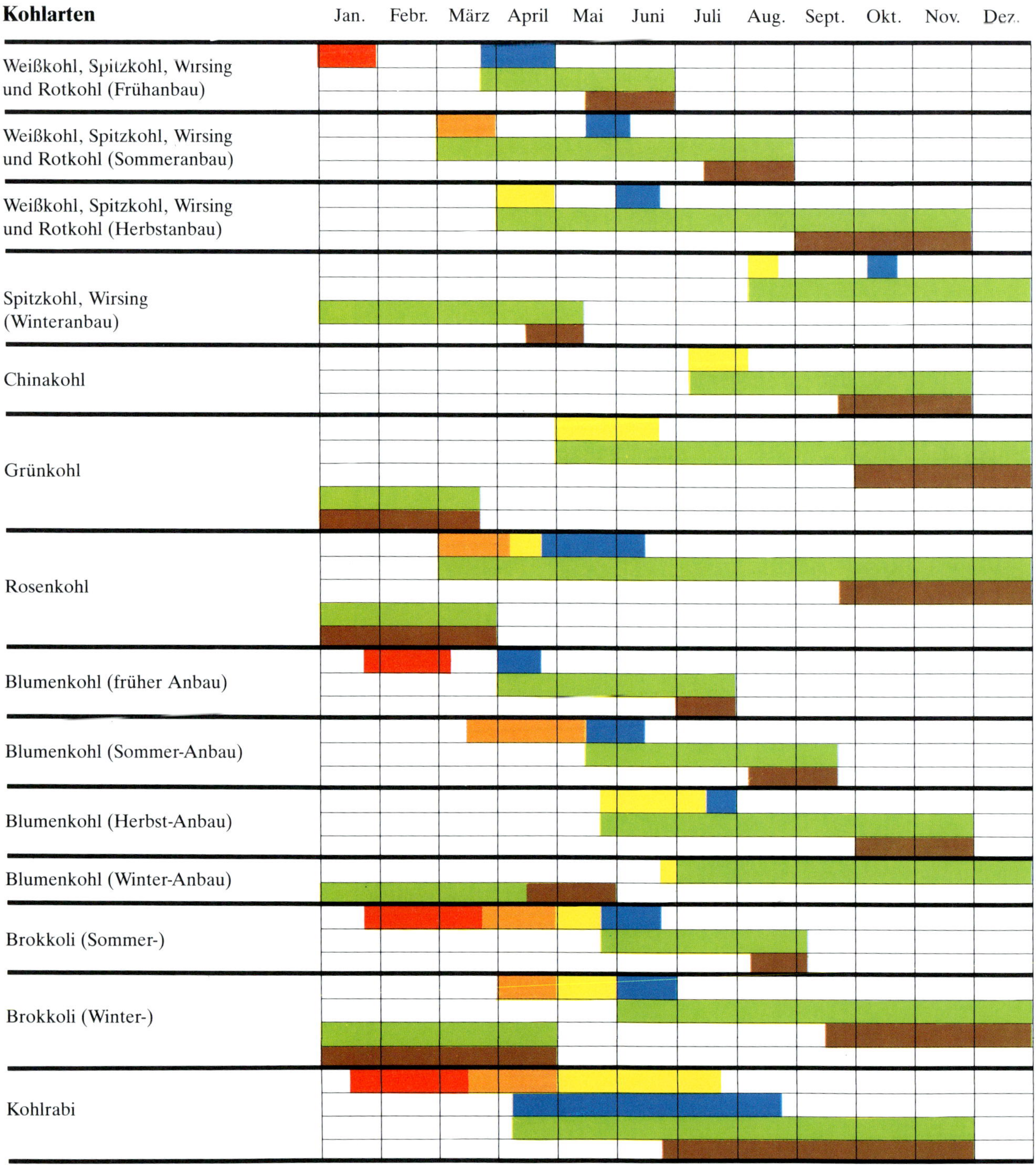
Kohlarten
Jan.
Febr.
März
April
Mai
Juni
Juli
Aug.
Sept.
Okt.
Nov.
Dez.
Weißkohl, Spitzkohl, Wirsing und Rotkohl (Frühanbau)
Weißkohl, Spitzkohl, Wirsing und Rotkohl (Sommeranbau)
Weißkohl, Spitzkohl, Wirsing und Rotkohl (Herbstanbau)
Spitzkohl, Wirsing (Winteranbau)
Chinakohl
Grünkohl
Rosenkohl
Blumenkohl (früher Anbau)
Blumenkohl (Sommer-Anbau)
Blumenkohl (Herbst-Anbau)
Blumenkohl (Winter-Anbau)
Brokkoli (Sommer-)
Brokkoli (Winter-)
Kohlrabi

Hülsenfrüchte

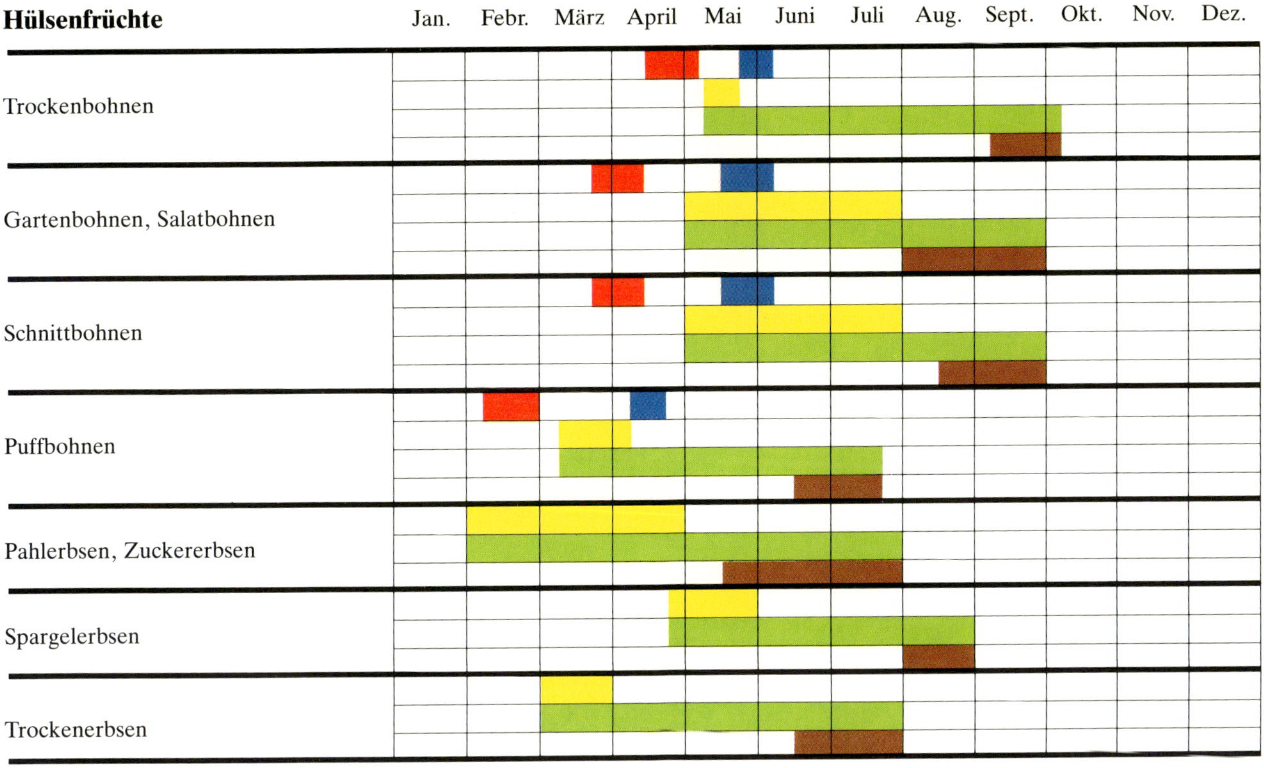

Bleichgemüse

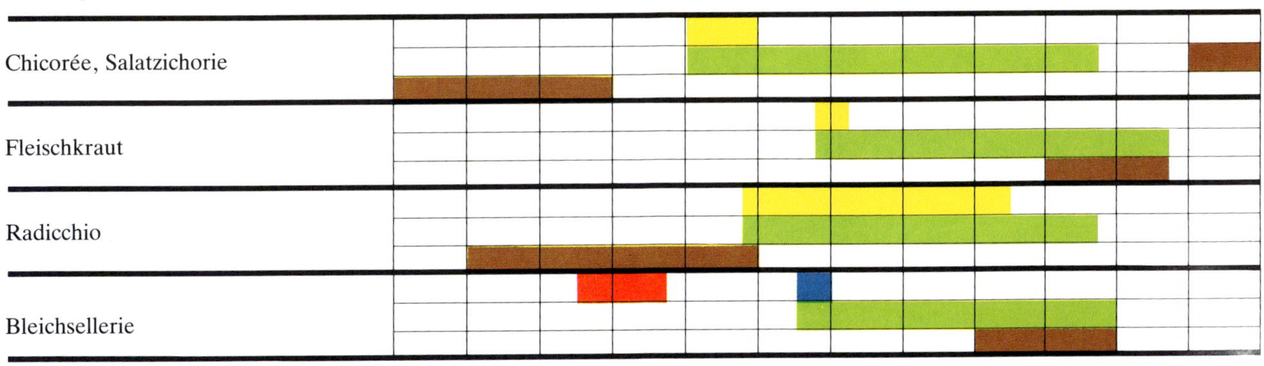

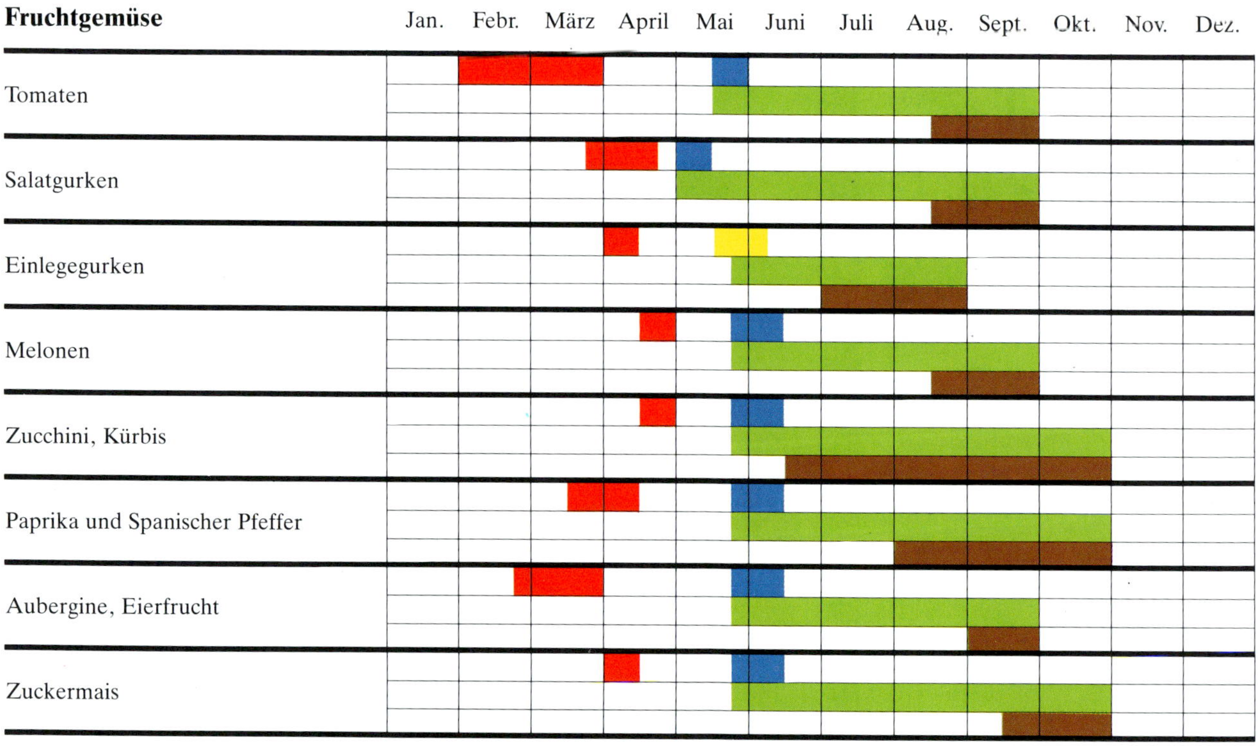
Fruchtgemüse
Jan.
Febr.
März
April
Mai
Juni
Juli
Aug.
Sept.
Okt.
Nov.
Dez.
Tomaten
Salatgurken
Einlegegurken
Melonen
Zucchini, Kürbis
Paprika und Spanischer Pfeffer
Aubergine, Eierfrucht
Zuckermais

Register